本书系国家社科基金项目"河北方言中'X-儿'形式音变的动因、机制及类型学意义"（项目编号：12BYY033）的结项成果

本书受浙江越秀外国语学院国家一流专业汉语国际教育专业建设经费资助

河北方言『X—儿』形式音变的动因、机制及类型学意义

李巧兰 著

中国社会科学出版社

图书在版编目（CIP）数据

河北方言"X-儿"形式音变的动因、机制及类型学意义/李巧兰著.—北京：中国社会科学出版社，2024.3
ISBN 978-7-5227-3165-0

Ⅰ.①河… Ⅱ.①李… Ⅲ.①北方方言—方言研究—河北 Ⅳ.①H172.1

中国国家版本馆 CIP 数据核字（2024）第 044483 号

出 版 人	赵剑英
责任编辑	杨 康
责任校对	赵雪姣
责任印制	戴 宽

出 版	中国社会科学出版社
社 址	北京鼓楼西大街甲 158 号
邮 编	100720
网 址	http://www.csspw.cn
发 行 部	010-84083685
门 市 部	010-84029450
经 销	新华书店及其他书店

印刷装订	三河市华骏印务包装有限公司
版 次	2024 年 3 月第 1 版
印 次	2024 年 3 月第 1 次印刷

开 本	710×1000 1/16
印 张	24.75
插 页	2
字 数	335 千字
定 价	139.00 元

凡购买中国社会科学出版社图书，如有质量问题请与本社营销中心联系调换
电话：010-84083683
版权所有 侵权必究

目　　录

绪　论 …………………………………………………………… 1
　第一节　"X－儿"形式研究的历史、现状和意义 …………… 1
　第二节　本书依据的理论和使用的方法 ……………………… 25
　第三节　语料的来源和本书所用符号等相关问题的说明 …… 30

第一章　河北方言中"X－儿"形式音变情况调查实录 ……… 41
　第一节　河北方言中"X－儿"形式的类型 ………………… 41
　第二节　河北方言中"X－儿"形式的读音 ………………… 68
　第三节　河北方言"X－儿"形式三大读音系统的地理分布 … 97
　第四节　河北方言中"X－儿"形式的特殊音变现象及价值 … 104

第二章　河北方言中"X－儿"形式音变的动因 ……………… 115
　第一节　河北方言"X－儿"韵母与基本韵母的关系 ……… 116
　第二节　"X－儿"形式音变的动因 ………………………… 155

第三章　河北方言中"X－儿"形式音变的过程及发生机制 … 177
　第一节　河北方言中"X－儿"形式音变的过程 …………… 177
　第二节　河北方言中"X－儿"形式音变的发生机制 ……… 209

· 1 ·

第四章 河北方言中功能性变音的共性及类型学意义 …… 256
  第一节 河北方言除"X-儿"以外的其他功能性音变…… 256
  第二节 河北方言中几种功能性变音的比较 …… 278
  第三节 河北方言中"X-儿"形式音变的类型学意义…… 314

第五章 "X-儿"形式的音变对音变理论的几点启示 …… 338
  第一节 从"X-儿"音变的特殊性看汉语音变类型的划分…… 338
  第二节 从"X-儿"形式等功能性音变研究看历史比较法的适用问题 …… 352

参考文献 …… 361

绪　　论

第一节　"X-儿"形式研究的历史、现状和意义

一　"X-儿"形式研究综述

"X-儿"是汉语中一个颇具特色的形式，它不仅涉及语音变化，甚至和一定语义和语法功能相联系，是音、义、功能三者相联系的集合体。前人也对其从语音、词汇、语法功能等多个层面做过不少研究。前人对于"X-儿"形式进行研究时，由于研究对象的差异，所用的术语往往各不相同。在普通话中，人们称其为"儿化"。在方言中，有的方言与普通话情况类似，故也叫作"儿化"，但儿化韵的数量与具体音值，各地方言与普通话存在差异。有的方言中，"儿"还独立成音节，故有的学者用"儿尾"来称呼它，也有的学者用"儿缀"称呼这种现象。在我们的研究中，一律称为"X-儿"形式。之所以称其为"X-儿"形式而不称为儿化音变，是因为我们考虑到儿化现象不单单是读音的问题，而大多是和语义、语法问题纠结在一起，正如徐通锵先生所说："音变不完全是像青年语法学派、布龙菲尔德所说的那样，是一种纯语音过程，而可能是各层面相互影响的产物，因为语义、语

法等其他结构层面的变化同样会干扰语音的结构面貌和演变的规律。"① 长期以来,音变被假设为纯语音的过程,语义、语法在音变中的作用未得到应有的重视。本书将在重视语义和语法功能在音变中的作用的基础上,对儿化音变的原因、发生的过程和微观机制以及"X-儿"形式音变的类型学意义进行分析探讨,从而丰富有关理论研究的内容,深化"X-儿"形式的相关研究。前人关于"X-儿"形式的研究,一般将研究对象分为三类:普通话、方言和文学作品中的儿化现象,我们也将以此为线索,分三种情况对这个问题进行评述。由于在普通话和方言中,"X-儿"形式所处的发展阶段不同,所以前人在进行研究时,常常有不同的表述方式,在本书的不同章节中"X-儿"形式、儿化或儿尾不同的表述方法,所指现象是一致的。

(一)前人关于普通话中"X-儿"形式的研究

对普通话中"儿"和"儿化"进行研究的人很多,目前所见,最早探讨现代汉语中儿化现象的是吴冀仁、白涤洲的《歌谣中的儿音问题》②。随后,唐虞的《儿[ɚ]音的演变》③对儿音的演变进行了探讨。此后近百年来,人们对儿韵和儿化韵的研究越来越深入,内容涉及各个方面。

1. 对儿韵和儿化韵的历史来源进行研究

如:李格非《汉语"儿词尾"音值演变问题商榷》④、鲁允中《儿化现象一例》⑤、李思敬《汉语"儿"[ɚ]音史研究》⑥、俞敏《驻防

---

① 徐通锵:《语言论:语义型语言的结构原理和研究方法》,东北师范大学出版社1997年版,第63页。
② 吴冀仁、白涤洲:《歌谣中的儿音问题》,《国学月刊》1929年第1期。
③ 唐虞:《儿[ɚ]音的演变》,《历史语言研究所集刊》1932年第2期。
④ 李格非:《汉语"儿词尾"音值演变问题商榷》,《武汉大学学报》1956年第1期。
⑤ 鲁允中:《儿化现象一例》,《中国语文》1985年第6期。
⑥ 李思敬:《汉语"儿"[ɚ]音史研究》,商务印书馆1986年版。

旗人和方言的儿化韵》①、张清常《从元史译名看"儿"[ɚ]音问题》②、麦耘《〈西儒耳目资〉没有儿化音的记录》③、邢公畹《对外汉语[ɚ][ɿ]两音位的教学及[ɚ]音史的问题——评李思敬〈汉语"儿"[ɚ]音史研究〉》④、钱曾怡《论儿化》⑤、赵杰《北京话的满语底层和"轻音""儿化"探源》⑥、王云路《说"儿"》⑦、季永海《汉语儿化韵的发生与发展——兼与李思敬先生商榷》⑧、鲁允中《轻声和儿化》⑨、李思敬《现代北京话的轻声和儿化音溯源——传统音韵学和现代汉语语音学研究结合举隅》⑩、颜峰《略论汉语方言儿化韵的历史演变》⑪、陈默《儿音演变之我见》⑫、竺家宁《中古汉语的"儿"后缀》⑬、蒋宗许《〈中古汉语的"儿"后缀〉商榷》⑭、朱晓农和焦妮娜《晋城方言中的卷舌边近音[ɭ]——兼论"儿"音的变迁》⑮、张慧丽

---

① 俞敏：《驻防旗人和方言的儿化韵》，《中国语文》1987年第5期。
② 张清常：《从元史译名看"儿"[ɚ]音问题》，载《语言学论文集》，商务印书馆1993年版。
③ 麦耘：《〈西儒耳目资〉没有儿化音的记录》，《语文研究》1994年第4期。
④ 邢公畹：《对外汉语[ɚ][ɿ]两音位的教学及[ɚ]音史的问题——评李思敬〈汉语"儿"[ɚ]音史研究〉》，《语言教学与研究》1995年第3期。
⑤ 钱曾怡：《论儿化》，《中国语言学报》1995年第5期。
⑥ 赵杰：《北京话的满语底层和"轻音""儿化"探源》，北京燕山出版社1996年版。
⑦ 王云路：《说"儿"》，《杭州大学学报》（哲学社会科学版）1998年第3期。
⑧ 季永海：《汉语儿化韵的发生与发展——兼与李思敬先生商榷》，《民族语文》1999年第5期。
⑨ 鲁允中：《轻声和儿化》，商务印书馆2001年版。
⑩ 李思敬：《现代北京话的轻声和儿化音溯源——传统音韵学和现代汉语语音学研究结合举隅》，《语文研究》2000年第3期。
⑪ 颜峰：《略论汉语方言儿化韵的历史演变》，《语言研究》2002年特刊。
⑫ 陈默：《儿音演变之我见》，《内蒙古师范大学学报》（哲学社会科学版）2004年第6期。
⑬ 竺家宁：《中古汉语的"儿"后缀》，《中国语文》2005年第4期。
⑭ 蒋宗许：《〈中古汉语的"儿"后缀〉商榷》，《中国语文》2006年第6期。
⑮ 朱晓农、焦妮娜：《晋城方言中的卷舌边近音[ɭ]——兼论"儿"音的变迁》，《南开语言学刊》2006年第1期。

· 3 ·

《参数调整与焦作地区的两种小称变韵》①、张树铮《冀东和胶东方言中动词儿化的来源及其语言性质》②、李巧兰《儿化词中的"儿"是语素吗》③、耿振生《北京话"儿化韵"的来历问题》④ 等,都对儿音和儿化音的产生历史及来源问题做过相应的探讨。

2. 对儿韵和儿化韵读音进行研究

如:李明《"儿化"浅谈》⑤、王理嘉《音系学基础》⑥、王理嘉和王海丹《儿化韵研究中的几个问题——与李思敬先生商榷》⑦、林焘和沈炯《北京话儿化韵的语音分歧》⑧、钱曾怡《论儿化》⑨、林焘《北京话个人读音差异问题》⑩,等等。

3. 对普通话儿化韵系统及其发展趋势进行研究

如赵元任《汉语口语语法》⑪、李思敬《汉语"儿"[ɚ]音史研究》⑫、余志鸿《儿化和语言结构的变化》⑬、王理嘉《音系学基础》⑭、孙德金《北京话部分儿化韵读音调查》⑮、贾采珠《北京话的轻声儿化韵》⑯、

---

① 张慧丽:《参数调整与焦作地区的两种小称变韵》,《晋中学院学报》2010 年第 5 期。
② 张树铮:《冀东和胶东方言中动词儿化的来源及其语言性质》,《汉语方言时体系统国际学术研讨会论文》,中央民族大学,2012 年。
③ 李巧兰:《儿化词中的"儿"是语素吗》,《语文建设》2013 年第 2 期。
④ 耿振生:《北京话"儿化韵"的来历问题》,《吉林大学社会科学学报》2013 年第 2 期。
⑤ 李明:《"儿化"浅谈》,《语言教学与研究》1980 年第 1 期。
⑥ 王理嘉:《音系学基础》,语文出版社 1991 年版。
⑦ 王理嘉、王海丹:《儿化韵研究中的几个问题——与李思敬先生商榷》,《中国语文》1991 年第 2 期。
⑧ 林焘、沈炯:《北京话儿化韵的语音分歧》,《中国语文》1995 年第 3 期。
⑨ 钱曾怡:《论儿化》,《中国语言学报》1995 年第 5 期。
⑩ 林焘:《北京话个人读音差异问题》,《林焘语言学论文集》,商务印书馆 2001 年。
⑪ 赵元任:《汉语口语语法》,商务印书馆 1979 年版。
⑫ 李思敬:《汉语"儿"[ɚ]音史研究》,商务印书馆 1986 年版。
⑬ 余志鸿:《儿化和语言结构的变化》,《江苏社会科学》1991 年第 2 期。
⑭ 王理嘉:《音系学基础》,语文出版社 1991 年版。
⑮ 孙德金:《北京话部分儿化韵读音调查》,《语言教学与研究》1991 年第 4 期。
⑯ 贾采珠:《北京话的轻声儿化韵》,《中国语文》1992 年第 1 期。

林焘和王理嘉《语音学教程》①、薛文萍和王理嘉《儿化韵的一次听辨调查》②、鲁允中《轻声和儿化》③、丁力《也谈普通话儿化韵的发音规则》④、张世方《从周边方言看北京话儿化韵的形成和发展》⑤、彭宗平《北京话儿化词研究》⑥，等等。

4. 对于儿音与儿化音利用现代科技实验手段进行分析

这是近30年来新的研究发展趋势。如：林茂灿和颜景助《北京话轻声的声学性质》⑦、李思敬《汉语普通话儿化音两种构音方式的语音实验》⑧、石锋《北京话儿化韵的声学表现》⑨、刘振平《儿韵和儿化韵的实验分析》⑩、张慧丽《儿化中间音、特征扩展与F3的两种走势——偃师儿化与北京儿化之比较》⑪，等等。

5. 对儿韵及儿化韵的性质和作用进行研究

如：俞敏《汉语的爱称和憎称的来源和区别》⑫、刘凯鸣《略谈词尾"子"、"儿"的感情色彩》⑬、林伦伦《普通话里表示儿化的"儿"是后缀吗？》⑭、黑玉红《"儿"非语素——兼议"儿化"的

---

① 林焘、王理嘉：《语音学教程》，北京大学出版社1992年版。
② 薛文萍、王理嘉：《儿化韵的一次听辨调查》，《语文建设》1996年第12期。
③ 鲁允中：《轻声和儿化》，商务印书馆2001年版。
④ 丁力：《也谈普通话儿化韵的发音规则》，《湖北大学学报》（哲学社会科学版）2001年第2期。
⑤ 张世方：《从周边方言看北京话儿化韵的形成和发展》，《语言教学与研究》2003年第4期。
⑥ 彭宗平：《北京话儿化词研究》，中国传媒大学出版社2005年版。
⑦ 林茂灿、颜景助：《北京话轻声的声学性质》，《方言》1980年第3期。
⑧ 李思敬：《汉语普通话儿化音两种构音方式的语音实验》，《王力先生纪念论文集》，商务印书馆1990年。
⑨ 石锋：《北京话儿化韵的声学表现》，《南开语言学刊》2003年第2期。
⑩ 刘振平：《儿韵和儿化韵的实验分析》，《汉语学习》2008年第6期。
⑪ 张慧丽：《儿化中间音、特征扩展与F3的两种走势——偃师儿化与北京儿化之比较》，《语言科学》2010年第4期。
⑫ 俞敏：《汉语的爱称和憎称的来源和区别》，《中国语文》1954年第2期。
⑬ 刘凯鸣：《略谈词尾"子"、"儿"的感情色彩》，《语文教学》，1959年第5期。
⑭ 林伦伦：《普通话里表示儿化的"儿"是后缀吗？》，《中国语文天地》1986年第5期。

作用》①、李立成《"儿化"性质新探》②、徐家宁《儿化中的语义变异》③、刘卓《"花儿"中的"儿"是变词语素吗?》④、刘群《现代汉语中词语儿化后的语义类型》⑤、刘雪春《儿化的语言性质》⑥、劲松《"儿化"的语素形位学研究》⑦、贾迪扉《词缀"儿"特殊性浅论》⑧、曹跃香《从"Ｘ儿"产生理据上分析"儿"的性质和作用》⑨、李万杰《现代汉语书面语中"儿"出现于词尾的功能解析》⑩、方梅《北京话儿化的形态句法功能》⑪、陈伟《语素"儿"的词缀性质》⑫、王振广《语素"儿"的性质之我见》⑬、江海燕《北京话姓氏的儿化现象》⑭、迟文敬《儿化功能探疑》⑮、冯雪冬《"儿化",一种轻声现象》⑯、周一民《北京话儿化的社会文化内涵》⑰、李立冬和韩玉平《"儿化"性质的语音学分析》⑱、王姝和王光全《后缀"－子"、"－儿"指小指大

---

① 黑玉红:《"儿"非语素——兼议"儿化"的作用》,《西北民族学院学报》1991年第2期。
② 李立成:《"儿化"性质新探》,《语言文字学》1995年第2期。
③ 徐家宁:《儿化中的语义变异》,《天津师大学报》(社会科学版)1999年第1期。
④ 刘卓:《"花儿"中的"儿"是变词语素吗?》,《汉语学习》2002年第6期。
⑤ 刘群:《现代汉语中词语儿化后的语义类型》,《襄樊学院学报》2002年第3期。
⑥ 刘雪春:《儿化的语言性质》,《语言文字应用》2003年第3期。
⑦ 劲松:《"儿化"的语素形位学研究》,《扬州大学学报》(人文社会科学版)2004年第1期。
⑧ 贾迪扉:《词缀"儿"特殊性浅论》,《殷都学刊》2004年第2期。
⑨ 曹跃香:《从"Ｘ儿"产生理据上分析"儿"的性质和作用》,《内蒙古师范大学学报》(哲学社会科学版)2004年第1期。
⑩ 李万杰:《现代汉语书面语中"儿"出现于词尾的功能解析》,《楚雄师范学院学报》2006年第4期。
⑪ 方梅:《北京话儿化的形态句法功能》,《世界汉语教学》2007年第2期。
⑫ 陈伟:《语素"儿"的词缀性质》,《河南机电高等专科学校学报》2007年第1期。
⑬ 王振广:《语素"儿"的性质之我见》,《十堰职业技术学院学报》2008年第1期。
⑭ 江海燕:《北京话姓氏的儿化现象》,《中国语文》2010年第2期。
⑮ 迟文敬:《儿化功能探疑》,《大连海事大学学报》(社会科学版)2010年第1期。
⑯ 冯雪冬:《"儿化",一种轻声现象》,《鞍山师范学院学报》2011年第5期。
⑰ 周一民:《北京话儿化的社会文化内涵》,《北京社会科学》2011年第5期。
⑱ 李立冬、韩玉平:《"儿化"性质的语音学分析》,《现代语文》(语言研究版)2012年第12期。

辨》①、李艳娇《现代汉语"儿化"中的"儿"探究》②,等等。

6. 对儿化的研究术语、读音、书写形式等问题进行规范化方面的研究

如:王文学《谈儿化的书写问题》③、汪德琪《对规范儿化的异议》④、杨文会《儿化琐议》⑤、郭展《"Ｘ儿"的书写形式问题》⑥、黎平《试论儿化音节中"儿"的语法地位归属——兼论儿化音节的读音及书写规范》⑦、曹跃香《儿化、儿尾和儿缀等术语在不同平面上之转换使用——兼论"Ｘ儿"的规范问题》⑧、王理嘉《儿化规范综论》⑨,等等。

前人关于"儿"和"儿化"的研究,取得了一定的成绩,达成了部分共识,但是由于研究的角度和依据的语料不同,在以下方面还存在分歧。

首先,对于儿韵发音的研究目前来看还不算很透彻。儿韵是一个卷舌音这一认识基本上取得共识,然而对于发儿韵时卷舌发生的时段还存在争议。另外,对于儿化韵的认识也尚需进一步明确,一般对儿化韵的解释都认为儿化韵是一种卷舌的韵母,而卷舌音色的载体是什么尚未取得一致认识。陶萌培和尹润芗认为:"北京话儿化韵就是儿化音节末尾带上一个 r 音,即在音节末尾加上一个卷舌的

---

① 王姝、王光全:《后缀"－子"、"－儿"指小指大辨》,《汉语学习》2012 年第 1 期。
② 李艳娇:《现代汉语"儿化"中的"儿"探究》,《辽宁教育行政学院学报》2012 年第 4 期。
③ 王文学:《谈儿化的书写问题》,《辽宁师院学报》1983 年第 4 期。
④ 汪德琪:《对规范儿化的异议》,《江西师范大学学报》1987 年第 3 期。
⑤ 杨文会:《儿化琐议》,《张家口大学学报》(综合版) 1997 年第 1 期。
⑥ 郭展:《"Ｘ儿"的书写形式问题》,《语言教学与研究》2000 年第 4 期。
⑦ 黎平:《试论儿化音节中"儿"的语法地位归属——兼论儿化音节的读音及书写规范》,《广西教育学院学报》2003 年第 1 期。
⑧ 曹跃香:《儿化、儿尾和儿缀等术语在不同平面上之转换使用——兼论"Ｘ儿"的规范问题》,《广播电视大学学报》(哲学社会科学版) 2004 年第 3 期。
⑨ 王理嘉:《儿化规范综论》,《语言文字应用》2005 年第 3 期。

动作。"① 李思敬②根据他的语音实验提出北京话有两种儿化构音方式：拼合型和化合型。王理嘉和王海丹不赞成李思敬两种儿化构音方式的分析，他们根据自己的声学和听辨实验提出：北京话儿化无拼合与化合之说。③ 林焘和沈炯④重申了这一观点，并指出儿化时声母不受影响，儿化的动作几乎是与韵母同时发出的。与此同时，如果认为儿化韵是"儿"音节与其前面的音节发生语流音变而形成的，那么既然是语流音变现象，其中的"儿"自然有它原始的读音，这个"儿"的原始读音是不是跟儿化韵的读音相关呢？这些问题目前尚未取得共识。

其次，"儿化"的性质问题。主要有两种分歧。第一种分歧是，"儿化"中儿的性质问题，它到底是不是语素；如果是语素，它是词缀还是词尾。先说"儿化"中"儿"的性质问题上的分歧。在普通话中，加在某一音节后的"儿"到底是不是语素？如果是语素又是什么性质的语素？这种分歧主要体现为前人对"儿"进行研究的过程中，往往使用了"词缀"和"词尾"不同的术语。从语言学理论的意义上说，"词缀"和"词尾"是两个不同的概念。许多先生在他们主编的大学教材里都将"词缀"和"词尾"作为两个不同的语素进行了区分，词缀语素的作用是"粘附在词根上构成新词"⑤。邢公畹先生主编的《语言学概论》也将词缀语素和词尾语素进行了区分，他对词缀的解释是，"词缀语素是附加在词根上的语素，一般表示附加性的词汇意义"。如"read"是动词"读"的意义，加上词缀语素"-er"变成"reader"就成了另外一个词"读者"，也就是说"read"和"reader"

---

① 陶荫培、尹润芗：《略谈"儿化"》，《语文学习》1957年第10期。
② 李思敬：《汉语"儿"[ɚ]音史研究》，商务印书馆1986年版；李思敬：《汉语普通话儿化音两种构音方式的语音实验》，《王力先生纪念论文集》，商务印书馆1990年。
③ 参见王理嘉、王海丹《儿化韵研究中的几个问题——与李思敬先生商榷》，《中国语文》1991年第2期。
④ 林焘、沈炯：《北京话儿化韵的语音分歧》，《中国语文》1995年第3期。
⑤ 徐通锵、叶蜚声：《语言学纲要》，北京大学出版社1997年版，第93—94页；葛本仪：《语言学概论》，山东大学出版社1999年版，第205—206页。

是两个意义不同的词。而词尾语素则不同，它只表示一定的语法意义，不能构成新词，人们习惯上将其视为变词语素。正如邢公畹先生所说："词尾语素只表示一定的语法意义，但不影响到词的词汇意义。"①词缀语素表示一定的附加的词汇意义，会使词的意义有所改变，加上词缀会使原来的词变成一个新的具有不同意义的词；词尾语素不能给原来的词添加任何新的词汇意义，只是和原来的词在语法形式上有所不同，如"book"加上词尾"–s"后变成"books"，"books"和"book"比，前者是后者的复数形式，而词汇意义没有改变，所以大多数教材上把词缀和词根语素都叫作"构词语素"，把词尾叫作"变词语素"。

具体到"儿"的研究，还涉及"儿"是否作为语素的问题，有两种代表性的观点。一种是从根本上否认"儿"是语素。如葛本仪、李立成等先生就持这一种观点。葛本仪先生认为，作为一个词素一定有自己的语音形式，这个语音形式应该有一个完整音节作为表现形式，而儿化中的"儿"不满足这一条件，它仅仅是一个音变现象，在这个儿化音节中，"儿"没有独立音节形式，所以不能算作一个词素。李立成先生也持同样的观点，他认为除儿化中的"儿"以外，在汉语普通话中，再没有其他的不成音节的语素了，将这个唯一的特例看成不成音节语素是不合适的。他认为"儿化"纯粹是一种语音节律现象，其中的"儿"不能看作语素。②另一种观点是"儿"是语素，但"儿"是词缀，还是词尾语素，不同的学者有不同的看法。吕叔湘、朱德熙等先生及现在常见的几个版本的现代汉语语法教材等都将"儿"视为词缀语素；李思敬先生则在他的《汉语儿[ɚ]音史研究》中认为"儿"是词尾；而高名凯和宋玉柱等先生则认为"儿"语素有两

---

① 邢公畹：《语言学概论》，语文出版社1992年版，第101页。
② 参见李立成《"儿化"性质新探》，《杭州大学学报》（哲学社会科学版）1994年第3期。

种：一种是构词成分，即词缀；一种是构形成分，即形素。曹跃香认为："无论是从现代汉语共时平面上分析'X儿'里，'儿'（指词缀）的语音、语法、语义等情况，还是从'X儿'产生的理据上分析，都证明'儿'是一个语素。"① 李巧兰认为："儿化词中的'儿'无论从其来源来看，还是从其在词中起的作用来看，它只能是词缀语素。"②

第二种分歧是，关于"儿化"的性质问题，它是一种语音现象，还是一种词汇现象，由此引发的一个问题是，"儿化"应放在语音、词汇、语法哪个层面来处理。大多数学者倾向于认为："儿化"是一种语音现象，应该放在语音层面来处理。但是在这种认识下，又产生了另一个深层次的分歧：如果"儿化"是一种语音现象，关于它是不是一种语音节律现象，学者们也有不同的看法。赵元任、王理嘉、李立成等先生认为"儿化"是一种语音节律现象；而王立先生则认为"儿"在北京话中仅仅是一个语音特征，虽然不是一个音节，"儿"的语音也不能自成一个音段，但是卷舌特征也可看作它的语音形式，同时"儿"还会给前附"X"的词汇意义附加一个口语风格色彩义，这个附加色彩义就是它的意义，既有语音形式又有意义，这符合语素"最小音义结合体"的标准，所以王立先生认为："儿是一个语素。"③ 接下来的一个问题是，如果"儿化"放在语音层面来处理，那么由儿化而产生的"儿化韵"我们在音系中如何处理。

儿化韵在普通话语音系统中，即在韵母系统或元音音位系统中，怎样处理，不同的人有不同的处理方式。有人认为儿化音是一种语流音变现象，如李思敬《汉语儿[ɚ]音史研究》和各种现代汉语教材

---

① 曹跃香：《从"X儿"产生理据上分析"儿"的性质和作用》，《内蒙古师范大学学报》（哲学社会科学版）2004年第1期。
② 李巧兰：《儿化词中的"儿"是语素吗》，《语文建设》2013年第5期。
③ 李巧兰：《儿化词中的"儿"是语素吗》，《语文建设》2013年第5期。

都持这种观点。李思敬先生认为:"前人所描写的各种各样的儿化韵母全可以归纳在｛ɚ｝形态音位的五个变体之中。"① 徐通锵先生认为"儿化"不同于纯粹的语音变化,不能用语素音位的办法去处理它,"儿化"与一定的语义和语法相联系,不是纯语音变化的过程,是一种特殊变音,我们不能简单地用处理纯语音音变的方法去处理儿化韵。也有些学者把"r"看成独立成分,如林焘先生主张:"在分析音位时,首先必须把这个卷舌作用单独分出来,作为一个独立的音位,然后再确定剩下的元音成分的音位地位。这个代表卷舌作用的音位,汉语拼音方案用 r 来代表。"② 李延瑞先生认为,"不把卷舌韵尾'r'看成一个独立成分,那么,因儿化音变而带上卷舌色彩的那个元音就可以作为一个基本语音单位"③,应该设置卷舌元音音位,"设置的卷舌元音音位与原先的平舌元音音位只能是平行并列、各自为阵,共同构成普通话元音音位系统"④。

再次,儿化在表达语义方面的分歧。儿化在表达意义方面的作用,学界的认识很不统一。方梅先生在她的文章中认为,儿化有两种类型,一种是由单纯语音条件导致的音变现象,一种是和语义和句法变化有关的小称儿化。⑤ 贾迪扉则认为,儿化中的"儿"语素有三种特殊的作用:构成新词、改变词性和调整词形。从表达意义上看,儿化具有区别词义、增加感情色彩的作用。⑥ 曹跃香认为,从"X儿"中"X"的词性情况和"儿"在"X儿"中的语法作用以及"X-儿"的整体功能来看,"X-儿"中的"儿"有四个方面的标记作用,它可以起到语音、语义、语法和语用标记作用,而且这几个标记作用通常情况下

---

① 李思敬:《汉语"儿"[ɚ]音史研究》,商务印书馆1986年版,第137页。
② 林焘:《北京话儿化韵个人读音差异问题》,《语文研究》1982年第2期。
③ 李延瑞:《论普通话儿化韵及儿化音位》,《语文研究》1996年第2期。
④ 李延瑞:《论普通话儿化韵及儿化音位》,《语文研究》1996年第2期。
⑤ 参见方梅《北京话儿化的形态句法功能》,《世界汉语教学》2007年第2期。
⑥ 参见贾迪扉《词缀"儿"特殊性浅论》,《殷都学刊》2004年第2期。

会交叉使用共同发挥作用。① 对词缀"儿"表示感情色彩这一点研究者认识也不一致。对"X-儿"里"儿"表一定感情色彩功能的分歧还集中在"儿化"表达一定的感情色彩意义，是词根本身的意义导致的，还是添加"儿"带来的。有人认为表示感情色彩是"儿"的添加带来的色彩意义，也有人提出这些感情色彩并非"儿"带来的，而是所附着词根本身具有的。如迟文敬认为，儿化词本身不仅仅表达一种感情色彩意义，既可以表达贬义色彩义，如"小偷儿""混球儿"等词；也可以表达褒义色彩义，如"绝招儿""美景儿"等词；还可以表达中性色彩义，如"号码儿""药方儿"等词。如果说这种附加感情色彩义是"儿"带来的，会造成儿化词语表色彩功能上的滥化，显然是不符合语言事实。②

最后，关于儿化韵形成的时间问题有分歧。关于儿化韵产生的时间，太田辰夫③认为最晚在清初；李思敬④根据明代歌谣、小说等材料推测，认为产生于元末明初；王福堂⑤认为应在明清之间。季永海的《汉语儿化音的发生与发展——兼与李思敬先生商榷》⑥则认为在宋代已经有了儿化音。林焘先生认为："儿化韵儿化作用的完成有可能是近一百年的事。"⑦

（二）前人关于方言中"X-儿"形式的研究

前人时贤关于方言中"X-儿"形式所进行的研究，相关的论文

---

① 参见曹跃香《从"X儿"产生理据上分析"儿"的性质和作用》，《内蒙古师范大学学报》（哲学社会科学版）2004年第1期。
② 参见迟文敬《儿化功能探疑》，《大连海事大学学报》（社会科学版）2010年第1期。
③ [日] 太田辰夫：《中国语历史文法》，北京大学出版社1987年版。
④ 李思敬：《从〈金瓶梅〉考察十六世纪中叶北方话中的儿化现象》，《语言学论丛》1984年第12辑。
⑤ 王福堂：《汉语方言语音的演变和层次》，语文出版社1999年版。
⑥ 季永海：《汉语儿化韵的发生与发展——兼与李思敬先生商榷》，《民族语文》1999年第5期。
⑦ 林焘：《北京话儿化韵个人读音差异问题》，《语文研究》1982年第2期。

和著作有很多,成果非常丰富。我们查阅到的有关资料,论文多达几百篇,有的以单点方言语料为研究对象,有的以多点方言材料作为比较对象进行对比分析,这些论文大多是对"X－儿"形式的读音情况进行描写的,也有小部分论文是对它的语义和语法功能进行分析的。具体来说,有以下几种情况。

1. 关于单点方言中"X－儿"形式的研究

不少专家学者都对某一方言的儿化现象进行了描写,这些文章大多数以"XX方言的儿化"或者"XX方言的儿尾"为题,如胡松柏《广丰方言的"儿"尾》①、曹瑞芳《山西阳泉方言的儿化》②、高永鑫《山西祁县话的儿尾》③ 等,这些文章大多对某个单一方言点的儿化或儿尾现象进行了详细分析,这些文章的内容主要涉及以下几个方面。

第一,对某地方言中"X－儿"形式的语音情况进行描写分析的论文很多。其中有少量的是对方言中"儿"的读音进行单独描写的,如:马慧《方城话儿韵读音的叠置系统》④、刘丽辉《唐山方言词尾"儿"的读音研究》⑤;更多的文章是对单点方言中"X－儿"形式的语音进行描写研究的,也有部分文章涉及了"X－儿"的语义作用,关于"X－儿"的语法功能的研究很少见到,如:万幼斌《鄂州方言的儿化》⑥、王森《临夏方言的儿化音变》⑦、张树铮《山东寿光北部方言的儿化》⑧、李宇明《泌阳方言的儿化及儿化闪音》⑨、汪化云《团风方言的儿尾》⑩、

---

① 胡松柏:《广丰方言的"儿"尾》,《上饶师专学报》(社会科学版)1983年第2期。
② 曹瑞芳:《山西阳泉方言的儿化》,《语文研究》2006年第2期。
③ 高永鑫:《山西祁县话的儿尾》,《陕西教育学院学报》2007年第4期。
④ 马慧:《方城话儿韵读音的叠置系统》,《语言研究》2003年第3期。
⑤ 刘丽辉:《唐山方言词尾"儿"的读音研究》,硕士学位论文,河北大学,2003年。
⑥ 万幼斌:《鄂州方言的儿化》,《方言》1990年第2期。
⑦ 王森:《临夏方言的儿化音变》,《语言研究》1995年第1期。
⑧ 张树铮:《山东寿光北部方言的儿化》,《方言》1996年第4期。
⑨ 李宇明:《泌阳方言的儿化及儿化闪音》,《方言》1996年第4期。
⑩ 汪化云:《团风方言的儿尾》,《方言》1999年第4期。

江海燕《河北迁西方言的儿化》①、侍建国《浙江义乌话的 [n] 尾韵及其音变》②、胡光斌《遵义方言儿化的作用与分布》③、雒鹏《甘肃靖远方言儿化变调》④、谢书民《商丘方言的儿化音变》⑤、李素娟《许昌方言中儿化韵的读音》⑥、刘丽丽《安徽休宁县溪口方言的儿化现象》⑦、王求是《孝感方言的儿化》⑧、冯青青《潍坊滨海方言的儿化与变调》⑨、郑丹《赣语隆回司门前话的入声小称调》⑩、张贤敏《河南光山方言儿化现象语音考察——兼论汉语儿化音》⑪、罗庆云《湖北新洲方言的儿化》⑫、张凯《枣庄方言儿化读音探究》⑬、何蔚和王珊《重庆方言的儿化浅析》⑭。

第二，以探讨"X-儿"形式的语义、语法功能为主，不涉及语音或附带提了一下儿化的语音情况的。如：汪长学《重庆方言儿化音刍议》⑮、盛银花《安陆方言的词缀"字、儿、娃儿"》⑯、吴振国《武汉话中的类儿化音变》⑰、周惠珍《枣庄方言儿化词的特

---

① 江海燕：《河北迁西方言的儿化》，《徐州师范大学学报》2000 年第 1 期。
② 侍建国：《浙江义乌话的 [n] 尾韵及其音变》，《方言》2002 年第 2 期。
③ 胡光斌：《遵义方言儿化的作用与分布》，《玉溪师范学院学报》2003 年第 8 期。
④ 雒鹏：《甘肃靖远方言儿化变调》，《西北师范大学学报》（社会科学版）2003 年第 5 期。
⑤ 谢书民：《商丘方言的儿化音变》，《商丘师范学院学报》2004 年第 3 期。
⑥ 李素娟：《许昌方言中儿化韵的读音》，《许昌学院学报》2005 年第 3 期。
⑦ 刘丽丽：《安徽休宁县溪口方言的儿化现象》，《牡丹江大学学报》2008 年第 8 期。
⑧ 王求是：《孝感方言的儿化》，《孝感学院学报》2009 年第 4 期。
⑨ 冯青青：《潍坊滨海方言的儿化与变调》，《潍坊学院学报》2011 年第 5 期。
⑩ 郑丹：《赣语隆回司门前话的入声小称调》，《中国语文》2012 年第 2 期。
⑪ 张贤敏：《河南光山方言儿化现象语音考察——兼论汉语儿化音》，《现代语文》（语言研究版）2012 年第 2 期。
⑫ 罗庆云：《湖北新洲方言的儿化》，《湖北工程学院学报》2012 年第 5 期。
⑬ 张凯：《枣庄方言儿化读音探究》，《枣庄学院学报》2012 年第 1 期。
⑭ 何蔚、王珊：《重庆方言的儿化浅析》，《文学教育（上）》2012 年第 6 期。
⑮ 汪长学：《重庆方言儿化音刍议》，《西南师范大学学报》（哲学社会科学版）1996 年第 4 期。
⑯ 盛银花：《安陆方言的词缀"字、儿、娃儿"》，《湖北教育学院学报》（社会科学版）1999 年第 6 期。
⑰ 吴振国：《武汉话中的类儿化音变》，《华中师范大学学报》（人文社会科学版）1999 年第 5 期。

点》①、王晓君《赣语新余方言的小称词缀"的"及其他相关词缀》②、叶南《四川省五通桥城区方言的儿尾》③、张晓曼《威海方言儿化与语法结构分析》④、祁永敏《河南罗山方言的"儿"字结构》⑤、陈遵平《遵义方言儿化的分布、结构和功能》⑥、张子华和沈光浩《河曲方言中的后缀"儿"》⑦、樊守媚《河南南阳方言儿化现象研究》⑧、崔娅辉《周口方言儿化研究》⑨、张贤敏《光山方言儿化的分布及语义分析》⑩。

第三，综合分析儿化的语音、语义和语法功能的。如：胡海《宜昌方言儿化现象初探》⑪、伍巍《广东曲江县龙归土话的小称》⑫、陈小燕《广西贺州本地话的"－儿"尾——兼论粤语小称形式的发展和演变》⑬、高永鑫《山西祁县话的儿尾》⑭、蒋文华和李广华《应县方言的儿化现象》⑮、吴芳和伍巍《广东揭阳闽语的小称"－儿"缀》⑯、

---

① 周惠珍：《枣庄方言儿化词的特点》，《枣庄师专学报》2000年第4期。
② 王晓君：《赣语新余方言的小称词缀"的"及其他相关词缀》，《上饶师范学院学报》（社会科学版）2004年第2期。
③ 叶南：《四川省五通桥城区方言的儿尾》，《西南民族大学学报》（人文社科版）2004年第2期。
④ 张晓曼：《威海方言儿化与语法结构分析》，《山东社会科学》2005年第10期。
⑤ 祁永敏：《河南罗山方言的"儿"字结构》，《天中学刊》2007年第3期。
⑥ 陈遵平：《遵义方言儿化的分布、结构和功能》，《遵义师范学院学报》2009年第2期。
⑦ 张子华、沈光浩：《河曲方言中的后缀"儿"》，《语文学刊》2010年第22期。
⑧ 樊守媚：《河南南阳方言儿化现象研究》，《现代语文》（语言研究版）2011年第6期。
⑨ 崔娅辉：《周口方言儿化研究》，《科教文汇》（中旬刊）2011年第4期。
⑩ 张贤敏：《光山方言儿化的分布及语义分析》，《信阳师范学院学报》（哲学社会科学版）2012年第5期。
⑪ 胡海：《宜昌方言儿化现象初探》，《华中师范大学学报》（哲学社会科学版）1994年第4期。
⑫ 伍巍：《广东曲江县龙归土话的小称》，《方言》2003年第1期。
⑬ 陈小燕：《广西贺州本地话的"－儿"尾——兼论粤语小称形式的发展和演变》，《广西师范大学学报》（哲学社会科学版）2006年第1期。
⑭ 高永鑫：《山西祁县话的儿尾》，《陕西教育学院学报》2007年第4期。
⑮ 蒋文华、李广华：《应县方言的儿化现象》，《山西大同大学学报》（社会科学版）2008年第6期。
⑯ 吴芳、伍巍：《广东揭阳闽语的小称"－儿"缀》，《方言》2009年第4期。

王一涛《山西昔阳方言的儿化音变》①。

第四，分析某方言点与儿化相关的形式的语义、语法功能特点的。如：郑庆君《湖南常德方言的名词重叠及其儿化》②、张文光和丁新龙《唐山方言"A儿去咧"格式初探》③、易亚新《石门方言的"非重叠+儿"与"重叠+儿"》④、吕建国《慈利方言的"AA儿"重叠式》⑤、辛永芬《河南浚县方言形容词短语的小称儿化》⑥、王霞《湖南慈利话的重叠儿化量词、量词结构及主观量》⑦、吕建国《湖南慈利方言儿化格式研究》⑧、杨正超《中原官话唐河方言形容词短语儿化研究——兼与其它次方言同类现象比较》⑨。

第五，用某点方言的儿化作为语料分析、讨论相关问题的，如：仇志群《国外关于阳谷方言儿化现象的理论分析》⑩ 通过介绍国外学者，主要是Yip和陈渊泉两家对阳谷儿化现象所做的分析，揭示了围绕儿化问题从新的理论角度进行语言研究的情况。平山久雄《北京话一种儿化变调的成因》⑪ 以北京儿化为材料探讨了儿化词的层次问题。孙景涛《从儿化看音节的重量》⑫ 以顺平方言儿化为例，讨论了音节

---

① 王一涛：《山西昔阳方言的儿化音变》，《宁夏大学学报》（人文社会科学版）2011年第5期。

② 郑庆君：《湖南常德方言的名词重叠及其儿化》，《武陵学刊》1997年第2期。

③ 张文光、丁新龙：《唐山方言"A儿去咧"格式初探》，《唐山师范学院学报》2003年第1期。

④ 易亚新：《石门方言的"非重叠+儿"与"重叠+儿"》，《湖南师范大学社会科学学报》2005年第1期。

⑤ 吕建国：《慈利方言的"AA儿"重叠式》，《作家》2007年第14期。

⑥ 辛永芬：《河南浚县方言形容词短语的小称儿化》，《语言研究》2008年第3期。

⑦ 王霞：《湖南慈利话的重叠儿化量词、量词结构及主观量》，《牡丹江大学学报》2009年第1期。

⑧ 吕建国：《湖南慈利方言儿化格式研究》，《嘉应学院学报》2011年第6期。

⑨ 杨正超：《中原官话唐河方言形容词短语儿化研究——兼与其它次方言同类现象比较》，《暨南学报》（哲学社会科学版）2013年第2期。

⑩ 仇志群：《国外关于阳谷方言儿化现象的理论分析》，《山东师大学报》（社会科学版）1995年第1期。

⑪ [日]平山久雄：《北京话一种儿化变调的成因》，《中国语文》2000年第5期。

⑫ 孙景涛：《从儿化看音节的重量》，《中国语文》2007年第4期。

的重量问题。杜凤梅在她的《莒县方言儿化音系学研究》① 一文中,对儿化音变的原因和规则次序进行了音系学的理论分析。郭泽《试论辉县方言儿化声母的产生机制》② 以河南辉县方言为例,分析了儿化声母产生的音理机制。

2. 关于多点方言中"X-儿"形式的研究

首先,有一些文章以某方言区多点方言为研究对象,对其中各方言代表点的情况进行描写、分析和比较。如:方松熹《浙江吴方言里的儿尾》③、龚群虎《关中方言的变调和变音》④、李健《鉴江流域粤语的"儿"后缀和高升调》⑤、赵日新《徽语的小称音变和儿化音变》⑥、曹志耘《南部吴语的小称》⑦、蒋平和沈明《晋语方言中的儿尾变调和儿化变调》⑧、沈明《山西方言的小称》⑨、伍巍和王媛媛《徽州方言的小称研究》⑩、刘翠香《东莱片方言"V儿NL"中的"儿"》⑪、罗昕如和李斌《湘语的小称研究——兼与相关方言比较》⑫,等等。

其次,结合普通话与多点方言对"X-儿"形式的相关问题进行理论探讨的文章。如:徐通锵《宁波方言的"鸭"[ε]类词和"儿化"的残迹》⑬、王洪君《汉语常用的两种语音构词法——从平定儿化

---

① 杜凤梅:《莒县方言儿化音系学研究》,《殷都学刊》2010年第1期。
② 郭泽:《试论辉县方言儿化声母的产生机制》,《语文学刊》2010年第6期。
③ 方松熹:《浙江吴方言里的儿尾》,《中国语文》1993年第2期。
④ 龚群虎:《关中方言的变调和变音》,《语文研究》1995年第4期。
⑤ 李健:《鉴江流域粤语的"儿"后缀和高升调》,《方言》1996年第3期。
⑥ 赵日新:《徽语的小称音变和儿化音变》,《方言》1999年第2期。
⑦ 曹志耘:《南部吴语的小称》,《语言研究》2001年第3期。
⑧ 蒋平、沈明:《晋语方言中的儿尾变调和儿化变调》,《方言》2002年第4期。
⑨ 沈明:《山西方言的小称》,《方言》2003年第4期。
⑩ 伍巍、王媛媛:《徽州方言的小称研究》,《语言研究》2006年第1期。
⑪ 刘翠香:《东莱片方言"V儿NL"中的"儿"》,《21世纪汉语方言语法新探索——第三届汉语方言语法国际研讨会论文集》,暨南大学出版社2008年。
⑫ 罗昕如、李斌:《湘语的小称研究——兼与相关方言比较》,《湖南师范大学社会科学学报》2008年第4期。
⑬ 徐通锵:《宁波方言的"鸭"[ε]类词和"儿化"的残迹》,《中国语文》1985年第3期。

和太原嵌 l 词谈起》①，以平定儿化为例对汉语独特的构词现象进行了相关理论探讨。马照谦②运用语音学的有关理论，以汉语多点方言儿化语料为例，分析了汉语方言儿化语音现象，进行了音系学的感知模式分析，认为不同的儿化音变现象，是卷舌元音凸显性渐次加强的结果。张慧丽③以北京和偃师两地方言的儿化为语料，运用实验语音学的方法，对比分析了两地方言儿化读音的异同，并且说明了偃师方言儿化读音中的中间音产生的原因，是由"儿"语音特征向左扩展造成的。张维佳《汉语方言卷舌音类的地理共现与共变》④ 认为汉语卷舌音类在辅音和元音上均有表现，其在地理上大体上呈南北分治的格局，北方多有卷舌音，南方卷舌音要少一些。深入分析两种卷舌音的地理共现，能发现二者之间的共变关系。丁崇明和荣晶《汉语方言不同阶段的儿化及儿化韵的整合》⑤ 以昆明方言儿化和其他汉语方言儿化为材料，进行综合分析，将汉语方言的儿化分为五个不同的发展阶段，并且认为不同方言中的儿化形式反映了儿化发展演变的不同阶段。

虽然目前有很多学者对一些方言中的"X－儿"形式进行了研究，但是也还存在以下问题。

第一，大量的论文是关于单点方言的研究。对一个点的方言进行研究的，又多是就一点说一点，很少将自己研究的这个点的方言与其他方言进行比较的研究。整体上说，方言中关于孤立方言点的描写多，而整体的比较研究较少，在类型学视野下的比较研究就更少。

第二，对方言中"X－儿"形式进行研究的，整体看来关于语音的研究居多，少数研究兼顾了对"X－儿"形式表达的语义的分析，

---

① 王洪君：《汉语常用的两种语音构词法——从平定儿化和太原嵌 l 词谈起》，《语言研究》1994 年第 1 期。
② 马照谦：《汉语方言儿化现象中的卷舌音感知凸显研究》，《吉林省教育学院学报》（学科版）2009 年第 10 期。
③ 张慧丽：《参数调整与焦作地区的两种小称变韵》，《晋中学院学报》2010 年第 5 期。
④ 张维佳：《汉语方言卷舌音类的地理共现与共变》，《语言研究》2011 年第 4 期。
⑤ 丁崇明、荣晶：《汉语方言不同阶段的儿化及儿化韵的整合》，《语文研究》2011 年第 2 期。

很少有涉及"X-儿"语法功能的分析。从河北方言的情况看，其实"X-儿"形式音变过程，不仅仅是语音的变化，还是一个音义互动的过程，所以将语音、语义、语法三者结合起来研究是很有必要的，前人在这方面的研究显然不足。

第三，关于"X-儿"形式功能的研究方面也存在较多分歧，首先，关于小称的认识还不统一。儿化是否表小称，表小称的词缀都有哪些。其次，儿化除了表小称外，还具有其他的语义、语法功能，这种情况的"X-儿"形式怎样进行处理；从共时语音表现统一归为"X-儿"形式，还是兼顾历史来源和成因，把它分成几类情况分别处理。

只有将方言点的"X-儿"形式置于类型学视域下，进行多点的语言比较，才可能把不同的特征串在一起，勾画出一条历史的演变链条，区分其不同的层次，使研究者获取语言演变的线索。在类型学视域下对"X-儿"形式的演变动因、机制及演变模式的研究几乎很少有人涉足。正是由于前人的研究存在这诸多不足，正好为我们的研究提供了广阔的发展空间。

(三) 前人关于文学作品中的"X-儿"形式现象的研究

前人关于文学作品中的"X-儿"形式现象研究工作的目的略有不同，有的是为研究儿化现象本身而进行的，如：李明《从〈红楼梦〉中的词语看儿化韵的表义功能》[1]、林霞《南宋时期的词尾"-儿"》[2]、谢新暎《浅谈〈红楼梦〉的儿化词》[3]、崔山佳《〈金瓶梅词话〉中的"儿"作动词词尾分析》[4]、马晓燕《论〈歧路灯〉中的

---

[1] 李明：《从〈红楼梦〉中的词语看儿化韵的表义功能》，《世界汉语教学》1995年第1期。
[2] 林霞：《南宋时期的词尾"-儿"》，《语言研究》2002年特刊。
[3] 谢新暎：《浅谈〈红楼梦〉的儿化词》，《宁德师专学报》(哲学社会科学版) 2005年第4期。
[4] 崔山佳：《〈金瓶梅词话〉中的"儿"作动词词尾分析》，《宁波广播电视大学学报》2005年第1期。

儿化词》①、王静《〈儿女英雄传〉儿化词浅析》②、贾华杰《〈盛明杂剧〉"X-儿"形式研究》③，等等；也有的是为了解决其他疑难问题而服务的，比如文学作品的版本问题、文学作品的语言地域或作者的生活地问题、文学作品的语言特色问题，等等，如：杨子华《从"耍子儿"谈〈西游记〉中的杭州方言》④、杨子华《〈金瓶梅〉用"儿尾"方言来描写人物》⑤。

二 本书研究的意义

（一）河北方言"X-儿"形式研究的独特价值

在对河北方言进行研究的过程中，我们越来越感到材料不足给比较研究带来的困难，这越发使我们觉得，对现有方言进行较细致的研究，哪怕只是专项研究，都是很必要的。由于近年来推普工作力度的加大，河北方言中的某些现象正处在变化或消失的过程中。如中古止摄开口三等日母儿系列字的读音，在老年人的读音中还能分辨出平舌类、边音类音值多达 11 种；在青年人的读音中，大部分已经和普通话的读音相同。儿化的读音也是如此，在老年人的读音中还能找到边音、独立音尾式读音的影子，而在年轻人口中这种读音已经不存在了。因此，记录和分析这些方言语音现象具有"抢救"的意义。

以往对河北方言的研究做得很不充分，相关的研究成果不多。研

---

① 马晓燕：《论〈歧路灯〉中的儿化词》，硕士学位论文，山东大学，2009 年。
② 王静：《〈儿女英雄传〉儿化词浅析》，《安庆师范学院学报》（社会科学版）2010 年第 4 期。
③ 贾华杰：《〈盛明杂剧〉"X-儿"形式研究》，硕士学位论文，山东大学，2010 年。
④ 杨子华：《从"耍子儿"谈〈西游记〉中的杭州方言》，《运城学院学报》2004 年第 1 期。
⑤ 杨子华：《〈金瓶梅〉用"儿尾"方言来描写人物》，《郧阳师范高等专科学校学报》2005 年第 1 期。

究成果也存在诸多不足与局限。

1. 研究方法偏重于描写和比较

我们并不是认为描写和比较的方法对于方言学研究来说不重要，而是认为汉语方言的语音研究，特别是区域性的方言研究，不应该停留在描写和简单比较的基础上，应该在描写和比较的基础上综合采用多种方法，才有助于汉语方言语音研究的深入发展。

2. 关于汉语方言中"X-儿"形式研究，以单点方言为对象的研究多，对于一个较大区域内多点方言的研究少

已有的成果多集中在单点方言的调查研究上，很少有探讨一个大区域内方言语音演变现象的成果。河北方言有118个县市区属于官话区方言，内部又分成冀鲁官话、北京官话和中原官话三大区。除此之外，还有35个县市区的方言属于晋语区方言。对于这么大范围存在丰富差异的方言的研究，我们应从更宏观的视角出发，采用多点方言共时比较，探索语音现象演变的过程，才能深化我们对这一区域方言的认识。

3. 调查描写不够深入，关于"X-儿"形式研究的材料明显不足

关于"儿化"的研究，虽然文章很多，但是对河北方言中的儿化进行专门研究的论著较少。对河北方言150多个县市方言中的儿化进行全面系统的调查和描写的论著，除了我们前期所做的河北省社科基金项目成果《河北方言中的"X-儿"形式研究》一书外，迄今为止，还鲜有其他论著做过专门研究，对河北方言"X-儿"形式的演变动因及机制的研究就更少了。对河北方言"X-儿"形式进行专门论述的论文也较少，前人的材料主要有以下几类。一是对某地方言进行研究的专书，附带提到了"儿"和儿化读音问题，如：陈淑静《获鹿方言志》[①]、

[①] 陈淑静：《获鹿方言志》，河北人民出版社1990年版。由于行政区划的变化，有些县后来改市或区，地名也有变化，如获鹿县后改石家庄市鹿泉区，在本书中我们仍沿用原著作或文章出版（发表）时所用的地名，不做改动。

陈淑静和许建中《定兴方言志》①、盖林海《平山方言志》②、朱秀兰和李巧兰《石家庄市区方言研究》③。二是各县市编纂的县志类材料和为了推普而编的一些教材对此现象有提及，但没有详细论述，如：《平乡县志》《魏县志》《新乐县志》《河北省普通话培训测试教程》《普通话与唐山方言》《普通话与邯郸方言》。三是相关论文涉及"X－儿"形式有关问题的。这方面的材料有两种：第一种是研究生的学位论文涉及儿化及相关内容的；第二种是已经发表的一些论文，有的是专门研究儿化相关问题的，有的则是在研究其他问题时对儿化有所涉及。

4. 对河北过渡地带方言内部差异的关注不够

根据历史语言学的观点，空间活的方言可以作为语言历时发展不同阶段的反映，那么作为方言的过渡地带，也可以看作语言发展的不同阶段的过渡时期。过渡阶段的复杂性无论对于我们在方言的描写方面，还是各种方言差异的比较研究方面，都有着不同寻常的重要意义。我们如果将过渡地带的方言面貌研究透彻了，就可以看到多种不同方言相互接触影响的情况。在河北有许多县市的方言处于几种方言的过渡地带，尤其是位于西部太行山区的一些方言，即使是一个方言内部，山区与平原地带也有很大差异。对这些过渡地带的方言进行调查研究，对了解全省的方言分布和方言差异都有重要意义，但是我们对这些县市方言的研究还很欠缺，已有的研究仅是对其中的一个点进行的，缺少整体差异比较的观念。

关于河北方言中的"X－儿"形式，根据目前我们调查的语料可知，它的读音类型、语法功能和意义，在河北不同的方言内部之间差

---

① 陈淑静、许建中：《定兴方言志》，方志出版社1997年版。
② 盖林海：《平山方言志》，河北教育出版社2004年版。
③ 朱秀兰、李巧兰：《石家庄市区方言研究》，中国戏剧出版社2006年版。

异很大。加之河北方言环京津的独特地理位置，如果能更好地研究河北方言中的儿化现象，就能为共同语儿化进行比较研究提供基础和可能。本书将在详细描写语料的基础上，对儿化的动因、演变模式和内在机制进行分析，深入探讨其音变模式的类型学意义。同时，从类型学的角度寻求有亲属关系方言的共性及相同、相似的演变规律，探求共性"基因"的内在联系，从而丰富有关理论研究的内容，深化"X-儿"形式的相关研究。

(二)"X-儿"形式研究对音变理论的价值

长期以来，音变被假设为纯语音的过程，语义、语法在音变中的作用未得到应有的重视。这除了与研究者研究目标有关外，还与主流研究所立足的印欧系语言的结构类型有一定关系。"音变不完全是像青年语法学派、布龙菲尔德所说的那样，是一种纯语音过程，而可能是各层面相互影响的产物，因为语义、语法等其他结构层面的变化同样会干扰语音的结构面貌和演变的规律。"[①] 而如何对语义、语法因素影响音变的内在机制进行准确、细密的认识和把握，推进音变理论研究，这是摆在历史语言学、理论语言学面前的崭新课题。汉语是单音节语，意义影响音变的证据十分丰富，其中河北方言中的儿化音变就是一个很典型的例子，从它的音变类型上看，既有语音性音变，也有功能性音变，这两种音变类型集中在一种音变形式上，其语言事实本身就是不可多得的宝贵语言材料，对音变类型学的研究有很重要的意义。

前人时贤对河北方言的研究做得很不充分，对河北各方言的大致面貌都缺乏系统的描写，更不用说对河北方言"X-儿"形式、Z变

---

① 徐通锵：《语言论——语义型语言的结构原理和研究方法》，东北师范大学出版社1997年版，第180页。

音等这样的单一现象进行专项研究了。虽然前期我们在写博士学位论文时曾做过"X-儿"形式的研究，但是由于时间和经费等诸多方面的限制，对"X-儿"形式的语义、语法的内容调查得还不够详细，而对于与之相关的 D 变音、Z 变音的语料的调查很少涉及。这次我们在做研究时，第一步工作就是自制表格，对河北方言中诸多音变现象进行了田野调查，获得了有价值的第一手语料，在观察和描写材料的基础上，以相关理论为指导，对"X-儿"形式的演变过程、动因以及演变模式进行分析，力图修正、补充前人音变理论研究中存在的一些不足。根据我们初步研究的结果，河北方言中的功能性变音的研究对音变研究有重要意义。以"X-儿"形式为代表的功能性音变，它们都遵循了语义—语音的虚化机制，以合音为最终表现形式，都和人类的发音共同机制有关。通过我们的研究，发现它是一个音义互动作用下的合音过程，我们用动态音姿理论看它的发生机制，儿化音变的形成本质上是"儿"后缀与前行音节的韵母音姿发生重叠，与声母产生音姿协调关系的结果。"X-儿"变音研究对类型学研究有方法论意义，合音是汉语一种独具特色的语法化模式。从河北方言的情况看，三种功能性变音之间有以下蕴含关系：Z 变音 ⊃ D 变音 ⊃ "X-儿"变音，即如果一个方言中有 Z 变音，那么一定有 D 变音和"X-儿"变音；一个方言中如果有 D 变音一定有"X-儿"变音，反之则不然。河北方言的几种功能性变音，最后的语音形式都表现为合音，合音后的音节与原来音节相比，发生变韵和（或）变调，原来的虚成分，由于在合音中它本身都已经不是一个完整的汉语音节，这个阶段和印欧语的屈折词缀的语法化阶段有本质的不同，它是汉语独具特色的语法化形式，我们对这些功能性变音进行研究，可以大大丰富有关音变理论研究的内容，深化了儿化变音的相关研究。

第二节 本书依据的理论和使用的方法

一 研究依据的主要理论

任何一个语言都是由语言各要素组成的系统,在这个系统中,由于各要素发展的不平衡性,各个子系统呈现非同步状态,处于不同发展阶段的语言形式构成了整个语言系统,使得这个系统呈现出一个非匀质状态。语言系统中各个子系统之间,呈现相互依存、相互影响的关系,在这种胶着的状态下共同向前发展。正是由于语言系统在不同的方言中的发展有快有慢,可以看作语言不同发展阶段在空间的体现。我们观察语言发展时,可以采用多方言对比的方法,勾勒出语言的发展脉络。具体到我们在研究"X-儿"形式的时候,要综合运用语音、语义和语法的相关理论。涉及的理论主要有波浪理论、语音演变理论以及语言类型学有关理论。

(一) 波浪理论

著名的"波浪理论"(Wave theory),是 J. Schmidt 在 1872 年提出的,他认为各方言的特点扩散像波浪,处于波源的方言共同点较多,扩散波及的边缘方言会受到干扰。波浪说的优点在于它能够有弹性地说明语言之间的关系和相互影响,它着眼于语言特点渐进性的扩散,可以更好地说明某一阶段上语言间的共时发生学关系。"波浪理论"为我们解释地理位置邻近的两个方言在"X-儿"形式变音上,由于地域上的接触和相互影响而产生趋同变化提供了理论基础。

(二) 语音演变相关理论

不同方言中"X-儿"形式的差异,都是"X-儿"形式历史演变阶段的折射，必然受到语音演变规律的制约。因为"X－儿"形式的演变又与语义、语法功能相关联，所以我们在研究"X－儿"形式时必须综合运用语音、语义、语法各方面的理论，才能更好地分析和解决问题。其中涉及的音变理论有两个。

1. 语音渐变理论

新语法学派对历史语言学的重要贡献，就是提出了语音渐变理论，他们提出的"语音规律无例外"也是历史语言学的核心原则。从我们调查到的河北方言"X－儿"形式的材料来看，在同一个"X－儿"形式系统内部，"X－儿"形式也呈现渐变的连续统，我们可以以语音渐变理论为指导，根据"X－儿"形式的空间差异，来更好地观察其历时演变过程。

2. 词汇扩散理论

这一理论是王士元（William S－Y. Wang）先生在 *Competing Changes as a Cause of Residue* 一文中提出的，以语言系统中的变异为对象，把词看成音变的单位，他认为语音的变化，先从少数特殊的词开始，而后逐渐扩及相关的词。词汇扩散理论较之语音渐变理论，更加注重过程的分析，揭示了语音演变的动态演变过程，更有利于解释语音演变的例外。语音渐变理论和词汇扩散理论，这两种理论正如张树铮先生所说的"并不是互相对立，而是一种互相补充的关系"①。这一理论在我们研究"X－儿"形式的接触式音变时，是非常有效的。

（三）语言类型学理论

正如罗仁地先生所指出的："在分析某一个语言的时候，类型学知识可以帮助分析者了解该语言所呈现的语法系统，同时，如果发现

---

① 张树铮：《语音演变的类型及其规律》，《文史哲》2005年第6期。

该语言里有某种现象，分析者就可以知道所发现的现象是常见的或是少见的，进而可以确定该现象对语言学理论的重要性。"① 我们在进行"X-儿"形式研究时，将使用语言类型学的研究成果来解释一些表面上看起来比较"特殊"的现象，从而找出他们的共性规律，来解释这种所谓特殊性背后的制约共性，比如为什么同是"X-儿"形式在不同的地域会有不同的语音变化特征，这些语音变化特征有无共性规律，有无人类共同的语音机理在起作用；为什么不同的变音（儿化变音、D变音、Z变音）却有着相同的演变模式和趋势等问题，我们只有将其放在类型学的视域视角下，进行更大范围的考察，问题才能得到解决。

二 研究方法

（一）田野调查法

田野调查法是一种调查者直接深入当地，与被调查者近距离密切接触的一种数据采集方法。在这个过程中，要求方言调查人，克服客观环境等一切不利因素，做到和方言被调查人面对面交流，让方言发音人按照调查者的目的和意图，真实呈现他们的语言面貌，方言调查人将这个过程真实记录下来。田野调查要求调查者在实地的调查过程中必须坚持真实客观、系统全面、发展变化的态度忠实地记录。前人的语料虽然能为我们的研究所用，但是由于前人留给我们的河北方言研究语料相对匮乏，加之不同人的研究目的和关注点不同，为了更准确地、有针对性地完成我们"X-儿"形式的研究目的，我们研究所用的语料主要是采用田野调查法所得的语料。在2012—2014年，我们课题组分两个阶段（初查和复核），对河北方言"X-儿"形式做了系

---

① 罗仁地：《历史语言学和语言类型学》，《北京大学学报》（哲学社会科学版）2006年第2期。

统的专项调查，调查的程序如下。

第一，自制方言调查表格，表格所用例词都是经过我们认真思考、反复筛选所得。如《儿化词调查表》我们所选例词涵盖了普通话的39个韵母，还包括了部分日母字单字音例字，在进行调查时首先调查儿、耳、二、日、软等，以及子、籽、字等单字音的读音情况，然后再调查例词原形和儿化词的读音。

第二，到实地进行调查。我们在进行方言调查时，选取发音人的时候，力争每个方言点所选发音人，充分考虑到年龄差异，包含老年人、中年人和青年人三代，而且要求发音人是土生土长的本地人，常年使用方言，发音较地道。

第三，语料整理汇总。我们将调查所得语料进行第二阶段的处理，处理语料的时候主要采用分类归纳的办法，首先依据每一个调查表，将各地的方言语料分类整理，观察每一类调查语料本身反映的问题；其次依据方言分区将调查语料进行分类，观察有无规律性数据；最后依据音值情况将每类调查数据进行重新归纳整理，查找其地理分布规律。

第四，制定第二套表格，对前面的调查进行重点核查和查漏补缺。在进行语料汇总的时候注意观察以前未预料到的新情况，然后有针对性地再制定第二套表格，对一些重点现象进行补充调查，比如说"X－儿"形式中涉及声母变化的方言，这是我们之前未曾想到，前人也未报道过的现象，在初次语料调查时我们发现了这一现象，那么我们就针对这一问题再重点进行核查。还有"X－儿"形式的读音比较特殊的，不能纳入我们此前设想的"三大系统"音值的方言，我们对其进行重点核查，以保证语料的准确可信。

（二）历史比较法

历史比较法最初是用于印欧语系亲属语言之间的比较研究，后来逐渐运用到其他语系，历史比较法的核心内容是"如何从语言的空间差异中去推断语言在时间上的发展序列"①。单就河北方言"X-儿"形式来说,它有纷繁多样的变音形式,空间差异很大,这是运用历史比较法的良好条件。这种方法为分析河北方言"X-儿"形式的演变提供了有力的工具。语言的发展演变不仅包括从古至今的变化,也包括今后的发展趋势、走向。在采用比较法时,我们采用共时和历时比较相结合的方法。共时比较则是研究语言未来发展演变的基础,历时比较可以帮助我们厘清语言发展演变的线索。我们在描写的同时,注重多个纬度上材料的比较。不仅有共时的,即横向的比较,如方言内部相关语言现象的比较及方言与方言之间的比较。同时我们在进行共时比较的时候,材料不局限于河北方言内部各点、各片之间的共性与差异,同时与周边方言,如山东方言、河南方言、山西晋语等也进行必要的比较。而且有历时的,即纵向的比较,将共时方言语料和历时语料对照,以求相互印证。我们运用的历时材料较为丰富,有《中原音韵》《五方元音》《李氏音鉴》等韵书和多种历史文献材料。我们在讨论"X-儿"形式的发展演变时,在共时比较的基础上,进行相关的历时比较,以期从中挖掘出它发展的历时轨迹。

(三) 方言地理学方法

方言地理学是"通过实地调查,并用绘制方言地图的办法来研究语言地理变异的方言学专门领域之一"②。方言地理学工作内容主要是,在方言调查的基础上,以众多地点的方言事实为基础,绘制方言地图,利用方言地图显示方言差异的地理分布,在此基础上,探讨方言现象的历史变化过程,这也是方言研究工作的重要内容。绘制方言地图时利用各种语线及各类符号把某些方言特征分布直观地表现出来,这对于我们研究某些特征的地域推移,进行语音演变史的研究也

---

① 徐通锵:《历史语言学》,商务印书馆2001年版,第95页。
② 彭克宏:《社会科学大词典》,中国国际广播出版社1989年版。

至关重要。

我们在对"X-儿"形式音值演变进行研究时,也采用方言地图的形式将其地域分布情况客观地标示出来,在此基础上探讨各类音值的成因和方言接触与影响问题。我们所用地图分成两类情况:一是点状分布图,用来显示不同县市"X-儿"形式的读音情况。二是面状分布图,用来标示儿化读音某一系统的读音分布情况。

由于书稿出版时,对其中涉及行政区划的地图有限制,所绘地图一律做了删除处理。我们将其中的地图内容全部改为语言表述的形式,不会影响全书内容的完整性。

第三节 语料的来源和本书所用符号等相关问题的说明

一 所用语料的分类

首先,我们使用的是通过实地调查获得的第一手语料,通过实地调查得到的语料,不仅可靠,而且可以发现前人未发现的语言现象,比如在我们实地调查的过程中就有两个新的发现:一是儿化的类型和音值是成系统的,在河北方言中有三个大的系统存在。二是河北方言中同样存在Z变音和D变音现象,如赵县的D变音、威县D变音、武邑D变调、邢台的Z变音、沙河的Z变音,等等,而且这些变音现象与儿化的演变模式既有相似性,又存在差异。本文系统调查了150县市320个方言点的"X-儿"形式,得到了大量鲜活的一手语料。

其次,我们所使用的第二手语料都是通过查检文献所得。它包括两类材料。

(一)共时研究语料

主要有以下三种材料。

绪　论

　　一是研究河北方言的有关论文、著作和博士、硕士学位论文。除了我们上文中提到的涉及"X－儿"形式的材料，我们还对没有涉及儿化研究内容的研究河北方言的论文进行了查阅，以便在更大的程度上了解河北方言的研究成果，有利于对"X－儿"形式相关问题进行深入研究。如：陈淑静《古四声在河北方言中的演变》[1]、张莉《河北地名特殊读音字例析》[2]、张莉《河北定州方言语法特点概述》[3]、杨文会《张家口地区方言的一般特点》[4]、唐健雄《河北方言的程度表示法》[5]、李云龙《高邑方言音系及相关问题》[6]、刘华卿《邢台地方普通话语言特征分析》[7]、杨文会《张家口方言的调类及连读变调》[8]、吴继章《河北方言中的"圪"头词》[9]、桑宇红《枣强（桑庄）话知庄章三组声母与〈中原音韵〉之比较》[10]、桑宇红《古知庄章三组声母在衡水桃城区的读音差异》[11]、桑宇红《衡水方言中古知庄章三组声母字的读音》[12]、蔡录昌和李春萍《井陉方言的语音体系》[13]、刘义青

---

[1] 陈淑静：《古四声在河北方言中的演变》，《河北大学学报》（哲学社会科学版）1994年第2期。

[2] 张莉：《河北地名特殊读音字例析》，《汉字文化》1998年第4期。

[3] 张莉：《河北定州方言语法特点概述》，《河北大学学报》（哲学社会科学版）1999年第1期。

[4] 杨文会：《张家口地区方言的一般特点》，《张家口职业技术学院学报》1999年第2期。

[5] 唐健雄：《河北方言的程度表示法》，《河北师范大学学报》（哲学社会科学版）2000年第4期。

[6] 李云龙：《高邑方言音系及相关问题》，《天津大学学报》（社会科学版）2000年第4期。

[7] 刘华卿：《邢台地方普通话语言特征分析》，《邢台师范高专学报》2002年第1期。

[8] 杨文会：《张家口方言的调类及连读变调》，《张家口职业技术学院学报》2002年第2期。

[9] 吴继章：《河北方言中的"圪"头词》，《语文研究》2003年第4期。

[10] 桑宇红：《枣强（桑庄）话知庄章三组声母与〈中原音韵〉之比较》，《河北师范大学学报》（哲学社会科学版）2003年第5期。

[11] 桑宇红：《古知庄章三组声母在衡水桃城区的读音差异》，《山西大学学报》（哲学社会科学版）2004年第2期。

[12] 桑宇红：《衡水方言中古知庄章三组声母字的读音》，《语文研究》2004年第2期。

[13] 蔡录昌、李春萍：《井陉方言的语音体系》，《邯郸师专学报》2004年第2期。

和张艳梅《深泽方言重叠式初探》①、吴继章《河北方言词缀发展演变的趋势及语义在其中的作用》②、黄卫静《邢台市方言尖团音分混问题》③、吴继章《河北魏县方言与"着"有关的两个问题》④、吴继章《河北魏县方言的"了"——与汉语普通话及其他相关方言、近代汉语等的比较研究》⑤、桑宇红《止开三知庄章组字在近代汉语的两种演变类型》⑥、王锡丽《邯郸方言入声舒化的叠置式音变》⑦、王锡丽《邯郸方言中古入声字的舒化》⑧、田恒金和李小平《河北方言地名中的一些音变》⑨、唐健雄《河北方言里的"X得慌"》⑩、王丽彩《河北鸡泽话中的小称词缀研究》⑪、刘秀燕《河北方言所见〈醒世姻缘传〉词语选释》⑫、李旭和梁磊《河北方言研究的历史和现状》⑬、曹牧春《河北威县方言的D变韵》⑭、尚新丽《邢台县方言的"子"尾研究》⑮、张锦玉和时秀娟《张家口方言响音的鼻化度研究》⑯、

---

① 刘义青、张艳梅：《深泽方言重叠式初探》，《保定师范专科学校学报》2004年第3期。
② 吴继章：《河北方言词缀发展演变的趋势及语义在其中的作用》，《语言研究》2005年第1期。
③ 黄卫静：《邢台市方言尖团音分混问题》，《邢台学院学报》2005年第4期。
④ 吴继章：《河北魏县方言与"着"有关的两个问题》，《语文研究》2006年第1期。
⑤ 吴继章：《河北魏县方言的"了"——与汉语普通话及其他相关方言、近代汉语等的比较研究》，《语文研究》2007年第3期。
⑥ 桑宇红：《止开三知庄章组字在近代汉语的两种演变类型》，《语文研究》2007年第1期。
⑦ 王锡丽：《邯郸方言入声舒化的叠置式音变》，《河北工程大学学报》（社会科学版）2007年第1期。
⑧ 王锡丽：《邯郸方言中古入声字的舒化》，《邯郸学院学报》2007年第2期。
⑨ 田恒金、李小平：《河北方言地名中的一些音变》，《语文研究》2008年第2期。
⑩ 唐健雄：《河北方言里的"X得慌"》，《河北师范大学学报》（哲学社会科学版）2008年第2期。
⑪ 王丽彩：《河北鸡泽话中的小称词缀研究》，《广西社会科学》2008年第3期。
⑫ 刘秀燕：《河北方言所见〈醒世姻缘传〉词语选释》，《现代语文》（语言研究版）2008年第6期。
⑬ 李旭、梁磊：《河北方言研究的历史和现状》，《南开语言学刊》2008年第2期。
⑭ 曹牧春：《河北威县方言的D变韵》，《语言学论丛》2007年第36辑。
⑮ 尚新丽：《邢台县方言的"子"尾研究》，《安徽文学》下半月2008年第11期。
⑯ 张锦玉、时秀娟：《张家口方言响音的鼻化度研究》，《河北北方学院学报》（社会科学版）2009年第3期。

绪　论

李巧兰《中古阳声韵在河北方言中的读音演变研究》[①]、李巧兰《河北赵县方言的 D 变音》[②]、高玉敏和卢冀峰《河北灵寿方言分音词所体现的晋语过渡性特征研究》[③]、高玉敏和夏焕梅《河北灵寿方言"圪"头词所体现的晋语过渡性特征研究》[④]。

二是研究河北以外方言"X-儿"形式的语料，参看的材料详细情况请见前文第 1—11 页。

三是相关理论研究论文、著作。为了将相关研究推向深入，我们还对一些理论研究的论著进行了查阅和参考，主要涉及语言类型学、语言地理学、语言演变理论、语法化、语音学与音系学等方面相关的理论著作和论文，如：罗常培《汉语音韵学导论》[⑤]、史存直《汉语语音史纲要》[⑥]、桥本万太郎《语言地理类型学》[⑦]、Hopper 和 Traugott 的 *Grammaticalization*[⑧]、徐通锵《语言论——语义型语言的结构原理和研究方法》[⑨]、王福堂《汉语方言语音的演变和层次》[⑩]、王洪君《汉语非线性音系学》[⑪]、徐通锵《历史语言学》[⑫]、石毓智等《汉语语法化的历程——形态句法发展的动因和机制》[⑬]、钱曾怡《汉语方言

[①] 李巧兰：《中古阳声韵在河北方言中的读音演变研究》，《唐山师范学院学报》2012 年第 6 期。
[②] 李巧兰：《河北赵县方言的 D 变音》，《语文研究》2013 年第 3 期。
[③] 高玉敏、卢冀峰：《河北灵寿方言分音词所体现的晋语过渡性特征研究》，《现代语文》（语言研究版）2014 年第 9 期。
[④] 高玉敏、夏焕梅：《河北灵寿方言"圪"头词所体现的晋语过渡性特征研究》，《现代语文》（语言研究版）2014 年第 7 期。
[⑤] 罗常培：《汉语音韵学导论》，中华书局 1980 年版。
[⑥] 史存直：《汉语语音史纲要》，商务印书馆 1981 年版。
[⑦] [日] 桥本万太郎：《语言地理类型学》，余志鸿译，北京大学出版社 1985 年版。
[⑧] Paul J. Hopper, Elizabeth Closs Traugott, *Grammaticalization*, 北京大学出版社 2005 年版。
[⑨] 徐通锵：《语言论——语义型语言的结构原理和研究方法》，东北师范大学出版社 1997 年版。
[⑩] 王福堂：《汉语方言语音的演变和层次》，语文出版社 1999 年版。
[⑪] 王洪君：《汉语非线性音系学——汉语的音系格局与单字音》，北京大学出版社 1999 年版。
[⑫] 徐通锵：《历史语言学》，商务印书馆 2001 年版。
[⑬] 石毓智、李讷：《汉语语法化的历程——形态句法发展的动因和机制》，北京大学出版社 2004 年版。

研究的方法与实践》①、李如龙《汉语方言的比较研究》②、石毓智《汉语研究的类型学视野》③、罗仁地《历史语言学和语言类型学》④、朱晓农《历史音系学的新视野》⑤、金立鑫《语言研究方法导论》⑥、马照谦《汉语方言儿化韵的发音音系学分析》⑦、李韧之《类型学及其理论框架下的语言比较》⑧、周启强《词汇化模式的认知阐释》⑨、戴庆厦和朱艳华《20 年来汉藏语系的语言类型学研究》⑩、张慧丽《汉语方言变韵的语音格局》⑪、马楠《汉语方言语音变异过程的类型》⑫，等等。

(二) 关于历史文献相关语料

为了更好地了解汉语儿化词的形成过程及其语义变化，我们查检了先秦到清末民国初期的 234 部历史文献电子语料库⑬，检索的篇目如下。

春秋、战国、秦朝时期：《周易》《春秋左传》《周礼》《春秋公羊传》《春秋穀梁传》《尚书》《孝经》《诗经》《尔雅》《札记》《论语》

---

① 钱曾怡：《汉语方言研究的方法与实践》，商务印书馆 2002 年版。
② 李如龙：《汉语方言的比较研究》，商务印书馆 2003 年版。
③ 石毓智：《汉语研究的类型学视野》，江西教育出版社 2004 年版。
④ 罗仁地：《历史语言学和语言类型学》，《北京大学学报》（哲学社会科学版）2006 年第 2 期。
⑤ 朱晓农：《历史音系学的新视野》，《语言研究》2006 年第 4 期。
⑥ 金立鑫：《语言研究方法导论》，上海外语教育出版社 2007 年版。
⑦ 马照谦：《汉语方言儿化韵的发音音系学分析》，博士学位论文，上海师范大学，2007 年。
⑧ 李韧之：《类型学及其理论框架下的语言比较》，《解放军外国语学院学报》2008 年第 1 期。
⑨ 周启强：《词汇化模式的认知阐释》，《四川外国语学报》2009 年第 1 期。
⑩ 戴庆厦、朱艳华：《20 年来汉藏语系的语言类型学研究》，《云南民族大学学报》（哲学社会科学版）2011 年第 5 期。
⑪ 张慧丽：《汉语方言变韵的语音格局》，博士学位论文，北京大学，2011 年。
⑫ 马楠：《汉语方言语音变异过程的类型》，《汉语学报》2013 年第 1 期。
⑬ 所用语料库为首都师范大学开发的《国学备要》光盘版。

绪 论

《老子》《仪礼》《韩非子》《国语》《公孙龙子》《商君书》《荀子》《逸周书》《孙子》《冠子》《吕氏春秋》《列子》《晏子春秋》《墨子》《庄子》《慎子》《尹文子》《管子》《穆天子传》《孟子》《邓析子》《文子》《吴子》《关尹子》。

汉朝时期：《韩诗外传》《尚书大传》《春秋繁露》《大戴礼记》《白虎通义》《史记》《汉书》《战国策》《列女传》《吴越春秋》《淮南子》《论衡》《盐铁论》《风俗通义》《申鉴》《新论》《新书》《孔丛子》《太玄经》《法言》《说苑》《新序》《新语》《忠经》《孔子家语》《海内十洲三岛记》《九章算术》《楚辞章句》。

魏晋南北朝时期：《后汉书》《三国志》《山海经》《越绝书》《水经注》《宋书》《洛阳伽蓝记》《颜氏家训》《金楼子》《刘子》《南齐书》《肇论》《弘明集》《抱朴子》《魏书》《真诰》《素书》《古画品录》《人物志》《世说新语》《搜神记》《文选》《玉台新咏》《曹子建集》《陶渊明集》《华阳国志》。

隋朝时期：《童蒙止观》《全隋诗》。

唐朝时期：《梁书》《周书》《大唐西域记》《大业拾遗记》《贞观政要》《隋书》《蛮书》《陈书》《吴地记》《南史》《唐六典》《北齐书》《通典》《史通》《晋书》《楞严经》《坛经》《无能子》《长短经》《历代名画记》《书谱》《北史》《乐府杂录》《茶经》《大唐新语》《幽闲鼓吹》《艺文类聚》《初学记》《游仙窟》《敦煌变文集》《全唐诗》《韩愈集》《柳宗元集》。

五代十国时期：《旧唐书》《唐摭言》《开元天宝遗事》《金刚经》《祖堂集》《化书》《中华古今注》《全唐五代词》《花间集》。

宋朝时期：《新唐书》《四书章句集注》《云笈七签》《蒙鞑备录》《洛阳缙绅旧闻记》《海岳名言》《大宋宣和遗事》《新五代史》《旧五代史》《朱子语类》《资治通鉴》《近思录》《五灯会元》《五代史补》《景德传灯录》《桯史》《棋经十三篇》《靖康传信录》《营造法式》《唐语

林》《洛阳牡丹记》《北梦琐言》《容斋随笔》《老学庵笔记》《林泉高致》《鹤林玉露》《东京梦华录》《湘山野录》《梦粱录》《铁围山丛谈》《渑水燕谈录》《太平御览》《太平广记》《乐府诗集》《全宋词》《绝妙好词》《欧阳修集》《苏轼集》《张载集》。

元朝时期：《宋史》《元朝秘史》《忍经》《唐才子传》《元诗别裁集》《西厢记》《窦娥冤》《琵琶记》《元好问集》《辽史》《金史》。

明朝时期：《元史》《晋五胡指掌》《备倭记》《万历野获编》《传习录》《一贯问答》《天工开物》《西南夷风土记》《古今风谣》《西游记》《水浒传》《三国演义》《金瓶梅》《拍案惊奇》《二刻拍案惊奇》《型世言》《清平山堂话本》《封神演义》《东周列国志》《挂枝儿》《王阳明集》《牡丹亭》《娇红记》。

清代：《明史》《经学历史》《新元史》《清史稿》《续资治通鉴》《文史通义》《圣武亲征录校注》《南明野史》《郎潜纪闻初笔》《清朝前纪》《随园食单》《聊斋志异》《断鸿零雁记》《红楼梦》《儒林外史》《醒世姻缘传》《镜花缘》《七侠五义》《老残游记》《侠义风月传》《孽海花》《六朝文》《骈体文钞》《古文观止》《清诗别裁集》《人境庐诗草》《桃花扇》《长生殿》。

二 方言调查内容和方法

（一）内容

为了全面了解儿化词的读音、语义及语法功能，有关儿化的调查，我们制定了调查表格，这个表主要是对中古日母字（包括儿系列字）和儿化词的发音和使用范围的调查，编排的时候我们按韵编制，涉及了 39 个韵母的儿化词。

以上各项内容的重点涉及两个方面：一个是语音调查，一个是语法调查，所以我们在设计调查表时，依据调查目的的不同主要考虑不同因素。第一，设计语音调查表时考虑了以下因素：一是各类音节的丰富程度问题，尽量涉及开齐合撮四呼韵母及与各类声母的搭配；二是河北方言中知庄章声母的分合情况的调查；三是特殊音节的读音情况，如河北方言中入声韵母和比较特殊韵母的读音；四是日常使用频率高的口语词。第二，语法调查表在设计时，考虑到以下因素：一是普通话中"儿""子"的构词、别义功能在方言中的使用范围和语义分布情况；二是方言中"儿"的特殊语法功能与其他虚成分，如时体成分、方位介词、结构助词等之间的对应关系情况。

（二）方法

1. 样本采集的方法

在对样本进行采集的时候，我们采用当地调查和异地调查相结合的办法。首先，我们利用学校的学生大部分来自省内各县市，会讲方言的有利条件，先进行异地调查，这样大大提高了调查的效率，也节约了调研的费用。其次，我们在对各地学生进行初步摸底的情况下，我们再到方言区去，找一些年龄稍大些的中老年人进行对比调查。当地调查我们主要以短期调查为主，我们在业余时间，按照调查计划，去到方言区当地，请几位发音人来专门介绍当地方言相关现象的情况。同时，我们在寒假、暑假的时候还重点对一些方言点进行了语料针对性调查。在语料梳理的过程中，发现问题时，我们还补充以通信调查，如网络视频和电话通话问询等方式进行个别发音人的调查。

2. 回收样本数据处理的方法

我们在对回收回来的样本数据进行处理时，主要采用描述统计的方法。首先，我们对调查所得语料进行预处理。主要分三步，第一步对数据进行审核，就是检查语料是否有失实或不当，发现问题及时补正。第二步对数据进行分类筛选，将符合特定条件的数据筛选出来，进行分类处理。语料筛选的原则：一是一个县一个点有两个以上调查人的，我们采用年长的人发的音为准。二是一个县有两个以上点的，我们采用与普通话差异较大的点为记音标准。三是如果一县方言内部有地域差异或者有新老派差异，我们在描写时加以说明。第三步对数据进行整理或排列，以便于观察发现一些明显的特征，也有助于重新归类或分组。其次，我们对分类整理过的数据进行图示。利用方言地理学的方法将原始的语料信息直观地标示在地图上，以备后期的进一步研究处理。这个过程也分两步进行，第一步先制作原始数据图，将调查到的语言特征的地理分布直接标注到地图上。第二步制作编辑地图，即对已有的材料进行整理，将整理的结果标记到地图上。

3. 方言调查人的选取原则和方法

本次调查对象共666人，调查对象的选择考虑以下因素。第一，语言环境。包括三个方面：一是家庭语言使用情况，考虑父母的语言状况，父母均为当地人，本人在当地出生和长大者，为土派；父母一方或双方为外地人，本人在本地出生和长大者，为新派；二是居住地区语言差异，分县城和乡村两种；三是发音人性别。第二，语言能力。包括三个方面：一是年龄差异，我们将被调查人分老、中、青三代，老派指60岁以上的人，中派指40—60岁的人，青派指40岁以下的人。二是文化程度，受教育程度从小学、中学、本科直到硕士研究生各种情况都有。三是职业情况，乡村以农民为主，县城以工人为主，青派以学生、教师和其他人员为主。第三，日常语言使用状态。生活中主要使用方言，还是普通话。

三 本书所用符号

本书使用国际音标记音。

(一) 辅音

本书所用辅音见表0-1。

表0-1　　　　　　　　本书所用辅音

发音方法		发音部位							
		双唇	唇齿	舌叶	舌尖前	舌尖中	舌尖后	舌面前	舌根
塞音	清	p,pʻ				t,tʻ			k,kʻ
	浊	b				d			g
塞擦音	清			tʃ,tʃʻ	ts,tsʻ		tʂ,tʂʻ	tɕ,tɕʻ	
	浊				dz		dʐ	dʑ	
鼻音		m				n			ŋ
边音	清					l	ɭ		
	浊								
闪音					ɾ		ɽ		
擦音	清		f	ʃ	s		ʂ	ɕ	
	浊		v		z		ʐ		

(二) 元音

本书所用元音见表0-2。

表0-2　　　　　　　　本书所用元音

舌位	舌尖元音		舌面元音		
	前	后	前	央	后
高	ɿ	ʅ	i,y		ɯ,u
半高			e		ɤ,o
中				ə	

续表

舌位	舌尖元音		舌面元音		
	前	后	前	央	后
半低			ɛ	ɜ	
次低				ɐ	
低			a		ɑ

（三）声调符号

本书标调一律采用五度数值标记法，标在音标的右上角，如有变调的，标在原调后，用"－"连接，如：妈［ma^{55}］，马上［ma$^{214-21}$ ʂaŋ^{51}］。

第一章　河北方言中"X–儿"形式音变情况调查实录

第一节　河北方言中"X–儿"形式的类型

　　河北方言中"X–儿"形式的音变，几乎涵盖了河北所有的方言，分布范围非常广，而且读音情况分"三大系统"。从它的表义和语法功能角度来说，情况也比较复杂，我们从音义功能有无联系的角度进行类型划分，河北方言"X–儿"形式的音变有两种类型。一种是语音性音变。这种类型的音变，从它的来源看，并不是"儿"前附于"X"发生音变的结果，这些音变，来源于"里""日"等字与其前音节的合音，这种合音形式恰巧与本方言中的儿化读音相同，这种语音性音变是在语音相似性制约下的一种音变现象。另一种是功能性变音。这种类型的"X–儿"形式的音变，都具有一定的语义和语法功能。这种音变类型在语音变化的过程，和"儿"语义的虚化有密切关系，其中"儿"音节的轻声化是其变化的一个关键步骤。这种类型的音变，我们称它为"X–儿"形式变音，与只受语音条件制约的纯音变不同，它是一个音义互动过程。对河北方言中这两种类型的"X–儿"形式的音变我们分别加以描写。

一 语音性音变的"X-儿"形式

(一) 来源于"日"的儿化音变

来源于"日"的儿化音变,即"今日、明日、昨日、后日、前日、大前日、大后日"等有些带"日"的时间词语可以用"儿"来替换形成"X-儿"的形式。根据这两种形式的具体用法,可以分为以下三种情况。

第一,既可以说成"X-儿"的形式,又可以说成"X-日"的形式,两种说法都可以使用。

在来源于"日"的儿化音变类型中,两种说法并行的地域分布为,石家庄市的市区、藁城、井陉县、赞皇县、平山县、辛集市、晋州市、新乐市①,唐山市的开平区、丰南区、玉田县、迁西县②,秦皇岛市的山海关区、卢龙县,邯郸的大名县、磁县、永年、鸡泽县③、广平县、魏县,邢台市的邢台县、柏乡县④、任县、宁晋县⑤、清河县⑥,保定市的安国市、博野县、定兴县、阜平县、涞源县、蠡县、清苑、顺平县、唐县、望都县、徐水⑦、易县、涿州市,张家口市的张北县、康保县,沧州市的泊头市⑧、任丘市、献县、黄骅市,衡水市的饶阳县。

第二,一般只能说成"X-儿","X-日"已完全变为"X-儿"的形式。

---

① 新乐市"昨日"说 [jiɛ⁵⁵luo²¹kɤ²¹]。
② 迁西县有特殊音变,"今日""昨日"说成 [ji⁵⁵kɤ²¹] [liɛ⁵¹kɤ²¹]。
③ 鸡泽县"后日""大后日"说成"过了明儿""大过了明儿"。
④ 柏乡县"昨日"说 [jiɛ³⁵xuār³¹]。
⑤ 宁晋县"今日"说成"基个","后天"说成 [kuo⁵¹lou⁵¹miɚ⁵¹]。
⑥ 清河县"昨天""前日"还可以说 [jɛ⁵¹lai² k'ɤ²] [tɕ'iɛn³⁵zi⁵¹k'ɤ²]。
⑦ 由于行政区划的调整,目前徐水已经成为保定市徐水区,我们进行方言调查时徐水还是一个县级市,本书中凡涉及行政区划调整的县或县级市,我们仍按它是一个独立的方言点处理。
⑧ 泊头市"昨天"也说 [jɛ⁵¹lai²¹xɤ²¹]。

属于这种情况的方言有，石家庄市的鹿泉、正定县①、行唐县、灵寿县②、高邑县、深泽县③、无极县④、元氏县，唐山市的滦南县、乐亭县、遵化市、迁安市，秦皇岛市的抚宁区，邯郸市的市区、肥乡、邯山区（原邯郸县），邢台市的临城县、南和、隆尧县、广宗县⑤、沙河市，保定市的市区、高阳县、定州市，张家口的宣化区、沽源县、蔚县、万全区，承德市的兴隆县、承德县，沧州市的市区、东光县、河间市、盐山县、沧县、海兴县、吴桥县、青县，衡水市的故城县、枣强县、武邑县、冀州、深州市，廊坊市的固安县、霸州市、三河市、永清县、大厂回族自治县。

第三，在来源于"日"的儿化音变中部分词中用"X-儿"，部分词中用"X-日"类型，如：邯郸市的曲周县、邢台市的市区，说"大后日""大后天""大前日""大前天""昨日""昨天"和"今儿""明儿"；新河县说"今天""明天""夜来""过明儿""前日"⑥"大前日""大过明儿"。秦皇岛市青龙满族自治县大部分时间词没有儿化，只有"前儿个""大后儿个"有儿化；武安市只有"明儿"一个词用儿化形式；巨鹿县只说"今儿个"。

（二）来源于"里"的儿化音变

来源于"里"的儿化音变，当 X 为代词"这""那""哪"时，"X-里"可以用"X-儿"替换，意思不变，主要有三种情况。

第一，有些带"里"的词语可以用"儿"来替换，也可以不替

---

① 正定县说"今儿个""明儿个""昨儿个""前儿个""后儿个"。
② 灵寿县只读"今儿个""昨儿个""明儿个"。
③ 深泽县"明日"说 [miŋ³⁵tsɑu³]。
④ 无极县"明日""昨日""后日""大后日"说 [kan²⁴ miɚr²¹⁴] [jɛ⁵¹li²⁴] [kuo⁵¹lou⁰miɚr²¹⁴] [tA⁵¹kuo⁵¹lou⁵¹miɚr²¹⁴]。
⑤ 广宗县有特殊音变，说成 [tɕiər⁵⁵xɤ⁵¹] [kan²¹⁴miɚr²¹⁴] [jiɛ⁵¹xɤ⁵¹] [kuo⁵¹mɤ³⁵] [tA⁵¹kuo⁵¹mɤ³⁵]。
⑥ 新河县"前日"读 [tɕʻiɛn³⁵yi³¹]。

换,两种说法并行,即"这里""那里""哪里"可以说成"这儿""那儿""哪儿"或者"这里""那里""哪里"。

两种说法并行的地域分布为,石家庄市的市区、藁城、鹿泉、井陉县、赞皇县、正定县、平山县、元氏县、灵寿县、晋州市、新乐市、辛集市,唐山市的玉田县、迁西县,秦皇岛市的市区、卢龙县、青龙满族自治县,邯郸市的鸡泽县、广平县、临漳县、永年、魏县①、武安市,邢台市的市区、邢台县、隆尧县、任县、南和县、宁晋县、平乡县、魏县②、南宫市,保定市的市区、清苑、涞水县、徐水、唐县、涞源县、望都县、顺平县、博野县,张家口市的张北县,承德市的承德县、丰宁满族自治县,沧州市的河间市、吴桥县、献县、泊头市、任丘市、黄骅市,廊坊市的大厂回族自治县、三河市,衡水市的枣强县、饶阳县、景县、阜城县。

第二,有些地区只能说成"X-儿"的形式,即只说成"这儿""那儿""哪儿",不再说"X-里"形式。这种情况主要见于,石家庄市的行唐县,秦皇岛市的抚宁区,邯郸市的市区、邯山区(原邯郸县)、磁县、肥乡、曲周县,邢台市的临城县、巨鹿县、沙河市,保定市的满城、阜平县、高阳县、易县、曲阳县、蠡县、涿州市、定州市,张家口市的宣化区、康保县、沽源县、万全区,唐山市的开平区、丰南区、乐亭县、滦南县、迁安市、遵化市,承德市的兴隆县,沧州市的肃宁县,廊坊市的固安县、永清县、霸州市、冀州。

第三,有些地区还未儿化,只说"X-里"形式。这种情况见于:邢台市的柏乡县、清河县、安国市③,沧州市的市区、东光县、海兴县、盐山县,衡水市的武邑县、故城县、深州市④。

---

① 魏县的"屋里"读 [wu^{55}lei^{35}]。
② 威县的"哪里"读 [na^{214}xA^4]。
③ 安国市没有卷舌音,"里"读 [ni^{35}]。
④ 深州市的"里"读 [xai^{55}]。

当"X"为方位名词时,如"屋里""井里""院子里""手里""锅里"等,其中有两种情况。

一是部分"X-里"形式可以用"X-儿"形式替换。石家庄市的鹿泉区、元氏县,保定市的涞水县,沧州市的肃宁县,廊坊市的固安县、永清县,衡水市的故城县、冀州区的"院子里"可以说成"院儿";石家庄市的井陉县、衡水市阜城县的"屋里"可以说成"屋儿",石家庄市的正定县、唐山市的丰润区、武安市的"屋里""院子里"可以说成"屋儿""院儿";邯郸市的邯山区(原邯郸县)的"屋里""井里""院子里"三个词可以说成"屋儿""井儿""院儿";邯郸市的磁县的"屋里""井里""院子里""手里"四个词可以说成"屋儿""井儿""院儿""手儿"。

二是所有名词的"X-里"都可以变成"X-儿"。这种情况有唐山市的开平区、丰南区、乐亭县、迁安市,邯郸市的曲周县,邢台市广宗县。

名词中只能说成"X-里"形式的地区有石家庄市的市区、藁城区、赞皇县、行唐县、无极县、平山县、灵寿县、深泽县、晋州市、辛集市、新乐市,唐山市的迁西县、滦南县、遵化市,秦皇岛市的市区、抚宁区、卢龙县、青龙满族自治县,邯郸市的市区、肥乡、大名县、永年、临漳县、广平县、鸡泽县,邢台市的市区、柏乡县、隆尧县、巨鹿县、任县、邢台县、宁晋县、平乡县、清河县、南和县、沙河市,保定市的市区、满城、博野县、唐县、高阳县、清苑、阜平县、涞源县、蠡县、望都县、易县①、曲阳县、顺平县、涿州市、徐水、定州市,张家口市的张北县、康保县、宣化区、万全区、沽源县,承德市的兴隆县、承德县、丰宁满族自治县,沧州市的市区、海兴县、河间市、东光县、盐山县、献县、吴桥县、泊头市、黄骅市、任丘市,

---

① 易县"屋里"的"里"读 [ni²¹⁴]。

廊坊市的三河市、大厂回族自治县、霸州市，衡水市的景县、枣强县、武邑县、饶阳县、深州市。

"里"变儿化类型中，"这里""那里""哪里"三个词语中"里""儿"并行的地域分布最广，如石家庄市、邢台市、秦皇岛市等大部分地区；其次是完全儿化的地区，主要集中在唐山市、邯郸市、保定市；完全未儿化的地区最少，主要集中在沧州市。当"X"为名词时"X-里"不能说成"X-儿"的地域分布最广；部分词语可以儿化的地区次之，主要分布在石家庄市、唐山市、邯郸市的某些县；完全可以换成儿化的地区最少，主要分布在唐山市。

二 语音性音变"X-儿"形式的成因

(一) 来源于"日"的"X-儿"形式的成因

在河北方言中有一部分儿化词相当于"X-日"的功能，例如，"今儿""明儿""后儿""前儿"等，和北京话儿化的功能相同。据前人研究表明，这些词里的"儿"均为"日"音与儿音相近或相同，混入儿化词的结果。

从中古音韵地位看，日字是日母质韵开口三等入声字，儿字是日母支韵开口三等平声字。从声母看两者中古声母相同，不同之处在于韵母和声调，"日"是入声字，"儿"是平声字，一个有塞音尾一个没有，假如"日"与"儿"同音或音近，首先要满足一个条件就是入声字的塞音尾 [t] 的失落，这和入声字的演变相关，我们结合入声字的演变来推测一下它们能够同音的可能性。

那么入声字的塞音尾 [t] 是什么时候失落的呢？根据我们以前的研究[①]，我们认为，入声失去塞音尾有一个先后过程，在宋代可能 t、k

---

① 李巧兰：《保唐片轻声前分阴阳去现象及其北方官话语音史价值》，《唐山师范学院学报》2008 年第 1 期。

塞音尾已经失落，塞音 p 尾失落的年代较前两个塞音尾要晚，到元末明初可能已经开始失去，这时候入声在有的方言中已经派入三声，在有的方言中可能还作为调类而存在。

失落塞音尾后，如果"日"字与"儿"字读音相同或相近，还有一个问题就是入声调与平声调的问题。从声调来看，"日"字属于次浊入声字，根据我们此前对入声的相关研究，在河北中古入声消失的方言中，入声字演变的大致情况是这样的，"全浊入声归阳平，这是比较一致的，而次浊入和清入的归属不尽相同，在入声已经消失的方言，在官话区绝大多数方言是次浊入归去声"①的情况。这么多"日"变"儿"的方言还面临着一个问题就是，去声与平声如何相近的问题。

我们认为很可能与"儿"的轻声化有关，因为读轻声的"儿"由于调值短促，就和去声变得比较接近。"儿"的轻声化的大致年代，我们可以根据河北方言的情况做大致推断："儿"轻声化的产生当不晚于元代。②结合方言与文献两方面的情况看，次浊入声在河北方言中变化不会晚于元代。这也就是说，"日"塞音尾失落在宋元之间，从而与"儿"有了同音的可能。

我们再看今天河北方言的情况，也完全支持我们认为"日""儿"曾经有同音阶段的推论，今天河北有很多方言"日""儿"已经完全读成同音字了，在这些方言中二字的音值均为 [ʅ] 或 [tɕɻ]，据李思敬先生的研究，[tɕɻ] 为"儿"金元时期的读音，这和我们推论"日"的变化情况相吻合。而关于读 [ʅ] 的儿音值始生的年代，我们在相关的论文中也有过论述③，大约也在金元时期，从时代上看日和儿有同音

---

① 李巧兰：《北方官话方言全浊声母清化和入声消失的次序》，《石家庄学院学报》2012年第4期；李巧兰：《论北方官话方言中古四声的演变》，《现代语文》（语言研究版）2012年第5期。

② 参见李巧兰《保唐片轻声前分阴阳去现象及其北方官话语音史价值》，《唐山师范学院学报》2008年第1期。

③ 参见李巧兰《从河北方言看"儿"音值的演变》，《廊坊师范学院学报》（社会科学版）2012年第3期。

的可能性。

从历史文献的查检情况来看,"儿"与"日"也有混同的历史迹象。李思敬先生根据《重刊老乞大》中的"昨儿个"这种说法,断定"日"汇入儿化音的时代在明成化至清乾隆这一历史时期。

我们通过对经史子集中有关电子文献的检索,在我们的语料库中,未发现早于《重刊老乞大》的文献中有"日"混入"儿"的情况,发现"日"变"儿"的大量用例则是在稍后的《红楼梦》里,不仅有"今儿",还有"明儿""昨儿""后儿""前儿"等大量使用。这种情况说明在《红楼梦》之前,"日"应该已经有混入"儿"的迹象,大约是在明末清初出现的,这和李先生的论断相合。

那么在河北方言中"今儿""明儿"等的形成,是"儿"与"日"同音替代的结果呢,还是"今日儿""明日儿"等形式中"日儿"叠音而导致脱落的结果呢?

在河北方言里,由于叠音而导致脱落的现象,在一些方言中也是存在的。据柯理思①的研究,在河北方言表可能的补语中就有叠音脱漏现象。他指出,河北方言中"V了"表达可能的形式,是由于"V了了"中的"了了"发生叠音脱漏而来。这启发我们"日"变"儿"是不是由于其两音近同,而导致叠音脱落,而形成的呢?因为"日"为名词,名词加"儿"是儿化词中很常见的现象。在历史文献中有无"日儿"这样的用法呢?

假如是同音叠用脱落的结果,它的发生当在"儿"尚为音尾时,即发生在儿化之前,前文我们论述过儿化的产生大约在明代前后。我们对电子语料库检索的结果是,在明末的作品《西游记》和《金瓶梅词话》中确实有大量"日儿"连用的例子。

例1:行者道:"你这个孽畜,教做汉子?好汉子,半日儿就要吃

---

① 柯理思:《河北方言里表示可能的助词"了"》,《首届官话方言国际学术研讨会论文集》,青岛出版社2000年版。

饭？……"（《西游记》第十七回）

例2：那呆子道："……教他让我一日儿，明日来勾罢。"（《西游记》第七十六回）

例3：那员外拦住道："老师，放心住几日儿。……"（《西游记》第九十六回）

例4：张胜把竹山拖出小柜来，拦住鲁华手，劝道："……再宽他两日儿，教他凑过与你便了。蒋二哥，你怎么说？"（《金瓶梅词话》第十九回）

例5：西门庆道："待过三日儿我去。……"（《金瓶梅词话》第十九回）

例6：西门庆道："你每两个再住一日儿，……"（《金瓶梅词话》第三十一回）

但是这些用例仅限于数词加"日儿"的用法，而时间名词"今""明""前""后""昨"等加"日儿"仅在《金瓶梅词话》中有一例："金莲接过来道：早时你说，每常怎的不捯他？可可今日儿就捯起来？……"我们所见材料仅此一例，无论此前还是此后的其他文献中，再也找不出第二例。而在清代小说中大量出现的却是"今儿""明儿""昨儿""后儿""前儿"等，我们在文献中找不到"今日儿""明日儿""昨日儿""后日儿""前日儿"这样的前后过渡形式，所以我们可以排除"日儿"叠音连用脱漏一个音节而使"日"汇入"儿"的可能性。

而在大量使用"今儿""明儿""昨儿""后儿""前儿"的《红楼梦》中，还有"今日""明日""昨日""后日""前日"等存在，以"今儿（日）"为例，在《红楼梦》中"今儿"出现87处，而"今日"出现101处，从数量上看，"今日"较"今儿"多。而在清末的《老残游记》《孽海花》中，仍然是"今日"比"今儿"使用的次数多，前者为60∶38，后者为38∶30。"日""儿"混用共存现象，一方面可能和小说是一种书面语言，而儿化词多为口语词有关；另一方面也反映了同音替代的长期过程。所以我们说来源于"日"的"儿"是同音替代的结果。

（二）来源于"里"的"X-儿"形式的成因

在河北方言里，代词后的"里"变"儿"是非常普遍的，各方言中都有"这儿""那儿""哪儿"等，但是名词后的方位词"里"变儿化，只在唐山、丰润、玉田、滦州、滦南、乐亭、昌黎等县市（区）存在，可能是由于地域语音发展阶段不同造成的，这有待于进一步研究。

从语音上看，"里"属于中古来母止摄开口三等之韵字，而"儿"属于中古日母止摄开口三等支韵字，王力先生在分析隋代至中唐的韵部时认为，"隋唐时代，支脂之三韵已经合流了，《切韵》支脂之分为三韵，只是存古性质"①，所以"儿"和"里"从韵母上看隋唐以后属于一部。从声母上看，日母和来母属于半齿和半舌，韵图将其排在一起，可见其读音也相近。前文我们在论及"儿"音值的历史演变时，曾论及"儿"在历史上曾有过不同的音值形式，其中有一种就是边音类的"儿"音形式，这种音值与"里"的音值更为接近，从语音上看，它们存在近音相混的可能性。正是这种语音上的相近，使得人们容易将"里"变成"儿"，加之受了其他名词儿化音的类化作用，最终导致名词后的方位词"里"变成了儿化词。

在我们所见语料中，最早的有"里"变"儿"的迹象是在明代。在明代冯梦龙《挂枝儿》中有名词加"儿"相当于"里"的意义，如"冷清清，独自在房儿睡觉"，此例句中的"房儿"相当于"房里"；据李思敬先生的研究，在《明成化说唱词话》和《古今小说》里也有

---

① 王力：《汉语语音史》，中国社会科学出版社1985年版。

一些用例，如"小河儿两个鱼儿我和你看去""请他到小阁儿坐着"；另外在明代《重刊增益词林摘艳》里将词牌名《山坡里羊》写成《山坡儿羊》。

指示代词"这""那"和疑问代词"哪"加"儿"在文献中我们所见的最早用例出现在清代。清代石玉昆的《七侠五义》中有两处用例，"六哥，你不用抱怨了，此时差使，只好当到那儿是那儿罢"（第五十五回），大量用例出现则是在刘鹗的《老残游记》和曾朴的《孽海花》中。

从历史文献的记载来看，名词后的"里"变"儿"较代词后的时间要早，大约在明朝时期就出现了。"里"变"儿"当是语音相近，从而导致语音混同的结果。

还有一个旁证材料：威县方言中位于名词后的"里"，一般用 D 变音表示，即一个长音节的形式表示，如："他可穷嘞，家 D 啥也没有。""院 D 冷大乎嘞，你进来吧。""教室 D 有电扇呗？"① 此外 D 变韵的功能相当于"X－儿"形式，虽然它并没有和"X－儿"形式混同，但是也产生了合音变化，这正好说明"X－儿"形式与里合音变化混同的地区，有可能是"里"与"儿"音近混同导致的。在威县，虽然二者都有合音变化，但是由于"里"和"儿"音不同，所以产生了不同的合音形式。

三 功能性"X－儿"形式

功能性"X－儿"形式的语义表现较为复杂，其中又分为两种情况。一是表示小称功能——具有"表小称爱"的语义特征。这类"X－儿"形式一般来源于某个音节附加"－儿"缀的合音形式。二是具有某种特殊的语法功能的"X－儿"形式。这一类"X－儿"形式的来

---

① 曹牧春：《河北威县方言的 D 变韵》，《语言学论丛》2007 年第 36 辑。

源有点类似于语音性音变"X–儿"形式,也就是说不是"儿"与前附音节合音的结果,而是"了""着""到"等字语音弱化、脱落与前音节合音后,恰巧与儿化读音相同的结果。与语音性音变不同的是,这些其他来源的变音形式,承担了一些特殊的语法功能。我们从其历史来源将其分为"儿"来源的"X–儿"形式和非儿来源的"X–儿"形式两种情况进行探讨。

(一)"儿"来源的"X–儿"形式

"儿"来源的"X–儿"形式,从语义功能来看都是具有"表小称爱"功能的"X–儿"形式,虽然不同方言的语义功能略有差异,但是从其历史来源上看,它都是来源于"X+儿"的形式,它是我们平时最常见的一种"X–儿"形式——来源于"儿"的"X–儿"形式,具有表达"小"义或附加了一定感情色彩义。大部分情况附加了表达"喜爱""轻松随便"等色彩意义,也就是我们常说的具有"表小称爱"的功能,也有少数情况附加了"轻蔑、厌恶"的感情色彩,我们认为这是小义衍生出来的,也将其视为表小义的一部分。这种类型的"X–儿"形式在河北方言中的语义表现和语义的地域分布情况,与北京话略有不同。有这种表义功能的"X–儿"形式,其中的"儿"语素有用于语素后、词后和某些固定格式中三种情况,我们分别加以讨论。

1. 用于语素后

主要是指某语素不能单独使用,加上"儿"后,才形成一个可以独立运用的词,即"儿"语素有成词功能。主要有用于构成名词和代词两种情况。

第一,用于不成词语素后构成名词。如:桌—桌儿;盆—盆儿;侄—侄儿;婶—婶儿;枣—枣儿;杏—杏儿;桃—桃儿;梨—梨儿;罐—罐儿;镜—镜儿;缸—缸儿;袖—袖儿;帽檐—帽檐儿;豆—豆儿；枝—枝儿；苗—苗儿；籽—籽儿；燕—燕儿；虫—虫儿；鸟—鸟儿；坎—坎儿。

这些名词中的"儿"语素可以用"子"来替换，而且意思没有变化，如"桌"单独不能成词，加上"子"或加上"儿"都能用，"桌子"和"桌儿"两者都是一个表器物的类属名词，在意义上没有什么区别。

第二，用于不成词语素后构成疑问代词，如"咋儿""嘛儿"。

不管是用于构成名词还是代词，其中"儿"主要的功能是成词，"表小称爱"的功能表现得并不明显，我们也将其视为有"表小称爱"功能，我们从儿化词的衍生过程可以知道，有些儿化词之所以"表小称爱"功能不明显，是由于在长期使用的过程中语义磨损导致的。在河北方言中，这种具有成词功能的"儿""表小称爱"功能不明显，我们认为可能基于两种原因。一种是本来小称意义的磨损，上面构成名词的情况应该属于这种原因；另一种是它从开始形成就没有小称意义，之所以跻身于儿化词中，是由于儿化词构式的类推作用造成的，如上面构成疑问代词儿化。

我们从实际的情况看，构成名词的"儿"在大部分方言中可以用"子"来替换，意思不变；在少数方言中，如河北属于晋语的方言，只有加"子"尾的形式，没有加"儿"的形式；还有个别方言，如沧惠片的盐山、海兴、孟村等地，那些在其他方言中不成词的语素本身就能成词，不用加"儿"和"子"。这种情况可能恰恰反映了"儿"和"子"的"表小称爱"功能的替代过程。据前人的研究，"子"尾是较"儿"尾更早的小称词尾，后来"子"尾表小义被"儿"替代。

2. 用于词后

"儿"语素用于词后，所起作用主要有两种，一种是起到"表小称爱"表示的小称功能；另一种是改变原来的词性或词义从而构成新词。

(1) 具有"表小称爱"的功能

儿化词虽然以名词为常见，但它不是一个词类上的概念，而是以"儿"为形式标记形成了"表小称爱"这样一种语义范畴的类聚，也就是说它具有小称功能。在河北方言中，儿化词从其构成形式看，是某个词"X"加上"儿"语素构成的，为了称说方便，文中我们暂将其称为"X-儿"类词。其中 X 属于名词的数量最多和应用范围最广；其次是量词，其中大部分量词与名词、动词有种种联系；除了名词和量词外，还可以是形容词、动词、拟声词。

第一，"儿"用在名词后，有两种情况：一种是用在名词基本式后，形成"N 儿"式①；一种是用在重叠名词后，形成"NN 儿"式。

"N 儿"式中的名词可以是表亲属称谓的名词、表人名地名的名词、表人体部位的名词、表器物名称的名词、表服饰名称的名词、指称动物和植物类的名词、指称食物的名词、商业类的名词、地理类的名词、表方位的名词、表具有某种缺陷的人的名词，等等。如：小姨儿、媳妇儿、挑担儿②、老头儿③；娟儿、芬儿、芳儿、小李儿、刘庄儿、贾村儿；脸皮儿、手心儿、胳肢窝儿④、腿肚儿、脚核桃儿⑤；盆儿、碗儿、罐儿、坛儿、桶儿、屋儿、镜儿、柜儿、烟袋锅儿；褂儿、裤儿、趿拉板儿⑥、兜肚儿；豆儿、草儿、苗儿、狗儿、猫儿；桃儿、瓜子儿、水果儿；饭铺儿、摊儿、本儿、利儿；坡儿、坑儿、壕罾儿⑦、畦儿、岗儿；小雨儿、晴天儿、小雪儿；中间儿、当街儿、浮头儿⑧、

---

① 文中 A 代表形容词、N 代表名词、V 代表动词、X 则不限于某词类。下文与此同，不再一一注明。
② 姐姐的丈夫和妹妹的丈夫之间的关系。
③ 指称丈夫。
④ 腋下。
⑤ 脚踝骨。
⑥ 拖鞋。
⑦ 深的死水坑。
⑧ 最上面。

当间儿①；胖墩儿、罗锅儿、踮脚儿②。

"NN儿"式名词中，主要涉及的名词是表器物的名词和表示动植物类的名词，如：盆盆儿、车车儿、桶桶儿；豆豆儿、草草儿、苗苗儿、狗狗儿等。

"N儿"式名词和"NN儿"式名词相比较，我们可以看到：N儿的表小义已经不明显，只是增加了一些轻松随便的色彩意义，大部分词基本上是表示类属义；而NN儿式名词的表小义非常明显。如：盆儿和盆盆儿比较，盆儿是一种器具的总称，并没有小义，这表现在它既可与"大"组合，也可以与"小"组合，"大盆儿"和"小盆儿"都可以说；但"盆盆儿"只能说"小盆盆儿"，而不能用"大盆盆儿"。

第二，"儿"用在量词后，增加表小义或强化表小义。

所谓的增加表小义，即增加"儿"后，原来没有"小"义的量词，有了"小"的意义。其中包括个体量词、容器类量词和度量衡量词。特别需要注意的是，这里的大小与物体客观的大小无关，主要是表主观小量。如："一捆柴禾③""一摊泥""一截棍子"中的柴禾、泥、棍子较大，而"一捆儿柴禾""一摊儿泥""一截儿棍子"中的柴禾、泥、棍子从面积、体积或长度上较前者小。容器量词加"儿"后不是容器变小，而是表示量少。如"一瓢儿面""一勺儿油""一盆儿菜"中，瓢、勺、盆本身不小，但是面、油、菜的量少，都未装满容器。度量衡量词，加"儿"后，不是度量衡标准本身缺斤少两，而是说话人主观上认为量少，如"才买了几尺儿布，才花了十块儿钱，你就心疼了"。"儿"还可以用于单音节动量词后，表达一种轻松、随便的意味，如"一趟儿""一回儿""一遭儿""一遍儿"等。

---

① 中间。
② 腿有残疾，一长一短的人。
③ 用来做燃料的柴草秸秆等。

值得一提的是，物量词还有两种重叠形式的用法，即"一XX儿"和"一X儿X儿"。这两种用法的功能主要是强化表小义，即使原本已经有"小"义，更进一步强化。如"一把儿菜""一把把儿菜"和"一把儿把儿菜"三者相比，"一把儿菜"表达的意思是说话人认为菜量少，"一把把儿菜"较"一把儿菜"量更少，"一把儿把儿菜"言其量非常非常少。三种形式正好体现了一个小量逐渐增强的梯度：一X儿（量小）≥一XX儿（量更小）≥一X儿X儿（量非常非常小）。

对于动量词来说，除了可以加"儿"外，也有重叠儿化形式，但意义与物量词不同。"一X儿"表达一种轻松随便的语气，"一XX儿"则有表示小或少的意思，"一X儿X儿"则有表示多的意思。如："你去一趟儿吧"表轻松随便的语气；"你去一趟趟儿吧"表达仅去一趟费不了多少力气的意思；"你一趟儿趟儿地去，不嫌麻烦呀"则言其去的次数多，一般情况下，"一X儿X儿"位于动词前作状语。

第三，"儿"用在形容词后，有小称功能的情况，可以前附的形容词，一般是性质形容词的重叠形式①、状态形容词的原式和带后缀的状态形容词。

性质形容词重叠形式加"儿"形成"AA儿"式，这种用法涉及范围较广，河北大部分方言都有这种用法，它主要表达喜爱的感情色彩。如：高高儿、大大儿、小小儿、胖胖儿、满满儿、尖尖儿、黄黄儿、绿绿儿、香香儿等。同时，加"儿"后较不加"儿"在表义程度上有所下降，如"高高儿""大大儿""近近儿"等是"稍……"的意思，较"高高""大大""近近"的"很……"的意思在表义程度上减轻。这些说法可以独立用作谓语或其他修饰成分。如"等孩子大大儿再说结婚的事儿""等他再长高高儿，就可以够着桌子了""等他近近儿，你再跟他说话"。

---

① 性质形容词的原式加"儿"则限于一些特定格式中，一般也不表小称，我们留待下文再论述。

状态形容词的原式一般可加"儿",也表达喜爱的感情色彩。如:雪白儿、通红儿、杠尖儿、煞黄儿等。

性质形容词加缀后形成的状态形容词,一般在表义上相对于性质形容词有程度增强的意义。在石家庄、新乐、灵寿方言中,形容词后缀一般既可以单用,同时还可以重叠后使用,重叠后加在形容词后,比其单用作后缀所表示的意义程度要高,如"干巴巴"比"干巴"所表示的"干"程度更甚。这两种情况都可以加"儿",但加"儿"后,主要功能是表达喜爱的感情色彩,这种喜爱的色彩甚至强大到使词义中原有的贬义色彩发生逆转,变成褒义色彩。如:"干巴"本来是一个含有不如意色彩的贬义词,但"干巴儿"则变成了一个受人喜爱的状态,而"干巴巴儿"更成了干湿程度正合心意的一个状态。原来表达褒义色彩的词,加"儿"后,表义程度降低,如软和和儿、温和和儿、俊巴巴儿、支楞楞儿等,与不加"儿"比起来,程度要低。这两种表义情况我们可图示如下。

褒义词:A < AX < AXX < AX儿 < AXX儿(喜爱的色彩依次增强)

贬义词:AXX < AX < A∠AX儿 < AXX儿(喜爱的色彩依次增强)

第四,"儿"用在动词后,有两种功能,一种是变动词为名词,我们下文详述。另一种是加"儿"后仍为动词,表达一种轻松随便的语气色彩。如:玩儿、逗儿、耍儿、动儿、等儿、骨拥儿[①]、摇晃儿、何荡儿[②]。

除了"儿"可以用在动词后外,在新乐、定州、曲阳、安国、保定等地,还有一种比较特殊的用法,就是用在动词的重叠形式后,形成"VV儿"形式,强化"VV"的短暂义。如:"等等儿""想想儿""试试儿"比"等一等""想一想""试一试"等动作的持续时间要短,其中的动词全为具有持续义的动词,含有瞬时义的动词则不能这样用。

[①] 指虫子蠕动。
[②] 器具松动。

第五，用在拟声词后，带上一种轻松随便的口气；或者显示出口语色彩，如"水哗哗儿地流"，表达了说话者轻松随便的口气；"这人说话吧儿吧儿的""石子咕得儿咕得儿沉到了水底"，则体现了一种口语色彩。

第六，用在副词后，表达一种轻松的口语色彩，如：刚刚儿、白白儿、偏偏儿、成天儿、见天儿、才刚儿、一起儿、一齐儿。

据我们以前的研究，认为儿化词的形成是以"表小义"这样一个共同的语义特征为前提的。只是后来随着"儿"作为词缀语义的虚化，以及儿化词在使用过程中"表小义"的磨损，才导致了今天使用的一些儿化词中表小称爱意义消失的现象。最早在清代时，"-儿"在有些词中的表小义，基本上已经不存在了，而是成了一种形式标记，仅表一种色彩意义，或者起协调音节的作用。整体来说，"X-儿"类词在表义上有相似性，无论它们的词性如何，它们都有"表小称爱"的共同语义特征。

（2）构成新词

"儿"语素加在词后，除了为词增加"表小称爱"的附加色彩意义外，还有一种功能就是构成新词，主要体现就是改变原来词的词性词义或词性不变而改变它的理性意义。

第一，词性和词义都变化。

这主要涉及非名词加"儿"后形成名词，词性发生了变化，当然相应词义也就有所不同。正是由于许多人看到了这一现象，所以很多学者把"儿"看成一个名词后缀，从我们前面的论述可以知道这种看法并不全面，因为"儿"不仅可以加在非名词上使其变为名词，它也有加在非名词上而词性不变的情况，所以笼统地说它是一个名词后缀是不合理的。它之所以会使许多非名词变成名词，是因为儿化词的形成是由名词开始的，确切地说是由表有生命的动物的名词加"儿"开始的，最早的儿化词是"表动物的名词+儿"这个偏正结构词汇化的结果,其中的"小"义凸显,就使"N+儿"成了"儿化词的构词框架",在这一框架的类推作用下,推及"儿"可以附在非名词上。

"N+儿"这种儿化词的构词框架的类推作用,使许多非名词加儿后也进入名词的行列。原来非名词性的谓词,加"儿"后具有了名词意义,随着词性的变化,词义也由抽象变得具体。

这种用法具有地域性的限制。如在新乐方言中,盖、唱、垫、冻、封、钩、尖、好等可以加上"儿"变成名词,如果不加"儿"则是动词或形容词,但是在其他方言中,如深州方言,这些词本身就有名词的用法,而不是加儿后才变成名词。在新乐、迁安、保定、定州、唐山方言中,"高""宽""大""长"等可以加上"儿"变成名词,表达"高度""宽度""体积""长度"等名词概念。能这样使用的形容词有一个共同特点,都是"认知上的肯定项"①,它们的反义词不能这样用。

在新乐、平山、唐山、迁安②等地方言中,有些数词后面加上"儿"后,构成名词。如三十儿,表示三十这一天。三儿、四儿、五儿、六儿表示兄弟、姐妹中排在三、四、五、六位的人,这种用法限于二至十几个数词。

第二,词性不变而词的理性意义发生变化。

词的理性意义是一个词的核心意义,在河北方言里,有些词加儿后,意义发生了本质性的变化,但这种变化后的意义与原来的意义有着千丝万缕的联系,一般两个意义之间具有某种相似性,我们可以将儿化后的意义看成原词义通过隐喻的方式形成的新意义。如"头"和"头儿"、"手"和"手儿"。

---

① 沈家煊:《不对称和标记论》,江西教育出版社1999年版,第180页。
② 迁安方言的情况,参见张秋荣《迁安方言儿化现象研究》,硕士学位论文,河北师范大学,2005年。

3. 用于固定格式中

河北方言里的"X-儿"形式不仅能与语素或词结合，具有构义和构形功能，还可以用在短语或固定格式中，具有一定的变义功能。具体情况如下。

（1）用在"小X子儿"格式中

"儿"可以加在一些"子"尾词后，形成一种双词尾形式，主要功能是表达轻松随便或戏谑的口语色彩。一般情况下，这些子尾词中必须有"小"字，如"小桌子儿""小椅子儿"，除非在开玩笑的情况下，表示一种戏谑的口吻时才不加"小"，如"桌子儿""椅子儿"等。

有的学者曾对"小X子儿"这种格式是"小X子"加儿还是"X子"加儿再加"小"有争议，在此我们不管它的形成过程，我们都将其视为"小X子儿"格式。在这种格式中，其中的"X子"涉及的词主要是表器具名称、服饰、亲属称谓和具有某种缺陷的人的名词，如：小刀子儿、小剪子儿、小桌子儿；小领子儿、小袖子儿、小裤子儿；小婶子儿、小叔子儿、小姨子儿；小拐子儿、小瞎子儿、小矮子儿。

（2）用在一些形容词的固定格式中，表示一种未达到说话人心理预期标准的主观小量

之所以我们说它是用在形容词的固定格式中，或者说用在含有形容词的短语中，而不说是用在形容词后，如"指示代词+A儿"的形式，我们认为它是[指示代词+A]这个格式加上"儿"，而不是指示代词+[A儿]，原因有二。一方面，A在加"儿"前后，词性并没有变化，和前文我们所说的形容词加"儿"后变名词情况不同；另一方面，"指示代词+A"加不加"儿"在语义上形成对立，只能看成"儿"对整个格式的意义有影响。同时我们可以看到这种意义上的变化，正是基于"儿"的小称功能衍生出的一种功能，即"儿"不仅可

以加在语素或词上,甚至可以加在比词大一级的单位上,同样具有小称功能。

前人关于形容词短语的儿化或者说词以上的语法单位的儿化,见诸报道主要集中在中原官话区,如:张邱林①、刘春卉②、辛永芬③、杨正超④都对河南陕县、浚县、确山及唐河方言中形容词或形容词短语儿化现象进行过研究探讨。除此之外,施其生先生还对广东方言类似现象进行过研究,如施其生《汕头方言量词和数量词的小称》⑤一文中对"数词+量词+小称"这种小称标记附着在短语上的结构类型进行过描述,《汉语方言中词组的"形态"》一文对大于词的形式的儿化进行了探讨。而在冀鲁官话区还未见相关报道,这次我们在研究河北方言的"X-儿"形式时,发现了在河北方言中也存在类似现象,这种用法在河北方言中共有6种格式,我们分别加以详细说明。⑥

第一,"[指示代词+A]儿"格式。

用于此格式中的指示代词有两个:这么、那么。能进入此格式的形容词,一般是单音节性质形容词或单音节性质形容词的重叠形式。[指示代词+A]的儿化形式和原式相比,从语义上看,有两种情况,假如其中的形容词表达的是"认知上的肯定项",儿化后的语义和原式相反;如果形容词是"认知上的否定项",儿化后的语义较原式从表量程度上稍大,即A的否定程度减轻。如:"门前的这棵树那么高"表达的是树非常高的意思,"门前的这棵树那么高儿"表达的意思是与自己想象的树应该有的高度不符,也就是树不够高。"门前的这棵树那么

---

① 张邱林:《陕县方言的儿化形容词》,《语言研究》2003年第3期。
② 刘春卉:《河南确山方言中的"(有)多A"与"(有)多A儿"——兼论普通话中被"中性问"掩盖了的"偏向问"》,《语言科学》2007年第5期。
③ 辛永芬:《河南浚县方言形容词短语的小称儿化》,《语言研究》2008年第3期。
④ 杨正超:《中原官话唐河方言形容词短语儿化研究——兼与其它次方言同类现象比较》,《暨南学报》(哲学社会科学版)2013年第2期。
⑤ 施其生:《汕头方言量词和数量词的小称》,《方言》1997年第3期。
⑥ 本节文中如没有特别注明,河北方言均指笔者的母语方言——河北新乐方言。

低"表达的意思是自己的预期树就不高,实际上树比自己的主观预期还要低很多,"门前的这棵树那么低儿"表达的意思是自己的预期树就不高,实际上树比自己的主观预期低,只是低的程度比原式稍小。

能进入这一格式的形容词,表达的都是一种主观量,也就是和自己的主观预期相比较的一种小量,通过上面的分析我们可以看到,当形容词是"认知上的肯定项"时,原式表达的意义和儿化式表达的意义在量的范围里处于相反的领域,即高儿 = 不高,大儿 = 不大,长儿 = 不长,等等,而当形容词是"认知的否定项"时,原式和儿化式在表义上,所表量的范围仍处在同一个意义领域,只是儿化式较轻,但并没有达到表反义的程度,即低儿 ≠ 不低,小儿 ≠ 不小,短儿 ≠ 不短,等等,而是表示稍低、稍小、稍短等意义。表义的情况如图 1 - 1 所示。

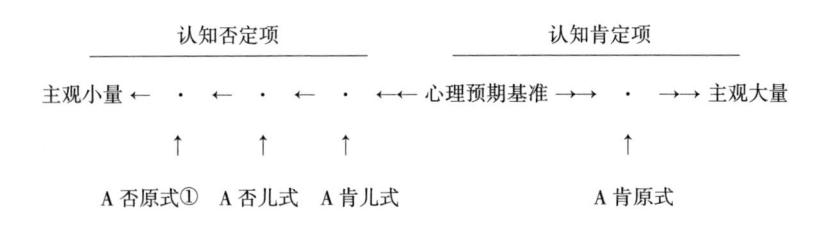

```
              认知否定项                        认知肯定项
主观小量 ←  ·  ←  ·  ←  ·  ←← 心理预期基准 →→  ·  →→ 主观大量
            ↑      ↑      ↑                      ↑
          A 否原式①  A 否儿式  A 肯儿式           A 肯原式
```

图 1 - 1　[指示代词 + A] 儿格式表义的情况

在河北方言里儿化还可以用于 [指示代词 + AA] 的格式,形成"[指示代词 + AA] 儿"形式,[指示代词 + AA] 儿与 [指示代词 + A] 儿相比,在表量的意义上,小量程度更进一步。如"这个小孩儿这么大大儿"比"这个小孩儿这么大儿"表达的意义更小;"这个小孩儿这么小小儿"比"这个小孩儿这么小儿"表达的意义更小。

---

① A 肯原式代表 [指示代词 + A] 其中形容词为"认知的肯定项",A 肯儿式代表"[指示代词 + A] 儿"其中形容词为"认知的肯定项",A 否原式代表 [指示代词 + A] 其中形容词为"认知的否定项",A 否儿式代表"[指示代词 + A] 儿"其中形容词为"认知的否定项"。下文同此。

无论是"［指示代词+A］儿"格式,还是"［指示代词+AA］儿"格式,它们都能在句子中做谓语,受"才、刚、就"等副词修饰。也能在句子中做定语和补语。如:

小孩子就那么高儿?　　　小孩子就那么高高儿?
那么高儿的小孩儿能干啥?　那么高高儿的小孩儿能干啥?
小孩子才长那么高儿。　　小孩子才长那么高高儿。

第二,"［多+A］儿"格式。

"多"是一个疑问词,用在"多+A"中的形容词,一般是单音节性质形容词,既可以是"认知上的肯定项",也可以是"认知上的否定项"。在"［多+A］儿"格式中,当其中的形容词是"认知上的肯定项"时,还可以有"多+AA儿"形式。

"［多+A］儿"这个格式和原式"多+A"之间在语义上并不存在对立,这和辛永芬先生研究的河南浚县方言不同。同时和刘春卉先生指出的确山方言"偏向问和中性问的对立表现在形式方面的最典型的区别就是形容词是否使用儿化形式"也不同,原式和儿化式也没有中性问和偏向问语义上的区别,唯一的区别就是儿化形式附加了一种轻松随便的口语色彩。如:

这条河有多深/深儿?(中性问)
很深,有一米深。不深,有尺把深儿。
这条河有多浅/浅儿?(偏向问)刚过脚踝。

在河北方言中,"多A"是不是偏向问,取决于A的意义,也就是说当A是"认知上的肯定项"时,无论是原式还是儿化式,都是中性问。如果要偏向于"大"量的提问,在河北方言中,主要体现在疑问词"多"的音变上,即"多"的音节加长,变成一个曲折调的形式。

当 A 是"认知上的否定项"时，无论是原式还是儿化式也都是偏向问，即偏向于心理预期的"小"量。如：

    这个孩子有多^{42}高/高儿了？（中性问）

    这个孩子有多^{213}高/高儿了？（偏向"大"量）

    这个孩子有多^{42}矬/矬儿？（偏向"小"量）

    这个孩子有多^{213}矬/矬儿？（偏向"更小"量）

其中有一个例外，就是"多多"和"多少"。"多^{213}多"偏向于"大量"，没有"多^{42}多"的形式。"多^{42}少"是中性问，"多^{213}少"偏向于"小量"问，"多^{42}少"偏向于"更小量"。它们的儿化式与原式意义相同，区别仅在于有无口语色彩。除"多""少"之外的其他形容词，当 A 为"认知肯定项"时"多^{42}A/A 儿"是中性问，"多^{213}A/A 儿"是偏向"大量"问；当 A 为"认知否定项时""多^{42}A/A 儿"与"多^{213}A/A 儿"都是偏向"小量"问，后者偏向"小"的程度更进一步。

"多 AA 儿"格式的语义表达与"多 A 儿"不同，它是一个偏向问，无论形容词 A 是"认知上的肯定项"还是"认知上的否定项"，它一律都偏向于一个心理预期的"小"量提问，而"多 AA（否）儿"比"多 AA（肯）儿"在意义上更加偏向于小量。如：

    那个地方有多远远儿？还没有一里地呢。你走着去就行了。

    那个地方有多近近儿？还没有 100 米呢。你走着去就行了。

以上两问句都是在知道路途比较近的情况下的提问，既可以问近的具体程度，又可以表示无疑而问，表示对小量的肯定。如上例"多远远儿""多近近儿"都是偏向于"近"的问句。而其中"多近近儿"是非常非常近的意思，"多远远儿"是不远的意思。

第三,"［数量短语+A］儿"格式。

在"数量短语+A"这一格式中,其中数量短语,既可以是"数词+量词"的形式,其中量词必须是表示度量衡的量词,如标准的度量衡单位"斤""两""吨""米""尺"等和方言中常用的度量衡单位"公分""平米"等。数量短语也可以是借来表示度量衡意义的"数量+名词"形式,如"一个碗口""一个指头""一个拳头""一个土堆""一个麦垛""一堵墙"等,当其中的数量为"一个"时可以省略量词,用"一NA"的形式,也可以省略数量结构,只剩下NA。无论是"数量+A"还是"数量+名词+A"其中A必须是"认知上的肯定项"。如:

这棵小树已经有一人高了。
这条鱼有两尺长。
门缝儿有两个指头宽。

"［数量短语+A］儿"和"数量短语+A"两种格式比较,在语义上有小称和非小称的对立,即从表量的方面看,儿化式表主观的小量,原式表主观的大量。如:

这棵树有一人高了。(树的高度超过主观上预期的高度)
这棵树有一人高儿了。(树的高度没有达到主观上预期的高度)

最典型的一句俗语说:"豆儿大儿的窟窿儿,牛大的风。"其中"豆儿大儿",即说窟窿小;"牛大"则表风大。如果说雨点儿,一般说"豆儿大的雨点儿",意思是雨点比较大。再如:

甲:才一人高儿的墙,对你来说还不容易过去?
乙:说得轻巧,我有三头六臂呀,一人高的墙我怎么过去?

甲的意思是说墙不高，所以用"一人高儿"；乙的意思是说墙高，所以用"一人高"。

第四，"没+［多+A］儿"格式。

在河北方言中，进入"［没+多+A］儿"格式中的"多"读音一般为曲折调形式，即多^{213}，其中的A既可以是"认知上的肯定项"，也可以是"认知上的否定项"。这种格式我们可以看成"多A"的否定式，因为它可以用来作为"多A/A儿"疑问句的否定答语。如：

甲：井有多深/深儿？

乙：没多深/深儿。

甲：绳子有多细/细儿？

乙：没多细/细儿。

第五，"没+［数量短语+A］儿"格式。

在河北方言中，"没+［数量短语+A］儿"我们也可以看作"［数量短语+A］儿"的否定形式，这种格式常常用来作"多A/A儿"的具体数量的否定答语，或"［数量短语+A］儿"的否定意义形式，如：

甲：那条路修了多宽儿了？

乙：有两米宽儿了。

丙：没两米宽儿。还没两米宽儿的路竟然能并排过去两辆车。

第六，"［不+A］儿"格式。

在"［不+A］儿"格式中，我们把其认为是"不+A"的小称形式，它与"不+A"相比，意义上稍有区别。如："这房子不高"表达的意思是房子的高度没达到预期的高度，即不够高；"这房子不高儿"的意思就是这房子低。所以我们说"［不+A］儿"等于A的反义。

再如:"这绳子不细儿"就等于这绳子粗。原式和儿化式的意义如图 1-2 所示。

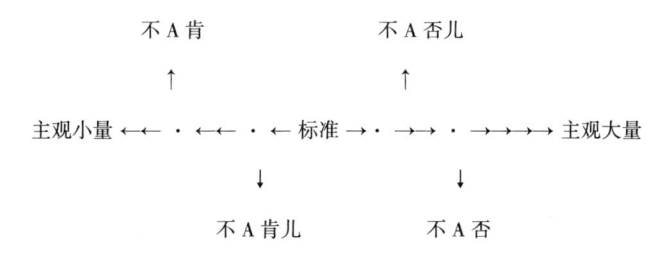

```
        不 A 肯              不 A 否儿
          ↑                    ↑
主观小量 ←—·—←—·—← 标准 →·→—·—→→ 主观大量
          ↓                    ↓
        不 A 肯儿            不 A 否
```

图 1-2　原式和儿化式的意义

(二) 非儿来源的"X-儿"形式①

赵元任先生在《汉语口语语法》中提出"儿"是"唯一不成音节的后缀",它的作用"实际上只是一个名词标记"②,这只是说明了"儿"的基本作用,而在河北方言里还存在超出名词范围的儿化现象,唐山市、秦皇岛市的很多方言中存在谓词儿化的现象,这种谓词儿化的现象,从本质上看和赵县、邢台县等方言中的 D 变音功能相当,对这种相当于 D 变音的"X-儿"这种现象的分布区域以及它们的具体的语法功能的情况,我们此前有做过大量调查研究,相关成果已经公开发表③,本章中就不再重复这些内容,这次研究我们深入探讨了这些特殊语法功能的"X-儿"形式的来源和成因问题,这些内容作为本书的阶段性成果已经发表出来,请参看我们的阶段性成果李巧兰的《河北方言中特殊语法功能的"X-儿"形式的来源》一文发表在《河北师范大学学报》(哲学社会科学版)2013 年第 4 期上。

---

① 本部分内容曾在《廊坊师范学院学报》2008 年第 1 期发表,此处只作简单陈述。
② 赵元任:《汉语口语语法》,商务印书馆 1979 年版,第 79 页。
③ 参见李巧兰《河北方言中的"X-儿"形式研究》,博士学位论文,山东大学,2007 年;李巧兰《河北方言中特殊语法功能的"X-儿"形式》,《廊坊师范学院学报》2008 年第 1 期。

第二节　河北方言中"X-儿"形式的读音

"X-儿"形式的读音,我们知道是"儿"前附于"X"不同发展阶段的体现,由于在河北方言中,"儿"的读音就很复杂,再加上各个方言处于不同的发展阶段,有的是处于两个音节还未合音的阶段;有的处于合音的早期阶段,"X-儿"形式的读音有合音式和独立音尾式两读的形式;有的则处于合音的较晚期阶段,"X-儿"形式的读音中的韵母已经有了较大程度的归并,所以整体来看,河北方言中"X-儿"形式的读音是比较复杂的。

我们通过对"X-儿"形式的读音进行梳理,发现其实在复杂读音的背后是有规律可循的,因为"儿"本身的音值虽然多样,但是从音值共性上看,它分属于ɯ式系统、ər式系统、ɭ式系统,"儿"的多种音都是在这"三大系统"中的变异,只是稍有差别而已,所以我们在描写河北方言"X-儿"形式的读音的时候,将其按三大读音系统来进行描写,其中不能归入这"三大系统"的读音,我们将其按其他读音情况处理,这样也方便我们后文中对其演变动因和机制规律的研究。由于我们的目的是观察"X-儿"作为一个整体的读音情况,虽然各方言语音系统中声调的调值不同,但是"X-儿"在大部分情况下都是前字调决定了整个读音的声调,所以我们进行描写时所举例词一律不标声调。如果描写目的是由于"X-儿"而使原来的声调发生了变化,则再标注声调。

一　河北方言中"X-儿"形式平舌ɯ式读音系统

河北方言中"X-儿"的读音属于平舌元音ɯ式系统的,它的读音具体又可分独立音尾式、"儿"音与前附音节拼合式和化合式三种情况,这三种情况反映的是各方言"X-儿"形式读音处于早、中、晚不同发展时期的情况。

平舌儿化变音系统在河北方言涉及的县市较少，整体来说读音情况也比卷舌儿化系统和边音儿化系统要简单，综合各地方言的读音我们可以清晰地看到，在平舌"X－儿"读音系统中，儿化变音的读音发展的整个过程的线索和脉络。

河北方言中"X－儿"平舌元音ɯ式读音系统，我们判断的依据是"儿"音值或者"X－儿"音值中是否有平舌元音类音值，只要有一个满足条件，我们就将其归为平舌元音读音系统，属于这个系统的方言主要分布在河北省北部唐山市、秦皇岛市、承德市等地的山区，从方言分区上看，分属于冀鲁官话的保唐片和北京官话怀承片。

(一) 平舌元音 [ɯ]/[əɯ] 独立音尾式读音

平舌元音独立音尾式读音，在河北方言中主要是 [əɯ] 尾或 [ɯ] 型，主要视不同方言中"儿"的读音情况而定。而且是否属于独立音尾式读音，和前附"X"的韵母有关，后韵尾韵母在大部分县市的方言中，"X－儿"为独立音尾式读音，而u韵母在大部分方言处于比后鼻音尾韵母稍快的一个层次——独立音尾式或拼合式两读的阶段。属于 [ɯ]/[əɯ] 类音值独立音尾式读音的方言主要有迁西等7个县市的方言，我们分别加以描写。

在迁西方言中"儿"读 [əɯ]。以 u、ɑu、iɑu、əu、uəi、ɑŋ、iɑŋ、uɑŋ、əŋ、iŋ、uŋ、yŋ 等做韵母的音节，后附"儿"为独立音尾式读音，根据前面音节韵尾的不同，分别读成 uəɯ 和 ŋəɯ。如：肚儿 [tu uəɯ]，刀儿[tɑu uəɯ]，忙儿 [mɑŋ ŋəɯ]，凳儿 [təŋ ŋəɯ]，洞儿 [tuŋ ŋəɯ] 等。以 ɿ、ʅ、i、y 等做韵母的音节，"X－儿"读音有独立音尾式和拼合式两可的形式，如：子儿 [tsɿ əɯ] 或者 [tsɿəɯ]，枝儿 [tʂʅ əɯ] 或者 [tʂʅəɯ]，梨儿 [li əɯ] 或者 [liəɯ]，雨儿 [y əɯ] 或者 [yəɯ]。

迁安方言与迁西方言近似，除"儿"[əɯ]外的35个韵母中，以u、au、iau、əu、iəu等做韵母的音节后的"儿"，音值为uəɯ，如：小树儿[ɕiau ʂu uəɯ]，面条儿[mian t'iau uəɯ]，豆儿[təu uəɯ]，扣儿[k'əu uəɯ]。以aŋ、iaŋ、uaŋ、ɤŋ、iŋ、uŋ、yŋ等做韵母的音节后的"儿"尾有ŋəɯ和əɯ两种读法，如：鞋帮儿[ɕiɛ paŋ ŋəɯ]或者[ɕiɛpaŋəɯ]杏儿[ɕiŋ ŋəɯ][ɕiŋəɯ]，没空儿[mei k'uŋ ŋəɯ][meik'uŋəɯ]。以ʅ、ɿ、i、y等做韵母的"X－儿"读音，既可以是平舌元音尾式，也可以是平舌元音拼合式，如：树枝儿[ʂu tʂʅ zəɯ]或者[ʂu tʂʅəɯ]，瓜皮儿[kua p'i jəɯ]或者[kua p'iəɯ]。

在涞源方言中"儿"读[ɯ]。"X－儿"形式独立音尾式读音的数量较少，只有以u、əu、iəu等做韵母的音节，后附的"儿"有独立音尾式读音或与前附音节形成拼合式读音两种情况。如：小树儿[ɕiauʂu uəɯ]或者[ɕiauʂɯ]，面条儿[mian t'iau uəɯ]或者[mian t'iauɯ]，豆儿[təu uəɯ]或者[təuɯ]，扣儿[k'əu uəɯ]或者[k'əɯ]，小球儿[ɕiau tɕ'iəu uəɯ]或者[ɕiau tɕ'iəɯ]。

在抚宁和卢龙方言中，"X－儿"为独立音尾式读音的音节较多，以u、ɑu、iɑu、əu、iəu、ɑŋ、iɑŋ、uɑŋ、ɤŋ、iŋ、uŋ、yŋ、ʅ、ɿ、i、u、y等做韵母的音节，都是独立音尾式读音。独立音尾式"儿"读音有三种：一是在u、au、iau、əu、iəu做韵母的音节后读uəɯ，二是在aŋ、iaŋ、uaŋ、ɤŋ、iŋ、uŋ、yŋ做韵母的音节后读ŋəɯ，三是在ʅ、ɿ、i、u、y做韵母的音节后əɯ。

在青龙方言和昌黎北部地区方言中，"X－儿"为独立音尾式读音的音节，涉及的是以u、ɑu、iɑu、əu、iəu、ɑŋ、iɑŋ、uɑŋ、ɤŋ、iŋ、uŋ、yŋ做韵母的音节，独立音尾的音值两地稍有差异，在青龙方言中为uə（u、au、iau、əu、iəu韵母后）和ɤŋ（aŋ、iaŋ、uaŋ、ɤŋ、iŋ、uŋ、yŋ韵母后）。在昌黎北部地区方言中，音值分别为uəɯ（u、au、iau、əu、iəu韵母后）和ŋəɯ（aŋ、iaŋ、uaŋ、ɤŋ、iŋ、uŋ、yŋ

韵母后)。

平舌元音独立音尾式读音的音节,其中"儿"尾音节是一个轻声音节,音长和音强都比正常音节要短要轻,可以说"X-儿"的读音是一个正常音节加半个音节形式。结合各县市的方言,我们可以看到这种读音正处于向拼合式儿化变音变化的过程,也就是说那些读拼合式读音的音节变成了"一个长音节"形式。据上面这些读独立儿尾式读音的"X-儿",具体音值是以前附音节为条件的,我们可以推知在平舌元音儿化变音系统中,从一个半音节向一个长音节变化时,是以前附音节的韵母为条件的,其中前附音节是舌尖元音和高元音韵母以及后鼻音韵尾韵母音节的变化要比其他音节慢。

(二) 平舌元音 [ɯ]/[əɯ] 拼合式读音

河北方言中在平舌元音"X-儿"读音系统中,还有一部分方言,读平舌元音 [ɯ]/[əɯ] 的"儿"与前附"X"合成一个比正常音节稍长的音节,也就是说合成了一个"长音节的形式",我们之所以不把它看成两个音节或一个半音节,因为这个音节是由一个共同的声调管辖下的特殊音节。

河北方言中"X-儿"属于平舌元音 [ɯ]/[əɯ] 拼合式读音的方言有宽城、丰宁等8个县市。

宽城方言中"儿"韵母读 [ɯ]。宽城方言中所有的后鼻音尾韵没有"X-儿"形式的读音,除此之外,剩下的所有韵母都是平舌元音拼合式的读音。如把儿 [paɯ],芽儿 [iaɯ],花儿 [xuaɯ],坡儿 [pʻoɯ],活儿 [xuoɯ],车儿 [tʂʻɤɯ],叶儿 [iɤɯ],月儿 [yɤɯ],字儿 [tsɿɯ],事儿 [ʂɿɯ],粒儿 [liɯ],主儿 [tʂuɯ],雨儿 [yɯ],带儿 [taɯ],盘儿 [pʻɛ̃ɯ],块儿 [kʻuɛɯ],弯儿 [uɛɯ],辈儿 [peɯ],味儿 [ueɯ],刀儿 [tɔɯ],苗儿 [miɔɯ],豆儿 [təɯ],油儿 [iəɯ],眼儿 [iɛ̃ɯ],门儿 [mẽɯ],印儿 [iẽɯ]。

· 71 ·

丰宁方言中"儿"韵母读 [əɯ]。以 i、u、y、ɿ、ʅ、aŋ、iaŋ、uaŋ、əŋ、iŋ、uŋ、yŋ 等做韵母的音节，都为平舌元音拼合式读音。如粒儿 [liəɯ]，树儿 [ʂuəɯ]，雨儿 [yəɯ]，吃儿 [tʂʻɿəɯ]，字儿 [tsɿəɯ]，杏儿 [ɕiŋəɯ]，忙儿 [maŋəɯ]，凳儿 [təŋəɯ]，洞儿 [tuŋəɯ]。

在迁西和迁安方言中，以ɿ、ʅ、i、u、y 做韵母的音节为拼合式和独立音尾式两读的"X-儿"形式，其余韵母的音节全部为拼合式读音的形式。迁西方言中，如：把儿 [paəɯ]，芽儿 [iaəɯ]，花儿 [xuaəɯ]，坡儿 [pʻoəɯ]，活儿 [xuoəɯ]，车儿 [tʂɤəɯ]，叶儿 [iɤəɯ]，月儿 [yɤəɯ]，字儿 [tsɿəɯ]，事儿 [ʂʅəɯ]，粒儿 [liəɯ]，主儿 [tʂuəɯ]，雨儿 [yəɯ]。迁安方言中，如：把儿 [paɯ]，芽儿 [iaɯ]，花儿 [xuaɯ]，坡儿 [pʻɿːɯ]，活儿 [xuoɯ]，车儿 [tʂʻəːɯ]，叶儿 [iəːɯ]，月儿 [yəːɯ]，带儿 [tɛɯ]，块儿 [kʻuɛɯ]。我们可以看到在两地方言中，"X-儿"形式虽然读音类型相同，但音值并不相同，这是因为两地方言中"儿"的音值不同。

涞源方言中"X-儿"形式，以 u、əu、iəu 做韵母的音节，有"儿"独立音尾式和与前附音节拼合式两读的语音形式，其余的音节都是平舌元音拼合式的读音。如：主儿 [tʂu ɯ] 或者 [tʂuɯ]，豆儿 [təu ɯ] 或者 [təuɯ]，油儿 [iəu ɯ] 或者 [iəuɯ]，坡儿 [pʻɤɯ]，活儿 [xuoɯ]，车儿 [tʂʻɤɯ]，叶儿 [iɛɯ]，月儿 [yɤɯ]，字儿 [tsɿɯ]，事儿 [ʂʅɯ]，粒儿 [liɯ]，雨儿 [yɯ]，影儿 [iə̃ɯ]，忙儿 [mãɯ]，秧儿 [iãɯ]，网儿 [uãɯ]，凳儿 [tɒə̃ɯ]，葱儿 [tsʻuə̃ɯ]。

卢龙方言中"X-儿"形式的读音情况，以ɿ、ʅ、i、y 做韵母的音节时，全部为平舌元音拼合式读音，如：字儿 [tsɿɯ]，事儿 [ʂʅɯ]，粒儿 [liɯ]，雨儿 [yɯ]。

青龙方言中以ɿ、ʅ、i、u、y 做韵母的音节，"X-儿"形式都是平舌元音拼合式读音，如：字儿［tsɿəɯ］，事儿［ʂɿəɯ］，粒儿［liəɯ］，主儿［tʂuəɯ］，雨儿［yəɯ］。

抚宁方言中"X-儿"形式，以a、ia、ua、o、uo做韵母的音节都是拼合式读音，如：把儿［paːɯ］，芽儿［iaːɯ］，花儿［xuaːɯ］，坡儿［pʻoːɯ］，活儿［xuoːɯ］。

（三）平舌元音［ɯ］/［əɯ］化合式读音

平舌元音韵尾式读音，在河北方言中，涉及的方言有卢龙、青龙、丰宁、涞源和抚宁。

河北方言中属于平舌元音［ɯ］/［əɯ］化合式读音的方言，没有一个方言是全部音节都属于这一种类型读音的，只在部分音节中属于此种类型的读音。这种类型的读音"X-儿"的音值为平舌元音韵尾式读音。属于这种类型读音的前附音节的韵母主要是-i尾和-n尾韵母和非高元音韵母。

卢龙和青龙方言中，主要是a、e、o三组韵母和-i尾和-n尾韵母音节为化合式读音，卢龙方言中，如：把儿［paɯ］，芽儿［iaɯ］，花儿［xuaɯ］，带儿［taɯ］，菜儿［tsʻaɯ］，块儿［kʻuaɯ］，门儿［məɯ］，印儿［iəɯ］、活儿［xuəɯ］、坡儿［pʻəɯ］等。青龙方言中，如：把儿［pɑɯ］，芽儿［iɑɯ］，花儿［xuɑɯ］，带儿［taɯ］，菜儿［tsʻaɯ］，块儿［kʻuaɯ］，门儿［mɛɯ］，印儿［iɛɯ］、活儿［xuoɯ］、坡儿［pʻoɯ］等。

丰宁方言中，非鼻音尾韵母（除舌尖元音和［e］韵母外）是化合式读音。其中a、ai、ao三组韵母合并为aɯ、iaɯ、uaɯ、yaɯ四种读音形式，如：把儿［paɯ］，芽儿［iaɯ］，花儿［xuaɯ］，带儿［taɯ］，菜儿［tsʻaɯ］，块儿［kʻuaɯ］，刀儿［taɯ］，苗儿［miaɯ］。ei、en、əu三组韵母合并为əɯ、iəɯ、uəɯ、yəɯ四种读音，如：辈儿［pəɯ］，味儿［uəɯ］，门儿［məɯ］，印儿［iəɯ］，豆儿［təɯ］，

· 73 ·

油儿 [iəɯ]。o、uo 两组韵母合并为 ɤɯ、iɤɯ、uɤɯ、yɤɯ 四种读音，如：坡儿 [pʻɤɯ]，活儿 [xuɤɯ]。

涞源方言中，主要是 –i 尾和 –n 尾韵母音节，再加上 a 组和 au 组韵母音节，是化合式读音。如：把儿 [pɑɯ]，芽儿 [iɑɯ]，花儿 [xuɑɯ]，带儿 [tɯɪ]，块儿 [kʻuɯɪ]，盘儿 [pɯɪ]，弯儿 [uɯɪ]，眼儿 [iəɯ]，辈儿 [pəɯ]，味儿 [uəɯ]，门儿 [məɯ]，印儿 [iəɯ]，刀儿 [toɯ]，苗儿 [mioɯ]。

抚宁方言中，主要是 –i 尾和 –n 尾韵母音节为化合式，如：带儿 [tɯɪ]，菜儿 [tsʻɯɪ]，块儿 [kʻuɯɪ]，盘儿 [pɯɪ]，弯儿 [uɯɪ]，眼儿 [iəɯ]，门儿 [məɯ]，印儿 [iəɯ]。

依据儿化韵系统发展的一般规律为独立音尾式读音→拼合式读音→化合式读音，一般位于箭头前端的类型较后端的类型发展较慢。我们从以上的分析可以看到，"X–儿"形式平舌元音 ɯ 式系统中，后韵尾韵母在大部分县市的方言中，其儿化后为独立音尾式读音，而 u 韵母在大部分方言处于比后韵尾韵母稍快的一个层次——独立音尾式或拼合式两读的阶段，也就是说两者的读音类型要么 u 的儿化变音类型与后韵尾韵母相同，要么比后韵尾韵母稍快。而前韵尾韵则处于比 ɿ、ʅ、i、y 稍快的阶段，与 o、e 相比，则处于比其稍慢的阶段。ɿ、ʅ、i、y 韵母的儿化韵与 u 韵母比稍快，与前韵尾韵比则稍慢。

为了更直观地了解"X–儿"形式平舌元音 ɯ 式系统的读音类型，我们将各方言的读音类型进行整理列表，见表 1–1。

表 1–1　　　　　平舌元音 ɯ 式系统各方言读音类型

地区	a	ai	an	e	ən	ei	o	aŋ	əŋ	au	ue	u	ɿ	ʅ	i	y
涞源	化合式	拼合	化合	拼合	化合	独立音尾式/拼合式	拼合式
卢龙	化合式	独立音尾式	独立音尾式/拼合式

· 74 ·

第一章 河北方言中"X-儿"形式音变情况调查实录

续表

地区	a	ai	an	e	ən	ei	o	aŋ	əŋ	au	əu	u	ʅ	ɿ	i	y
宽城	拼合式				—	拼合式										
青龙	化合式				独立音尾式			拼合式							
迁西	拼合式				独立音尾式			独立音尾式/拼合式							
迁安	拼合式				独立音尾式			独立音尾式/拼合式							
抚宁	拼合	化合式			拼合	独立音尾式										
丰宁	化合式	拼合	化合	拼合	拼合	化合	拼合									

对上表各县市方言中，韵母为拼合式读音还是化合式读音，我们的区分标准如下。第一，儿化后的音值中是否保留了原来韵母和"儿"的音值。所谓保留原来的韵母的音值，一是没有任何变化；二是虽然稍有变化，但是这个变化不是"儿"的影响引起的，是其自身的语音特征造成的，如"an"在儿化变音中变"ɛ"可视为前鼻韵尾脱落造成的。由于"儿"在不同方言中读音不同，所以在不同方言韵母儿化后读音相同，但可能属于不同的读音类型，比如宽城和青龙方言，o 韵母的儿化韵都是"oɯ"，但宽城的"儿"读"ɯ"，青龙的"儿"读"əɯ"，所以宽城为拼合式读音，青龙为"化合式"读音。第二，儿化后的音长较正常音节略长，如迁安方言 e 韵母的儿化韵读 əːɯ，比正常音节 əɯ 长，可视为拼合式读音。原则上只要满足上面的一个条件，我们就视其为拼合式读音，否则视为化合式读音。正是由于这个标准的确立，使得我们读音类型的划分更加符合语言的实际，从而也修正了我们在做博士论文时前期成果的不足之处，与以前相矛盾的地方，以现在的分析结果为准。

二 河北方言中"X-儿"形式卷舌 ər 式读音系统

在河北方言中"X-儿"形式卷舌 ər 式读音系统主要分布在北京

周围的河北中部和西北部属于官话区和晋语区的方言中。它是分布范围最广的一种"X－儿"的读音形式。在这个读音系统中，由于它的读音情况涉及的方言多，分布的范围广，内部的读音小类型也较复杂，所以它除了前面我们提到的独立音尾式、拼合式、化合式读音外，还有一种比较复杂的读音类型，即"儿"与前附音节"X"在合音的过程中，不是引起了声、韵、调一个因素的变化，而至少是两个以上的方面发生了变化，我们将其视为特殊变韵式或混合变化式，这种小类型在"X－儿"形式边音读音系统中也同样存在，这是较前三种更复杂的一种读音小类型。

这里我们需要特殊说明的是，在河北方言中，我们判断一种方言中"X－儿"读音是否为卷舌 ər 式读音系统时，我们不能仅根据"X－儿"读音音值去判断，因为在河北许多方言中读卷舌式儿化音的"X－儿"并不是卷舌"儿"［ər］音与前附音节"X"合音的结果，而是读边音类音值的"儿"与前附 X 合音的结果，后一种情况我们将其视为边音儿化读音系统。两者的区分在于"儿"的读音，基于这个标准，在河北方言中虽然有的方言"X－儿"的读音是卷舌儿化式，但是我们将它归入边音 ɭ 式读音系统，如安平、大名等13个方言。

（一）卷舌元音独立音尾式读音

卷舌元音独立音尾式的"X－儿"读音主要分布在属于冀鲁官话的赵深小片部分地区，包括新乐、定州等15个县市。这些地区的方言中的"X－儿"都是这种读音形式。在这些县市方言中卷舌元音独立音尾式读音，可以分为4种情况。

1. "儿"尾音节前有增音，X 音节不读儿化韵

这种类型的"X－儿"读音情况，例如：凳儿［təŋ ŋer］，小虫儿［siau tʂʰuŋ ŋər］，油儿［iəu uər］，条儿［tʰiau uər］，枣儿［tsau uər］，豆儿［təu uər］。它的分布区域主要是新乐北部地区、易县、满城、望

都、高碑店、安国等县市。

2."儿"尾音节前有增音，X音节读儿化韵

这种类型的"X-儿"读音情况，例如：凳儿［tə̃r ŋər］，葱儿［tsʻuə̃r ŋər］，刀儿［taur uər］，豆儿［təur uər］，油儿［iəur uər］，条儿［tʻiaur uər］。这种类型读音主要涉及定州市方言，除定州西伏落乡和砖路镇方言不属于这种情况，其他乡镇的方言都属于这种读音形式。

3."儿"尾音节无增音，X音节读儿化韵

这种类型的"X-儿"读音情况，例如：豆儿［təur ər］，枣儿［tsaur ər］，草儿［tsʻaur ər］，油儿［iəur ər］，小洞儿［siau tuə̃r ər］，凳儿［tə̃r ər］。分布在容城、保定市、曲阳、博野、阜平以及定州砖路镇一带。

4."儿"尾音节无增音，X音节不读儿化韵

这种类型的读音主要见于清苑方言，如：花儿［xua ər］，把儿［pa ər］，事儿［ʂɿ ər］，字儿［tsɿ ər］，树儿［ʂu ər］，粒儿［li ər］，雨儿［y ər］，桃儿［tʻau ər］，条儿［tʻiau ər］，狗儿［kəu ər］，油儿［iəu ər］，小洞儿［siau tuŋ ər］，忙儿［maŋ ər］，凳儿［təŋ ər］，秧儿［iaŋ ər］，筐儿［kʻuaŋ ər］。

以上4种情况的读音，属于比较有规律性的读音形式，还有一些县市的卷舌独立音尾式读音比较零散，没有很强的规律，只能根据具体的音节，具体分析它属于什么样的音值情况，这样的方言有定兴、顺平、唐县等地方言。

定兴"X-儿"的读音情况比较复杂：当"X"为u、aŋ、iaŋ、uaŋ、əŋ、iŋ、uŋ、yŋ韵母时，"X"音节不读儿化韵，"儿"前有增音现象，如：主儿［tʂu uər］，凉儿［liaŋ ŋər］，帮忙儿［paŋ maŋ ŋər］，影儿［iŋ ŋər］，窗儿［tʂuaŋ ŋər］，葱儿［tsuŋ ŋər］，熊儿［ɕyŋ ŋər］；当X为u、au、iau、əu、iəu韵母时，"儿"音节有增音现象，"X"音节同时读儿化

· 77 ·

韵，如：枣儿 [tsaur uər]，头儿 [tʻəur uər]，调儿 [tiaur uər]，球儿 [tɕʻiəur uər]；当"X"音节为 i、y、ɿ、ʅ 韵母时，"X"音节不读儿化韵，"儿"尾音节前也无增音现象，如：里儿 [li ər]，刺儿 [tsʻɿ ər]，吃儿 [tʂʻʅ ər]，小鱼儿 [siau y ər]。

顺平方言中"X-儿"的读音情况是，当"X"音节为 u、au、iau、əu、iəu 韵母时，"X"音节的韵母不读卷舌儿化韵，只有独立"儿"尾音节前增加介音 [u]，读成 [uər]，如：枣儿 [tsau uər]，鸟儿 [niau uər]，口儿 [kʻəu uər]，球儿 [tɕʻiəu uər]；当"X"音节的韵母是 -ŋ 尾韵母时，则"X"音节的韵母读卷舌儿化韵，"儿"音节没有增音现象，如：桶儿 [tʻuə̃r ər]，忙儿 [mãr ər]，样儿 [iãr ər]，熊儿 [ɕyə̃r ər]，筐儿 [kʻuãr ər]。

唐县"X-儿"的读音视"X"音节的韵母而定，以 au、iau、əu、iəu 做韵母的音节，"儿"音节前既没有增音，"X"音节也不读卷舌儿化韵，如：桃儿 [tʻau ər]，药儿 [iau ər]，口儿 [kʻəu ər]，油儿 [iəu ər]。以 aŋ、iaŋ、uaŋ、əŋ、iŋ、uŋ、yŋ 做韵母的音节，恰好相反，"儿"音节前有增音，同时"X"音节还读卷舌儿化韵，如：忙儿 [mãr ŋər]，样儿 [iãr ŋər]，筐儿 [kʻuãr ŋər]，灯儿 [tə̃r ŋər]，葱儿 [tsʻuə̃r ŋər]，桶儿 [tʻuə̃r ŋər]，熊儿 [ɕyə̃r ŋər]。

（二）卷舌元音拼合式读音

这种类型的"X-儿"语音形式是指读卷舌元音的"儿"与"X"拼合，从而使"X"形成一个长音节形式，即一个声调统领下略长于正常音节的形式。"X-儿"属于卷舌元音 ər 拼合式读音的方言有易县、涞水、定兴、望都、清苑等地方言。

在涞水和易县方言中，全部音节都是卷舌 ər 拼合式读音。望都、定兴、清苑方言中则有所不同，只有部分音节是这种类型的读音。具体读音情况如下。

第一章　河北方言中"X－儿"形式音变情况调查实录

在涞水方言中，"X－儿"的读音全部是卷舌元音拼合式。如：刀把儿［tau paər］，豆荚儿［təu tɕiaər］，画儿［xuaər］，波儿［pɤər］，壳儿［k'ɤər］，叶儿［iɤər］，座儿［tsuɤər］，橛儿［tɕyɤər］，道儿［toər］，庙儿［mioər］，豆儿［təuər］，球儿［tɕ'iəuər］，孩儿［xɛər］，灾儿［tsɛər］，小鞋儿［siau ɕiɛər］，罐儿［kuɛər］，字儿［tsɿər］，枝儿［tʂʅər］，梨儿［liːər］，树儿［ʂuːər］，小鱼儿［siau yːər］，炕儿［k'aŋər］，梁儿［liaŋər］，光儿［kuaŋər］，水儿［ʂueiər］，本儿［peiər］，盘儿［p'ɛ̃ər］，片儿［p'iɛ̃ər］，环儿［xuɛ̃ər］，圈儿［tɕyɛ̃ər］，盆儿［p'ə̃ər］，印儿［iə̃ər］，孙儿［suə̃ər］，合群儿［xɤ tɕ'yə̃ər］，棱儿［ləŋər］，星儿［siŋər］，洞儿［tuŋər］，小瓮儿［siau uəŋər］，小熊儿［siau ɕyŋər］。

在易县方言中，"X－儿"的读音全部是卷舌元音拼合式。易县方言与涞水方言又有所不同，表现为：以 au、iau、əu、iəu、aŋ、iaŋ、uaŋ、əŋ、iŋ、uŋ、yŋ、ʅ、ɿ、i、u、y 做韵母的音节，同时还有独立音尾式读音与其共存。如：头儿［t'əuər］或者［t'əu uər］，球儿［tɕ'iəuər］或者［tɕ'iəu uər］，桃儿［t'auər］或者［t'au uər］，庙儿［miauər］或者［miau uər］，忙儿［maŋər］或者［maŋ ŋər］，凉儿［liaŋər］或者［liaŋ ŋər］，黄儿［xuaŋər］或者［xuaŋ ŋər］，缝儿［fəŋər］或者［fəŋ ŋər］，星儿［siŋər］或者［siŋ ŋər］，小葱儿［siau tsuəŋər］或者［siau tsuəŋ ŋər］，桶儿［t'uŋər］或者［t'uŋ ŋər］，小熊儿［siau ɕyŋər］或者［siau ɕyŋ ŋər］，梨儿［liːər］或者［li jər］，珠儿［tʂuːər］或者［tʂu uər］，小雨儿［siau yːər］或者［siau y yər］，字儿［tsɿər］或者［tsɿ zər］，纸儿［tʂʅər］或者［tʂʅ ʐər］。

在定兴方言中，以 a、ia、ua、o、e、ie、uo、ye、ei、uei、en、in、uən、yən、ai、uai、an、ian、uan、yan 做韵母的音节，"X－儿"都是卷舌元音拼合式的读音。如：刀把儿［tau paər］，豆荚儿［təu tɕiaər］，画儿［xuaər］，波儿［pɤər］，壳儿［k'ɤər］，叶儿［iɤər］，

座儿［tsuɣər］，橛儿［tɕyɣər］，孩儿［xɛər］，灾儿［tsɛər］，小鞋儿［siau ɕiɛər］，罐儿［kuɛər］，水儿［ʂueiər］，本儿［peiər］，盘儿［pʻɛ̃ər］，片儿［pʻiɛ̃ər］，环儿［xuɛ̃ər］，圈儿［tɕyɛ̃ər］，盆儿［pʻə̃ər］，印儿［iə̃ər］，孙儿［suə̃ər］，合群儿［xɤtɕʻyə̃ər］。

在望都方言中，以 a、ia、ua、an、ian、uan、yan、aŋ、iaŋ、uaŋ、əŋ、iŋ、uŋ、yŋ、ɿ、ʅ、i、u、y、ei、uei、en、in、uən、yən、ai、uai、an、ian、uan、yan 做韵母的音节，"X－儿"都是卷舌元音拼合式的读音。其中，以 ei、uei 做韵母的音节，有化合式的读音与其共存。如：水儿［ʂueiər］或者［ʂuər］，本儿［peiər］或者［pər］。

在清苑方言中，以 o、e、ie、uo、ye 做韵母的音节，"X－儿"都是卷舌元音拼合式的读音。如：波儿［pɣːər］，格儿［kɣːər］，街儿［tɕiɣər］，座儿［tsuɣər］，缺儿［tɕʻyɣər］。

(三) 卷舌元音 ər 化合式读音

在河北方言中，"X－儿"属于卷舌元音化合式读音的情况，涉及的县市最多，分布的范围最广。"X－儿"属于这种读音类型的方言，共计有石家庄等 50 多个县市的方言。

在属于卷舌元音 ər 化合式读音的方言中，不同县市之间存在一定的差异，表现为，首先，"X－儿"读音的韵母出现合并，合并后的数量多少在不同的方言有较大差别，一般情况下是官话的方言儿化韵的数量比晋语多。其次，"X－儿"韵母的读音在不同的方言也有差别，如在河北大多数方言中 u 的儿化韵读 ur，与 uei 的儿化韵不同；在满城等地方言中它读 uər，与 uei 的儿化韵产生合并；在行唐还有 ur 和 uər 两可的情况。再如 o、e 的儿化韵，宁晋等地出现合并，三河等地没有合并。

(四) 混合变化式读音

在河北方言中，混合变化式读音又分成三种情况。第一种情况是伴随有增音的卷舌元音 ər 化合式读音。这种类型的读音特点是伴随变韵的同时，在音节的某个位置增加一个闪音或颤音的现象①，我们称为伴随增音的儿化韵。第二种情况是声母和韵母同时发生变化，即韵母变成卷舌儿化韵的同时，声母也发生变化，或变为另外一个不同音值的声母，或在发声母时就开始卷舌，形成一个所谓的双焦点音，我们称为声韵双变的现象。第三种情况是变韵的同时伴随有变调现象。

1. 伴随增音的儿化韵

在卷舌儿化变音系统中，伴随增音的儿化韵的方言涉及正定、黄骅、沧州、沧县、献县、盐山、沙河。这些县市从增音的音值上看只有一种情况，全部为舌尖"闪音"，而且大部分县市是舌尖前闪音，只有沙河方言为舌尖后闪音。音节中在什么地方出现增音是有条件的，依介音和声母的不同主要有两种情况，一是当介音为前、高元音 i、y 时，在介音后出现增音；二是当介音为 u 或无介音时，则在声母后出现增音。也就是说音节儿化时增不增音不仅和介音有关系，而且和声母有关系，有的县市增音的音节较多，有的县市增音的音节较少。有以下具体情况。

第一，在正定方言中，有 i 介音的韵母（含 i 韵母）和唇音声母 p、p'、m 以及与零声母组成的音节，有 y 介音的韵母（含 y 韵母）与零声母组成的音节，没有介音的韵母和舌尖前音声母 ts、ts'、s 组成的音节，"X – 儿"的读音为韵母发卷舌儿化韵的同时，伴随着增音的产生，或在韵头或在声母后增加一个舌尖闪音 ɾ。

第二，在黄骅、沧州方言中，舌尖前音声母 ts、ts'、s 或者舌尖中音声母 t、t' 与没有介音的韵母和有 u 介音的韵母（含 u 韵母）组成的音节，"X – 儿"的读音为韵母发生卷舌化的同时，伴随着增音的产

---

① 在不同的音节中，有的为闪音，有的为颤音，两者的区别是舌尖与口腔上部接触一次或多次。为了叙述简便我们下文统称"闪音"，不做具体区分。

生，都是在声母后增加一个舌尖闪音 ɾ。

第三，在沧县方言中，舌尖前音声母 ts、tsʻ、s 与没有介音的韵母组成的音节、舌尖中音声母 t、tʻ、n、l 与没有介音的韵母和有介音 u 的韵母（含 u 韵母）的音节，"X–儿"的读音为韵母发生卷舌化的同时，伴随着增音的产生，都是在声母后增加一个舌尖闪音 ɾ。

第四，在献县方言中，舌尖前声母与没有介音的韵母和有介音 u 的韵母（含 u 韵母）组成的音节、舌尖中音声母 t、tʻ、n、l 与没有介音的韵母组成的音节，"X–儿"的读音为韵母发生卷舌化的同时，伴随着增音的产生，都是在声母后增加一个舌尖闪音 ɾ。

第五，在盐山方言中，有 i 介音韵母（含 i 韵母）和有 y 介音的韵母（含 y 韵母）的零声母组成的音节，有 i 介音韵母（含 i 韵母）与唇音声母 p、pʻ、m 组成的音节，有 i 介音韵母（含 i 韵母）和有介音 u 的韵母（含 u 韵母）与舌尖中音声母 t、tʻ、n、l 与 t、tʻ、n、l 组成的音节，有 i 介音韵母（含 i 韵母）和有 y 介音的韵母（含 y 韵母）与舌面音声母 tɕ、tɕʻ、ɕ 组成的音节，"X–儿"的读音为韵母发生卷舌化的同时，伴随着增音的产生，或在韵头，或在声母后增加一个舌尖闪音 ɾ。

第六，在沙河方言中，零声母与有 i 介音韵母（含 i 韵母）组成的音节，舌尖中音声母 t、tʻ、n、l 与没有介音的韵母、有 i 介音韵母（含 i 韵母）和有介音 u 的韵母（含 u 韵母）组成的音节，舌面音声母 tɕ、tɕʻ、ɕ 与有 i 介音韵母（含 i 韵母）组成的音节，"X–儿"的读音为韵母发生卷舌化的同时，伴随着增音的产生，或在韵头，或在声母后增加一个舌尖闪音 ɽ。

2. 声韵双变的儿化变音

在卷舌儿化系统中，声韵双变的"X–儿"的读音涉及的县市有海兴、平山、献县、正定。有以下具体情况。

第一，在献县、正定方言中，唇音声母 p、pʻ、m 和舌根音声母 k、

k'、x 与没有介音的韵母组成的音节,"X-儿"的读音为韵母发卷舌儿化音的同时,声母也发生卷舌化,也就是声母由一个单辅音变成一个复合辅音,即发声母的时候,除了原来的唇或舌根等发音部位外,又加入了舌尖这个主动发音器官。

第二,在平山方言中,唇音声母 p、p'、m 和舌根音声母 k、k'、x 与没有介音的韵母组成的音节,"X-儿"的读音与献县相同,发生声韵双双卷舌化。除此之外,舌尖后声母 tʂ、tʂ'、ʂ 在"X-儿"的读音中,韵母发卷舌儿化韵的同时,声母产生发音部位的变化,变成了舌叶音 tʃ、tʃ'、ʃ。

第三,在海兴方言中,唇音声母 p、p'、m 与没有介音的韵母组成的音节,舌尖中音 t、t'、n、l 与有介音 u 的韵母(含 u 韵母)组成的音节,"X-儿"的读音为发生声韵双变现象。tʂ、tʂ'、ʂ 在"X-儿"的读音中,韵母发卷舌儿化韵的同时,声母产生发音部位的变化,变成了舌叶音 tʃ、tʃ'、ʃ。

3. 变韵和变调共存式

韵母和声调变化型又分为不同的两种情况。

(1) 非叠音儿化变调型

化合式读音中,"X-儿"的声调一般是和"X"的声调相同,在个别方言中,如定州、新乐等地方言中,"X-儿"的声调与"X"的声调相比是不同的,我们将其视为儿化变调。

在定州方言中,有儿化变调现象的只涉及四个调类中的阳平调类,定州方言中阳平调的调值是"35",在儿化音节中调值变为"353",接近于上声单字调值"214"。如:小楼儿 [siau$^{214-21}$ ləur$^{35-353}$],帮忙儿 [paŋ^{33} mãr$^{35-353}$],加油儿 [tɕia^{33} iəur$^{35-353}$],面条儿 [mian^{51} t'iaur$^{35-353}$]。

在新乐方言中有阴阳上去四个调类,在部分双音节词儿化后,后字的去声儿化后调值变成"213",这和阴平单字的调值相同。如:过道儿 [kuə^{51} taur$^{51-213}$],细篾儿 [si^{51} miɛr$^{51-213}$],物件儿 [u^{51} tɕiɛr$^{51-213}$],

自个儿 [tsʅ⁵¹ kɤr⁵¹⁻²¹³]，缕穗儿 [ly⁴⁴ suər⁵¹⁻²¹³]，玩物儿 [uaⁿ⁴³ ur⁵¹⁻²¹³]，摆设儿 [pɛ²¹³ ʂər⁵¹⁻²¹³]，差事儿 [tʂ'ɛ²¹³ ʂər⁵¹⁻²¹³]，架势儿 [tɕia⁵¹ ʂər⁵¹⁻²¹³]，作料儿 [tsuo⁴³ liər⁵¹⁻²¹³]，媳妇儿 [si²¹³ fər⁵¹⁻²¹³]，月份儿 [yɛ⁵¹ fər⁵¹⁻²¹³]，记号儿 [tɕi⁵¹ xɔr⁵¹⁻²¹³]，板凳儿 [paⁿ⁴⁴ t'ə̃r⁵¹⁻²¹³]。

(2) 叠音儿化变调

在河北大部分县市都有单音节词重叠并儿化后（包括动词、形容词、副词），不论其原来为何声调，都有后字变调为中平调的现象。以新乐南部方言为例，如：好好儿 [xau⁴⁴ xaur³³]，慢慢儿 [maⁿ⁵¹ mɛr³³]，醒醒儿 [siŋ⁴⁴ siə̃r³³]，动动儿 [tuŋ⁵¹ tuə̃r³³]，硬硬儿 [iŋ⁵¹ iə̃r³³]，白白儿 [pɛ⁴² pɛr³³]，悄悄儿 [ts'iau²¹³ ts'iaur³³]，烂烂儿 [laⁿ⁵¹ lɛr³³]，软软儿 [ʐuaⁿ⁴⁴ ʐuɛr³³]，远远儿 [yaⁿ⁴⁴ yɛr³³]。

三 河北方言中"X－儿"形式边音 l 式读音系统

河北方言中"X－儿"形式的读音可以归入边音系统的，主要有以下两种情况：一是"儿"本身为边音类音值，我们不管其"X－儿"读音中是否有边音类音值存留，一律归为边音系统；二是"X－儿"形式的读音中有边音类音值的存留的，我们也将其归为边音系统。按照这种标准划分，河北方言中 l 式读音系统主要分布在河北的南部冀鲁官话的石济片和沧惠片的部分县市，它同样可分为边音独立音尾式、边音拼合式、边音韵尾式和混合变化式四种小类型。

(一) 边音 [əl] 独立音尾式读音

边音 [əl] 独立音尾式的读音，我们仅在井陉方言中发现有少数"X－儿"读 [əl] 音尾形式，如：花儿 [xua əl]，坡儿 [pɤ əl]。

(二) 边音 [l] 拼合式读音

边音 [l] 拼合式读音的"X－儿"读音只见于柏乡方言，而且限于

75 岁以上的老年人的读音，具体读音为，[l̩] 与前面音节合成一个长音节的形式，它与边音韵尾式读音的不同在于音节较长，原音节的无尾韵母的音节，韵腹还会变成一个长元音，[l̩] 成为其韵尾，或者在有尾韵母后复加上去成为一个双韵尾。这种读音类型以 e、ie、ue、ye、ɿ、ʅ、i、u、y、ei、iei、uei、yei 等做韵母的音节，"X-儿"的读音为边音 [l̩] 拼合式，其韵母的音值分别为 ɤːl̩、iɤːl̩、uɤːl̩、yɤːl̩、ɿːl̩、ʅːl̩、iːl̩、uːl̩、yːl̩、eil̩、ieil̩、ueil̩、yeil̩。

(三) 边音 [l̩] 韵尾式读音

在"X-儿"边音读音系统中，从儿化韵的音值看有三种情况，第一种是变韵中全部有边音音值的存留；第二种是变韵全部为卷舌儿化式变韵的；第三种是部分韵母的儿化韵有边音音值存留，部分没有。全部为卷舌儿化式变韵的，它的读音与卷舌儿化系统中的读音相类似，之所以归于边音儿化变音系统，是由于它的"儿"音值读边音类音值。边音韵尾式读音仅在第一种和第三种情况中存在，所以我们此处只对属于这两种情况的方言做一个重点描写。这样的方言有 10 个：柏乡、井陉、元氏、南和、武安、肥乡、临漳、内丘、邢台县、涉县。我们仅以柏乡、井陉、南和、武安方言为例进行具体描写，其他几点方言我们以列表的方式呈现。

首先，我们来看柏乡方言的情况。75 岁以上的老年人的读音中，部分韵母的儿化韵为边音韵尾式。具体情况是，除韵母为 ɤ、iɤ、uɤ、yɤ、ɿ、ʅ、i、u、y、ei、iei、uei、yei 的音节外，其他音节全部为边音韵尾式读音，音值分别为 al̩、ial̩、ual̩、ɛl̩、iɛl̩、uɛl̩、yɛl̩、āl̩、iāl̩、uāl̩、əl̩、iəl̩、uəl̩、yəl̩。在较年轻的老年人（55—74 岁）的读音中，全部音节都是边音韵尾式读音。在中年人的读音中，ɿ、ʅ、i、u、y、ei、iei、uei、yei、əu、iəu、əŋ、iŋ、uŋ、uəŋ、yəŋ 做韵母的音节为边音韵尾式读音，ɤ、iɤ、uɤ、yɤ 4 个韵母在部分词中有边音韵尾式读音和卷舌儿化式读音两读形式，在大多数词中是边音韵尾式读音，除此之外的其他韵母全为卷舌儿化式读音。

其次，我们来看井陉方言的情况。井陉方言是一部分音节，"X－儿"的读音为边音韵尾式读音，这主要看韵母的读音情况。在井陉方言中，当韵母为ɿ、ʅ、i、u、y、ɤ、iɤ、yɤ、ei、uei、en、iən、yən、əu、iəu、əŋ、iŋ、uəŋ、yəŋ的音节，"X－儿"的读音为边音韵尾式读音。当韵母为a、ia、ua、ya①、ɛ、uɛ、o、io②、aŋ、iaŋ、uaŋ的音节，"X－儿"的读音为卷舌儿化式读音。边音韵尾式读音，如：老婆儿[lo pəl]，山坡儿[sa pəl]，树叶儿[su iəl]，小街儿[sio tɕiəl]，月儿[yəl]，小雨儿[sio yl]，队儿[təl]，黑儿[xəl]，辈儿[pəl]，水儿[ʂuəl]，豆儿[təl]，油儿[iəl]，凳儿[təl]，洞儿[tuəl]，影儿[iəl]，熊儿[ɕyəl]。

再次，我们来看南和方言的情况。在南和方言中，与井陉类似，只是涉及的韵母有差异。在南和方言中，当韵母是ɿ、ʅ、i、y、ei、uei、en、iən、yən、əŋ、iŋ、uəŋ、yəŋ的音节，"X－儿"的读音为边音韵尾式读音，当韵母是a、ia、ua、ya③、ə、uə、iə、yə、ai、uai、ɔ、iɔ、uɔ、əu、iəu、ɑŋ、iɑŋ、uɑŋ的音节，"X－儿"的读音为卷舌儿化式读音。

最后，在武安方言中，"儿"有[l]和[tɕʅ]两种读音，它的"X－儿"全部都是边音韵尾式读音。武安方言有28个儿化韵，分别为al、ial、ual、ɤl、iɤl、uɤl、yɤl、əl、iəl、ul、yl、uəl、yəl、ol、iol、əul、iəul、ɛl、iɛl、uɛl、yɛl、ãl、iãl、uãl、ə̃l、i ə̃l、uə̃l、y ə̃l，其中ɿ、ʅ、i、ei、iei、ai、uai、æ、uæ等韵母的"X－儿"韵母音

---

① 井陉方言的a、ia、ua、ya韵母，对应了普通话的a、ia、ua、ya和an、ian、uan、yan。
② 井陉方言的ɛ、uɛ对应的是普通话的ai、uai，o、io对应的是普通话的au、iau。
③ 南和方言的a、ia、ua、ya韵母，对应了普通话的an、ian、uan、yan；ɔ、iɔ、uɔ韵母对应了普通话的a、ia、ua。

值有合并现象，35 个基本韵母合并后共有 28 个儿化韵母。

我们将儿化韵中尚存边音类音值的方言进行整理列表，见表 1－2。

表 1－2　　　　　儿化韵中尚有边音类音值县市情况

县市	儿化韵的音值①												
	a	aŋ	ai	an	e	o	ɿ	ʅ	ne	əŋ	ei	au	əu	i	u	y
柏乡	aɭ	ãɭ	ɛɭ	ɛɭ	ɣɭ	oɭ	əɭ	əɭ	əɭ	əɭ	eiɭ	auɭ	əuɭ	iəɭ	uɭ	yəɭ
元氏②	ɜr/ɛr	ɛrɜ		ɛrɜ③		ɭ	əɭ	əɭ	əɭ	əɭ	rɛ	əuɭ	jəi	jəu	iəɭ	yəɭ
南和	ər				ɹe			əɭ			ɔr	aur	iəɭ	ur	yəɭ
肥乡	ɛɜ	aɭ	ɛɜ		ɛɭ		əɭ			ɹe	auɭ	jəi	iəɭ	uɭ	yəɭ
临漳	ɛɭ	—		ɛɭ		əɭ	—		əɭ		ɭo	auɭ	iəɭ	uɭ	yəɭ
武安	aɭ		ɛɭ		ɣɭ		əɭ				ɭo	auɭ	iəɭ	uəɭ	yəɭ
涉县	aɭ	aɭ	ɛɭ		ɭ		əɭ				ɭo	əuɭ	iəɭ	uɭ	yəɭ
井陉	ɛr	ɛɭ	ɛɜ	ɣɭ	ɛɭ		əɭ		əɭ		ɭo	jəi	iəɭ	uɭ	yəɭ
内丘	ɛr	ãr		ɛrɜ④		ɭ	əɭ	ɹe	əɭ		or	əur	iəɭ	ur	yəɭ
邢台县	ɛɜ						əɭ				aur	əur	iəɭ	ur	yəɭ

（四）混合变化式读音

从具体的读音情况看，它分为伴随增音的儿化韵和声韵双变以及

---

① 表中所列韵母举开口呼以赅齐、合、撮。
② 表中所列元氏方言的 əu、əŋ 儿化韵为除 tʂ、tʂʻ、ʂ、ʐ、l 声母以外的其他音节的情况，当声母是 tʂ、tʂʻ、ʂ、ʐ、l 时，它们的儿化韵应该是卷舌式的读音，分别为 əur、ər，而且韵母前有增音 ɭ。
③ o、uo、e、ie、ye 随拼合的声母不同，儿化韵有 ər 组和 ɛr 组两类音值。
④ e 的儿化韵有 ɣr 和 ɛr 两读音值。

变韵同时变调的儿化变音三种情况。伴有增音的儿化韵，增音的音值较卷舌儿化变音系统复杂，有的方言增加的是"闪音"，有的增加的是边音；增加闪音的又分舌尖前闪音 ɾ 和舌尖后闪音 ɽ。

1. 伴随增音式变韵

在边音儿化变音系统中，伴随增音的儿化韵涉及的方言主要有柏乡、新河、衡水、冀州、枣强、南宫、巨鹿、平乡、曲周、馆陶、邱县、威县、肃宁、元氏、赞皇、邯山区（原邯郸县）、磁县、涉县、临城、武邑。其中分为两种情况。

（1）增加舌尖闪音的各方言情况

在柏乡方言青年人的读音中，唇音声母 p、p'、m 与有 i 介音的韵母（含 i 韵母）的音节、舌尖前音声母 ts、ts'、s 与没有介音的韵母组成的音节，舌尖中音声母 t、t'、n、l 与没有介音的韵母、有 i 介音的韵母（含 i 韵母）、有 u 介音的韵母（含 u 韵母）组成的音节，儿化时，韵母卷舌化的同时，增加闪音 ɾ。

在新河方言中，舌尖中音声母 t、t'、n、l 与有 u 介音的韵母（含 u 韵母）组成的音节，韵母卷舌化的同时，增加闪音 ɾ。

在衡水、邯山区（原邯郸县）和临城方言中，舌尖中音声母 t、t'、n、l 与没有介音的韵母组成的音节，儿化时，韵母发生卷舌化的同时，增加闪音 ɾ。

在冀州方言中，唇音声母 p、p'、m 与有 i 介音的韵母（含 i 韵母）组成的音节，舌尖前音声母 ts、ts'、s 与没有介音的韵母组成的音节，舌尖中音声母 t、t'、n、l 与没有介音的韵母、有 i 介音的韵母（含 i 韵母）组成的音节，儿化时，韵母卷舌化的同时，增加闪音 ɾ。

在枣强方言中，唇音声母 p、p'、m 与有 i 介音的韵母（含 i 韵母）组成的音节，舌尖前音声母 ts、ts'、s 与没有介音的韵母、有 u 介音的韵母（含 u 韵母）组成的音节，舌尖中音声母 t、t'、n、l 与没有介音的韵母、有 i 介音的韵母（含 i 韵母）组成的音节，儿化时，韵母卷舌化的同时，增加闪音 ɾ。

在肃宁和磁县方言中，舌尖前音声母 ts、ts'、s 与没有介音的韵母和有 u 介音的韵母（含 u 韵母）组成的音节，舌面音声母 tɕ、tɕ'、ɕ 与有 i 介音的韵母（含 i 韵母）组成的音节，舌尖中音声母 t、t'、n、l 与没有介音的韵母、有 i 介音的韵母（含 i 韵母）、有 u 介音的韵母（含 u 韵母）组成的音节，儿化时，韵母卷舌化的同时，增加闪音，肃宁为 ɾ，磁县为 ɻ。

在南宫方言中，舌尖前音声母 ts、ts'、s 与没有介音的韵母和有 u 介音的韵母（含 u 韵母）组成的音节，舌尖中音声母 t、t'、n、l 与没有介音的韵母、有 u 介音的韵母（含 u 韵母）组成的音节，儿化时，韵母发生卷舌化的同时，增加闪音 ɻ。

在巨鹿方言中，舌尖前音声母 ts、ts'、s 与没有介音的韵母和有 u 介音的韵母（含 u 韵母）组成的音节，零声母与有 i 介音的韵母（含 i 韵母）和有 y 介音的韵母（含 y 韵母）组成的音节，舌尖中音声母 t、t'、n、l 与没有介音的韵母、有 u 介音的韵母（含 u 韵母）组成的音节，舌面音声母 tɕ、tɕ'、ɕ 与有 i 介音的韵母（含 i 韵母）和有 y 介音的韵母（含 y 韵母）组成的音节，儿化时，韵母发生卷舌化的同时，增加闪音 ɻ。

在平乡方言中，零声母与有 i 介音的韵母（含 i 韵母）和有 y 介音的韵母（含 y 韵母）组成的音节，舌尖中音声母 t、t'、n、l 与没有介音的韵母、有 u 介音的韵母（含 u 韵母）组成的音节，舌面音声母 tɕ、tɕ'、ɕ 有 i 介音的韵母（含 i 韵母）组成的音节，儿化时，韵母发生卷舌化的同时，增加闪音 ɻ。

在馆陶和邱县方言中，零声母与有 i 介音的韵母（含 i 韵母）组成的音节，唇音声母 p、p'、m 有 i 介音的韵母（含 i 韵母）组成的音节，舌尖前音声母 ts、ts'、s 与没有介音的韵母和有 u 介音的韵母（含 u 韵母）组成的音节，舌尖中音声母 t、t'、n、l 与没有介音的韵母、有 u 介音的韵母（含 u 韵母）组成的音节，舌尖后音声母 tʂ、tʂ'、ʂ 与没有介音的韵母、有 u 介音的韵母（含 u 韵母）组成的音节，舌面音声母 tɕ、tɕ'、ɕ 与有 i 介音的韵母（含 i 韵母）组成的音节，儿化时，韵母发生卷舌化的同时，增加闪音 ɾ。

在威县和武邑方言中，零声母与有 i 介音的韵母（含 i 韵母）和有 y 介音的韵母（含 y 韵母）组成的音节，唇音声母 p、p'、m 与有 i 介音的韵母（含 i 韵母）组成的音节，舌尖前音声母 ts、ts'、s 与没有介音的韵母和有 u 介音的韵母（含 u 韵母）组成的音节，舌面音声母 tɕ、tɕ'、ɕ 与有 i 介音的韵母（含 i 韵母）和有 y 介音的韵母（含 y 韵母）组成的音节，舌尖中音声母 t、t'、n、l 与没有介音的韵母、有 i 介音的韵母（含 i 韵母）、有 u 介音的韵母（含 u 韵母）组成的音节，儿化时，韵母发生卷舌化的同时，增加闪音 ɾ。

在涉县方言中，零声母与有 i 介音的韵母（含 i 韵母）组成的音节，唇音声母 p、p'、m 与有 i 介音的韵母（含 i 韵母）组成的音节，舌尖前音声母 ts、ts'、s 与没有介音的韵母组成的音节，舌尖中音声母 t、t'、n、l 与没有介音的韵母、有 i 介音的韵母（含 i 韵母）组成的音节，舌面音声母 tɕ、tɕ'、ɕ 与有 i 介音的韵母（含 i 韵母）和有 y 介音的韵母（含 y 韵母）组成的音节，儿化时，韵母发生卷舌化的同时，增加闪音 ɾ。

（2）增加边音的各方言情况

在元氏方言中，舌尖后音声母 tʂ、tʂ'、ʂ 与没有介音的韵母和有 u 介音的韵母（含 u 韵母）组成的音节，儿化时，韵母发生卷舌化的同时，增加边音 l。

在曲周方言中，零声母与有 i 介音的韵母（含 i 韵母）组成的音节，舌尖前音声母 ts、ts'、s 与没有介音的韵母组成的音节，舌尖中音声母 t、t'、n、l 与有 i 介音的韵母（含 i 韵母）组成的音节，舌尖后音声母 tʂ、tʂ'、ʂ 与有 u 介音的韵母（含 u 韵母）组成的音节，舌面音声母 tɕ、tɕ'、ɕ 与有 i 介音的韵母（含 i 韵母）和有 y 介音的韵母（含 y 韵母）组成的音节，儿化时，韵母发生卷舌化的同时，增加边音 l̩。

在赞皇方言中，零声母与有 i 介音的韵母（含 i 韵母）组成的音节，唇音声母 p、p'、m 与没有介音的韵母、有 i 介音的韵母（含 i 韵母）和有 u 介音的韵母（含 u 韵母）组成的音节，舌尖前音声母 ts、ts'、s 与没有介音的韵母和有 u 介音的韵母（含 u 韵母）组成的音节，舌面音声母 tɕ、tɕ'、ɕ 与有 i 介音的韵母（含 i 韵母）组成的音节，舌尖后音声母 tʂ、tʂ'、ʂ 与没有介音的韵母和有 u 介音的韵母（含 u 韵母）组成的音节，舌尖中音声母 t、t'、n、l 与没有介音的韵母、有 i 介音的韵母（含 i 韵母）、有 u 介音的韵母（含 u 韵母）组成的音节，儿化时，韵母发生卷舌化的同时，增加边音 l̩。

2. 声韵双变的儿化变音

在边音儿化变音系统中，声韵双变的情况也较复杂：第一种情况是，所有音节没有增音现象，只有部分音节有变声现象；第二情况是，有的音节有增音现象，另外的音节有变声现象；第三种情况是，同一音节既有增音，又有变声现象。

（1）只有变声现象的方言

所有音节只有变声现象的方言有内丘、鸡泽、深州、肥乡和邢台市。有以下具体情况。

在内丘方言中，唇音声母 p、p'、m 与没有介音的韵母组成的音节以及舌根音声母 k、k'、x 与没有介音的韵母组成的音节，儿化时发声母的同时，舌尖上卷，形成一个复合辅音。舌尖后音声母与没有介音的韵母和有 u 介音的韵母（含 u 韵母）组成的音节，舌尖后声母 tʂ、tʂ'、ʂ 变成舌叶音 tʃ、tʃ'、ʃ。

在鸡泽方言中，唇音声母 p、p'、m 与没有介音的韵母组成的音节以及舌根音声母 k、k'、x 与没有介音的韵母组成的音节，儿化时发声母的同时，舌尖上卷，形成一个复合辅音。舌尖后音声母与没有介音的韵母和有 u 介音的韵母（含 u 韵母）组成的音节，舌尖后音声母 tʂ、tʂ'、ʂ 变成舌叶音 tʃ、tʃ'、ʃ。边音做声母的音节，边音声母 l 变成一个卷舌浊边音 ɭ。

在深州和肥乡方言中，唇音声母 p、p'、m 与没有介音的韵母组成的音节以及舌根音声母 k、k'、x 与没有介音的韵母组成的音节，儿化时，发声母的同时，舌尖上卷，形成一个复合辅音。

在邢台市方言中，唇音声母 p、p'、m 与没有介音的韵母和有 u 介音的韵母（含 u 韵母）组成的音节，舌根音声母 k、k'、x 与没有介音的韵母和有 u 介音的韵母（含 u 韵母）组成的音节，儿化时发声母的同时，舌尖上卷，形成一个复合辅音。

（2）增音现象和变声现象不共存于同一音节的方言

这种情况是有的音节有增音现象，另外的音节有变声现象，两种现象不共存于同一音节。属于这种读音的方言有柏乡、新河、冀州、枣强、南宫、巨鹿、平乡、邯山区（原邯郸县）、威县、肃宁、涉县、磁县、赞皇。这些方言，除了一些音节有增音现象外，另外的音节还有声韵双变的现象，有以下具体情况。①

在柏乡、南宫、邯山区（原邯郸县）、威县方言中，唇音声母 p、p'、m 与没有介音的韵母组成的音节，舌根音声母 k、k'、x 与没有介音的韵母组成的音节，儿化时，发声母的同时，舌尖上卷，形成一个复合辅音。

在新河方言中，唇音声母 p、p'、m 与没有介音的韵母和有 u 介音的韵母（含 u 韵母）组成的音节，舌根音声母 k、k'、x 与没有介音的韵母和有 u 介音的韵母（含 u 韵母）组成的音节，儿化时，发声母的

---

① 这些县市的增音情况见上文，此处只叙述变声情况。

同时，舌尖上卷，形成一个复合辅音。舌尖后音声母 tʂ、tʂʻ、ʂ与没有介音的韵母和有 u 介音的韵母（含 u 韵母）组成的音节，舌尖后音声母 tʂ、tʂʻ、ʂ变成舌叶音 tʃ、tʃʻ、ʃ。

在冀州方言中，唇音声母 p、pʻ、m 与没有介音的韵母和有 u 介音的韵母（含 u 韵母）组成的音节，舌根音声母 k、kʻ、x 与没有介音的韵母和有 u 介音的韵母（含 u 韵母）组成的音节，儿化时，发声母的同时，舌尖上卷，形成一个复合辅音。舌尖后音声母 tʂ、tʂʻ、ʂ与没有介音的韵母和有 u 介音的韵母（含 u 韵母）组成的音节，舌尖后音声母 tʂ、tʂʻ、ʂ变成舌叶音 tʃ、tʃʻ、ʃ。边音做声母的音节，边音声母 l 变成一个卷舌浊边音 ɭ。

在枣强方言中，舌根音声母 k、kʻ、x 与没有介音的韵母组成的音节，儿化时，发声母的同时，舌尖上卷，形成一个复合辅音。边音做声母的音节，边音声母 l 变成一个卷舌浊边音 ɭ。

在巨鹿、磁县方言中，唇音声母 p、pʻ、m 与没有介音的韵母组成的音节以及舌根音声母 k、kʻ、x 与没有介音的韵母组成的音节，儿化时，发声母的同时，舌尖上卷，形成一个复合辅音。舌尖后声母没有介音的韵母和有 u 介音的韵母（含 u 韵母）组成的音节，舌尖后音声母 tʂ、tʂʻ、ʂ变成舌叶音 tʃ、tʃʻ、ʃ。

在平乡方言中，唇音声母 p、pʻ、m 与没有介音的韵母组成的音节、舌根音声母 k、kʻ、x 与没有介音的韵母组成的音节，儿化时，发声母的同时，舌尖上卷，形成一个复合辅音。边音做声母的音节，边音声母 l 变成一个卷舌浊边音 ɭ。

在肃宁方言中，唇音声母 p、pʻ、m 与没有介音的韵母组成的音节，儿化时，发声母的同时，舌尖上卷，形成一个复合辅音。边音做声母的音节，边音声母 l 变成一个卷舌浊边音 ɭ。

在涉县方言中，唇音声母 p、pʻ、m 与没有介音的韵母组成的音节，儿化时，发声母的同时，舌尖上卷，形成一个复合辅音。

在赞皇方言中，边音做声母的音节，儿化时，边音声母 l 变成一个卷舌浊边音 ɭ。

（3）增音和变声共存于同一音节的方言

这种情况的方言有两个，包括元氏和曲周方言。这两个方言除了一些音节有增音现象外①，在元氏方言中，舌尖后音声母与没有介音的韵母和有 u 介音的韵母（含 u 韵母）组成的音节，儿化时，声母后增加边音 ɭ，同时声母发音部位发生变化，变成舌面中音或舌根音②。边音做声母的音节，声母后增加边音 ɭ，同时声母变成 z。在曲周方言中，舌尖后音声母与有 u 介音的韵母（含 u 韵母）组成的音节，儿化时，声母后增加边音 ɭ，声母 tʂ、tʂʻ、ʂ 变成舌叶音 tʃ、tʃʻ、ʃ。同时，舌尖后音声母与没有介音的韵母组成的音节，声母后不增音，只是由 tʂ、tʂʻ、ʂ 变成舌叶音 tʃ、tʃʻ、ʃ。唇音声母与没有介音的韵母组成的音节、舌根音声母 k、kʻ、x 与没有介音的韵母组成的音节，儿化时，发声母的同时，舌尖上卷，形成一个复合辅音。

3. 变韵和变调共存式读音

在肥乡西片方言中有阴、阳、上、去、入五个调类。上声的调值是"54"，在"X－儿"中，上声的调值一律读"51"，恰好与阳平调值相同。如：枣儿 [tsaur⁵⁴⁻⁵¹]，稿儿 [kaur⁵⁴⁻⁵¹]，顶儿 [tiər⁵⁴⁻⁵¹]。这些混同阳平的儿化后的上声字，如果发生连读变调，它的规律等同于单字调为阳平的字。

魏县方言有阴、阳、上、去四个调类，在"X－儿"中，如果"X"是一个多音节或双音节词或语素，那么最末的儿化音节，不管它原来的调值是什么，一律读"33"调值，这一调值和阴平调类的单字调相同，但这不是一个强制性规律，只在部分词中有这种变调现象。如：婆 [pʻo⁵³] 在师婆儿中读 [pʻər⁵³⁻³³]，头 [tʻou⁵³] 在跟头儿中读

---

① 增音的具体情况见上文。
② 变成什么音值，有地域的不同，在城关槐阳镇变舌面中音，在姬村镇变舌根音。

[t'our⁵³⁻³³]，凳［təŋ³¹²］在板凳儿中读［tɤr³¹²⁻³³］，袋［tai³¹²］在布袋儿中读［tɛr³¹²⁻³³］，鼠［ʂu⁵⁵］在小老鼠儿中读［ʂur⁵⁵⁻³³］，虎［xu⁵⁵］在蝎虎儿中读［xur⁵⁵⁻³³］，枣［tʂau⁵⁵］在软枣儿中读［tʂaur⁵⁵⁻³³］。

四 其他不成系统的"X–儿"形式的读音

除此之外，还有部分县市的"X–儿"不属于这三个系统的情况，如在蔚县方言中"X–儿"是以［ɨ］做韵尾的读音，其中［ɨ］的音值是介于舌面元音［ɯ］和［i］之间的一个音。这种特殊的读音，目前我们的调查只发现了蔚县方言是这种情况，从调查的情况看，蔚县方言中"X–儿"形式的读音在地域分布上略有差异，在靠近涿鹿县的桃花镇一带的东北部地区，与其他地区有差异。桃花镇一带"X–儿"的读音为单纯韵母卷舌型，与涿鹿相近。在蔚州镇、西合营镇、南杨庄乡以及其他大部分地区为平舌元音韵尾型。据桃花镇的发音人自己讲，他们的读音与其他乡镇不一样，发儿化时卷舌，这种情况还有黄梅乡和吉家庄镇，除此之外其他乡镇发儿化音时不卷舌。

蔚县共有基本韵母32个，除"儿"本身外，其他韵母都有"X–儿"形式情况，它们读音有以下情况。

第一，a、ia、ua、o、io、uo、ɤ、iɤ、yɤ、ɛ、uɛ、i、u、y、ã、iã、uã 直接在后面加 ɨ 韵尾。

例如：刀把儿［tau⁵⁴paɨ¹³］，号码儿［xau¹³maɨ⁵⁵］，法儿［faɨ⁵⁵］，豆芽儿［tɛu¹³iaɨ⁴²］，娘俩儿［niã⁴²liaɨ⁵⁵］，小鸭儿［ɕio⁵⁵iaɨ⁵⁴］，牙刷儿［ia⁴²suaɨ⁵⁴］，画画儿［xua¹³xuaɨ¹³］，鸡爪儿［tɕi⁵⁴tsuaɨ⁵⁴］，花儿［xuaɨ⁵⁴］，小刀儿［ɕio⁵⁵toɨ⁵⁴］，枣儿［tsoɨ⁵⁵］，棉袄儿［miaⁿ⁴²noɨ⁵⁵］，苗儿［mioɨ⁴²］，药儿［ioɨ¹³］，面条儿［miaⁿ¹³t'ioɨ⁴²］，干活儿［kaⁿ¹³xuoɨ⁴²］，窝儿［uoɨ⁵⁴］，山坡儿［saⁿ⁵⁴p'oɨ⁵⁴］，老婆儿［lo⁵⁵p'oɨ⁴²］，小车儿［ɕio⁵⁵ts'ɤɨ⁵⁴］，歌儿［kɤɨ⁵⁴］，小盒儿［ɕio⁵⁵xɤɨ⁴²］，核儿

[xuɨ⁴²]，格儿 [kɤɨ⁴²]，节儿 [tsiɤɨ⁴²]，树叶儿 [su¹³iɤɨ¹³]，缺儿 [tɕyɤɨ⁵⁴]，小雪儿 [ɕio⁵⁵ɕyɤɨ⁵⁵]，瓜皮儿 [kua⁵⁴p'iɨ¹³]，粒儿 [liɨ¹³]，鸡儿 [tɕii⁵⁴]，牛犊儿 [niɛu⁴²tuɨ⁴²]，小树儿 [ɕio⁵⁵suɨ¹³]，小鹿儿 [ɕio⁵⁵luɨ¹³]，小驴儿 [ɕio⁵⁵lyɨ⁴²]，小曲儿 [ɕio⁵⁵tɕyɨ⁵⁵]，小雨儿 [ɕio⁵⁵yɨ⁵⁵]，鞋帮儿 [ɕiɤ⁴²pãɨ⁵⁴]，帮忙儿 [pã⁵⁴mãɨ⁴²]，茶缸儿 [ts'a⁴²kuãɨ⁵⁴]，亮儿 [liãɨ¹³]，小窗儿 [ɕio⁵⁵ts'uãɨ⁵⁴]，小筐儿 [ɕio⁵⁵k'uãɨ⁵⁴]，网儿 [uãɨ⁵⁵]。

第二，ei、uei、əŋ、iŋ、uəŋ、uŋ、yŋ 以 ɨ 韵尾替代原来的韵尾。

例如：辈儿 [pei¹³]，泪儿 [luei¹³]，墨水儿 [mei¹³sueɨ⁵⁵]，小鬼儿 [ɕio⁵⁵kueɨ⁵⁵]，味儿 [ueɨ¹³]，本儿 [pəɨ⁵⁴]，门儿 [məɨ⁴²]，根儿 [kəɨ⁵⁴]，针儿 [tsəɨ⁵⁴]，印儿 [iəɨ¹³]，村儿 [ts'uəɨ¹³]，车轮儿 [ts'ɤ⁵⁴luəɨ⁴²]，合群儿 [xɤ⁴²tɕyəɨ⁴²]，棚儿 [p'əɨ⁴²]，小凳儿 [ɕio⁵⁵təɨ¹³]，小坑儿 [ɕio⁵⁵k'əɨ⁵⁴]，钉儿 [tiɨ¹³]，影儿 [iɨ⁵⁵]，小瓮儿 [ɕio⁵⁵uəɨ¹³]，洞儿 [tuəɨ¹³]，小葱儿 [ɕio⁵⁵tsuɨ⁵⁴]，小熊儿 [ɕio⁵⁵ɕyɨ⁴²]。

第三，aⁿ、iaⁿ、uaⁿ、yaⁿ、ɛu、iɛu 等去掉韵尾，主元音发生高化或圆唇化并加 ɨ 韵尾，从而形成 ɛɨ、iɛɨ、uɛɨ、yɛɨ、əuɨ、iəuɨ 几个儿化韵。

例如：盘儿 [p'ɛɨ⁴²]，摊儿 [t'ɛɨ⁵⁴]，小篮儿 [ɕio⁵⁵lɛɨ⁴²]，一扇儿 [i⁵⁴sɛɨ¹³]，边儿 [piɛɨ⁵⁴]，面儿 [miɛɨ¹³]，几天儿 [tɕi⁵⁵t'iɛɨ⁵⁴]，小眼儿 [ɕio⁵⁵iɛɨ⁵⁵]，团儿 [t'uɛɨ⁴²]，官儿 [kuɛɨ⁵⁴]，罐儿 [kuɛɨ¹³]，卷儿 [tɕyɛɨ⁵⁵]，院儿 [yɛɨ¹³]，圈儿 [tɕ'yɛɨ⁵⁴]，豆儿 [təuɨ¹³]，扣儿 [k'əuɨ¹³]，小楼儿 [ɕio⁵⁵ləuɨ⁴²]，袖儿 [ɕiəuɨ¹³]，加油儿 [tɕia⁵⁴iəuɨ⁴²]。

第四，ɿ、ʅ 两个韵母，分别替换为 əɨ 韵母。

例如：写字儿 [ɕiɤ⁵⁵tsəɨ¹³]，刺儿 [ts'əɨ¹³]，丝儿 [səɨ⁵⁴]，事儿 [səɨ¹³]，锯齿儿 [tɕy¹³ts'əɨ⁵⁵]，食儿 [səɨ⁴²]。

另外在怀安方言中少数词加"儿"后的读音不是卷舌元音化合型的读音形式，而是读平舌元音［ʌ］拼合式，如"点儿"读音为［tiʌ］，"蜂儿"读音为［pʻɤʌ］，"妇儿"读音为［fuʌ］，等等。

总体看来，在河北 150 个县市方言中，大部分县市"X – 儿"形式可以归入卷舌 ər 式系统、平舌 ɯ 式系统、边音 l 式系统这"三大系统"，只有少数方言读音不能归入这"三大系统"，可以视为特例。

第三节　河北方言"X – 儿"形式三大读音系统的地理分布

河北方言内部情况较为复杂，从方言的分区上看，河北方言主要隶属于冀鲁官话区、中原官话区和晋语区三大方言区，尽管在每一个大区之内，还有内部的小片差异，但是从"X – 儿"形式的情况来看，三大读音系统和三种儿化阶段的分布情况并不与方言分区相对应，关系比较差参，尤其是官话区和晋语区的方言过渡地带"X – 儿"形式的情况更为复杂，呈现几种类型并存的现象。

一　河北方言分区概况

按照《中国语言地图集》的分区，河北省的方言大部分属于官话方言，在官话方言中冀鲁官话占了大多数，有 106 个县市区（分属保唐等 3 个小片）属于此方言，除此之外有 13 个县市的方言属北京官话怀承片，2 个县市方言属中原官话。121 个县市之外，其余的 35 个县市的方言归晋语（下辖张呼片和邯新片两小片）。按照行政区划河北省有 150 个县市，其中有 6 个县市方言由于内部差异较大，不同地区归属于官话和晋语不同分区，此处我们依据官话和晋语的不同，每个县市都看成两个县市，这样算下来有 156 个县市。各方言详细的归属情况，见表 1 – 3。

表1-3　　　　　　　　河北各县市方言归属情况

方言分区	包括县市
冀鲁官话	赵县、新乐、深泽、行唐、安平、饶阳、武强、石家庄、辛集、无极、井陉、晋州、宁晋、高邑、武邑、藁城、栾城、南和、任县、隆尧、广宗、清河、故城、吴桥、临西、广平（县城以东）、涿州、雄县、安新、高阳、阜平、河间、青县、阜城、景县、泊头、定兴、容城、任丘、南皮、东光、孟村、正定、深州、临城、柏乡、新河、衡水、冀州、枣强、南宫、巨鹿、平乡、邢台市、馆陶、邱县、威县、盐山县、海兴、黄骅、沧州、沧县、青县、献县、蠡县、清苑、顺平、唐县、高碑店、大城、馆陶、肃宁、徐水、武强、饶阳、蔚县、望都、保定、满城、曲阳、涞水、易县、霸州、永清、定州、青龙、抚宁、迁安、迁西、唐山、秦皇岛、涞源、卢龙、宽城、阜平、兴隆、遵化、玉田、丰润、丰南、唐海、滦南、乐亭、滦州、昌黎、博野
北京官话	承德市、承德县、大厂、丰宁、固安、廊坊、隆化、滦平、三河、平泉、围场、香河、涿州
中原官话	魏县、大名
晋语	灵寿、鹿泉、张家口、张北、康保、沽源、尚义、阳原、怀安、万全、宣化、崇礼、怀来、涿鹿、赤城、邯郸市、邯山区（原邯郸县）、永年、广平（城关以西）、成安、临漳、平山、元氏、肥乡、内丘、沙河、磁县、涉县、赞皇、鸡泽、武安、南和、曲周、邢台县、临城（城关以西）

二　官话区方言的"X-儿"形式的读音情况及地理分布

按照《中国语言地图集》的分区，河北省的方言大部分属于官话方言，涉及120多个县市，分属冀鲁官话、中原官话和北京官话三个大区。从"X-儿"形式读音的情况来看，在官话区内部涉及的类型比较复杂。既有平舌系统的读音，也有卷舌系统的读音，还有边音系统的读音，我们将按冀鲁官话区、北京官话区和中原官话区来分别加以分析。

第一章　河北方言中"X-儿"形式音变情况调查实录

（一）冀鲁官话区"X-儿"形式的读音分布情况

河北属于冀鲁官话区的方言，涉及 106 个县市，分属保唐片、石济片和沧惠片三个大片，由于冀鲁官话涉及的县市多，分布的地域广，所以"X-儿"形式的读音情况也最为复杂，它的读音涉及了"X-儿"形式读音的"三大系统"和特殊的不成系统的读音。

1. 平舌元音系统的儿化读音在冀鲁官话区的分布情况

迁安、涞源等 7 个县市方言的"X-儿"读音有部分音节为平舌元音独立音尾式读音；青龙、抚宁等 8 个县市的方言"X-儿"读音有部分音节为平舌元音拼合式读音，涞源、卢龙等 5 县市的方言"X-儿"读音有部分音节为平舌元音化合式读音；在涞源、抚宁、卢龙、青龙方言中"X-儿"形式情况涉及了平舌元音独立音尾式、拼合式和化合式三种情况。宽城方言全部为平舌元音拼合式读音，读音类型比较单一。迁西、迁安的读音涉及了独立音尾式读音和平舌元音拼合式读音两种类型。丰宁方言则为平舌元音拼合式和平舌元音化合式读音两种类型。

2. 卷舌元音系统的儿化读音在冀鲁官话区的分布情况[①]

卷舌元音系统的儿化读音情况较为复杂，与平舌元音ɯ式系统相比，卷舌元音化合式读音中不仅有单纯变韵式读音，还有伴有增音或声韵双变或变调式的读音。

卷舌元音独立音尾式"X-儿"形式读音，主要见于定州等 15 个县市的方言中。卷舌元音拼合式"X-儿"形式的读音，主要见于易县、涞水等 5 个县市的方言中。

卷舌元音化合式"X-儿"形式的读音，其中单纯变韵式的读音

[①] 文中仅涉及各种读音类型的分布情况，各县市方言具体音值情况，参见李巧兰《河北方言中的儿化变音研究》，河北人民出版社 2011 年版，第 11—50 页。

涉及的县市最多，共有 29 个县市的方言是这种类型的读音，包括冀鲁官话的石济片赵深小片的石家庄等 9 个县市；邢衡小片的隆尧 1 个县市；聊泰小片的吴桥等 4 个县市；保唐片的涿州等 5 个县市，以及沧惠片黄乐小片的孟村等 10 个县市。

卷舌元音化合式"X-儿"形式读音，比较复杂的混合变化型读音的情况如下。一是声母、韵母同时变化式读音，主要存在于冀鲁官话的海兴、正定、盐山县、黄骅、沧州、沧县、献县 7 个县市方言；二是韵母和声调同时变化式读音，主要分布在定州、新乐等地方言中。

3. 边音系统的儿化读音在冀鲁官话区的分布情况

"X-儿"形式边音读音系统主要分布在河北南部官话的石济片和沧惠片的部分县市。这个系统的读音和卷舌系统一样复杂，既有音尾式、拼合式，又有化合式的读音，在化合式读音中，除了单纯变韵型，又有三种特殊的小类型：伴有增音的变韵型、声韵双变型和变韵变调共存型。

"X-儿"形式边音独立音尾式的读音，据我们调查所见，仅有井陉方言是一种残存的形式。"X-儿"形式边音拼合式读音，在冀鲁官话区仅见于柏乡方言。边音化合式读音分布的县市较多一些，主要见于井陉、涉县等 10 个县市方言。

由于"X-儿"形式读音的发展，在边音化合式读音中，还有部分县市的读音为单纯韵母卷舌式读音，即读音中已经没有了边音音值的踪迹，这样的县市有邢衡小片的任县 1 个县市；也有一些县市边音化合式读音情况为边音特殊变化式读音，主要表现为伴有增音的韵母变韵和声韵双变的情况，这种情况主要分布在赵县、辛集、临城、武强、武邑、故城等县市。

4. 不成系统的"X-儿"形式的零星分布

在冀鲁官话区除了成系统的三大读音系统的情况外，还有一个比较特殊的"X-儿"形式的读音，仅见于蔚县方言，它的读音也是化合式的儿化读音，只是音值较为特殊，全部是以［i］做韵尾的读音，其中［ɨ］的音值是介于舌面元音［ɯ］和［i］之间的一个音。

（二）北京官话区"X-儿"形式的读音分布情况

在河北方言中属于北京官话区的方言属于怀承片，包括承德市、承德县、大厂、丰宁、固安、廊坊、隆化、滦平、三河、平泉、围场、香河、涿州13个县市。其中丰宁方言的"X-儿"形式的读音为平舌元音拼合式读音。其他12个县市的"X-儿"形式基本上都是卷舌元音化合式读音，和普通话的儿化读音基本一致。

（三）中原官话区"X-儿"形式的读音分布情况

河北方言中属于中原官话的只有两个县，即魏县和大名，属于中原官话的郑曹片。虽然这两个县的儿单字音为边音类读音，但它们的"X-儿"形式的读音全部是卷舌元音化合式读音。

三　晋语区方言的"X-儿"形式读音情况及地理分布

按照《中国语言地图集》的分区，河北省的方言大部分属于官话方言，除此之外，还有35个县市属于晋语的方言，它们分别属于张呼片和邯新片。为了全面了解河北省晋语区方言中"儿"与儿化读音的具体情况，我们对35个县市的方言进行了专项调查，共选50个方言点。调查发音人59位，分成老中青三代（方便对比研究），60岁以上的有5人，其中年龄最大的肥乡毛演堡乡人宁喜荣，时年72岁。30—60岁的发音人11人，30岁以下的发音人43人。

河北属于晋语的县市，"X-儿"形式的读音分属于卷舌 ər 式读音系统和边音 l 式系统中的化合式，按照音值上的差异，我们可以发现有三种小类型：单纯韵母变化型、特殊变韵型（混合变化型）、边音韵尾型。

（一）单纯韵母变化型

这种类型的读音，也是河北方言中"X－儿"形式读音中最普遍的一种类型，我们不予赘述。河北晋语区方言属于这种情况的有成安、崇礼等20个县市（区）。

各县市基本韵母与儿化韵母对应关系都不是一一对应关系，即儿化韵的数量少于基本韵母。鹿泉、灵寿等儿化韵最多有26个，阳原最少有7个。大部分晋语儿化韵数目在11—17个。

（二）特殊变韵型（混合变化型）

特殊变韵型读音有以下几种不同情况。

1. 声韵双变型

河北晋语区方言"X－儿"形式读音属于声韵双变型的，其中又有两种不同的小类型。

第一，声母变成了不同于原音节声母的其他辅音，同时韵母发生卷舌化。如鸡泽、曲周、平山、元氏、磁县、内丘等地方言的儿化读音，其中当翘舌音做声母的音节儿化时，声母由 tʂ、tʂ'、ʂ 变为 [tʃ、tʃ'、ʃ]，同时韵母卷舌化。我们以内丘方言为例，如：小车儿 [tʃɛr]，小窗儿 [tʃuar]，小树儿 [ʃur]，牙刷儿 [ʃuar]，事儿 [ʃər]，等等。还有一部分县市，如赞皇、鸡泽等县市儿化读音中 l 声母变成了 ɭ 声母，同时韵母卷舌化，如篮儿 [ɭɛr]，粒儿 [ɭiər]，轮儿 [ɭuər]，泪儿 [ɭər]，零儿 [ɭiə̃r]。

第二，声母卷舌式读音。就是发声母的同时，伴有舌尖上翘的动作，虽然发音部位并未发生变化，但是多了一个主动发音器官，它的音质与原来比发生了变化，我们也将其看作声韵双变式读音。在平山、元氏、鸡泽、肥乡、内丘方言中，当 p、p'、m、f、k、k'、x 几个声母与没有介音的韵母组成的音节，它的"X－儿"形式读音，发声母的同时舌尖直接上翘,一直持续到整个音节结束。我们以肥乡方言为例,如:稿儿 [kʳaur⁵⁴⁻⁵¹],坡儿 [pʰʳɛr³³]。涉县方言这种情况较以上县市要少一些,只有 p、pʰ、m、f 几个声母拼没有介音的韵母的音节,"X – 儿"形式读音是声韵双变式。

2. 伴有增音的变韵型读音

有两种情况,第一种情况是,声母后伴有增音的变韵型读音。

属于这种情况的方言有磁县、肥乡、鸡泽、平山、曲周、内丘、沙河、涉县、元氏、赞皇等。具体读音情况如下:声母后增加边音或闪音的音节并不是全部音节都有这种变化,它主要为 p、pʰ、m、f、k、kʰ、x、t、tʰ、ts、tsʰ、s、tʂ、tʂʰ、ʂ 与没有介音的韵母、有 u 介音的韵母(含 u 韵母)相拼的音节,"X – 儿"形式读音,在声母后增加边音 l̪ 或闪音 ɾ 或者 ɽ。以赞皇方言为例,如:把儿 [pl̪ar³¹],坡儿 [pʰl̪ɛr⁵³],婆儿 [pʰl̪ɛr⁵³],码儿 [ml̪ar⁵⁵],法儿 [fl̪ar¹³],盖儿 [kl̪ɛr³¹],扣儿 [kʰl̪əur³¹],孩儿 [xl̪ɛr⁵³]。以磁县方言为例,如:刀儿 [tɽaur³¹],豆儿 [tɽəur³²],枣儿 [tsɽaur⁵³],写字 [si ɣ⁵³ tsɽər³²],小菜儿 [siau⁵³ tsʰɽaɛr³²],刺儿 [tsʰɽər²¹²],小车儿 [siau⁵³ tʂʰɽ ɣ r³¹],一册儿 [i³¹ tʂʰɽaɛr³²],事儿 [ʂɽər³²]。

第二种情况是,介音后伴有增音的变韵型读音。

tɕ、tɕʰ、ɕ、ts、tsʰ、s 与有 i 介音的韵母(含 i 韵母)、有 y 介音的韵母(含 y 韵母)组成的音节,声母 p、pʰ、m、f、t、tʰ、n、ȵ 与有 i 介音的韵母(含 i 韵母)组成的音节,以及有 i 介音的韵母(含 i 韵母)和有 y 介音的韵母(含 y 韵母)与零声母组成的音节,在磁县、鸡泽、内丘、平山、沙河、涉县、元氏、赞皇等方言中,"X – 儿"形式读音为介音后增加边音或闪音,同时韵母发生卷舌。以赞皇方言为例,如:街儿 [tɕil̪ɛr⁵³],鸡儿 [tɕil̪ər⁵³],鞋儿 [ɕil̪ɛr⁵³],印儿 [il̪ər³¹],影儿 [il̪ə̃r⁵⁵],芽儿 [il̪ar⁵³],小鸟儿 [siau⁵⁵ ȵil̪or⁵⁵],皮儿 [pʰil̪ər⁵³],米儿 [mil̪ər⁵⁵],鼻儿 [pil̪ər⁵³],面条儿 [mia³¹ tʰil̪or⁵³],

· 103 ·

地儿［ti$\lfloor$ər^{31}］，调儿［ti$\lfloor$or^{31}］。

3. 韵母和声调共变型

这种类型的读音见于肥乡方言和魏县晋语区方言。

（三）边音韵尾型

边音韵尾型儿化读音在河北晋语中见于武安、元氏、肥乡、临漳、内丘、邢台县、涉县的方言。

第四节　河北方言中"X-儿"形式的特殊音变现象及价值

一　变声现象

我们在调查研究河北方言的儿化情况时，发现了一个引人注意的现象：当音节儿化后，它的声母有时会发生不同于单字音声母的变化。这种现象在许多方言中存在，而且情况比较复杂，不仅有平翘舌音音类互变的情况，而且有翘舌音向其他音类、音值的变化，还有一些声母的复辅音化现象。在河北方言中，儿化后声母变化的情况我们可以把它分成三种类型：第一，增音型变化；第二，发音部位转移型变化；第三，发音部位转移合并嵌音型变化。下文将对这些现象进行初步探讨。

（一）增音型变化儿化后声母特殊音变的类型

所谓增音型变化，就是在儿化音节的声母后增加了一个辅音，使其成为一个复辅音型音节，主要有以下情况。

1. 嵌边音型增音

这种类型的儿化音节在声母后增加边音，从而使儿化后的音节形成复辅音声母型的读音形式。属于这种读音情况的方言，主要分布在晋语区和官话区过渡地带的赞皇、元氏和曲周这三个县市。声母后增音为边音的，如赞皇，声母 p、p'、m、f、k、k'、x、t、t'、ts、ts'、s 与没有介音的韵母组成的音节以及 t、t'、ts、ts'、s 与有 u 介音的韵母（含 u 韵母）组成的音节加儿后，声母后增加边音 l。如：破儿 [p'lɛr]，波儿 [plɛr]，疤儿 [plar]，马 [mlar]，法儿 [flar]，坎儿 [klɛr]，孩儿 [xlɛr]，口儿 [k'ləur]，根儿 [klər]，坑儿 [k'lər]，炕儿 [k'lar]，字儿 [tslər]，刺儿 [ts'lər]，丝儿 [slər]，刀儿 [tlaur]，枣儿 [tslaur]，摊儿 [t'lɛr]，团儿 [t'luɛr]，凳儿 [tlə̃r]，洞儿 [tluə̃r]，葱儿 [ts'luə̃r]，带儿 [tlɛr]，豆儿 [tləur]。在元氏、赞皇方言中与翘舌音 tʂ、tʂ'、ʂ 相拼的没有介音的韵母音节，在儿化时声母后增加边音 l，形成一种复杂的音段，张安生、王亚男先生把这种音段称为"双部位协发复杂音段"，我们称为复辅音，如虫儿 [tʂ'luə̃r]，枝儿 [tʂlər]，树儿 [ʂlur]。

2. 嵌闪音型增音

在声母后增加舌尖闪音 [ɾ] 或者 [ɽ]，从而使儿化后的音节形成复辅音声母型的读音形式。声母后增加的闪音，不同的方言有不同音值。有的方言加的是舌尖前闪音 [ɾ]，如正定 t、t'、n、ts、ts'、s 与没有介音的韵母组成的音节，"X-儿"的读音中，会在"X"音节的声母后加上一个 [ɾ] 音，同时韵母卷舌。例如：刀儿 [tɾaur]，豆儿 [tɾəur]，枣儿 [tsɾaur]，字儿 [tsɾər]，刺儿 [ts'ɾər]，丝儿 [sɾər]，等等。有的方言加的是舌尖后闪音 [ɽ]，如南宫 t、t'、ts、ts'、s 与没有介音的韵母、有 u 介音的韵母（含 u 韵母）组成的音节，"X-儿"的读音中，会在"X"音节的声母后加上一个 [ɽ] 音，同时韵母卷舌。例如：刀儿 [tɽor]，豆儿 [tɽəur]，带儿 [tɽɛr]，摊儿 [t'ɽɛr]，凳儿 [tɽə̃r]，团儿 [t'ɽuɛr]，犊儿 [tɽur]，屯儿 [t'ɽuər]，洞儿 [tɽuə̃r]，字儿 [tsɽər]，刺儿 [ts'ɽər]，丝儿 [sɽər]，村儿 [ts'ɽuər]。在

· 105 ·

河北方言中,增加舌尖前闪音有衡水等 11 个方言,增加舌尖后闪音的有馆陶等 8 个方言。

(二) 发音部位转移型变化

声母发音部位转移型变化,主要是指在"X－儿"化合式读音中,声母换成了另外一个不同的音,两者的发音部位不同。主要有以下现象。

1. 平、翘舌音由合一变二分现象

在井陉方言"X－儿"化合式读音中,有一个现象值得注意,那就是在单字中平舌音和翘舌音混同,都读成翘舌音。在"X－儿"化合式读音中,平翘舌音混同的声母却分成了平翘两类,如"杂草"在井陉方言中读[tʂa³³ tʂʻau³⁵],但是当加儿后,这些翘舌音中的一部分就变成了平舌音,如:"死儿"不读[ʂəl³³],而是读[səl³³];"小草儿"不读[sio³⁵ tʂʻor³⁵],而是读[sio³⁵ tsʻor³⁵];等等。

2. 翘舌音 tʂ、tʂʻ、ʂ 变舌叶音 tʃ、tʃʻ、ʃ 现象

在河北内丘等 11 个方言中,"X－儿"化合式读音中,翘舌音声母由 tʂ、tʂʻ、ʂ 变为 tʃ、tʃʻ、ʃ。如:小窗儿[tʃuar],小车儿[tʃɛr],小树儿[ʃur],牙刷儿[ʃuar],事儿[ʃər],等等。

3. 边音 l 变成 ɭ

在冀州、枣强、平乡、肃宁、赞皇、鸡泽等县市的方言中,原声母为边音 l 的音节,"X－儿"化合式读音中,声母边音 l 变成 ɭ,如:粒儿[ɭiər],轮儿[ɭuər],泪儿[ɭər],篮儿[ɭɛr],零儿[ɭiər]。在元氏槐阳镇的方言中,也有类似变化,只是条件限于边音拼没有介音的韵母和有 u 介音的韵母(含 u 韵母)组成的音节,而拼有 i 介音的韵母(含 i 韵母)和有 y 介音的韵母(含 y 韵母)组成的音节则声母不变,如:轮儿[ɭuər],篮儿[ɭɛr];粒儿[liəɭ],驴儿[lyuəɭ]。

4. 声母卷舌化

虽然声母卷舌化的变化，并未影响到声母的发音部位，但是它的读音已经不同于原来声母，我们也将其视为发音部位转移型变化。

在馆陶、平山等21个方言中，当p、p'、m、f、k、k'、x拼没有介音的韵母时，"X-儿"化合式读音中，声母发音时直接卷舌。

在邢台市、新河2个方言中，当p、p'、m、f、k、k'、x拼有u介音的韵母（含u韵母）时，"X-儿"化合式读音中，声母发音时直接卷舌。

在海兴、肃宁、涉县3个方言中，当p、p'、m、f拼没有介音的韵母时，"X-儿"化合式读音中，声母发音时直接卷舌。

在枣强方言中，当k、k'、x拼没有介音的韵母时，"X-儿"化合式读音中，声母发音时直接卷舌。

在冀州方言中，当k、k'、x拼有u介音的韵母（含u韵母）时，"X-儿"化合式读音中，声母发音时直接卷舌。

在海兴方言中，t、t'拼有u介音的韵母（含u韵母）时，"X-儿"化合式读音中，声母发音时直接卷舌。

5. 声母ʐ儿化后变l̩

在元氏槐阳镇方言中，舌尖后擦音声母ʐ，"X-儿"化合式读音中，声母变成浊边音声母l̩，如：仁儿[l̩]①，褥儿[l̩u]，瓤儿[l̩ãr]，茸儿[l̩ũr]。

(三) 发音部位转移合并嵌音型变化

这种变化类型涉及的方言较少，目前所见限于元氏县的方言，有以下三种情况。

1. 边音声母l变ʐ合并嵌音

在元氏姬村镇的方言中，原声母为边音l的音节儿化后变成卷舌

---

① ʐ与韵母ɿ、ən相拼的音节儿化后形成一个边音声化韵音节。

音 ʐ，并且增加一个［l］音，如：蜡儿［ʐlar］，楼儿［ʐləur］，擦儿［ʐluər］，亮儿［ʐlãr］，棱儿［ʐlə̃r］，篮儿［ʐlər］。

2. 塞擦音 tʂ、tʂ' 变舌根塞音 k、k' 合并嵌音

在元氏姬村镇方言中，部分翘舌音声母与有 u 介音的韵母（含 u 韵母）组成的音节，"X－儿"化合式读音中，声母变成舌根音 k、k'，并增加边音 l，如：爪儿［kluar］，镯儿［kluər］，船儿［k'luər］，床儿［k'luar］。

3. 舌尖后音 tʂ、tʂ'、ʂ 变舌面中音 c、c'、ç 合并嵌音

在元氏城关槐阳镇的方言中，翘舌音声母音节儿化后声母变成舌面中音，同时增加边音 l，如：事儿［çl］，树儿［çlu］，爪儿［cluar］，镯儿［cluər］，船儿［c'luɛr］，床儿［c'luãr］。

二 河北方言中特殊儿化现象的价值

（一）河北方言中的儿化变调现象及价值

在河北方言中，儿化词的变调现象主要有两种情况：一种情况是儿化音节的变调，它大多数都是发生在读轻声的处于末音节上的儿化音节，这个儿化音节又有非叠音音节和叠音音节两种类型的变调；另一种情况是儿化音节前的音节发生有规律的变调。

1. 儿化音节的变调

在河北方言中，儿化音节的变调主要包括非叠音儿化变调和叠音儿化变调两种情况。前一种情况见于定州、新乐、魏县以及肥乡等地方言，后一种情况见于河北大部分县市的方言。

2. 儿前音节的变调

在河北方言中，主要是属于保唐片的部分方言，"X－儿"形式的读音中，"儿"是独立轻声音节，并没有和前面的音节合成一个音节。少数方言中，有"儿"音节前附的去声音节发生变调的问题，

而且它是一种有规律的现象，本来属于一类的去声分成了两类，来源于中古全浊声母（阳去）的字为一类；来源于中古次浊和清声母字（阴去）为另一类。各方言分化前的去声和分化后的阳去、阴去的调值对应情况如下，唐县、顺平去声调值由51变成214和53；定州、安国去声调值由51变成213和53；保定、满城、清苑去声调值由52变成214和53；曲阳去声调值由43变成214和53；阜平东部的平阳镇去声调值由43变成213和53。我们以唐县方言为例，如：扣儿［k'əu$^{51-53}$ ər］，轿儿［tɕiau$^{51-214}$ ər］，号儿［xau$^{51-214}$ ər］，豆儿［təu$^{51-214}$ ər］，道儿［tau$^{51-214}$ ər］，洞儿［tuə̃r$^{51-214}$ ŋər］，凳儿［tə̃r$^{51-53}$ ŋər］，亮儿［liaŋ$^{51-53}$ ŋər］，等等。这种情况和这些县市另一种有规律的现象恰巧吻合，也就是轻声前分阴阳去现象，这种现象我们在《保唐片方言轻声前分阴阳去现象及其北方官话语音史价值》一文中有过详细论述。[①]

据朱晓农等研究，他们认为，音高和语义竟然有某种生物学上的天然相关性，他在《亲密与高调：对小称调、女国音、美眉等语言现象的生物学解释》一文中引进"基频编码"[②]原理对汉语各方言中形形色色的小称调以及众多看似互不相关的高调现象做了统一解释，提出了"高调亲密理论"[③]。这个理论对我们研究儿化变调现象多有启示。我们通过对河北方言中儿化音节的变调现象的分析，得出它们总的趋势也是趋向于向高调变化的结论。而儿前音节的变调则反映的是去声有过分化的情况。

河北方言中的儿尾前音节和儿化音节变调现象，对我们研究"儿"尾的轻声年代及其化合形式产生的时间层次都是很有意义的。

---

① 关于轻声前分阴阳去的详细情况，参见李巧兰《保唐片方言轻声前分阴阳去现象及其北方官话语音史价值》，《唐山师范学院学报》2008年第1期。
② 朱晓农：《亲密与高调：对小称调、女国音、美眉等语言现象的生物学解释》，《当代语言学》2004年第3期。
③ 朱晓农：《实验语音学和汉语语音研究》，《南开语言学刊》2005年第1期。

(1) 从儿前音节分阴阳去看"儿"轻声化的时间

在河北方言保唐片中儿尾前去声变调问题，它是一种有规律的现象，即在读轻声的儿尾前，去声分成了两类，中古全浊声母字为一类，中古次浊和清声母字为另一类，这种情况和这些县市另一种有规律的现象恰巧吻合，也就是轻声前分阴阳去现象。在这些方言中，儿音尾又恰好是读轻声的，这正好与轻声前去声分阴阳去相吻合，这说明儿尾变轻声时，阴阳去两调类在这些方言中尚未合并。还有部分方言中有儿化变调问题，比如定州方言中，阳平调在儿化时变上声调，魏县儿化后变阴平调，等等问题。这些儿化变调大都发生在轻声词中，所以我们可以说轻声和儿化变调有密切关系。这个问题不仅涉及轻声本身的音高问题，同时也涉及轻声与儿化的先后顺序。

在保唐片的部分县市，"儿"读轻声独立音尾，除此之外还有一个引人注意的现象，那就是"儿"前音节变调现象，即在"儿"前音节为去声时能分出阴去和阳去，而在这些县市的单字音中，去声只有一类。这说明"儿"轻声化发生在阴阳去合并之前，我们可以通过考察阴阳去合并的时间，而确定"儿"轻声发生的下限。

我们通过对入声的演变和全浊清化以及方言四声的演变等情况的综合分析认为，阴阳去的合并当在元代前后，所以"儿"轻声化的产生当不晚于元代。[①]

(2) 保唐片轻声儿尾前分阴阳去对语音演变史有重要意义

儿尾前分成阴去和阳去这种现象，对语音演变史的研究具有非常重要的意义。在这种轻声儿尾前分阴阳去方言相邻的无极、深泽、晋州等地方言中，还有一种特殊的现象是，在单字调中仍然还有一部分词可以区分阴去和阳去两个调类，它们的调值不同。儿尾前分

---

① 参见李巧兰《保唐片方言轻声前分阴阳去现象及其北方官话语音史价值》，《唐山师范学院学报》2008年第1期。

两类去声的方言，这些字的归属情况，与中古去声字有相应的对应规律：在轻声前变调的为中古全浊声母字（上声和去声），不变调的为清声母去声字和次浊声母入声字①，显然这是中古单字音的表层调类的区分。这些现象都向我们说明了在官话方言中曾经确实有过去声调的分化②。

根据我们以前的研究，我们认为，"去声调的演变经历了这样一个过程：去声→阴去（清声母）和阳去（浊声母）→阴去（清声母）、阳去（浊声母去声和浊声母上声）→去声（浊声母清化）更符合事实"③。

另外，轻声前分阴阳去这一现象对轻声发生史研究以及入声演变史的研究都是非常有价值的。从以上分析，再结合音韵学的相关研究，我们可以大致断定轻声的产生不晚于元代，次浊入与去声的归并应当在阴阳去合并之前，详细的推论过程，我们在《保唐片方言轻声前分阴阳去现象及其北方官话语音史价值》一文中曾有过论述，此处不予赘述。

(二) 声母特殊音变的儿化语音演变史价值

1. 提示了儿化音变的演变阶段和演变层次信息

前人的研究一般认为儿化音的产生，是"儿"和前面音节产生化合而形成的，多数人认为与前面音节发生化合的"儿"是卷舌音"ɚ"。但从河北方言的情况看，儿化发生时，儿音可能有不同的音值形式，既可能是卷舌音，也可能是平舌音或边音。因为在河北方言中

---

① 调值由全降变半降我们视为不变调。
② 参见李巧兰《保唐片方言轻声前分阴阳去现象及其北方官话语音史价值》，《唐山师范学院学报》2008年第1期。
③ 李巧兰：《论北方官话方言中古四声的演变》，《现代语文》（语言研究版）2012年第5期。

儿化读音有三大平行系统存在①，这"三大系统"的存在说明了儿读卷舌音不是儿化产生的必要条件，从儿音值演变的过程②分析，"三大系统"儿化音为我们提供了儿化产生的先后年代信息，提示了儿化音形成的历史层次。

儿化后声母增音型的变化提示了儿化产生时"儿"的读音情况和儿化产生的过程和层次。根据王洪君先生用生成音系学的理论解释儿化的形成，认为，儿化"其实就是原'儿'由于弱化而失去音节身份，'儿'原有的特征向前移动到前字音节的韵尾、韵腹的过程"③，我们通过分析不同儿音与前面音节化合后的读音情况可以看到儿化音形成的具体过程和不同历史层次。

根据河北方言的情况我们可以做如下推测：声母变化型"X-儿"形式是属于"X-儿"形式发展最后阶段出现的一种语音现象，也就是说当儿音与前面音节融合为一个音节的时候，先影响到前面音节的韵尾（如果有韵尾），再到韵腹，其次是韵头（如果有韵头），然后影响前面音节的声母部分，所以我们说由儿音影响导致的声母变化的情况是"X-儿"形式发展到最后阶段的产物。我们依据前面对声母变化音理的分析，可以推测这几种声母变化情况也有一个大致的先后次序，一般说来增音型变化早于发音部位转移合并嵌音型变化，而发音部位转移合并嵌音型变化又早于单纯的发音部位转移型变化。具体说来应该有这样的演变层次关系：嵌边音型增音→④嵌闪音型增音→发音部位转移合并嵌音型变化→发音部位转移型变化。

---

① 参见李巧兰《河北方言中"X-儿"形式读音的三大系统》，《亚细亚语言论丛》2012年第9期。
② 参见李巧兰《从河北方言看"儿"音值的演变》，《廊坊师范学院学报》（社会科学版）2012年第3期。
③ 王洪君：《汉语非线性音系学——汉语的音系格局与单字音》，北京大学出版社1999年版。
④ 其中箭头前的变化早于箭头后的变化。

2. 提示了儿化产生的年代信息

探查有关儿化韵的最早文献记录，我们在《西儒耳目资》的《音韵经纬总局》中可以看到这样的记录："则而、者而、格而、百而……"；在关于儿系列字的记录中，它是"自鸣字母""共生字子无"，即不和任何声母拼合，由此李思敬先生断定关于"则而""者而""格而""百而"是儿化音节。

据李新魁先生[①]的研究：清初审音家赵绍箕编著的《拙庵韵悟》，前人认为它是一部反映河北方言的韵书，作者为易州人，即今河北易县人。自序作于康熙十三年，即公元1674年。该书将单元音韵母称为六奇韵，与其相对的是八十四偶韵，其中有些韵母有音无字，他用二合字表示，其中就有"姑儿[俗]""格儿[俗]""基儿[俗]""支儿[俗]""咨儿[俗]""居儿[俗]""瓜儿[俗]""加儿[俗]""查儿[俗]"等音，右下角注的"俗"字说明取自口头俗语的音，这是赵氏把儿化韵收进韵母系统的一个明证。

李思敬先生就是根据这两部文献的记载，以及明清民歌中儿化韵脚的情况认为，儿化音至少在17世纪初已经存在了，因为已经有了明确使用儿化韵脚的文字材料和正式的音韵学记录。

太田辰夫[②]认为，"儿化"现象最晚在清初就已存在。在记录清初北京话的《鞑靼漂流记》中，"今日"写作"今儿个"，这表明当时"儿"已不再是一个独立的音节了。

从历史文献的记载来看，清代已经有儿化音的存在，这应该是没有问题的，问题是它的始生年代，儿化音是口语色彩比较浓厚的语音现象，历史文献的记载由于文体的限制，可能较之实际产生要晚。我们说，在河北方言中儿化后声母的特殊读音反映了儿化音本身的产生的时代信息，我们可以根据这些儿化较特殊的读音，对它的始生年代做一个推测。

---

① 李新魁：《汉语等韵学》，中华书局1983年版。
② ［日］太田辰夫：《中国语历史文法》，北京大学出版社1987年版。

在河北井陉方言中儿化后发生部位转移的翘舌音全部来源于中古精组字，而不包括庄组的部分字。在中古《切韵》时期，精组和知、照组各不相同这是有明确记载的；而到了《中原音韵》时期，知庄章是二分或是合一虽然是有争议的，但是精组与其不混这是事实，所以精组与知庄章组混同当是元代以后的事。由井陉方言儿化的特殊读音我们可以断定，早在平翘舌音合并前就已经产生了儿化现象，也就是儿化的产生不会晚于元代。

第二章 河北方言中"X-儿"形式音变的动因

关于儿化的研究，前人有一个共识性的认识：儿化音的形成过程是原本自成音节的"儿"，后来由于读音弱化失去音节身份，导致它的语音特征向前移，依次移到"儿"前面音节的韵尾、主要元音、介音、声母位置，进而和前面音节发生融合的结果，所以它必然也与"儿"本身的读音有一定的关系。但从我们调查河北方言的情况来看，"儿"和"X-儿"读音的关系似乎并不是这样简单，不仅有两者读音相关的情况，也有两者读音没有联系的情况，前人对两者读音没有联系这一种情况的关注不够。

根据我们的调查数据显示：河北方言中"儿"的读音与普通话有一定的差异，共有11种音值，分别为[ɭr][ɭə][ɭ][ar][əɭ][əɯ][ɯ][ʌ][tɕɻ][ər][ɻ]。① 在河北方言中，"X-儿"的读音类型也比较丰富，从音值来看，它有三个大系统：边音系统、卷舌音系统和平舌音系统。在每个系统下又有若干小读音类型，这些小的类型从不同程度上反映了"儿"与前附音节合音的不同阶段，在这些不同读音的小类型中，我们从"儿"与"X-儿"读音的关系来看，分为三种情况：

---

① 参见李巧兰《河北方言中的儿化变音研究》，河北人民出版社2011年版，第11页。

相关关系、部分相关关系和不相关关系，也就是说"儿"与"X－儿"读音存在非常复杂的关系，关于二者关系的复杂情况和成因，请参见李巧兰《河北方言中"儿"与"X－儿"读音的三种关系探讨》，该文发表在《燕赵学术》2013年第1期。

第一节　河北方言"X－儿"韵母与基本韵母的关系

"X－儿"形式变音不是纯语音的音变，它不同于本音系统，是基本音系的派生，它通过"变"却会影响音系结构和演变，可使不同音类的本音对应于同一变音，可形成音系的异质成分和音变的例外。从与普通话比较的角度来看，河北方言中儿化韵具体音值和儿化韵的归并情况与普通话有一定差异。

在河北方言儿化的"三大系统"中，"儿"无论读卷舌音、边音类音，还是读平舌元音，从我们调查的儿化变音的读音来看，除"儿"本身的读音能够影响音变结果外，儿化变音的读音还和韵母、声母有很大的关系，在此先探讨儿化变音的读音与韵母的关系，与声母的关系，我们后文再谈。一般认为汉语音节包括声母、韵母和声调三个部分，其中韵母又可分为韵头/介音、韵腹和韵尾。在儿化读音的"三大系统"中，基本韵母和儿化韵母之间的关系，从独立儿音尾向拼合型儿化音过渡时，起决定作用的是韵母的韵尾，从拼合型向化合型过渡时，起决定作用的是韵腹和介音。我们先把基本韵母分成有尾韵和无尾韵两大类，由于"儿"的语音特征，读卷舌元音和边音类音时都和"舌前""非舌前"有关系，鉴于此种情况，我们再将有尾韵分成有 u、ŋ、ʔ 韵尾的后韵尾韵母和有 i、n 韵尾的前韵尾韵母两种情况，将其与儿化变音的关系，在"三大系统"中分别予以观察、分析。

一 有尾韵母与儿化韵的关系

（一）在卷舌儿化变音系统中有尾韵母与儿化韵的关系

1. u、ŋ、ʔ 后韵尾韵母与儿化韵的关系

在河北方言中所谓的后韵尾韵母，由于语音演变的原因，与北京话的后韵尾韵母情况不同。不仅包括 u、ŋ 尾韵，在部分县市还包括 ʔ 尾（喉塞尾）韵。

ʔ 尾韵母主要是中古入声韵塞音韵尾消失后而形成的，在河北方言中只有部分县市存在，主要有两组韵母型和一组韵母型。据李巧兰的研究，两组韵母型，有 8 个韵母和 6 个韵母两种情况，即 aʔ、iaʔ、uaʔ、yaʔ、əʔ、iəʔ、uəʔ、yəʔ 8 个入声韵母和 aʔ、uaʔ、əʔ、iəʔ、uəʔ、yəʔ 6 个入声韵母的分别。一组韵母型，即 əʔ、iəʔ、uəʔ、yəʔ 4 个入声韵母的类型。① 儿化韵的读音由于喉塞尾的强弱分成两种情况，喉塞尾较强的大部分县市没有儿化韵形式，包括阳原、涿鹿、沽源、宣化、万全、赤城、张家口、张北、康保、怀安、尚义、怀来；喉塞尾弱的则形成读音短促的儿化韵，与相近的舒声韵略有不同，包括沙河、曲周、魏县、鸡泽、成安。

河北方言中的 u、ŋ 尾韵涉及的韵母，也与北京话有所不同，在部分县市 u 尾韵由于语音演变的原因，已经变成了无尾韵，如在平山、井陉 au、iau 两韵母读成 o、io。在北京话中读 ŋ 尾的韵母，在河北方言的部分县市同样产生了变化，据李巧兰的研究，有的鼻音产生了弱化，有的发成了鼻化元音韵母，也有前后鼻音尾混同的，还有主元音变化后再鼻化的。②

---

① 参见李巧兰《河北方言中的"X-儿"形式研究》，博士学位论文，山东大学，2007 年。
② 参见李巧兰《中古阳声韵在河北方言中的读音演变研究》，《唐山师范学院学报》2012 年第 6 期。

尽管河北方言中后鼻尾韵的情况各县市不同，但是我们不管其来源如何，只看有鼻音尾读音的方言，儿化韵和鼻音尾韵的读音大致有以下关系。

第一，u、ŋ后韵尾韵母没有任何形式的儿化变音的读音。属于这种情况的县市包括阳原、怀安、崇礼、康保。

第二，ŋ韵尾韵母没有儿化变音的读音，u韵尾韵有儿化变音的读音，这其中又分两种情况。一类是ŋ韵尾韵母没有儿化变音的读音，u韵尾所有的韵母都有儿化变音的读音，包括沽源、尚义、赤城、涿鹿；另一类是ŋ韵尾韵母没有儿化变音的读音，u韵尾韵母只有主元音为低元音的au组韵母有儿化变音的读音，包括宣化、万全、张家口、张北。

第三，u尾韵母没有儿化变音形式，ŋ尾韵母有儿化变音形式。如崇礼方言，u尾韵母没有儿化变音形式，ŋ尾韵母是化合式的儿化读音，并且元音没有鼻化色彩，混同于非鼻音韵母的儿化变音。

第四，u、ŋ后韵尾韵母全部为独立音尾式读音，包括清苑、满城、保定、高碑店、定兴、容城、顺平、保定、安国、曲阳、定州。

第五，u韵尾韵母的儿化变音是独立音尾式的读音，ŋ韵尾韵母的儿化变音是拼合式的读音，包括望都。

第六，ŋ韵尾韵母的儿化变音是部分为独立音尾式（主元音为高元音的əŋ组韵母）、部分为拼合式（主元音为低元音的aŋ组韵母）的读音，u韵尾韵母的儿化变音全部为独立音尾式和拼合式两可的读音，包括易县。

第七，u、ŋ后韵尾韵母的儿化变音全部为拼合式读音，包括涞水。

第八，u韵尾韵母的儿化变音是独立音尾式的读音，ŋ韵尾韵母的儿化变音大部分是化合式读音，只有少数是独立音尾式读音（不常用的uəŋ、yəŋ两韵母），包括唐县。

第九，u、ŋ后韵尾韵母的儿化变音全部为化合式读音，包括石家庄、正定、栾城、新乐、深泽、藁城、行唐、饶阳、无极、晋州、隆尧、清河、临西、吴桥、阜平、涿州、安新、雄县、高阳、阜城、河间、东光、孟村、青县、泊头、景县、南皮、任丘、灵寿、鹿泉、永年、盐山、海兴、黄骅、沧县、献县、大城、文安、霸州、永清、徐水、蠡县、博野、兴隆、遵化、玉田、丰润、唐山、丰南、唐海、滦州、滦南、乐亭、平泉、围场、隆化、承德市、承德县、滦平、三河、大厂、香河、廊坊、固安、涿州、怀来、鹿泉、灵寿、平山。

在河北方言中，u、ŋ后韵尾韵母的儿化变音全部为化合式读音的县市最多，从儿化韵的音值来看，这其中又分为五种不同的情况。

第一，ŋ尾韵的儿化韵有些县市有鼻化色彩，包括正定、栾城、新乐等40个方言属于这种情况。其中大部分县市的儿化韵读 ãr 组音值和 ə̃r 组音值。只有少数县市音值不同，黄骅、滦平 aŋ 组韵母的儿化韵读 ãr 组音值，əŋ 组和其他县市相同，读 ə̃r 组音值；涿州 aŋ 组韵母的儿化韵读 ãr 组音值，与其他县市相同，而 əŋ 组和其他县市不同，读ã̃r 组音值。

第二，ŋ尾韵的儿化韵有些县市为有鼻化色彩和无鼻化色彩两可的情况，包括阜平、高阳、大城、任丘，其中任丘全部韵母有两读形式，aŋ 组韵母的儿化韵读 ãr 或 ɑr 组音值，əŋ 组韵母的儿化韵读 ə̃r 或 ɤr 组音值。阜平和大城 əŋ 组韵母的儿化韵读 ə̃r 或 ər 组音值，aŋ 组韵母的儿化韵只有 ãr 一组读音。高阳 əŋ 组韵母的儿化韵只有ə̃r 一组读音，aŋ 组韵母的儿化韵有 ɑr 或 ãr 两组读音。

第三，aŋ 组韵母的儿化韵无鼻化色彩，əŋ 组韵母的儿化韵有鼻化色彩。包括清河、吴桥、青县、南皮、沧县、乐亭。其中清河、吴桥、南皮、沧县、乐亭的儿化韵音值相同，aŋ 组韵母的儿化韵读 ɑr 组音值，əŋ 组韵母的儿化韵读 ə̃r 组音值。只有青县 aŋ 组韵母的儿化韵读 ɑr 组音值，əŋ 组韵母的儿化韵读 ɛr 组音值。

第四，aŋ 组韵母的儿化韵有鼻化色彩，əŋ 组韵母的儿化韵没有鼻化色彩。包括饶阳、景县、香河。其中饶阳、景县 əŋ 组韵母的儿化韵读 ɤr 组音值，香河 əŋ 组韵母的儿化韵读 ɛr 组音值。景县、香河 aŋ 组韵母的儿化韵读 ar 组音值，饶阳 aŋ 组韵母的儿化韵读 ɑr 组音值。

第五，ŋ 尾韵的儿化韵有些县市没有鼻化色彩，包括石家庄、盐山 16 个方言。其中石家庄、平山 aŋ 组韵母的儿化韵读 ar 组音值，əŋ 组韵母的儿化韵读 ər 组音值；阜城、唐山、滦州 aŋ 组韵母的儿化韵读 ar 组音值，əŋ 组韵母的儿化韵读 ɤr 组音值；盐山、献县、文安、霸州、遵化、玉田 aŋ 组韵母的儿化韵读 ɑr 组音值，əŋ 组韵母的儿化韵读 ɤr 组音值；兴隆、丰润、丰南、唐海、滦南 aŋ 组韵母的儿化韵读 ɑr 组音值，əŋ 组韵母的儿化韵读 ɛr 组音值。

从两组 ŋ 尾韵的儿化韵没有鼻音色彩的县市来看，主元音为低元音的 aŋ 组韵母的儿化韵丢掉鼻化色彩后趋向于读 ɑr 组音值；主元音为高元音的 əŋ 组韵母的儿化韵丢掉鼻化色彩后趋向于读 ɤr 或 ɛr 组音值。

2. i、n 前韵尾韵母与儿化韵的关系

在河北方言中，i、n 前韵尾韵母涉及的韵母和北京话相比也有所不同。i 尾韵不仅包括 ai、uai、ei、uei 等韵母，在有的县市还有 iai、iei、yei 这样在北京话中没有的韵母；在北京话中有的 ai、uai 韵母有的县市变成了无尾韵 ɛ、uɛ 或者并入了 ei、uei；在部分县市 ei、uei 韵母还包括由 n 尾韵变来的部分韵母。[1]

河北方言中 n 尾韵母与北京话相比也有一些不同，在部分县市鼻音尾弱化或脱落。鼻音尾脱落的县市有的主元音带上鼻化色彩，有的县市则混同无尾韵母，具体的地域分布情况参看我们的前期研究成果。[2]

---

[1] 参见李巧兰《河北方言中的"X-儿"形式研究》，博士学位论文，山东大学，2007 年。
[2] 参见李巧兰《中古阳声韵在河北方言中的读音演变研究》，《唐山师范学院学报》2012 年第 6 期。

第二章 河北方言中"X-儿"形式音变的动因

我们观察儿化韵与基本韵母的关系时,一方面,因为我们不知道儿化是发生在基本韵母变化前还是后;另一方面,便于方言之间的比较研究,观察相同韵尾的儿化变音情况是否有一致性,为了处理起来方便,我们不管其在方言中的具体读音差异,我们从其与北京话对应的角度而言,鼻尾脱落、鼻音尾弱化或主元音带鼻化色彩的,我们仍视其为鼻音尾韵看待,同样在方言中 i 尾脱落的,我们也视其为 i 尾韵。

在河北方言中,i、n 前韵尾韵母与儿化韵的关系大致有以下几种情况。

第一,i、n 前韵尾韵母都还没有儿化变音的读音,包括张家口市、怀安。

第二,主元音为低元音的 ai、an 组韵母有儿化韵形式,主元音为高元音的 ei、en 组韵母没有儿化韵形式,包括涿鹿、万全。

第三,主元音为低元音的 ai、an 组韵母和 ən 组韵母有儿化韵形式,只有 ei 组韵母没有儿化韵形式,包括康保。

第四,i 尾韵母有儿化韵形式,n 尾韵母没有儿化韵形式,包括阳原。

第五,ei 组和 an 组韵母有儿化韵,ai 和 an 组韵母没有儿化韵,包括宣化。

第六,只有 ai 组韵母有儿化韵,包括赤城。

第七,ai、an、ei、en 4 组韵母都有儿化韵,其中大部分县市都有儿化韵的归并,归并后音值又有以下几种不同的情况。

一是 ai 组和 an 组儿化韵合并为一组读 ɐr 组音值、ei 组和 en 组儿化韵合并为一组读 ər 组音值的县市,包括石家庄、正定、行唐、临西、安国、承德市、承德县。

二是 ai 组和 an 组儿化韵合并为一组读 aɛr 组音值、ei 组和 en 组儿化韵合并为一组读 ər 组音值的县市,包括清河、河间、盐山、孟村、南皮、邱县、广宗、无极、武强、唐海、唐山市、高阳、固安、涿州。

三是 ai 组和 an 组儿化韵合并为一组读 ar 组音值、ei 组和 en 组儿化韵合并为一组读 ər 组音值的县市，包括灵寿。

四是 ai 组和 an 组儿化韵合并为一组读 ɑr 组音值、ei 组和 en 组儿化韵合并为一组读 ər 组音值的县市，包括邢台市。

五是 ai 组和 an 组儿化韵合并为一组读 ɛəɹ 组音值、ei 组和 en 组儿化韵合并为一组读 ər 组音值的县市，包括定兴、望都。

六是 ai 组和 an 组儿化韵合并为一组读 ɑɛr 组音值、ei 组和 en 组儿化韵合并为一组读 ɹr 组音值的县市，包括饶阳。

七是 ai 组和 an 组儿化韵合并为一组读 ɛr 组音值、ei 组和 en 组儿化韵合并为一组读 ər 组音值的县市，包括新乐、藁城、栾城、晋州、隆尧、吴桥、景县、阜城、东光、泊头、海兴、黄骅、沧县、献县、任丘、青县、大城、文安、霸州、永清、徐水、容城、雄县、满城、顺平、唐县、蠡县、博野、定州、曲阳、阜平、兴隆、遵化、玉田、丰润、丰南、滦州、滦南、乐亭、平泉、隆化、滦平、三河、香河、廊坊、崇礼、张北、沽源、鹿泉、灵寿、平山、永年。

八是 ai、an、ei、en 组儿化韵没有归并，仍是四组不同读音。在涞水和易县方言中，由于儿化是拼合式读音，所以四组韵母的儿化形式有别，ei 组的儿化韵读 eiər 组音值，en 组的儿化韵读 ər 组音值，ai 组的儿化韵读 ɛɹɛ 组音值，an 组韵母的儿化韵读 ɛɹɛ 组音值；

九是在定兴方言中 ei 组的儿化韵读 eiər 组音值，en 组的儿化韵读 əner 组音值，ai 和 an 两组儿化韵合并成 ɛəɹ 一组音值。

十是 ei 组和 en 组的儿化韵合并成 ər 一组，ai 和 an 两组儿化韵没有合并。在南宫、故城两县市，ai 组的儿化韵读 aɛr 组音值，an 组韵母的儿化韵读 ɛɹ 组音值。

(二) 在边音儿变音系统中有尾韵母与儿化韵的关系

1. u、ŋ、ʔ 后韵尾韵母与儿化韵的关系

在边音儿化变音系统中，后韵尾韵母只涉及了 u 尾韵和 ŋ 尾韵，因为这些县市的入声韵已经演变成了阴声韵，所以就没有了 ʔ 韵尾韵。在这些县市的方言中，后韵尾韵母的儿化韵主要有以下三种情况。

第一，后韵尾韵母在少数县市没有儿化变音形式，包括邯郸市、成安县、临漳县等。其中成安县 au 组、əu 组两组 u 尾韵母和 əŋ 组韵母没有儿化韵，aŋ 组韵母有儿化韵 ɒr 组音值；临漳县 aŋ 组和 əŋ 组两组 ŋ 尾韵没有儿化韵，u 尾韵都有儿化读韵，au 组韵母的儿化韵为 oḷ 组音值，əu 组的儿化韵为 əuḷ 组音值；邯郸市 əu 组和 əŋ 组韵母没有儿化韵，而 au 组和 aŋ 组韵母则有儿化韵，都是 ɔr 组音值。

第二，有部分县市的儿化韵中有边音音值的存在，包括三种读音。一是全部为边音韵尾式读音。在柏乡方言老派①读音和武安方言中，u 尾韵和 ŋ 尾韵全部为边音韵尾式读音，au 组韵母的儿化韵为 oḷ 组音值，əu 组的儿化韵为 əḷ 组音值，aŋ 组的儿化韵为 āḷ 组音值，əŋ 组的儿化韵为 əḷ 组音值。在肥乡方言中，u 尾韵和 ŋ 尾韵全部为边音韵尾式读音，au 组韵母的儿化韵为 auḷ 组音值，əu 组的儿化韵为 əuḷ 组音值，aŋ 组的儿化韵为 āḷ 组音值，əŋ 组的儿化韵为 əḷ 组音值。在涉县方言中，au 组韵母的儿化韵为 oḷ 组音值，əu 组的儿化韵为 əḷ 组音值，aŋ 组的儿化韵为 aḷ 组音值，əŋ 组的儿化韵为 əḷ 组音值。二是一部分为边音韵尾式读音，一部分为卷舌式儿化韵。在柏乡方言新派读音中，主元音为低元音的 u 尾和 ŋ 尾韵，即 au 组和 aŋ 组的儿化韵为 or 和 ar 组音值。主元音为高元音的 əu 组和 əŋ 组的儿化韵为 əḷ 组音值。在井

---

① 60 岁以上的老年人的读音我们称为老派读音，60 岁以下的人的读音我们称为新派读音，40 岁以下的人的读音我们称为青年派读音。

陉方言中，əu组和əŋ组的儿化韵全都为əl组音值，au组韵母的儿化韵为ol组音值，aŋ组的儿化韵为ãr或ɛr组音值。在邢台县和南和县方言中，u尾韵全部和主元音是低元音的ŋ尾韵为卷舌式儿化韵，主元音为高元音的ŋ尾韵为边音韵尾式读音。au组韵母的儿化韵为aur组音值，əu组的儿化韵为əur组音值，aŋ组的儿化韵为ɛr组音值（邢台县）或ɚr组音值（南和县），əŋ组的儿化韵为əl组音值。三是元氏方言的儿化韵形式比较特殊，其中主元音为低元音的u尾和ŋ尾韵母，即au组和aŋ组的变韵为ɔr和ɛ̃r组音值。主元音为高元音的u尾和ŋ尾韵母，即əu组和əŋ组的变韵则以音节的声母为条件分成两种情况，当声母是tʂ、tʂʻ、ʂ、ʐ、l时，它们的儿化韵是卷舌式的读音，分别为əur组音值、ə̃r组音值，而且tʂ、tʂʻ、ʂ、ʐ后有增音l̩，l变l̩；当声母是tʂ、tʂʻ、ʂ、ʐ、l以外的声母时，它们的儿化韵是əul组音值和əl组音值。

第三，u尾韵和ŋ尾韵全部为卷舌式儿化韵读音。各组韵母的儿化韵音值在不同的县市又有所不同，我们来分别进行描述。

一是au组韵母的儿化韵，读aur组音值的有大名、辛集、深州、安平、武强、宁晋、新河、衡水、冀州、枣强、任县、巨鹿、馆陶、邱县、威县、赞皇、鸡泽、临城；读or组音值的有磁县、邯山区（原邯郸县）、内丘、曲周、肃宁、故城、广平、平乡、邢台市、南宫；读ɔr组音值的有魏县、临城、武邑、高邑、赵县。

二是əu组韵母的儿化韵，全部都读əur组音值。

三是aŋ组韵母的儿化韵，读ãr组音值的有赵县、高邑、武强、武邑、宁晋、临城、新河、衡水、冀州、枣强、南宫、任县、巨鹿、平乡、广平、馆陶、威县、故城、赞皇、临城、大名；读ã̃r组音值的有辛集、深州、内丘、邢台市、肃宁；读ɑr组音值的有安平、曲周、邱县、鸡泽、邯山区（原邯郸县）。读ar组音值的有磁县、魏县。

四是əŋ组韵母的儿化韵，读ə̃r组音值的有赵县、辛集、深州、高邑、宁晋、新河、衡水、冀州、枣强、内丘、南宫、任县、巨鹿、广平、邱县、故城、赞皇、鸡泽、临城；读 ɣr 组音值的有安平、平乡、馆陶、魏县、大名，读 ər 组音值的有曲周、邯山区（原邯郸县）、磁县。读 əɛr 组音值的有武强；读 ɛr 组音值的有肃宁。除此之外，在武邑、邢台市、威县 3 个县市方言中，有 ə̃r 组音值和 ɣr 组音值两读现象。

2. i、n 前韵尾韵母与儿化韵的关系

在边音儿化变音系统中，前韵尾韵母的儿化韵主要有以下情况。

第一，儿化韵母中还有边音存在。一是 4 组韵母全部保留边音韵尾式读音的，包括柏乡、临漳、武安、涉县。其中柏乡方言 ai 组和 an 组韵母的儿化变音合为一组 ɛl 音值，ei 组和 en 组韵母的儿化变音合成两组，分别为 eil 组音值和 əl 组音值。在临漳、武安、涉县方言中，i、n 前韵尾韵母的儿化韵以主元音的高和低合成了两组，即 ai 组和 an 组韵母的儿化变音合为一组 ɛl 音值，ei 组和 en 组韵母的儿化变音合为一组 əl 音值。二是部分韵母为边音韵尾式读音，部分韵母为卷舌儿化式读音的，包括元氏、南和、肥乡、井陉、内丘、邢台县。这六个县市中，又分成两种情况。A. 元氏、内丘、邢台县和南和 i、n 前韵尾韵母的儿化韵以主元音的高和低合成了两组，即 ai 组和 an 组韵母的儿化变音合为一组读卷舌儿化式变音的，音值为 ɛr 组音值（元氏、内丘、邢台县）或 ər 组音值（南和）；ei 组和 en 组韵母的儿化变音合为一组读边音韵尾式读音，音值为 əl 组音值。B. 在井陉方言中，ei 组和 en 组韵母的儿化变音合为一组读边音韵尾式读音，音值为 əl 组音值，ai 组的儿化韵读 ɛl 组音值，an 组的儿化韵为卷舌儿化式读音 ɛr 组音值。

第二，i、n 前韵尾韵母的儿化韵全部为卷舌儿化式读音。在这些县市方言中，绝大多数都已经按照主元音的不同分成了两组，即 ai 组和 an 组韵母的儿化韵合为一组读卷舌儿化式变音，ei 组和 en 组韵母的儿化变音也合为一组读卷舌儿化式变音，包括赵县、辛集、深州、高邑、宁晋、新河、衡水、冀州、枣强、任县、巨鹿、鸡泽、临城、安平、平乡、魏县、大名、曲周、邯山区（原邯郸县）、武强、武邑、邢台市、威县、肃宁、邱县、广平、赞皇、鸡泽、磁县。在大部分县市中，儿化韵的音值 ai 组和 an 组的为 ɛr 组音值，只有肃宁、邱县、武强、深州、辛集读 aɛr 组音值，邢台市读 ɑr 组音值。ei 组和 en 组韵母的儿化韵除了不合并的，都合并成了 ər 组音值。除此之外，只有少数县市中，这两组 4 个韵母有的还没有合并，如南宫、故城 ai 组韵母的儿化韵为 aɛr 组音值，an 组韵母的儿化韵为 ɛr 组音值；赞皇 ai 组的儿化韵为 ɐr 组音值，an 组韵母的儿化韵为 ɛr 组音值，两组音值略有差异。这些县市 ei 组和 en 组韵母的儿化韵则合为一组 ər 组音值。只有在馆陶 ai 组和 an 组韵母的儿化韵合为一组，而 ei 组和 en 组韵母的儿化韵没有合并，ei 组的儿化韵读 ɤr 组音值，en 组的儿化韵母读 ər 组音值。

（三）在平舌儿化变音系统中有尾韵母与儿化韵的关系

1. u、ŋ、ʔ 后韵尾韵母与儿化韵的关系

河北方言中，平舌儿化变音系统涉及的县市比卷舌儿化变音和边音儿化变音系统要少，只有 10 个县市的方言属于这个读音系统。由于这 10 个县市的方言，入声已经与阴声韵合流，所以后韵尾韵 ʔ 已经消失，我们论述的后韵尾韵与儿化韵，实际上是 u 尾韵母与 ŋ 尾韵母与儿化韵的关系。

在河北方言平舌儿化变音系统中，u 尾韵母与 ŋ 尾韵母，从儿化韵的读音看，有以下情况。

第一，ŋ 尾韵母没有儿化变音的形式，u 尾韵母为拼合式儿化读音，而且 au 组韵母和 əu 组韵母的儿化读音不混同，分别为 oɯ 组音值和 əɯ 组音值，包括宽城方言。

第二，u 尾韵母与 ŋ 尾韵母的儿化变音，全部为独立音尾式读音，音值分两种：一是卢龙、昌黎和青龙方言，u 尾韵母后加 uə 音尾，ŋ 尾韵母后加 ŋə 音尾；二是迁西、迁安和抚宁方言，u 尾韵母后加 uɯ 音尾，ŋ 尾韵母后加 ŋɯ 音尾。

第三，u 尾韵母为化合式儿化变音读音，ŋ 尾韵母为拼合式儿化变音读音，包括丰宁方言。au 组韵母的儿化韵为 aɯ 组音值，əu 组韵母的儿化韵为 əɯ 组音值，aŋ 组韵母的儿化韵为 āɯ 组音值，əŋ 组韵母的儿化韵为 ə̄ɯ 组音值。

第四，ŋ 尾韵母为拼合式儿化变音读音，u 尾韵母中 au 组韵母为化合式儿化变音，əu 组韵母为独立音尾式和拼合式两读的儿化变音，包括涞源方言。au 组韵母的儿化韵为 oɯ 组音值，əu 组韵母的儿化变音加 əɯ 音尾或读 əuɯ 组音值，aŋ 组韵母的儿化韵为 āɯ 组音值，əŋ 组韵母的儿化韵为 ə̄ɯ 组音值。

第五，u 尾韵母与 ŋ 尾韵母的儿化变音，全部为卷舌儿化式读音，包括秦皇岛方言和昌黎方言。au 组韵母的儿化韵为 or 组音值，əu 组韵母的儿化韵为 əur 组音值，aŋ 组韵母的儿化韵为 ar 组音值，əŋ 组韵母的儿化韵为 ɤr 组音值。

2. i、n 前韵尾韵母与儿化韵的关系

在平舌儿化变音系统中，i、n 前韵尾韵母与儿化韵的关系比较简单，主要有两种现象。

第一，i、n 前韵尾韵母全部为拼合式儿化韵，包括卢龙、昌黎、涞源、迁西、迁安。从儿化韵的音值上看，i 尾韵的儿化韵和 n 尾韵的儿化韵分成两组音值，具体到各县市方言的音值，分成三种情况。一是 i 尾韵的儿化韵读 aɯ 组音值，n 尾韵的儿化韵读 əɯ 组音值，涉及的县市有卢龙和昌黎；二是 i 尾韵的儿化韵读 ɛəɯ 组音值，n 尾韵的儿化韵读 ə:ɯ 组音值，涉及的县市有迁西和迁安；三是 i 尾韵的儿化韵读 ɛɯ 组音值，n 尾韵的儿化韵读 əɯ 组音值，涉及的县市有涞源。

第二，i、n 前韵尾韵母全部为化合式儿化韵，包括宽城、青龙、抚宁、丰宁和秦皇岛。从儿化韵的音值上看，一是有四组音值的，包括宽城，ai 组韵母的儿化韵读 εɯ 组音值，an 组韵母的儿化韵读 ɛ̃ɯ 组音值，ən 组韵母的儿化韵读 ə̃ɯ 组音值，ei 组韵母的儿化韵读 eɯ 组音值；二是有三组音值的，包括青龙、丰宁，ai 组韵母的儿化韵读 aɯ 组音值，an 组韵母的儿化韵读 εɯ 组音值，ən 组韵母和 ei 组韵母的儿化韵读 əɯ 组音值；三是有两组音值的，包括抚宁，i 尾韵的儿化韵读 εɯ 值，n 尾韵的儿化韵读 əɯ 组音值。秦皇岛方言也为两组音值，i 尾韵的儿化韵读 εr 组音值，n 尾韵的儿化韵读 ər 值。

二 无尾韵母与儿化韵的关系

在河北方言中，无尾韵母又可以分为单元音韵母和复元音韵母两大类，复元音韵母又根据主元音舌位的高低分成高复元音韵母和低复元音韵母两种情况。① 单元音韵母包括 ɿ、ʅ、i、u、y、o、e、a、ε，高复元音韵母包括 ie、ye、io、uo、yo，低复元音韵母包括 ia、ua、ya、iε、uε、yε。

（一）在卷舌儿化音系统中无尾韵母与儿化韵的关系

1. 高元音韵母（含舌尖元音韵母）②

高元音韵母 ɿ、ʅ、i、u、y、o、e，在河北各县市的读音与普通话也有差异，具体音值差异情况参见我们前期的研究。③ 我们在此也是不管其方言中的音值如何，按与普通话对应的韵母来看它的儿化变音的读音。

河北方言中高元音韵母 ɿ、ʅ、i、u、y、o、e，在卷舌儿化音系统

---

① 此处高、低元音是相对概念，不是严格的语言学上的高元音和低元音。
② 下文为了称说方便一律简称高元音韵母。
③ 参见李巧兰《河北方言中的"X-儿"形式研究》，博士学位论文，山东大学，2007 年。

中的读音情况，主要表现有以下情况。

第一，多数韵母没有儿化变音形式，只有个别韵母有儿化变音形式。ʅ、ɿ、i、u、y 都没有儿化变音形式，o 或 e 有儿化变音形式，包括张家口方言和万全方言。在张家口方言中，o 没有儿化变音读音，e 为化合式儿化变音读 ɣr；在万全方言中，o、e 的儿化韵合成一个 ɛr；

第二，少数韵母没有儿化变音形式，多数韵母为化合式的儿化读音。如：在赤城、康保方言中，u、y 无儿化变音，ʅ、ɿ、i 形成开齐相配的 ər 组儿化韵，o、e 的儿化韵不同，分别为 o–or（赤城）或 o–uɛr（康保）以及 e–ɣr。在张北、沽源方言中，y 没有儿化变音，ʅ、ɿ、i、u、o、e 都是化合式儿化变音，其中 ʅ、ɿ、i 形成开齐相配的 ər 组儿化韵，u 的儿化韵为 ur；o、e 的儿化韵合成一个 ɣr；

第三，在少数县市这些韵母有一部分有独立音尾形式和拼合式儿化变音读音。如：在定兴方言中，ʅ、ɿ、i、u、y 为独立儿尾式儿化变音的读音，o、e 为儿音拼合式读音；在清苑方言中，ʅ、ɿ、i、u、y 全部为独立尾式儿化变音读音，o、e 都为拼合式，混为一个音值 ɣər；在易县方言中，ʅ、ɿ、u、y 为独立儿尾式儿化变音的读音，o、e、i 为儿音拼合式读音，其中 o、e 的儿化变音均为 ɣər；在高碑店方言中，u 为独立儿尾式儿化变音，ʅ、ɿ、i、o、e、y 全部为化合式儿化变音，而且没有混同的情况；在满城方言中，ʅ、ɿ、i、y 全部为化合式儿化变音，u 则是拼合式及独立音尾式两可，o、e 为化合式儿化变音，两者儿化韵不混同；在定州方言中 i、y 为独立音尾式读音，u 为独立音尾式和拼合式两可，o、e 两韵都为化合式读音且音值混同为 ɛər，ʅ、ɿ 为化合式儿化变音的读音；在涞水方言中，ʅ、ɿ、i、u、y、o、e 全部为拼合式儿化变音的读音，其中 o、e 的儿化变音均为 ɣər，其他几个韵母儿化变音不混同；在望都方言中，ʅ、ɿ、i、u、y 全部为拼合式儿化变音的读音，o、e 则为化合式儿化变音且两者儿化韵不混同，分别为 ɛr 和 ɣr；在安国方言中，i、u、y 为拼合式儿化变音的读音，ɿ、ʅ 两韵母为化合式儿化变音，两者的儿化变音同为 ər，o、e 也为化合式儿化变音且两者儿化韵混同为 ɛr。

第四，在大部分县市这些韵母全部为化合式的儿化变音读音，在这些县市中，ɿ、ʅ、i、y 的一致性较普遍，即这四个韵母的儿化变音大部分县市都基本一致，形成开齐撮相配的 ər 组儿化变音形式。u 韵母的儿化变音分成两种情况，一部分县市为与 ɿ、ʅ、i、y 等的儿化变音形式相配的合口呼韵母形式，即形成一整套 ər、iər、uər、yər 儿化韵，包括行唐、唐县、曲阳、阜平、平山、新乐、永清、灵寿等县市，其中新乐、永清、灵寿三个县市的方言，u 除了 uər 还有 ur 的儿化韵读音，这两种读法可以自由变读。另外一部分县市则为 u 韵母直接卷舌，形成 ur 这样的读音与 ɿ、ʅ、i、y 的儿化韵不能相配，包括石家庄市、正定、深泽等 60 个方言。除此之外，阜城 u 的儿化韵较为特殊，因为在阜城方言中普通话中的 u 读成 ʮu，所以它的儿化韵读成 ʮur，与基本韵母读 ʮu 的其他方言不同，其他的都为 ur。

在全部为化合式的儿化变音读音的方言中，o、e 的儿化韵读音也分成两种情况。一是 o、e 两韵母的儿化韵相同，大部分县市为 ɤr，少数县市为 ɛr。读 ɤr 的包括深泽、无极、栾城等 46 个方言。读 ɛr 的包括隆尧、顺平、曲阳、万全、崇礼、平山、沙河、永年。还有个别读 aɛr 的，如涿州；读 ɐr 的，如安国。二是 o、e 两韵母的儿化韵不同。大部分县市 o 的儿化韵读 or，包括石家庄市、正定、南皮等 18 个方言；也有读 uɤr 的，包括行唐、新乐、藁城、广宗①、涿鹿、怀安；还有读 ɛr 的包括望都；个别读 uɛr，如阳原、康保。e 的儿化韵大部分县市读 ɤr，包括正定、行唐、新乐等 25 个方言；也有 ər 和 ɤr 两读的，如石家庄市；个别读 ɛr 的，如阳原。综合 o、e 两韵母儿化韵的情况来看，合并的占大多数，两者儿化韵合并有两个大趋势——全部读 ɤr 或者全

---

① 广宗、沙河的"儿"音不属于卷舌元音 ɚ，但是一个带有卷舌特征的舌尖音，它的儿化变音系统的表现与卷舌 ɚ 系统相似，我们也将其方言的儿化变音归入卷舌儿化变音系统。

部读 ɛʳ。两者儿化韵分立的，则主要是 or 和 ɤr 的对立，即主要元音圆唇不圆唇的对立。

2. 低元音韵母和低复元音韵母的儿化韵

在河北方言中低元音韵母包括 a、ɛ 两个韵母，它和普通话有区别，在部分方言里 a 包括由 an 失掉鼻音尾而来的音，ɛ 不仅在有些县市是由 an 失去鼻音来的，而且在有的县市是由 ai 单元音化来的。这两个单元音和低复元音韵母 ia、ua、ya、iɛ、uɛ、yɛ，形成开齐合撮相配的两组基本韵母，每组韵母的儿化韵有较大的一致性，所以我们将低元音韵母和低复元音韵母的儿化韵放在一起讨论。

（1）a、ia、ua、ya 组韵母的儿化韵情况

这一组韵母的儿化变音的读音在大部分县市形成一组主元音相同开齐合撮相配的儿化韵形式，只有少数县市有差异。在清苑方言中，a、ia、ua 是独立音尾式儿化变音，即在音节后直接加 ər 独立音尾。在涞水、易县、定兴、望都这一组韵母是拼合式的儿化变音的读音，读为 aər、iaər、uaər。① 除此之外其他县市都为儿化韵形式，这组韵母的儿化韵的音值有如下几种情况。

第一，读 ar、iar、uar、yar 组音值的儿化韵，属于这种读音的县市有正定、行唐、深泽等 67 个方言。

第二，读 ɑr、iɑr、uɑr、yɑr 组音值的儿化韵，属于这种读音的县市有晋州、南皮、孟村、盐山、任丘、丰润、唐海。

第三，读 ɛr、iɛr、uɛr、yɛr 组音值的儿化韵，属于这种读音的县市有隆尧、满城、顺平、定州、曲阳、崇礼、平山。

第四，读 ɐr、iɐr、uɐr、yɐr 组音值的儿化韵，属于这种读音的县市有石家庄市、安国。

第五，读 aɛr、iaɛr、uaɛr、yaɛr 组音值的儿化韵，属于这种读音的

---

① 这几个县市没有基本韵母 ya，所以没有儿化变音 yaər。

县市有涿州。

第六，属于其他情况的读音。ar、iar、uar、yar 和 ɒr、iɒr、uɒr、yɒr 组音值两可的县市有新乐。ɑr、iɑr、uɑr、yɑr 组和 ɛr、iɛr、uɛr、yɛr 组音值两可的县市有饶阳。ar、iar、uar、yar 组音值和 aɛr、iaɛr、uaɛr、yaɛr 组音值两可的县市有固安。

（2）ɛ、iɛ、uɛ、yɛ 组韵母的儿化韵情况

这组儿化韵都是由有尾韵变化来的，所以大部分韵母我们在前文已经分别讨论过了，而且 ɛ 的儿化韵与 iɛ、uɛ、yɛ 有较普遍的一致性，在此我们不予赘述。

3. 高复元音韵母

在河北方言中，高复元音韵母主要有 uo、ie、ye 三个韵母，它们的儿化变音情况如下。

第一，uo 的儿化韵与 o、e、ie、ye 的儿化韵形成开齐合撮相配的一组，读 ɤr 组音值的有深泽、景县①、阜城②等 31 个方言。

第二，uo 的儿化韵与 o、e、ie、ye 的儿化韵形成开齐合撮相配的一组，读 ɛr 组音值的有隆尧、顺平、定州等 9 个方言。

第三，uo 的儿化韵与 o、e、ie、ye 的儿化韵形成开齐合撮相配的一组，读 ɐr 组音值的有安国。

第四，uo 的儿化韵与 o、e、ye 的儿化韵形成开合撮相配的一组，读 ɤr 组音值，而 ie 的儿化韵与其不相配，读 iaɛr，有藁城、清河。

第五，uo 的儿化韵与 o、e、ie 的儿化韵形成开齐合相配的一组，读 aɛr 组音值；ye 的儿化韵读 yɤr 的有涿州。

第六，o、e、ie、ye 的儿化韵形成开齐撮相配的一组，读 ɤr 组音值，而 uo 的儿化韵与其不相配，uo 的儿化韵读 uor，包括吴桥、徐水、

---

① 景县 ie 的儿化韵有 iɤr 和 iɛr 两读形式。
② 阜城 ie 的儿化韵有 iɤr 和 iEr 两读形式。

涿鹿①等 13 个方言。

第七，e、ie、ye 的儿化韵形成开齐撮相配的一组，读 ɣr 组音值，o、uo 的儿化韵形成开合相配的一组读 or 组音值，包括南皮、孟村、宣化②等 14 个方言。

第八，e、ie、uo、ye 的儿化韵形成开齐合撮相配的一组，读 ɣr 组音值，o 的儿化韵为 or，包括盐山。

第九，o、e、ye 的儿化韵形成开撮相配的一组，读 ɣr 组音值，ie 的儿化韵读 iɛr，uo 的儿化韵读 uor，包括文安。

第十，ie、uo、ye 的儿化韵形成齐合撮相配的一组，读 ɛr 组音值，e 的儿化韵读 ɣr，包括高碑店③、赤城④、张北、康保。

第十一，o、e、uo 的儿化韵形成开合相配的一组，读 ɣr 组音值，ie、ye 的儿化韵形成齐撮相配的一组，读 ɛr 组音值，包括阜平、兴隆。

第十二，o、uo 的儿化韵形成开合相配的一组，读 or 组音值，e 的儿化韵读 ɣr 音，ie、ye 的儿化韵形成齐撮相配的一组，读 ɛr 组音值，包括怀来、沽源。

第十三，o、uo 的儿化韵形成开合相配的一组，读 or 组音值，e、ye 的儿化韵读 ɣr 组音值，ie 的儿化韵读 iɛr 音，包括鹿泉、灵寿。

(二) 在边音儿化变音系统中无尾韵母与儿化韵的关系

1. 高元音韵母（含舌尖元音韵母）的儿化韵情况

在边音儿化变音系统中，高元音韵母 ʅ、ɿ、i、u、y、o、e 的儿化韵主要有两种情况。

---

① 涿鹿 ye 没有儿化韵的形式。
② 宣化没有 ye 韵母。
③ 高碑店 o 的儿化变音为独立音尾式读音。
④ 赤城 o 的儿化韵为 or。

第一，儿化韵中尚有边音类音值存留。包括柏乡、元氏、南和、肥乡、井陉、武安、涉县、邢台县、临漳、内丘 10 个县市的方言。在柏乡、肥乡、临漳、武安、涉县方言中，ɿ、ʅ、i、u、y、o、e 的儿化韵全部为边音韵尾式读音；在邢台县、南和、内丘方言中，ɿ、ʅ、i、y 的儿化韵为边音韵尾式读音，u、o、e 的儿化韵为卷舌儿化式读音；在元氏方言中，ɿ、ʅ、i、u、y 的儿化韵为边音韵尾式读音，o、e 的儿化韵为卷舌儿化式读音；在井陉方言中，只有 o 的儿化韵为卷舌儿化式读音，ɿ、ʅ、i、u、y、e 全部为边音韵尾式读音。

在儿化韵尚有边音类音值存在的方言，从音值来看，有五种不同的情况。

一是 ɿ、i、u、y 的儿化韵形成开齐合撮相配的一组儿化韵，如元氏方言和武安方言，形成 əl、iəl、uəl、yəl 一组儿化韵。

二是 ɿ、i、y 的儿化韵形成开、齐、撮相配的一组儿化韵 əl、iəl、yəl，而 u 的儿化韵略有差异读 ul，包括柏乡、肥乡、临漳、涉县、井陉。

三是 ɿ、ʅ 的儿化韵，大部分县市合为一组 əl，包括柏乡、南和、肥乡、井陉、武安、涉县、邢台县、临漳 8 个县市，只有元氏和内丘两县市的方言，ɿ 的儿化韵为 əl，ʅ 的儿化韵为边音声化韵 l̩。

四是 o、e 的儿化韵合为一组，有读边音韵尾式读音的，如肥乡读 ɛl，武安读 ɤl；也有合为一组读卷舌儿化式读音的，如元氏、内丘、邢台读 ɛr，南和读 ər。

五是 o、e 的儿化韵分别读不同的儿化韵音值，有两种小类型。其一，都读边音类音值，但有差异，如柏乡方言 e 的儿化韵读 ɤl，o 的儿化韵读 ol；涉县方言 e 的儿化韵读 ɛl，o 的儿化韵读 ol。其二，一个读边音类音值，一个读卷舌儿化式音值，如井陉方言，e 的儿化韵读 ɤl，o 的儿化韵读 ɛr。

第二，ɿ、ʅ、i、u、y、o、e 的儿化韵全部为卷舌儿化式读音的县市，又分四种情况：

一是 ʅ、ɿ、i、y 的儿化韵形成开齐撮相配的一组 ər 音值，即 ər、iər、yər，u 韵母的儿化韵为 ur，包括赵县、辛集、深州等 33 个方言。

二是，ʅ、ɿ、i、u、y 的儿化韵形成开齐合撮相配的一组 ər 音值，即 ər、iər、uər、yər，包括邱县、大名、武邑。在大名、武邑方言中，u 韵母的儿化韵有 ur 和 uər 两种读音形式。

三是 o、e 的儿化韵大部分县市合并成一组音，包括赵县、辛集、深州等 28 个方言。其中赵县、临城、成安、磁县读 ɛr；其他 24 个方言读 ɤr。

四是在曲周、广平、鸡泽、故城、赞皇、肃宁方言中，o、e 的儿化韵没有合并成一组，音值上有差异，其中鸡泽、赞皇方言 o 的儿化韵为 ɛr，e 的儿化韵为 ɤr；肃宁、故城方言 o 的儿化韵为 or，e 的儿化韵为 ɤr；曲周方言 o 的儿化韵为 or，e 的儿化韵为 ɤr 和 ɛr 的两读形式；广平方言 o 的儿化韵为 or，e 的儿化韵为 ɛr。

2. 高复元音韵母的儿化韵情况

在河北方言中，高复元音韵母主要有 uo、ie、ye 三个韵母，由于其与 e、o 两个韵母有较多的一致性，在有的县市形成开、齐合撮相配的一组儿化韵音值，所以我们将 o、uo、e、ie、ye 几个韵母放在一起来分析它们的儿化变音情况，情况如下。

第一，在儿化韵中尚有边音类音值的存留。涉县形成两组儿化韵，o、uo 为开合相配的 oɭ 组音值，e、ie、ye 为开齐撮相配的 ɛɭ 组音值；柏乡形成两组儿化韵，o、uo 为开合相配的 oɭ 组音值，e、ie、ye 为开齐撮相配的 ɤɭ 组音值；井陉形成两组儿化韵，o、uo 为开合相配的 ɛr 组音值，e、ie、ye 为开齐撮相配的 ɤɭ 组音值；肥乡、临漳、武安几个韵母的儿化韵形成开齐合撮相配的一组音，肥乡、临漳方言读 ɛɭ 组音值，武安方言读 ɤɭ 组音值。

· 135 ·

第二，这几个韵母的儿化韵全部为卷舌儿化式读音，又有以下几种不同的情况。

一是几个韵母的儿化韵合并成一组开齐合撮相配的 εr 组音值，包括赵县、临城、邢台县、元氏、成安、磁县方言。

二是几个韵母的儿化韵合并成一组开齐合撮相配的 ɣr 组音值，包括辛集、安平、新河等 15 个方言。

三是几个韵母的儿化韵合并成一组开齐合撮相配的 ər 组音值，包括南和方言。

四是几个韵母形成两组儿化韵，o、uo 为开合相配的 or 组音值，e、ie、ye 为开齐撮相配的 ɣr 组音值或 εr 组音值。读 ɣr 组音值的有肃宁、曲周①方言，读 εr 组音值的有广平方言。

五是几个韵母形成两组儿化韵，o、e 为 ɣr 音，ie、uo、ye 为齐合撮相配的 əεr 组音值，包括深州、高邑方言。

六是几个韵母形成两组儿化韵，o、e、uo 为开合相配的 ɣr 组音值，ie、ye 为齐撮相配的 ɣεr 组音值或 εr 组音值，前者如武强方言，后者如武邑、衡水方言。

七是几个韵母形成两组儿化韵，o、e、ie、ye 为开齐撮相配的 ɣr 组音值，uo 为 uεr 音，包括宁晋方言。

八是几个韵母形成两组儿化韵，e 为 ɣr 音，o、ie、uo、ye 为开齐合撮相配的 εr 组音值，包括赞皇、鸡泽方言。

九是几个韵母形成三组儿化韵，o、e 为 ɣr 音，ie、ye 为齐撮相配的 εr 组音值，uo 为 uor 音，包括邢台市、馆陶方言。

十是几个韵母形成三组儿化韵，o、e、ye 为开撮相配的 ɣr 组音值，ie 为 iεr 音，uo 为 uor 音，包括邯郸市方言。

除此之外，内丘方言几个韵母的儿化韵比较特殊，既可以看成两

---

① 曲周 e 韵母有 ɣr 和 εr 两种儿化韵读音。

第二章 河北方言中"X-儿"形式音变的动因

组也可以看成三组。因为在内丘方言中，o 的儿化韵为 ɛr，uo、ye 的儿化韵为合撮相配的 ɤr 组音值，e、ie 则有开齐相配的两组音值 ɤr 组或 ɛr 组音值。

3. 低元音韵母和低复元音韵母的儿化韵情况

（1）a、ia、ua、ya 组韵母的儿化韵情况

在边音儿化变音系统中，a、ia、ua、ya 组韵母的儿化韵也分为两种情况。

第一，儿化韵中尚有边音类音值存留。包括柏乡、武安、涉县、临漳 4 个县市的方言。从儿化韵的音值看，柏乡、武安、涉县方言，这一组韵母形成开齐合撮相配的 al̩ 音值，即分别读 al̩、ial̩、ual̩、yal̩。临漳方言，这一组韵母形成开齐合撮相配的 ɛl̩ 组音值，即分别读 ɛl̩、iɛl̩、uɛl̩、yɛl̩。

第二，全部为卷舌儿化式儿化韵读音。包括宁晋、新河、衡水等 34 个方言。这些县市方言 a、ia、ua、ya 组韵母的儿化韵的音值有以下几种情况。

一是读 ar 组音值，即 ar、iar、uar、yar 的方言有赵县、安平、武强等 22 个方言。

二是读 ɛr 组音值，即 ɛr、iɛr、uɛr、yɛr 的方言有肥乡、邢台县、邱县、鸡泽、成安、磁县。

三是读 ar 组和 ɛr 组两读音值的方言有内丘、井陉、临城、曲周。

四是读 ɑr 组音值，即 ɑr、iɑr、uɑr、yɑr 的方言有高邑、邢台市、肃宁。

五是读 ər 组音值，即 ər、iər、uər、yər 的方言有南和。

六是读 ɒr 组音值，即 ɒr、iɒr、uɒr、yɒr 的方言有辛集。

（2）ɛ、iɛ、uɛ、yɛ 组韵母的儿化韵情况

因为河北方言这组韵母对应的是普通话中的 ai 组和 an 组韵母，见前文前韵尾韵母部分的描述，此处不予赘述。

· 137 ·

（三）在平舌儿化变音系统中无尾韵母和儿化韵的关系

1. 高元音韵母（含舌尖元音）的儿化韵的关系

在平舌儿化变音系统中，高元音韵母的儿化韵从读音类型上看，ʅ、ɿ、i、y 几个韵母有较强的一致性，即儿化韵都是独立音尾式读音，或者都是拼合式读音，或者为独立音尾式和拼合式两可的形式。o、e 的一致性也较强，u 和这两组相比一致性较弱。所以我们分成三组来分别叙述。

（1）ʅ、ɿ、i、y 的儿化韵情况

第一，ʅ、ɿ、i、y 全部为独立音尾式读音的方言，包括抚宁。儿化变音都是在其后加一个独立成音节的轻声 ɯ 音节。

第二，ʅ、ɿ、i、y 全部为拼合式读音的方言，包括涞源、宽城、青龙、丰宁。从音值上看，都是形成开齐撮相配的 əɯ 组变韵，即 ʅ、ɿ 的儿化韵为 əɯ，i 的儿化韵为 iəɯ，y 的儿化韵为 yəɯ。

第三，ʅ、ɿ、i、y 全部为化合式读音的方言，包括昌黎和秦皇岛。从音值上看，这两个方言的儿化韵全为卷舌儿化式读音，形成开齐撮相配的 ər 组变韵，即 ʅ、ɿ 的儿化韵为 ər，i 的儿化韵为 iər，y 的儿化韵为 yər。

第四，ʅ、ɿ、i、y 全部为独立音尾式或拼合式两读的方言，包括卢龙、迁西、迁安。从音值上看，三个方言三种情况：卢龙方言 ʅ、ɿ 韵母的儿化变音在其后加上 zˌə 音尾或者是变 əɯ，i、y 两个韵母的儿化变音在其后加上 iə 音尾或者是分别变 iəɯ 和 yəɯ；迁西方言 ʅ、ɿ 韵母的儿化变音是变 əɯ 或者在其后分别加上 məɯ 和 zˌəɯ 音尾，i、y 两个韵母的儿化变音在其后加上 iəɯ 音尾或者是分别变 iəɯ 和 yəɯ；迁安方言 ʅ、ɿ 韵母的儿化变音在其后加上 zˌə 音尾或者分别变 ɿəɯ 和 ʅəɯ，i、y 两个韵母的儿化变音在其后加上 iəɯ 音尾或者分别变 iəɯ 和 yəɯ。

第二章 河北方言中"X-儿"形式音变的动因

(2) o、e 的儿化韵的情况

第一，o、e 的儿化韵都为拼合式读音的方言，包括涞源、宽城、迁西、迁安、丰宁。从音值上看有两种情况：一种是两个韵母的儿化韵音值合成了一个，丰宁方言合为 ɤɯ，迁安方言合为 ə:ɯ；另一种是两个韵母儿化韵音值没有合并，仍为两个，涞源、宽城方言分别为 ɤɯ 和 oɯ，迁西方言分别为 ə:ɯ 和 oɯ。

第二，o、e 的儿化韵都为化合式读音的方言，包括卢龙、青龙、昌黎、秦皇岛。从音值上看有两种情况：一种是两个韵母的儿化韵音值合成了一个，如卢龙方言两个韵母的儿化韵都是 əɯ；还有一种是两个韵母儿化韵音值是两个，如青龙方言 e 的儿化韵为 əɯ，o 的儿化韵为 oɯ，昌黎和秦皇岛方言 e 的儿化韵为 ɛr，o 的儿化韵为 or。

第三，o、e 的儿化韵一个为拼合式读音，一个为化合式读音，如抚宁方言，e 为化合式读音，读 əɯ，o 为拼合式读音，读 oɯ。

(3) u 的儿化韵的情况

第一，u 的儿化变音为独立音尾式读音，包括卢龙、迁西、迁安、抚宁。从音值上看，卢龙的独立音尾读 uə；迁西、迁安、抚宁的独立音尾读 uəɯ。

第二，u 的儿化变音为独立音尾式和拼合式两读的读音，包括涞源，当其为独立音尾时，读 uəɯ，当其为拼合式读音时，读 uɯ。

第三，u 的儿化变音为拼合式读音，包括宽城、青龙和丰宁。其中宽城方言和青龙方言的音值为 uəɯ，丰宁方言的音值为 uɯ。

2. 高复元音韵母的儿化韵情况

我们将 o、uo、e、ie、ye 几个韵母放在一起来分析它们的儿化变音情况，情况如下。

第一，o、e、ie、uo、ye 形成开齐合撮相配的一组儿化韵形式，如卢龙为 əɯ 组音值，即 o、e 的儿化韵为 əɯ，ie 的儿化韵为 iəɯ，uo 的儿化韵为 uəɯ，ye 的儿化韵为 yəɯ；迁安为 ə:ɯ 组音值；丰宁为 ɤ ɯ

组音值。

第二，o、e、ie、uo、ye形成开齐合撮相配的一组儿化韵形式，其中o、uo为一组，e、ie、ye为一组，包括涞源、宽城、青龙、迁西、抚宁、昌黎、秦皇岛方言。涞源、宽城方言中，o、uo的儿化韵为oɯ组音值，e、ie、ye的儿化韵为ɤɯ组音值；青龙、抚宁方言中，o、uo的儿化韵为oɯ组音值，e、ie、ye的儿化韵为əɯ组音值；迁西方言中，o、uo的儿化韵为oɯ组音值，e、ie、ye的儿化韵为əːɯ组音值；昌黎、秦皇岛方言中，o、uo的儿化韵为or组音值，e、ie、ye的儿化韵为ɛr组音值。

3. 低元音和低复元音韵母的儿化韵情况

在河北方言中，低元音和低复元音韵母主要是指a、ia、ua、ya这组韵母，从读音类型看，这一组韵母在平舌儿化变音系统中，主要有拼合式和化合式两种读音类型，属于拼合式的方言有宽城、迁西、迁安、抚宁；属于化合式的有涞源、卢龙、青龙、丰宁、昌黎、秦皇岛。从音值上看有四种情况：读开齐合撮相配的ɑɯ组音值的，有卢龙、抚宁、丰宁；读开齐合撮相配的aɯ组音值的，有涞源、宽城、青龙；读开齐合撮相配的aəɯ组音值的，有迁西；读开齐合撮相配的ɛəɯ组音值的，有迁安。

三　有尾韵母和无尾韵母儿化韵音值的归并

（一）卷舌儿化变音系统中儿化韵音值的归并

1. 单元音韵母儿化韵音值的归并

第一，o、e两韵母的儿化韵音值的归并。在河北方言中，o、e两韵母的儿化韵有一半的县市出现了归并情况，也有一半的县市没有出现归并情况。在出现归并的县市，o、e两韵母的儿化韵大部分读ɤr，少数县市读ɛr。读ɤr的包括深泽、无极、栾城等47个方言。读ɛr的包括隆尧、顺平、曲阳等8个方言。还有个别读 aɛr 的，如涿州；读 ɐr 的，如安国。

第二，ɿ、ʅ、i、y 几个韵母的儿化韵归并为开齐撮相配的一组音值，属于这种情况的县市有石家庄市、正定、深泽等 60 个方言。

第三，ɿ、ʅ、i、y、u 几个韵母的儿化韵归并为开齐合撮相配的一组音值，即形成一整套 ər、iər、uər、yər 儿化韵，包括行唐、唐县、曲阳、阜平、平山、新乐、永清、灵寿等县市。其中新乐、永清、灵寿三个县市的方言 u 除了 uər 还有 ur 的儿化韵读音，即这两种读法可以自由变读。

综合分析上述几个单元音韵母的儿化变音情况，我们可以看到 ɿ、ʅ、i、y 几个韵母的儿化韵归并为开齐撮相配的一组音值是常态，u 的儿化韵与其归并为一组是少数县市发生的变化，大部分县市尚没有这种变化。o、e 在一部分县市发生了儿化韵归并，另一部分县市没有发生儿化韵归并。

2. 单元音韵母与无尾复元音韵母儿化韵音值的归并及过程

在河北方言中，单元音与无尾复元音儿化韵音值的归并，主要是 o、uo、e、ie、ue、ye 这几个韵母的儿化韵音值的归并。这几个韵母的儿化韵从我们前文的描述中，可能看到归并后的音值有 13 种情况，这 13 种情况反映了这几个韵母的儿化韵归并在许多县市的方言中还在进行中，还没有完成最终的归并；只有少数的县市方言完成了这个过程，即归并为一组读音相同的儿化韵，或读 ɤr，或读 ɛr，或读 ɐr 的一组开齐合撮相配的儿化韵。不同的县市归并的起点不同、方向不同，最终形成的音值也不同。我们可以通过河北方言的读音情况，来看一看这几个韵母的儿化韵归并的过程和路径。

在河北方言中，这几个韵母的儿化韵归并有 13 种情况。第一，uo 的儿化韵与 o、e、ie、ye 的儿化韵形成开齐合撮相配的一组，读 ɤr 组音值。第二，uo 的儿化韵与 o、e、ie、ye 的儿化韵形成开齐合撮相配的一组，读 ɛr 组音值。第三，uo 的儿化韵与 o、e、ie、ye 的儿化韵形成开齐合撮相配的一组，读 ɐr 组音值。第四，uo 的儿化韵与 o、e、ye 的儿化韵形成开合撮相配的一组，读 ɤr 组音值，而 ie 的儿化韵与其不相配，读 iaɛr。第五，uo 的儿化韵与 o、e、ie 的儿化韵形成开齐合相配的一组，读 aɛr 组音值，ye 的儿化韵读 yɤr。第六，o、e、ie、ye 的儿化韵形成开齐撮相配的一组，读 ɤr 组音值，而 uo 的儿化韵与其不相配，uo 的儿化韵读 uor。第七，e、ie、ye 的儿化韵形成开齐撮相配的一组，读 ɤr 组音值，o、uo 的儿化韵形成开合相配的一组，读 or 组音值。第八，e、ie、uo、ye 的儿化韵形成开齐合撮相配的一组，读 ɤr 组音值，o 的儿化韵为 or。第九，o、e、ye 的儿化韵形成开撮相配的一组，读 ɤr 组音值，ie 的儿化韵读 iɛr，uo 的儿化韵读 uor。第十，ie、uo、ye 的儿化韵形成齐合撮相配的一组，读 ɛr 组音值，e 的儿化韵读 ɤr。第十一，o、e、uo 的儿化韵形成开合相配的一组，读 ɤr 组音值，ie、ye 的儿化韵形成齐撮相配的一组，读 ɛr 组音值。第十二，o、uo 的儿化韵形成开合相配的一组，读 or 组音值，e 的儿化韵读 ɤr 组音值，ie、ye 的儿化韵形成齐撮相配的一组，读 ɛr 组音值。第十三，o、uo 的儿化韵形成开合相配的一组读 or 组音值，e、ye 的儿化韵读 ɤr 组音值，ie 的儿化韵读 iɛr 组音值。

3. 有尾韵母儿化韵音值的归并

（1）ei、en 组儿化韵的归并及变化过程

在河北方言中，前音尾韵母的儿化变音的读音，其中 ai 组[①]和 an 组韵母的儿化韵大部分县市是合并为一个的，ei 组和 en 组韵母的儿化韵大部分县市也合并成一个。而且 ei、en 组的儿化韵合并更整齐划一，在绝大多数的县市（除涞水、定兴外）都并成 ər 组音值。更

[①] 此节中韵母 X 组是举开口呼以赅合口呼、撮口呼和齐齿呼韵母。下文与此同。

有甚者，有的县市基本韵母 en 与 eŋ 已经合并成一个基本韵母，但在儿化音中，en、eŋ 的儿化韵并未合并成一个，en 组的儿化韵仍然与 ei 组出现了合并的现象，如崇礼、康保、怀来、沽源、张北、吴桥等县市。也有的县市基本韵母 ei 组和 en 组合并成一组，如晋州、沙河、清河、临城、内丘、隆尧、清河等县市合并成 ei 组，它们的儿化韵也并成一个 ər 组。从整体上看，ei 组和 en 组韵母的儿化韵合并成一个是大趋势，少数方言，如涞水和易县方言，由于儿化是拼合式读音，所以两组韵母的儿化形式有别，ei 组的儿化韵读 eiər 组音值，en 组的儿化韵读 ə̃ər 组音值。除此之外，还有定兴方言 ei 组的儿化韵读 eiər 组音值，en 组的儿化韵读 əner 组音值。

ei 组韵母的儿化韵经过了 eiər（拼合式）→ər（化合式）的变化过程，en 组韵母的儿化韵经过了 enər（拼合式）→ə̃ər（拼合式）→ər（化合式）的变化过程。

（2）ai、an 组韵母儿化韵音值的归并及变化过程

在河北方言中，ai 组和 an 组韵母的儿化韵大部分县市虽然也是合并为一组的，但是也有少数县市，两者的儿化韵是不同的，如在南宫、故城两县市，ai 组的儿化韵读 aɛr 组音值，an 组韵母的儿化韵读 ɛr 组音值，在涞水、易县，ai 组的儿化韵读 ɛər 组音值，an 组韵母的儿化韵读 ɛ̃ər 组音值。在 ai 组和 an 组韵母的儿化韵合并的县市，各县市方言中儿化韵的音值有差异，在河间、盐山、孟村、南皮、邱县、广宗、无极、武强、唐海、唐山市等县市，合并后的儿化韵读 aɛr 组音值；在饶阳，合并后读 ɑɛr 组音值；在定兴，读 ɛər 组音值；在邢台市，读 ɑr 组音值；在灵寿，读 ar 组音值；在石家庄、正定、行唐，读 ɐr 组音值。除此之外，还有没有儿化音的张家口、怀安；或者两组儿化韵不全，只有一组儿化韵，另一组韵母没有儿化韵形式，如阳原、赤城 ai 组儿化韵为 ɛr 组音值，an 组韵母没有儿化韵，宣化 ai 组没有儿化韵，an 组儿化韵为 ɛr 组音值。除了上述县

市，其他县市两组韵母的儿化韵均为 ɛr 组音值，是这种读音的县市数量最多。

从各县市 an 组韵母和 ai 组韵母的儿化韵读音来看，它们整体的趋势向读 ɛr 组音值发展，发展的过程应该是，ai 组韵母的儿化韵经过了 ɛɚ（拼合式）→aɛr（化合式）→（ar/ɑr）→ɐr→ɛr 的过程。an 组韵母的儿化韵经过了 ɛ̃ɚ（拼合式）→aɛr（化合式）→（ar/ɑr）→ɐr→ɛr 的过程①。

（3）an 组、ai 组、aŋ 组儿化韵的归并

在河北方言中，更多的是 aŋ 组韵母的儿化韵与 a 组韵母归并，与 an 组、ai 组儿化韵归并的只是个别县市，如沙河。

（4）an 组、ai 组、əŋ 组儿化韵的归并

在河北方言中，有些县市的方言中 ai 组、an 组、əŋ 组儿化韵归并为 ɛr 组音值，包括兴隆、丰南、丰润、香河。

（5）ei、en、əŋ 组儿化韵归并

在河北一些县市的方言中，ei、en、əŋ 组儿化韵归并为 ər 组音值，包括盐山、阜平、平山、沙河。

4. 单元音、无尾复元音、有尾复元音儿化韵音值的归并情况

（1）a、ai、an 三组儿化韵的归并

在许多县市 ai、an 两组儿化韵音值相同，合并成了一组。也有些县市 a、ai、an 三组韵母的儿化韵音值相同，合并成了一组，但不同的县市合并后的读音有所不同。具体情况如下：a、ai、an 三组儿化韵音值相同，合并成一组的有石家庄市读 ɒr 组音值；隆尧、满城、顺平、定州、曲阳、平山读 ɛr 组音值；安国读 ɒr 组音值；涿州读 aɛr 组音值；固安县的 a 组韵母的儿化韵有 ar 和 aɛr 两组音值，其中读 aɛr 音值

---

① 在灵寿、临漳等县市 ai、an 组的儿化韵读 ar/ɑr 类音，因为基本韵母中 a 组和 an 组已经合并，a 组韵母的儿化韵为 ar，所以我们认为这是由于受 a 组儿化韵的影响造成的，可能 ar 类音并不是 ai、an 组的儿化韵发展过程中的一个阶段。

第二章 河北方言中"X-儿"形式音变的动因

的与 ai、an 两组的儿化韵音值相同，合为一组。但是我们没有发现 a 组的儿化韵单独与 ai 组或单独与 an 组的儿化韵合并的情况，值得我们注意的是灵寿方言中基本元音 a、an 两组已经合并成 a 一组，但这两组的儿化韵却仍然分为两组，一组读 ar 组音值，一组读 ɛr 组音值，儿化韵读 ɛr 组音值的 an 组与 ai 组的儿化韵音值相同。这说明了在儿化韵出现归并的时候，有尾韵 ai 组和 an 组更易于合并，然后才会有 a 组与这两组儿化韵合并的情况。

（2）u、au、əu 形成开合相配的一组音值

u 韵母形成的儿化韵 ur，在大部分县市可以和 au 组、əu 组的儿化韵 aur、əur 归并，我们可以归为一组 ur 组，也可以视为与其他儿化韵没有归并的三组，包括永清①、灵寿②、藁城等 41 个方言。除此之外，在阜平、平山、永清、灵寿四个县 u 的儿化韵已经向 uər 变化，而 au 组和 əu 组的儿化韵仍为 aur 组音值和 əur 组音值。

（3）o、uo、au、iau 归并成一组

在河北方言中，有些县市 o、uo、au、iau 归并成一组开齐合相配的音值 or 或 ɔr 组音值，包括行唐、南皮、孟村、盐山、沧县、雄县。

（4）o、e、əŋ 组儿化韵归并为 ɣr 组音值

在河北方言中，有些县市 o、e、əŋ 组儿化韵归并为 ɣr 组音值，包括饶阳、阜城、景县、献县、任丘、文安、霸州、遵化、滦南。

（5）e、əŋ 组儿化韵归并为 ɣr 组音值

在河北方言中，有些县市 e、əŋ 组儿化韵归并为 ɣr 组音值，包括玉田、唐山、滦州。

（6）ɿ③、ei、en、əŋ 组儿化韵归并为 ər 组音值

在河北方言中，有些县市 ɿ、ei、en、əŋ 组儿化韵归并为 ər 组音

---

① 永清 u 的儿化韵有 ur 和 uər 两读形式。
② 灵寿 u 的儿化韵有 ur 和 uər 两读形式。
③ ɿ 组不包括 u 韵母。

值，包括盐山、阜平、平山、沙河。

（7）e、o、ʅ、ei、en、əŋ 组儿化韵归并为 ər 组音值

在河北方言中，有些县市 ʅ、ei、en、əŋ 组儿化韵归并为 ər 组音值；包括石家庄。

（8）全部县市都出现了 ʅ、ei、en 组儿化韵归并为 ər 组音值的情况

（9）aŋ 组、a 组、ai 组、an 组儿化韵的归并

在河北方言中，aŋ 组、a 组、ai 组、an 组儿化韵的归并的情况比较复杂，大部分县市 aŋ 组的儿化韵与其他几组不同，在 ŋ 尾韵母的儿化韵鼻音色彩丢失的少数县市，有的 aŋ 组儿化韵与 a、ai、an 组儿化韵出现了归并的情况，主要有以下几种情况。

第一，aŋ 组儿化韵与 a 组儿化韵归并为 ar 组音值，ai 组和 an 组儿化韵归并为 aɛr 组音值，包括唐山。

第二，aŋ 组儿化韵与 a 组儿化韵归并为 ar 组音值，ai 组和 an 组儿化韵归并为 ɛr 组音值，包括阜城、滦州。

第三，aŋ 组儿化韵与 a 组儿化韵归并为 ɑr 组音值，ai 组和 an 组儿化韵归并为 aɛr 组音值，包括南皮、盐山、唐海。

第四，aŋ 组儿化韵与 a 组儿化韵归并为 ɑr 组音值，ai 组和 an 组儿化韵归并为 ɛr 组音值，包括任丘、丰南、丰润。

第五，aŋ 组儿化韵和 a、ai、an 组儿化韵归并 ɛr 组音值，包括沙河。

从无尾韵和有尾韵儿化韵的归并情况来看，它们的归并基本上是以主元音为条件的，即主元音相同的儿化韵更易归并为一组，上面的 9 种情况，除了第（6）种情况，其他的基本上都是以主元音是低元音 a 还是高元音（包括发音时舌位较高的舌尖元音）为条件进行归并的。

(二) 边音儿化变音系统中儿化韵音值的归并情况

1. 无尾韵母儿化韵音值的归并

（1） o、uo、e、ie、ye 儿化韵的归并

在边音儿化变音系统中，无尾韵母儿化韵音值的归并，主要涉及的是 o、uo、e、ie、ye 几个韵母儿化韵音值的归并情况和过程。我们可以看到：o、uo、e、ie、ye 几个韵母儿化韵合并成一组开齐合撮相配的儿化韵的情况，有两种类型，一种合并成一组边音韵尾型，另一种合并成卷舌儿化韵型。根据我们前面关于边音韵尾式读音和卷舌儿化式读音次序的讨论，我们可以知道第一种类型的发展在前，然后边音前移直至消失边音值形成卷舌儿化韵形式。所以我们可以做以下推测：卷舌儿化韵归并成一组音值的情况，有两种发展途径，一种是由合并成一组的边音韵尾式读音，边音韵尾前移消失而导致的；另一种是没有合并成一组的边音韵尾式读音，边音韵尾前移消失后，形成几组不同的卷舌儿化韵，然后又继续发展产生了音值的归并而形成的。这两种途径我们都可以在现存方言中找到依据，因在河北方言中，这几个韵母的儿化韵现在还有许多方言存在归并成几组边音韵尾式读音，而继续朝着丢失边音韵尾但音值不合成一组的方向发展，而卷舌儿化式读音继续朝着归并成一组的方向发展是可能的。从音理上说，归并成一组的边音韵尾式读音直接丢掉边音韵尾变成卷舌儿化式读音也是可能的。

第一种发展途径：归并成一组 ɛr 组音值的，有可能是归并成一组 ɛl̩ 组音值进一步发展的结果；归并成一组 ɤr 组音值的，有可能是归并成一组 ɤl̩ 组音值的进一步发展的结果；归并成一组 ər 组音值的，有可能是归并成一组 əl̩ 组音值的发展结果。

第二种发展途径：几组不同的边音韵尾式儿化韵，o、uo 组为 ol̩ 组，e、ie、ye 为 ɛl̩ 组（涉县），然后变成 or 组和 ɛr 组，以此为起点

继续发展，形成各类不同的卷舌儿化韵的归并，归并的规律与卷舌儿化变音的规律相同，发展到不同阶段就会形成不同的表现形式，这也是河北方言各种各样归并形式的成因。也有可能是 o、uo 组为 oɭ 组读音，e、ie、ye 为 ɤɭ 组读音（柏乡），然后形成 or 组和 ɤr 组卷舌儿化韵，以此为起点继续发展，归并规律也和卷舌儿化变音系统相同。现在河北方言边音儿化变音系统中，还有许多县市方言几个韵母的儿化韵是卷舌儿化式读音，但并没有归并成一组，应该是第二种发展途径在不同阶段的表现形式。

这些未完成合并的方言的音值主要有以下几种情况：一是 o、uo 组为 oɭ 组读音，e、ie、ye 为 ɤɭ 组读音，如柏乡；二是 o、uo 组为 oɭ 组读音，e、ie、ye 为 ɛɭ 组读音，如涉县；三是 o、uo 组为 ɛr 组读音，e、ie、ye 为 ɤɭ 组读音，如井陉；四是 o、uo 组为 or 组读音，e、ie、ye 为 ɛr 组读音，如广平；五是 o、uo 组为 or 组读音，e、ie、ye 为 ɤr 组读音，如肃宁；六是 o、e 为 ɤr 读音，ie、uo、ye 为 ɜɛr 组读音，如深州；七是 o、e、uo 为 ɤr 组读音，ie、ye 为 ɤɛr 组读音或 ɛr 组读音，前者如武强，后者如武邑；八是 o、e、ie、ye 为 ɤr 组读音，uo 为 uɛr 读音，如宁晋；九是 o、e 为 ɤr 读音，ie、ye 为 ɛr 组读音，uo 为 uor 读音，如馆陶；十是 o、e、ye 为 ɤr 组读音，ie 为 iɛr 读音，uo 为 uor 读音，如邯郸市；十一是 o 为 ɛr，uo、ye 为 ɤr 组读音，e、ie 为 ɤr 组或 ɛr 组读音，如内丘；十二是 e 为 ɤr 读音，o、uo、ie、ye 为 ɛr 组读音，如赞皇。

（2）ʅ、ɿ、i、y 儿化韵的归并

在边音儿化变音系统中，ʅ、ɿ、i、y 几个韵母儿化韵合并成一组开齐撮相配的儿化韵的情况，有两种类型，一种是合并成一组边音韵尾型，另一种是合并成卷舌儿化韵型。主要情况如下。

第一，ʅ、ɿ、i、y 几个韵母儿化韵合并成开齐撮相配的 əɭ 组音值，包括井陉、元氏、邢台县、南和、柏乡、武安、涉县、内丘、肥

第二章　河北方言中"X-儿"形式音变的动因

乡、临漳。

第二，ʅ、ɿ、i、y 几个韵母儿化韵合并成开齐撮相配的 ər 组音值，包括辛集、高邑、宁晋等 36 个方言。

（3）u 与 ʅ、ɿ、i、y 儿化韵的归并

u 与 ʅ、ɿ、i、y 儿化韵归并成一组开齐合撮相配的 ər 组音值，包括大名、平乡、武邑①、故城、邱县。

2. 有尾韵母儿化韵音值的归并及演变

（1）ei 组、en 组儿化韵音值的归并

在边音儿化变音系统中，ei 组、en 组儿化韵音值合并成一组开齐合撮相配的儿化韵的情况，有两种类型，一种是合并成一组边音韵尾型，另一种是合并成卷舌儿化韵型。主要情况如下。

第一，ei 组、en 组儿化韵音值合并成一组开齐合撮相配的 əl 组音值，包括井陉、元氏、邢台县等 8 个方言。

第二，ei 组、en 组儿化韵音值合并成一组开齐合撮相配的 ər 组音值，包括赵县、辛集、高邑等 32 个方言。

（2）ai 组、an 组儿化韵音值的归并

在边音儿化变音系统中，ei 组、en 组儿化韵音值合并成一组开齐合撮相配的儿化韵的情况，有两种类型，一种是合并成一组边音韵尾型，另一种是合并成卷舌儿化韵型。主要情况如下。

第一，ai 组儿化韵和 an 组儿化韵音值合并成一组开齐合撮相配的 εl 组音值，包括柏乡、临漳、武安、涉县方言。

第二，ai 组儿化韵和 an 组儿化韵音值合并成一组开齐合撮相配的 εr 组音值，包括元氏、内丘、邢台县等 26 个方言。

第三，ai 组儿化韵和 an 组儿化韵音值合并成一组开齐合撮相配的 aεr 组音值，包括肃宁、邱县、馆陶等 6 个方言。

---

① 大名、平乡、武邑的方言中，u 的儿化韵有 ur 和 uər 两读。

第四，ai 组儿化韵和 an 组儿化韵音值合并成一组开齐合撮相配的 ɑr 组音值，包括邢台市方言。

第五，ai 组儿化韵和 an 组儿化韵音值合并成一组开齐合撮相配的 ər 组音值，包括南和方言。

（3）ai 组、an 组、aŋ 组儿化韵音值的归并

在边音儿化变音系统中，ai 组、an 组、aŋ 组儿化韵音值合并成一组开齐合撮相配的儿化韵的情况，只有一种类型，就是合并成卷舌儿化韵型。主要情况如下。

第一，ai 组、an 组、aŋ 组儿化韵音值合并成一组开齐合撮相配的 ər 组音值，包括南和。

第二，ai 组、an 组、aŋ 组儿化韵音值合并成一组开齐合撮相配的 ɛr 组音值，包括邢台县。

（4）ei 组、en 组、əŋ 组儿化韵音值的归并

在边音儿化变音系统中，ei 组、en 组、əŋ 组儿化韵音值合并成一组开齐合撮相配的儿化韵的情况，有两种类型，一种是合并成一组边音韵尾型，另一种是合并成卷舌儿化韵型。主要情况如下。

第一，ei 组、en 组、əŋ 组儿化韵音值合并成一组开齐合撮相配的 ᴧl 组音值，包括武安、涉县、井陉、邢台县、南和。

第二，ei 组、en 组、əŋ 组儿化韵音值合并成一组开齐合撮相配的 ər 组音值，包括磁县、邯山区（原邯郸县）、曲周。

从有尾韵儿化韵的归并来看，主元音为低元音的 ai 组、an 组、aŋ 组儿化韵音值的归并音值只有一种情况，即卷舌儿化式音值；而 ei 组、en 组、əŋ 组儿化韵音值归并有两种情况，即边音韵尾式和卷舌儿化式，这说明主元音为低元音的儿化韵产生得早，发展的时间长。而从 ai 组、an 组儿化韵音值归并的情况看，卷舌儿化式的音值类型比 ei 组、en 组归并的多，也能证明主元音为低元音的较高元音有尾韵发展快。

3. 有尾韵和无尾韵儿化韵音值的归并及演变

(1) a 组、ai 组、an 组儿化韵音值的归并

在边音儿化变音系统中，a 组、ai 组、an 组儿化韵音值合并成一组开齐合撮相配的儿化韵的情况，有两种类型，一种是合并成一组边音韵尾型，另一种是合并成卷舌儿化韵型。主要情况如下。

第一，a 组、ai 组、an 组儿化韵音值合并成一组开齐合撮相配的 ɛl 组音值，包括临漳方言。

第二，a 组、ai 组、an 组儿化韵音值合并成一组开齐合撮相配的 ɛr 组音值，包括元氏、内丘、曲周①等 8 个方言。

第三，a 组、ai 组、an 组儿化韵音值合并成一组开齐合撮相配的 ər 组音值，包括南和方言。

第四，a 组、ai 组、an 组儿化韵音值合并成一组开齐合撮相配的 ɑr 组音值，包括邢台市方言。

(2) o 组、au 组儿化韵音值的归并

o 组、au 组儿化韵音值归并后也有边音韵尾式和卷舌儿化式两种类型，具体情况如下。

第一，o 组、au 组儿化韵音值归并成开齐合相配的 ol 组音值，包括涉县。

第二，o 组、au 组儿化韵音值归并成开齐合相配的 or 组音值，包括曲周、广平、肃宁、邯郸市②。

(3) o 组、e 组、əŋ 组儿化韵音值的归并

o 组、e 组、əŋ 组儿化韵音值归并后只有卷舌儿化式一种类型，具体情况是 o 组、e 组、əŋ 组儿化韵归并成开齐合相配的 ɤr 组音值，包括大名、魏县、平乡、安平、威县、邢台市、馆陶、武邑。其中，威县和邢台市方言中 əŋ 组儿化韵音值有 ər 组和 ɤr 组两种音值；邢台市

---

① 内丘、临城、曲周方言中 a 组韵母的儿化韵有 ar 和 ɛr 两读音值。
② 邯郸市中这组韵母大多数合并成 or，只有 o 韵母的儿化韵读 ɤr。

和馆陶方言中，o 组、e 组和 əŋ 组儿化韵合并的只限于开口呼韵母的儿化韵；武邑方言中，e 组和 o 组、əŋ 组儿化韵合并的也限于开口呼韵母的儿化韵。

（4）ei 组、en 组、əŋ 组儿化韵音值的归并

ei 组、en 组、əŋ 组儿化韵音值归并后，有两种类型，一种是合并成一组边音韵尾型，另一种是合并成卷舌儿化韵型。主要情况如下。

第一，ei 组、en 组、əŋ 组儿化韵归并成开齐合撮相配的 əl 组音值，包括南和、武安、涉县、井陉、邢台县。

第二，ei 组、en 组、əŋ 组儿化韵归并成开齐合撮相配的 ər 组音值，包括磁县、邯山区（原邯郸县）、曲周。

（5）ɿ 组、ei 组、en 组、əŋ 组儿化韵音值的归并

ɿ 组、ei 组、en 组、əŋ 组儿化韵音值归并后，有两种类型，一种是合并成一组边音韵尾型，另一种是合并成卷舌儿化韵型。主要情况如下。

第一，ɿ 组、ei 组、en 组、əŋ 组儿化韵归并成开齐合撮相配的 əl 组音值，包括南和、武安、涉县、井陉、邢台县。

第二，ɿ 组、ei 组、en 组、əŋ 组儿化韵归并成开齐合撮相配的 ər 组音值，包括磁县、邯山区（原邯郸县）、曲周。

（6）ɿ 组、ei 组、en 组儿化韵音值的归并

ɿ 组、ei 组、en 组儿化韵音值归并后也有边音韵尾式和卷舌儿化式两种类型，具体情况如下。

第一，ɿ 组、ei 组、en 组儿化韵归并成开齐合撮相配的 əl 组音值，包括南和、武安、涉县、井陉、邢台县。

第二，ɿ 组、ei 组、en 组儿化韵归并成开齐合撮相配的 ər 组音值，包括磁县、邯山区（原邯郸县）、曲周等 32 个方言。

（7）a 组、ai 组、an 组、aŋ 组儿化韵音值的归并

在边音儿化变音系统中，a 组、ai 组、an 组、aŋ 组儿化韵音值合

并成一组开齐合撮相配的儿化韵的情况，只有一种类型，就是合并成卷舌儿化韵型。主要情况如下。

第一，a 组、ai 组、an 组、aŋ 组儿化韵音值合并成一组开齐合撮相配的ər 组音值，包括南和。

第二，a 组、ai 组、an 组、aŋ 组儿化韵音值合并成一组开齐合撮相配的ɛr 组音值，包括邢台县。

(三) 平舌元音儿化变音系统中儿化韵音值的归并

1. 无尾韵母儿化韵的归并

(1) o、uo、e、ie、ye 儿化韵的归并

在平舌儿化变音系统中，这几个韵母的儿化韵在大部分县市是分成两组的，只有少数县归并成了一组音值，不同县市具体的音值也有差异。

第一，o、e、ie、uo、ye 韵母的儿化韵归并成了一组开齐合撮相配的 əɯ 组音值，包括卢龙。

第二，o、e、ie、uo、ye 韵母的儿化韵归并成了一组开齐合撮相配的 ɤɯ 组音值，包括丰宁。

第三，o、e、ie、uo、ye 韵母的儿化韵形成了两组音值，o、uo 的儿化韵读 oɯ 组音值，e、ie、ye 儿化韵读 ɤɯ 组音值，包括涞源、宽城。

第四，o、e、ie、uo、ye 韵母的儿化韵形成了两组音值，o、uo 的儿化韵读 oɯ 组音值，e、ie、ye 儿化韵读 əɯ 组音值，包括青龙、抚宁。

第五，o、e、ie、uo、ye 韵母的儿化韵形成了两组音值，o、uo 的儿化韵读 oɯ 组音值，e、ie、ye 儿化韵读 əːɯ 组音值，包括迁西、迁安。

第六，o、e、ie、uo、ye 韵母的儿化韵形成了两组音值，o、uo 的

儿化韵读 or 组音值，e、ie、ye 儿化韵读 ɛr 组音值，包括秦皇岛、昌黎。

（2）ɿ、ʅ、i、y 儿化韵的归并

在平舌元音儿化变音系统中，ɿ、ʅ、i、y 几个韵母在许多县市还处于独立音尾式读音，还没有形成儿化韵；在形成平舌元音韵尾式读音的县市，基本上都形成了开齐撮相配的 əɯ 组儿化韵读音或 ər 组儿化韵读音，前者包括涞源、宽城、青龙、丰宁，后者包括秦皇岛、昌黎。

（3）u 与 ɿ、ʅ、i、y 儿化韵的归并

在平舌元音儿化变音系统中，ɿ、ʅ、i、y 儿化韵形成一组音值的县市，u 的儿化韵与其相配的有宽城和青龙。

2. 有尾韵母儿化韵的归并

（1）ei 组、en 组儿化韵音值的归并

在平舌元音儿化变音系统中，大部分县市（除宽城、抚宁外），ei 组、en 组儿化韵音值都归并成了一组，有的读 əɯ 组音值，包括卢龙、涞源、青龙、丰宁；有的读 ə:ɯ 组音值，包括迁西、迁安；有的读 ər 组音值，包括秦皇岛、昌黎。

（2）ai 组、an 组儿化韵音值的归并

在平舌元音儿化变音系统中，ai 组、an 组儿化韵音值归并成一组的，有的读 aɯ 组音值，包括卢龙；有的读 ɛɯ 组音值，包括涞源、抚宁；有的读 ɛəɯ 组音值，包括迁西、迁安。

在平舌元音儿化变音系统中，前韵尾韵母和后韵尾韵母没有归并的情况。

3. 有尾韵和无尾韵儿化韵音值的归并及演变

（1）a 组、ai 组、an 组儿化韵音值的归并

在平舌元音儿化变音系统中，ai 组、an 组、a 组儿化韵音值归并成一组的只有两个县市，卢龙归并成一组 aɯ 组音值，迁安归并成一组

εəɯ 组音值。

（2）o 组、au 组儿化韵音值的归并

在平舌元音儿化变音系统中，o 组、au 组儿化韵音值产生归并的只有两个县，都是归并成 oɯ 组音值，包括涞源和宽城。

（3）e 组、ɿ 组、ei 组、en 组儿化韵音值的归并

在平舌元音儿化变音系统中，e 组、ɿ 组、ei 组、en 组儿化韵音值产生归并的只有青龙方言，读 əɯ 组音值。

（4）ɿ 组、ei 组、en 组儿化韵音值的归并

在平舌元音儿化变音系统中，ɿ 组、ei 组、en 组儿化韵音值产生归并的，除了青龙方言外，还有涞源方言，读 əɯ 组音值。

（5）o 组、e 组、ɿ 组、ei 组、en 组儿化韵音值的归并

在平舌元音儿化变音系统中，o 组、e 组、ɿ 组、ei 组、en 组儿化韵音值产生归并的只有卢龙方言，读 əɯ 组音值。

第二节 "X–儿"形式音变的动因

长期以来，人们对音变的关注度比较高，无论是音变的各种规律，还是音变的不规则现象，成为各学派研究的热点，音变的过程和原因也是各学派积极探讨的问题，尤其是历史语言学关注的焦点问题。"历史音系学以认识语音演变的机制和模式为主要目标，……内部音变的原因有很多，现在能辨认出来的比较大的原因有三种：一种是比较抽象的'目的论'原理，如省力原理、区别原理、由结构压力造成的填空档等。"[1]

考察语音的演变，我们应该从探讨演变的原因开始，在弄清楚演变的过程和演变的结果的基础上，再来探讨其演变的发生的机制和模

---

[1] 朱晓农：《历史音系学的新视野》，《语言研究》2006 年第 4 期。

式，然后才能进一步探讨音变的共性和类型学意义。其中演变的原因是所有问题解决的起点，也是核心问题，因为不同的演变原因可能导致演变过程有不同的路径，最终导致演变结果发生改变。从汉语方言的实际情况看，导致演变的原因有两大类。一类是自身发展演变的结果，也就是说是内因在起作用，比如语音系统内部各音节的相互制约，语音系统的简化等原因造成的结果；另一类是语言系统外部的原因导致的结果，如语言间的接触和相互影响造成的。关于"X-儿"形式的演变动因，前人也存在不少分歧，我们试图从儿化词形成的历时过程出发，来对这一问题进行探讨。

一 前人关于"X-儿"形式成因的探讨

关于儿化音形成的原因，前人做过一些研究。其中一个很有影响的观点认为，儿化现象的产生是外来因素，主要是阿尔泰语影响的结果。其中的代表人物是李立成、季永海和俞敏等几位先生。

李立成等几位先生思考问题的角度，对我们很有启发，但是他们的结论有进一步探讨的必要。[①] 儿化到底是不是汉语自身演变的产物？阿尔泰语对儿化的形成有什么作用？

对于这个问题也有一些学者持不同看法，如耿振生先生就认为："儿化韵不是满语影响汉语的产物，……它是汉语在一定的内在演变规律的作用之下产生出来的音变结果，合乎语言学原理。"[②]

前人之所以认为它不是汉语自身的产物，其中一个很重要的理由是，"儿"尾构成名词这与语法规律相违背，因为"儿"用在谓词或副词后，这些词的性质并没有发生改变，有的甚至对词义不产生什么影响。关于这个问题，无论从河北方言的情况看，还是从北京话的情

[①] 详细论述参见李巧兰《河北方言的"X-儿"形式研究》，博士学位论文，山东大学，2007年。
[②] 耿振生：《北京话"儿化韵"的来历问题》，《吉林大学社会科学学报》2013年第2期。

况看，事实确实是"儿"不限于构成名词，但是它构不构成名词，与其是不是汉语自身的产物没有因果联系，"儿"尾和构成名词之间的关系并不是强制性的。从我们对儿化词产生的过程及其中"儿"语义的变化来看，无论是读儿尾的还是合音形式的儿尾词，"儿"添加到名词以外的词类，是随着它语义的逐渐虚化，最后形成一个构词框式类推的结果，在这个类推的过程中，是"表小称爱"的语义特征起到了统领作用，而并不是以名词这个词类特征形成的儿化词的聚合，人们之所以产生"儿"尾构成名词的误解，是由于最初它是从构成名词开始的。从儿化词的产生看，无论其是附于名词，还是附于动词、形容词或副词等，刚开始阶段其中的"表小称爱"语义都是比较明显的。从五代时起，"儿"就可以附在不定量词"些"后，"些儿"词类上仍属于量词，但是它表"少量"的意义非常明显。在宋代就出现了"－儿"附于动词、形容词后的用例，用于动词后表现了一种欢喜的情绪，其中表小或少的意义也较明显；用于形容词后，表达了一种轻松随便的语气。明代时用于动词、副词后，其"稍微""小"的意义也是很明显的。所以我们说"儿"用于非名词后面，体现出的"表小称爱"以及由此演化出的轻松随便的色彩等，是"儿"语义虚化过程中的必然现象。虽然"儿"多用于名词后，但我们不能断言，它的功能就是构成名词，而不能用于其他词类后。从儿化词的产生我们可以看到，其"表小称爱"以及与之相关的语义，是形成"儿"来源儿化词的关键，而并不是其词类标志功能在起作用。那些"非儿"来源的儿化词，即来源于"日""里"和时体助词和虚成分的儿化词，其形成的原因也是语音弱化混同于儿化词的结果。综上所述，儿化的产生可能起因于"儿"语义的虚化，随着义虚而趋向音轻，从而引起了语音上的一系列连锁反应，它的形成是音义互动的结果。

前人关于阿尔泰语对儿化产生的作用，我们认为有其合理的一面，那就是民族的融合、杂居、迁移，造成人口的流动，随着人的接触，必然造成语言的接触，由于接触而使得阿尔泰语对汉语产生了一定的影响。汉语中的儿化，有可能在这种外力的作用下，加快了它的步伐，但不管怎么样，外部原因不是决定因素。它只对儿化起到了促进作用，或者说对儿化的结果起到了加固作用，儿化的产生和发展只能是"儿"语义和语音相互影响和互动发展的结果。

二 "X-儿"形式是音义互动演变的结果

我们在探讨"X-儿"形式是音义互动演变的结果时，可以结合儿化词产生和演变的历史过程来探讨这个问题，结论将更加清晰和明确。儿化词是一种以"儿"作为形式标记的词语，而对于这一类有形式标志的词的衍生过程，前人涉及的并不多，因为它的形成过程是一个相当长的历史过程。对它的考察，会涉及不同时代的诸多文献，在没有电子文献语料库的过去，这是难以想象的工作，今天电子语料库技术的发展为我们提供了研究的可能性，我们通过查检各个历史时期的电子语料，可以梳理出一个"儿"语义和用法不断变化的连续过程。

（一）各个历史时期"儿"用法及语义变化

关于"儿"语义的变化及儿化词的形成过程，我们已经在发表的阶段性成果中多有论述，此外只做简单梳理。

"儿"的本义是"小儿""男孩"，《说文》中指出"儿，孺子也"。到汉代以后实义开始出现虚化，由"小儿"意开始泛化为"从事某种卑微职业的年轻人"的意思，还有少数用例用在詈语中，意思是"小子""儿子"。

到魏晋南北朝时期"从事某种卑微职业的人"和"人名用字"的这个用法大量出现，有些甚至带上了蔑视或贬义色彩。唐代时，

"儿"的词义进一步朝虚化的方向发展,由指人开始向"小动物""动物幼仔"的意思变化,"-儿"开始用在有生命的动物之后。从"-儿"前附的词义来看,前期大多为体形较小的动物,中、晚唐时期,才出现了用于体形较大的动物名称后的用法,这反映了"-儿"的语义在早期时"小义"较明显。唐代后期,开始用在无生命的器具等之后,开始向词尾方向发展,也出现了与词尾"-子"对举的例子,后来进一步发展到用在身体部位、抽象名词后的用法,这时"-儿"表实义的"幼小者"的语义几乎已经不存在了,但"细微""小"义仍存在。

从五代开始,除了有用于名词后的例子较多外,也有大量用在量词"些"后的例子。到宋代,还出现了"-儿"附于动词、形容词、代词、其他量词后的用例。在元、明以后形成的用在非名词后的"-儿",它的表"小""细""轻""微"的意义相当明显,这些意义应当也是从其表小义引发出来的,用在名词后的"儿"小义已经磨损。到了清代,"-儿"在有些词中的表小义,基本上已经不存在了,而是成了一种形式标记,仅表一种色彩意义,或者起协调音节的作用。

(二) 儿化词中"儿"语义及功能的变化过程及时间

儿化词是一类以"儿"为形式标志的词,它的形成不是偶然的,它是在一定语言环境下产生的,我们可以从"儿"语义和用法的变化来看儿化词形成的环境和条件。

儿化词的产生是建立在"儿"语义虚化的基础上的,随着它由可以单独使用的实义词,变成一个词缀,它的意义发生虚化,也致使语音发生轻化,直至失去独立音节地位,从而形成与前附音节的合音,也就是说儿化的形成是以"儿"语义虚化为条件的。

纵观整个儿化词形成的过程,当一个儿化词刚开始产生时,"儿"

的表小义非常明显,随着时间的推移,一些词在使用的过程中,原本明显的表小义逐渐磨损。初唐时附于动物名称后的"儿",表幼仔义是很明显的,到了晚唐时有些儿化词中"儿"的小义已经消失了。虽然在晚唐时期,用于动物名称后的"儿"小义不明显了,但是五代时一些新生儿化词,比如用于量词"些"后的"儿"表小义却很显著。宋元以后刚刚出现的动词、形容词、副词后的"儿"小义也很明显。所以我们说儿化词的始生是以"表小义"这样一个共同的语义特征为前提的,只是后来随着"儿"作为词缀语义的虚化,以及儿化词在使用过程中"表小义"的磨损,才导致了在今天使用的一些儿化词中"表小称爱"意义消失的现象。最早在清代时,"-儿"开始成了一种形式标记,仅表一种色彩意义,或者起协调音节的作用。

通过前面我们对儿化词衍生过程的梳理,我们可以看到儿化词从语义和功能上先后经历不同的变化。我们可以看到在儿化词形成过程中,实义词"儿"语义变化的过程:小儿、孩子→年轻人、小子→动物幼仔→虚化到表小义→只表感情色彩。"儿"的语法功能也有一个变化过程:单用的单音节词→偏正词组→语素。

(三)"X-儿"形式语音、语义及功能的大致对应关系

"X-儿"形式既然是一种音变现象,它就具有音变现象所具有的特点,前人关于汉语儿化的音变现象的原因也做过多方探讨,如俞敏先生[①]曾认为儿化形成了一些特殊的音节,打破了原有音位系统的平衡,从而造成了元音的分裂,导致了音系的变动。

但是我们还要清醒地认识到"X-儿"形式它不是一个纯语音变化过程,其中还牵涉语义等因素的影响和制约。我们以河北方言中的"X-儿"形式为主要研究对象,如果我们将儿化词语音、语义与语法

---

① 俞敏:《北京口语音位的出现频率》,《北师大学术论文集》,北京师范大学出版社1982年版。

功能的变化过程和时间结合起来考察，在这个过程中，不仅有语音内部矛盾引起的变化，而且有语义需要引起的变化，可以说它同时联结着语音和语义两个层面，与纯语音变化相似，而又貌合神离。

"X-儿"形式读音变化过程，是一个长期的历时音变过程，在这个过程中，由于不同的方言，前附的"儿"音值不同，合音变化的起点也不同，再加上各方言发展的不平衡性，还由于这个变化过程，不仅和语音内部规律有关，而且也与"儿"语义与功能的变化相关，它代表了汉语特有的一种音义关联的演变模式，从而使其呈现了各种各样的读音面貌。

"音节的音义关联是汉语不同于印欧系语言的音节结构的一个重要特点"①，而对于汉语像"X-儿"形式这样的派生音系来说，它的音义关联性表现得更为突出。

语言是语音和语义的结合体，它的音和义是两个不同的层次，语义对于语音来说虽是外部因素，但是语义的变化也往往会影响到语音的变化。尤其是在汉语中，由于其音义的关联性，语义的变化也往往引起语音的变化。语义和语法功能影响语音变化的例子，在汉语中可以说比比皆是。如古汉语中的破读现象，其实是为了别义而产生的声调变化。汉语中的时态助词"'着、了、过'以及词缀'子、儿、头'等，它们都是由实义动词或名词虚化而来的，随着它们语义的虚化，在语音上也表现出了轻音的现象。它们用作实义词时有声调，用作助词时则为轻声"②。在汉语方言的连读变调中，同样有受语义和语法制约的例子，如在宁夏中宁方言、浙江温岭方言，就有大量这样的例子。③

---

① 徐通锵：《音节的音义关联和汉语的变音》，《语文研究》2003年第3期。
② 李如龙：《论汉语方言语音的演变》，《语言研究》1999年第1期。
③ 李倩：《中宁方言两字组的两种连调模式》，《语言学论丛》2011年第24辑，第117—122页；李荣：《温岭方言的变音》，《中国语文》1978年第2期。

以上种种事实，都说明了语义对语音的影响，决定了语义的虚化也一定在语音演变中留下了痕迹，所以我们说语义单位的语法化，即语义由实义到弱化、虚化，以至词汇意义消失，只剩下语法意义这一过程，往往也会与语音的变化相关联。

对"X-儿"形式的演变过程进行的分析，在河北方言中，我们可以看到儿化读音，主要有三个大的连续系统，这三个系统，呈现一种平行发展的总趋势，无论是卷舌 ər 式系统，还是平舌 ɯ 式系统，或是边音 l 式系统，它们本身都经历了"独立音尾→拼合→化合"这样一个合二为一的过程，这个过程一环扣一环，呈现了音变的连续性。同时它们相互之间是独立发展的，互不干涉。这样三个平行发展的连续系统，也恰巧说明"X-儿"形式是词缀"儿"与词根性成分的一个结合体。虽然它在不同的方言中，"X-儿"的读音不同，但它们在语义和语法功能上的表现却是相同的。它们不同的语音形式，同时也反映了"儿"词缀语义弱化、虚化的过程。在这个过程中"-儿"的音、义都表现出了磨损，它由一个实义词，逐渐向词缀和形素成分过渡。这正如马清华先生所说"词的损耗不仅能磨去词的意义，也能磨去词的形式，使之词形缩短，棱角尽消，失去表现力，从而导致词形的改变"①。

我们从河北方言中儿化变音语义和语音的变化轨迹可以看到两个不同的过程，但这两个过程又有着一定的关联。"-儿"语义的变化过程为实义→有大部分实义→稍有实义→词汇义消失；而"儿"依附于前一音节"X"的程度也发生了相应变化为无→弱→强→完全依附；而它的语音形式变化过程为声韵调俱全→失去声调→与前音节拼合→化合。从语义和语法功能的变化角度看，"儿"词汇意义减弱的过程，同时也是"儿"语法功能增强的变化过程，这正是"-儿"语法化的一

---

① 马清华：《词汇语法化的动因》，《汉语学习》2003 年第 2 期。

个连续过程，它同样符合语法化的演变斜坡："实词→语法词→附着成分→形态标记"这样一个语法化过程。从这个语法化过程和"儿"语音的变化来看，语义与语音的发展虽彼此独立，但又有一定的对应关系，从前文的论述我们可以看到"-儿"的轻声化大约在元代之前，而其语义的虚化在宋代前后，它词汇意义的完全消失当在明代前后，其化合语音形式的产生大约在明朝至清初之间，由此我们可以看出"-儿"的语法化及语音的演变是关联进行的。不论是哪种类型的"X-儿"形式系统，它的发展演变都是语法化作用下的音义互动过程。语法化包括功能化和结构化两方面。从功能上看，变音往往与语义范畴的表达相联系；从结构上看，变音的发生过程不是孤立进行的，而是在一定的结构环境中进行的，结构因素，如重轻格式影响了变音的形成和发展。"X-儿"形式就是一个音义互动，在词汇化、语法化作用下的过程，有一个完整的音义互动链条，虽然在时间上没有绝对整齐划一的对应，但是大致有一个对应的脉络，如图2-1所示。

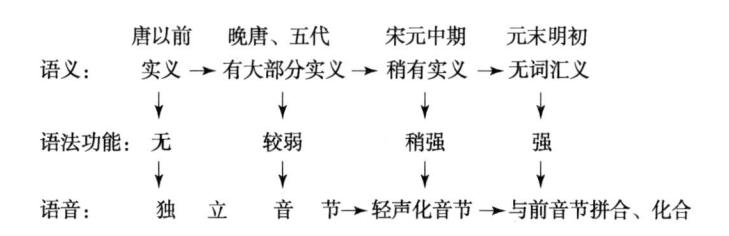

```
          唐以前      晚唐、五代     宋元中期      元末明初
语义：     实义    →  有大部分实义 → 稍有实义   →  无词汇义
             ↓            ↓             ↓             ↓
语法功能：   无          较弱          稍强          强
             ↓            ↓             ↓             ↓
语音：     独   立   音   节 → 轻声化音节 → 与前音节拼合、化合
```

图2-1 儿化变音语义、语法功能、语音变化对应

（四）"X-儿"形式音义互动的过程分析

"X-儿"形式语音的演变过程是音义互动过程，具有特殊性，它是不同于纯语音变化的语流音变现象。具体分析"X-儿"形式的变化过程，我们可以发现它主要是经历了两个阶段，在不同发展阶段上的驱动因素也不相同。

1. 儿尾在语义弱化、虚化驱动下读音向合音化方向变化

"X-儿"形式的语音变化是受语义条件制约的,"儿"尾的语音本身是否发生变化,与前行音节是否发生合音的变化,我们是无法根据语音条件来预测的。其中起决定作用的是"儿"语义的变化,"X-儿"形式语音由独立音尾型到拼合型变化,儿尾的轻声化是一个关键因素,正是由于儿尾读轻声,然后导致它失去独立音节地位逐渐与前面音节合音。"儿"尾轻声化现象,貌似是一个语音现象,通过我们的研究,可以发现实际上引起它变化的因素,是和"儿"语义的变化有关,正是由于"儿"表"小儿"义的弱化、虚化导致的,那么语义的弱化为什么会引起语音的轻化呢?我们将在下文详细论述。

(1) 儿尾轻声化是语义弱化、虚化的结果

正如徐通锵先生所指出的那样:"轻声可看成因后字在语义上的依附性而产生的一种特殊类型的变调。"① "儿"词缀与前行音节在整个结构中的地位是不平等的,因为前附音节承担了意义的绝大部分,"儿"音节本身意义较虚,所以在整个结构中就不重要,从意义上看主要表现为后一音节依附于前一音节。这种意义上的依附关系,在语音上的表现,则是意义的核心部分语音重要,是一个声韵调俱全的音节,"儿"意义上的弱化依附,导致语音的轻声化,这是语义上的依附性,所导致的语音上向依附方向变化。音节轻声化的结果,使其声母失落成为零声母音节,而最终成为其失去独立音节地位,直至化合到前一音节的直接诱因。

在汉语史上,我们常常可以发现轻声化现象,从表面上看是一种语音现象,实际上它的发生都是和语义变化有关的,它还常常是和语法化过程相伴随的。最开始有实在意义的词,在漫长的使用过程中,意义产生了变化,最后变成了意义比较空灵的词,这个过程是一个词

---

① 徐通锵:《音节的音义关联和汉语的变音》,《语文研究》2003年第3期。

义虚化的过程，我们一般称为"语法化"过程。在语法化过程中，不同的词意义变化有不同的路径，也有不同的起因，有的是语用因素作用的结果，有的是语言各要素的相互制约作用的结果，在多种因素的作用下，经过长时间量变积累，最终导致词义产生较大变化。总之不论什么原因，实义产生虚化，虚义更加意义空虚，甚至失去词汇义，成为一种语法标记，就完成了一个词的语法化过程。音和义是一个词两个相辅相成的方面，一个意义虚化了的词，它在语音上必然产生弱化现象，这就如一张纸正反两面，任何一面的变化都必然会导致另一面发生变化，语义虚化的连锁反应必然引起语音的弱化。语法化为什么会导致语音弱化呢？李小军先生认为可以从不同角度来解释，一种角度可以从仪式化（Ritualization）的结果角度得到解释；另一种是从语义表达的重要性方面得到解释。"本质上，这两种解释大同小异，即都认为语义虚化（或主观化）会导致语音弱化，且都与语义表达的重要性及使用频率有关，总的来说，在绝大部分研究语法化的学者眼里，语音弱化已经被视为语法化的一个基本规律而不言自明。"①

所谓语义表达的重要性，周韧先生说："信息量大的成分，在韵律上就要更突出，这是人类语言的一个共性，而重音和信息，从来就是不可分割的一对概念。"② 与此相反，信息量小的音节，就会成为非重音，甚至是轻声音节。

"语音弱化包括声母、韵母、声调三方面，有些词只是某一方面弱化，有些则是多维弱化。"③ 具体到"儿"的语音弱化，我们可以看到它同时涉及了韵母和声调两个方面，首先表现在声调上，读成一个轻声"儿"尾，后来随着语义的变化，它的韵母也发生了变化，失去了

---

① 李小军：《虚词衍生过程中的语音弱化——以汉语语气词为例》，《语言科学》2011年第4期。
② 周韧：《信息量原则与汉语句法组合的韵律模式》，《中国语文》2007年第3期。
③ 李小军：《虚词衍生过程中的语音弱化——以汉语语气词为例》，《语言科学》2011年第4期。

独立的音节身份，只剩下一个卷舌特征存留在前附音节中。正是"儿"语义的虚化，引起了"儿"语音方面的一系列变化，它语音上的变化是语义变化的结果，所以说"儿"语义的变化是它语音变化的原因。语音弱化的一个突出表现就是读成轻声，随着意义的继续虚化，轻声的读音也会进一步弱化，弱化的结果就是音质音位开始发生变化，或央化或脱落，结果就是轻声音节脱落后，在前附音节上保留自己的显著语音特征，从而成为没有独立音节地位的成分。这个弱化了的语音成分和它弱化了的意义相对应，我们看到在许多"X-儿"中，"儿"的表小义消失，甚至成为一个特殊音节标记形式。

在官话方言中，语音的弱化、轻化经常伴随着语法化的过程，在这个过程中音义的变化相伴而生。一个词在刚开始产生时，都是单义词，后来随着词义的发展多数会成为多义词，词汇语法化是一个复杂的过程，那么一个多义词的语法化，它所涉及的因素就必然较多。多义词往往不是所有的义项都发生虚化，而仅仅是其中的某个义项所对应的意义产生虚化，这个义项上产生了一个虚化的意义后，原来的意义并没有消失，仍然在继续使用，只是虚化后新产生的这个意义，从其中独立出来与原意共存，后来是在这个新意义基础上又发生逐渐虚化，最终演化成虚词。所以语法化的结果，不是多义词的义项减少，或是一个实词消失；而是从实词某个义项上衍生出一个新词，而原来的义项所表达的意义仍继续使用。"儿"的虚化也是如此，词尾"儿"是由表"小孩子"的实义词虚化来的，后来成为一个只表色彩义的标记形式，但是这个"儿"尾语素的产生，并没有导致作为"小孩子"义的"儿"这个实词的消亡，在我们的语言中，还在继续使用。"儿"从一个最初的独立使用的单音节实词，成为一个不能单独使用的语素的过程，这个过程中"儿"的语义变化和"语法化"过程类似；但是又有不同点，语法化研究的是虚词虚化的过程，虚词在语法化过程中由实到虚，但最后它仍为一个独立的音节，而"儿"语义由实到虚，

第二章 河北方言中"X-儿"形式音变的动因

最后失去了音节地位,同时虚词虚化后仍为一个词,而"儿"虚化后成了一个语素。虽然它们之间存在这样的差异,但是"儿"语素的虚化过程却和虚词有许多相似之处。"儿"语义及其语法功能的变化,同样体现了一个语义逐渐虚化,而语法功能逐渐增强的过程(作为虚语素的功能),我们同样可以用语法化的眼光来看。有关语法化研究的学者 Hopper 和 Traugott 认为:"一个语言形式的变化是渐变的,而不是突变的,它沿着以下的量标虚化:content item(实词)> grammatical word(语法词)> clitic(附着成分)> inflectional affiX(形态标记)。"① 那么语法化是怎样发生的呢?有的学者认为导致语法化的一个重要原因,是语法结构的重新分析,原来 X(YZ)结构,经过重新分析为(XY)Z 的同时,其中的一些成分便会发生一系列变化,最典型的重新分析现象是,"通常为两个或多个成分融合成一个单位,结果会带来语义、形态和音韵方面的变化"②。"儿"语义的变化正好反映了这样一个由实到虚的渐变过程,"-儿"语音的演变也体现了它由一个从独立音节到逐渐失去音节地位,最后与前一音节融合的语音变化过程,"儿"与前附音节融合成一个单位,确实引起了音和义多方面的变化,但是归根结底,"儿"音的一系列变化应当归因于语义的弱化和虚化。

(2)"儿"轻声化的时间问题

那么汉语中的"儿"语音的轻声化是发生在什么时候,它与其语义的虚化有没有时间上的大致对应关系呢?由于汉语不是表音的文字,轻声发生的时间不容易从文献记载上直接得到证明,前人从异文的使用,以及对音材料方面论证过轻声发生的大致时间。

王力先生认为:"估计在十二世纪前后,轻音就产生了"③,王力

---

① Paul J. Hopper, Elizabeth Closs Traugott: *Grammicalization*,北京大学出版社 1993 年版,第 7 页。
② 石毓智、李讷:《汉语语法化的历程——形态句法发展的动因和机制》,北京大学出版社 2004 年版,第 393 页。
③ 王力:《汉语史稿》上册,中华书局 1980 年版,第 195 页。

先生在对轻声做出时间推测的同时，还指出了轻声最早出现的音节位置和语音条件。邢公畹先生通过汉语普通话闽南语的比较，他认为："汉语轻声字在汉代以前似乎没有，唐五代以后才逐渐多起来了。"①综合各家观点，轻音的产生应该早在唐五代时就有了，但是具体到"儿"语音的轻声化，它不一定是最初发生轻声化的音节，"儿"的轻声化的时间，由于汉语不能表音，我们很难在文献上看到相关记载，但是我们可以从河北方言一些特殊读音现象来加以论证，从这些特殊的读音现象我们可以推测"儿"变成轻声大致的年代。这些特殊的读音，一类是特殊读音的儿化词，一类是有特殊语源的儿化词，我们下面来做具体分析。

第一，从"今儿"等的特殊读音看"儿"轻声化的时间。

在河北一些方言中"今儿"有［tɕin mər］和［tɕi mər］的特殊读音，另外据我的导师张树铮先生的研究，在他的家乡山东寿光方言中，表时间的"今儿"也是读［tɕin mər］，而且"儿"尾前加声母的词比河北还要多，除"今儿"之外，还有"参儿""心儿""蚕儿"等儿化读音也是如此，读作［ʂən mər］［sin mər］［tsʻan mər］。这些"儿"尾前增加 m 声母是从哪里来的呢？在我们调查河北方言时发现，在"X－儿"独立音尾式读音中，在"儿"尾前，有的方言中会增加一个声母，这个声母在一般情况下会和前附音节的韵尾相同，这些字在现存的方言中都是读 -n 尾的字，按照这个规律，应当加 n 声母才对。但是我们考察这些词可以发现，"今""参""心""蚕"这些字从中古来源上看，它们都是中古侵韵字，按其中古拟音，它们都是以 -m 结尾的阳声韵字，按照轻声"儿"音节前加上前音节的韵尾做声母这个规律，假如这些字依然读 m 韵尾时，后面的"儿"音节已经是轻声音节，那么理所当然会加一个 m 声母。它们儿化特殊读音就正好可能也

---

① 邢公畹：《汉语"子"、"儿"和台语助词 luk 试释》，《国文月刊》1948 年第 68 期。

反映了"儿"前一音节读[m]尾的情况，换句话说，侵韵字还读-m尾的时候，轻声"儿"音节就已经存在。我们可以通过考察-m尾消失的年代来推断轻声"儿"出现最晚时间，因为在它消失之前轻声"儿"已经存在，所以轻声"儿"出现不会晚于-m尾消失的时间。

这些字在现存方言中读-n尾，正好反映了语音的演变，在汉语语音发展史上，-m尾混于-n尾乃至转化为-n尾是一次重要变化，北方话中-n，-ŋ还保留，-m已并入-n尾，在三个阳声韵尾中-m尾是最不稳定的。这是针对汉语共同语而言的，汉语方言中的-m尾混于-n尾的时间，有可能比汉语共同语更早。

晚唐诗人有一首戏说妻子说话口音的诗，作者写道"呼十却为石，唤针将作真。忽然云雨至，总道是天因"，诗中所说的语音现象，总是被后人研究者用作-m尾韵消变的例证来使用。因为在唐代的通语中，我们按《切韵》的记载，可以推知"针""阴"是中古侵韵阳声韵字，应该读-m韵尾，"真""因"是中古真韵阳声韵字，读-n韵尾，"针"和"真""阴"和"因"的读音是不同的。在晚唐的个别方言中，两者已经混同，但这可能只是反映了个别方言的情况；而在北方通语中，却未必如此，即使在元代通语中，-m尾仍还存在。周德清于1324年成书的《中原音韵》反映了我国元代北方汉语的语音系统，学者们一致认为，《中原音韵》的侵寻、监咸、廉纤三个韵部是-m尾韵。

据前人对宋词中咸深与山臻韵字通押的情况的研究，表明"深摄-m尾比咸摄-m尾要牢固，咸摄-m尾的消变比深摄快；在宋代，咸摄-m尾的消变已经大量产生，而深摄-m尾的变化才刚刚开始"①。

徐孝于1606年成书的《重订司马温公等韵图经》的韵母系统有十

---

① 魏慧斌：《宋词韵-m韵尾消变考察》，《古籍整理研究学刊》2005年第6期。

三摄，只有臻摄和山摄，而没有咸摄和深摄。臻摄原侵寻韵字并入真文，表明－m尾已经消失。金尼阁于1626年成书的《西儒耳目资》记录："臻摄中将原侵寻韵字并入真文韵，表明[－m]尾已经消变"①，即－m尾各韵已与收－n尾各韵合并。

结合文献材料的记载，我们可以推断侵韵字－m尾的消失至迟在16世纪末就已经完成了，再结合河北、山东方言中儿尾前增加－m尾的特殊读音情况，我们可以断定，应该在－m韵尾消失之前，"儿"就已经变成了零声母轻声音节了，所以说"儿"轻声化当在明代之前。

第二，从非儿来源的儿化看"儿"轻声化的时间。

在河北方言中非"儿"来源的儿化现象主要有"日"变成"儿"和"里"变成"儿"等。

在河北方言中，有来源于"日"的"儿"，如"今日"变成"今儿"，这两个词的混同，当是"日"与"儿"音近混同的结果。"日"属日母质韵开口三等入声字，"儿"属日母止摄开口三等平声字，它若与"儿"同音，首先就必须保证次浊入声字变入舒声，即塞音尾丢失，我们前文曾论述过次浊入声字的演变当在元代以前已经变入舒声，这为"日""儿"同音创造了条件。除了"日"与"儿"的声韵比较接近外，还有一个条件就是声调，"日"是入声字，"儿"是平声字，它们可以混同，那就是轻声化后趋同。

那么"日"与"儿"混同的大致时间是何时呢？我们可以看到在河北方言中，"儿"与"日"的同音形式表现为 tɕʅ 和 ʅ，即发生在 ər 音之前，也就是说当在元、明前后。再从前文我们对"今儿"特殊读音的分析，我们可以说"今儿"[tɕin mər]的产生不晚于明代，而独立音节"儿"尾前增加声母的情况表明它在明代之前已经为零声母，它还有声母的语音形式，当比明代还要早。

---

① 李新魁：《汉语等韵学》，中华书局1983年版，第337页。

在河北方言中，还有"里"变成"儿"的现象，如"这里"变成"这儿"。在唐山等地方言中，有些名词后的"里"也变成"儿"，其中"里"与"儿"混同的现象说明了它们的音值非常接近。从中古音韵地位看，"里"属于来母止摄开口三等上声字，"儿"属于日母止摄开口三等平声字，我们可能看到"里"的"儿"不同之处在于声母和声调。此前我们在论述儿音值的演变的时候，曾经提到在元末明初的时候儿类字音与边音［l］类非常相近，所以二者的声母相近或相同不是问题。接下来就是声调怎样变得相同或相近，这与"日"变成"儿"类似，也应该是轻声化后趋同。

综上所述，我们认为"儿"音的轻声化当发生在明代之前，最晚不会晚于元末，这就为儿尾与前行音节合成一个音节提供了语音上的可能性。

(3) 语音的省力规则驱动下两个音节向一个音节变化

前人的研究将轻声分为两类：一类是"语法轻声"，一类是"语音轻音"。按照这种分法，变成轻声音节的"儿"显然应该属于语法轻声的范畴，因为引起"儿"的轻声化的原因，是语法化过程中语义的虚化。这两类轻声，从语音表现上，尤其是声学特征上看，据前人的研究并没有什么区别，那么轻声有什么语音特点呢？

关于轻声的语音特点，前人通过实验的手段，以北京话或普通话为对象进行了多方面的研究。林茂灿、颜景助、林焘、曹剑芬等多位先生，都运用实验的方法，对北京话（普通话）的轻声做了多方面、多角度的分析。

通过以上各位先生的语音实验研究，我们可以看到北京话中的轻声所具有的一些特点。第一，从音长看，大大短于正常音节的音长，大约是50%；第二，从音高看，音高不固定，和轻声前音节的音高有关联；第三，从音质来看，常常伴随着元音、辅音的弱化。虽然前人大部分是对北京话中的轻声所做的语音实验，对于汉语方言轻声的有关语音实验研究进行得非常非常少；但是方言，尤其是河北方言，与北京相邻的地理位置，让我们有理由相信轻声的情况应该与其差距不大，起码没有什么本质区别。现有的一些有限的研究结果也完全可以证明我们的推测。据冯龙博士的实验研究，他认为："方言的轻声调值和北京话一样，都是随前字的声调而定。"①

正是由于轻声音节音长的大大缩短，使得"儿"与其前行音节更易于合音，最后形成了王洪君先生所说的"一个长音节+一个残音节"阶段，这样的音节就容易产生"缓言为二，急言而一"的情况。从河北方言的情况来看，儿化轻声独立音尾向拼合式读音变化时，确实有说快了为拼合式，说慢时为独立音尾式的情况。那么促使轻声独立音尾"儿"与前行音节进行拼合的原因是什么呢？除了说话的语速外，有没有深层次的原因呢？

我们认为导致这种变化的原因应该与语言变化的普遍原理——省力原则有关，它是在省力原则作用下的合音现象。所谓合音就是"两个音节快说，合并成一个音节，这种现象叫作合音"②。合音现象可以说是在认知和交际的驱动下对语音的一种自然调剂，合音的动因当是省力原则在起作用。省力原则是 Zipf 提出的言语交际的原则，索绪尔在《普通语言学教程》中，探讨语音变化的原因时曾说："有人援引省力律来加以解释，……这一观念，不管怎么说，很值得考察。它在某种程度上可以说明现象的原因，或者至少指出往哪个方向去探讨这种原因。"③ 同时指出："这个研究要做得完备，必须既考虑到生理观点（发音问题），又考虑到心理观点（注意力问题）。"④

利奇认为："在不影响信息内容的条件下，为了减少听话人和说话

---

① 冯龙：《北京话轻声探源》，博士学位论文，北京大学，2013 年。
② 游汝杰：《汉语方言学教程》，上海教育出版社 2004 年版，第 51 页。
③ 索绪尔：《普通语言学教程》，高名凯译，商务印书馆 2001 年版，第 207 页。
④ 索绪尔：《普通语言学教程》，高名凯译，商务印书馆 2001 年版，第 208 页。

人在编码和解码上花费的时间和精力，唯一的准则就是要尽量做到缩减文本，从而使言语交际变得快捷流畅。"① 齐普夫在《人类行为和省力原则》中认为："短词会比长词更受欢迎"②，沈家煊先生认为："说话人在不影响听话人理解的前提下，总是尽量用最简化的语言符号来表达自己的思想，越是重现率高的成分越容易成为省力原则作用的对象。"③ "X－儿"形式从独立音尾式读音向拼合式读音变化，完全符合这一原则。轻声化的"儿"音节，从负载的语义信息上看，由于语义的虚化，它从一个有实义的音节，变成了一个附属于前音节，只表达"小"这样的类化义或一定的感情色彩义，与前行音节相比承载的信息是非常小的，而且"儿"成了重现率高的标记成分；从语音上看，弱化后的轻声音节，是一个零声母开音节，"弱化后的开尾音性能和地位均不稳定，极易被相邻音节吞并成为缩合词，同时弱化音传递语义信息的功能也减弱"④。这些都为其与前行音节合音奠定了基础，所以在省力原则的作用下，儿音节就可能与前音节缩合成一个音节。

所以我们说"X－儿"形式从两个音节合为一个音节的语音变化，是在语法化作用下的语义虚化在语音层面的体现，这个过程体现了语音与语义以及语法功能的互动发展。

2. "可共存发音的同时性原则"作用下"X－儿"形式音节内部语音的调整和归并

当儿化词的语音形式由两个音节或者说由一个半音节变成了一个音节的时候，接下来它语音的变化怎么变，向什么方向变，制约它的

---

① Leech G. N., *Principle of Pragmatics*, London: Long man Group Ltd, 1983, p.146.
② Zipf G. K., *Human Behavior and the Principle of Least Effort: An Introduction to Human Ecology*, Cambridge, Mass: AddisonWesley Press, INC, 1949.
③ 沈家煊：《语用原则、语用推理和语义演变》，《外语教学与研究》2004年第4期。
④ 戴昭铭：《弱化、促化、虚化和语法化——吴方言中一种重要的演变现象》，《汉语学报》2004年第2期。

条件就成了语音的内部条件。也就是说儿化语音的变化经历了以下两个过程，如图2-2所示。

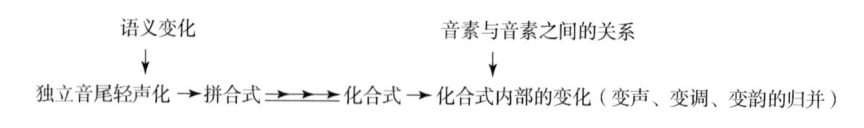

```
        语义变化                    音素与音素之间的关系
          ↓                              ↓
独立音尾轻声化 → 拼合式 ⇄ 化合式 → 化合式内部的变化（变声、变调、变韵的归并）
```

图2-2 "X-儿"形式语音变化过程

在这个过程中，位于 ⇄ 前的部分是由语义引起的语音变化，"省力原则"对其语音的趋向有规约作用，语义的虚化是其起变的诱因。而其后的部分则反映的是受音系制约的音变过程，其中"可共存发音的同时性"原则起着制约作用。"⇄"前后两部分是性质不同的两种音变过程，前者是一种音义互动的过程，而后者是一种纯语音过程。

从河北方言的情况来看，在卷舌"X-儿"形式、边音"X-儿"形式、平舌元音"X-儿"形式"三大系统"中，语音由拼合式向化合式变化，继而在化合式语音内部发生增音、声韵双变等一系列变化，其中"可共存发音的同时性"原则起着决定作用。以这个原则为着力点，我们分析河北方言中的"X-儿"读音的变化，正是"儿"的语音特征与前附音节韵母能否共容，决定了它的一系列读音的变化阶段。两者语音特点能共存的，发生化合式变化就较早，不能共存的，发生化合式变化就较晚。我们具体以河北方言卷舌"X-儿"形式读音为例，来看变成一个音节的儿化音内部具有规律性的变化，就可以看到这条原则是怎样起作用的。

在河北方言卷舌"X-儿"形式的读音系统中，儿化是读卷舌[ɚ]的"儿"音节失去独立音节地位，语音特征前移至前面音节的韵尾、主要元音、介音或声母，和前面音节发生融合的结果。当前一音节韵尾的发音与"儿"不冲突时，就直接融合成儿化韵；而与其有冲突不相容时，就会使前一音节的韵母发生变化，从而成为一个和其能共存的音，然后再融合在一起。前附音节的韵母发音机理发生变化的过程，就会出现增音、减音或者变音等种种不同的变化，原韵母是否变化，如果变会产生怎样的变化，一个决定因素是韵母与卷舌音是否相容，语音特征能够相容或可以共存的就不变，虽然不相容有冲突，但是发音冲突不太大的，就会稍微做些调整改变。如果发音冲突较大的，就会发生较多的改变，产生去掉韵尾，或者增添过渡音素，使其与卷舌动作共容。

河北方言中，韵母儿化后的读音的形成也分成两种情况，第一种情况是儿与前附音节韵母直接融合；第二种情况是原韵母先发生各种变化，如脱落韵尾、主元音稍变等，然后再和儿音融合在一起。第一种情况涉及的韵母一般是开尾韵，属于第二种情况的则是元音尾韵和鼻音尾韵。这正好和上面的发音原理相吻合，我们要说明的是这些发生变化的元音尾韵和鼻音尾韵，它们的变化机理问题，归根结底还是和"儿"音特征与韵母的发音特征有没有冲突，以及冲突的程度有关。从河北方言的情况来看，一般发生变化的是元音尾韵中主元音为低元音的韵母，而非低元音为主元音的韵母，鼻音尾韵母儿化后，前鼻音尾多表现为删除鼻音尾主元音直接卷舌，如 an、ian、uan、yan、ən、iən、uən、yən 变成 ɛr、iɛr、uɛr、yɛr、ɚ、iər、uər、yər；而后鼻音尾韵则是主元音保留鼻音色彩或删除鼻音色彩并卷舌，如 aŋ、iaŋ、uaŋ、əŋ、iŋ、uəŋ、yŋ 变成 ãr、iãr、uãr、ə̃r、iə̃r、uə̃r、yə̃r 或者是 ɑr、iɑr、uɑr、ɤr、iɤr、uɤr、yɤr，这两组音值为 aŋ、iaŋ、uaŋ、əŋ、iŋ、uəŋ、yŋ 儿化常见音值，还有少数县市有其他音值形式。这些是卷舌"X-儿"形式化合式读音的方言中带有规律性的现象。主元音发生变化的儿化韵的形成当是由所删除的韵尾的读音特征引起的，当韵尾被删除时，它的语音特征仍保留，这些特征就会在韵母的主要元音上得到体现，与主要元音的语音特征发生融合，结果导致低元音发生高化。同样，在鼻音尾韵母中，也是删除了的鼻音尾的语音特征使主元音变成鼻化元音。但在方言里为什么只在 ŋ 尾韵母儿化后有鼻音色彩的保留，而 n 尾则没有呢？之所以后鼻音与前鼻音尾保留在主元音上的语音特征表现不同，是由于前、后鼻音尾的发音特点有差别，据实验结果显示，后鼻音的发音时长要较前鼻音更长，所以后鼻音脱落后，不易与前面的元音音素融为一体，更易保留鼻音色彩；而前鼻音尾由于发音时长短，语音特征更易完全和前面的主元音融为一体，所以两者的儿化韵不同。

另外，在韵尾相同的音节中，主元音为非低元音的音节，和主元音为低元音的音节相比较，前者的儿化韵发展速度更慢；在韵尾不同的音节中，n 尾较 i 尾，i 尾较 ŋ 尾和 u 尾发展快，这也可以用李思敬先生的"可共存发音的同时性调整原则"来加以解释。卷舌"X – 儿"形式系统中伴有增音的儿化韵和声韵双变的"X – 儿"形式，它的成因更为复杂。关于"X – 儿"语音变化的具体过程和机制，我们将在下文做详细探讨。

第三章 河北方言中"X-儿"形式音变的过程及发生机制

第一节 河北方言中"X-儿"形式音变的过程

从河北方言的情况来看,"X-儿"形式的三大读音系统,它们的演变有一个共同的过程,那就是由两个音节向一个音节的变化。儿化是原本两个独立的音节,由于受汉语"单音节化"影响,其中意义较虚"儿"语音脱落,逐渐向一个音节变化,与前附音节产生合音,最后合音成一个音节的过程。在这个过程中,词长和语音特征都发生了变化,"一方面词形模块不断变化:两个正常音节→一个正常音节+轻声音节→一个长音节→一个正常音节;另一方面原后字音节特征的不断向前移动并引发前字音节各位置上的种种变化"[①]。

在河北方言中,词形模块不断变化的过程,主要体现为"X-儿"形式读音几大系统都经历了一个由独立音尾式读音(一个正常音节+轻声音节)向拼合式读音(一个长音节)再到化合式读音(一个正常音节)的演变过程。

在河北方言中,儿音特征不断前移而引发前字音节各位置上的

[①] 王洪君:《汉语非线性音系学——汉语音系格局与单字音》,北京大学出版社1999年版,第201页。

种种变化，主要体现为形成了各种"X-儿"形式读音复杂的表现形式，主要有三种情况。一是单纯变韵式音变。这是"儿"音特征影响前字韵母的结果。二是变韵的同时，部分音节出现增音性变化。这是"儿"音特征影响前字介音或声母的结果。三是变韵的同时，部分音节声母发生变化，产生声母韵母同时发生变化现象。这是在"儿"音特征影响前字声母的基础上，更进一步发生融合的结果。下面我们来探讨河北方言中，音节从分立到合音的过程、单纯变韵式变音过程、儿化韵的归并过程、从单纯变韵到声韵双变的过程四种情况。

一 儿音节和前音节由分立到合一的过程

从河北方言的情况来看，无论是卷舌"X-儿"形式读音系统、平舌"X-儿"形式读音系统，还是边音"X-儿"形式读音系统，它们的演变都有一个共同的过程，那就是由两个音节向一个音节的变化。这个过程是河北方言卷舌"X-儿"形式读音系统、边音"X-儿"形式读音系统和平舌元音"X-儿"形式读音系统所共有的一个过程，即三大"X-儿"形式读音系统都经历了一个由独立音尾式读音向拼合式读音，然后再向化合式读音发展的过程。

在河北方言中，我们看到部分县市还有独立儿音尾的读音形式，其中的儿音尾是一个轻声音节，在不同的县市音值有所不同。在卷舌"X-儿"形式读音系统的各县市，它是卷舌儿的读音及其相应的变化形式；在边音"X-儿"形式读音系统的各县市，它是边音类儿的读音；在平舌元音"X-儿"形式读音系统的各县市，它是平舌儿的读音及其相应的变化形式。所谓相应的变化形式，不论是哪个"X-儿"形式读音系统，它都是以前一音节的末尾的音素为条件，增加相应的音素而形成的。

在卷舌元音"X-儿"形式读音系统中，相应的变化形式有 uər、

第三章　河北方言中"X-儿"形式音变的过程及发生机制

ŋər 两种变化形式。uər 用于前面音节是 u 音素结尾的音节，如前面音节是 u 韵母、au 组韵母和 əu 组韵母。ŋər 用于前面音节是 ŋ 音素结尾的音节，如前面音节的韵母是 aŋ 组韵母和 əŋ 组韵母的情况。也就是说在卷舌"X-儿"形式读音系统中，独立儿音尾有 ər、uər 和 ŋər 三种不同的读音，具体读何种音值形式，则视方言的不同而有所不同。在甲方言可能是独立儿音尾不论前面音节结尾的音素是什么全部为 ər 音值。在乙方言则可能部分为 ər 音值，部分为 ŋər 音值或者部分为 ər 音值，部分为 uər；又或者部分为 uər 音值，部分为 ŋər。也就是说，读 uər、ŋər 音值是有条件的，而读 ər 音值是没有条件的。

在平舌元音"X-儿"形式读音系统中，情况与卷舌元音"X-儿"形式读音系统类似，独立儿音尾也是一个轻声 ɯ 或者 əɯ 音节，它们也有相应的变化形式 zɯ、z̩ɯ、z̩ə、iɯ、iə、uɯ、uəɯ、uə、ŋəɯ、ŋə，这些儿音尾的相应变化形式也是以前面音节结尾的音素为条件，不同的方言具体的情况不同。其中，zɯ、z̩ɯ 可用于 ʅ 做韵母的音节后，z̩ɯ、z̩ə 可用于 ɿ 做韵母的音节后，iɯ、iə 可用于 i、y 做韵母的音节后，uɯ、uəɯ、uə 可用于 u 韵母、au 组韵母和 əu 组韵母的音节后，ŋəɯ、ŋə 可用于 aŋ 组韵母和 əŋ 组韵母的音节后。ɯ 或者 əɯ 不论前面音节韵母是什么，只要是独立儿音尾读音的，都可使用。

在边音"X-儿"形式读音系统中，独立音尾式读音只在井陉方言使用频度较高的零星的词中存在，读 əl 的音值形式。

在卷舌"X-儿"形式和平舌"X-儿"形式读音系统中，为什么儿音尾的变化形式是有条件的？因为这些方言的"X-儿"形式都处在由独立音尾式读音向拼合式、化合式过渡的状态，所以只剩下那些合音变化慢的音节才会有独立音尾式读音，合音变化快的音节都已经完成了由两个音节（一个半音节）向一个音节的变化，所以没有独立儿音尾的读音。在这两个大的"X-儿"形式读音系统中，一个普遍的规律就是后韵尾韵母，包括 u 尾、ŋ 尾韵母才有独立音尾式读音，所以就产生了各种加 u 韵头和 ŋ 声母的变化。在平舌"X-儿"形式读音系统中，除了这样的变化，韵母为舌尖元音和高元音韵母的音节也会对儿音尾产生影响，增加 z、ẓ 声母或 i 韵头。也就是说在从两个音节合成一个音节的过程中，这些读独立音尾式读音的音节，比其余非独立音尾式读音的音节合音的变化速度慢。

  其实这些独立音尾式读音的音节，就是王洪君先生所说的"一个正常音节+轻声音节"的形式，可以说是一个半音节形式。结合各县市的方言，我们可以看到它们正处于向拼合式"X-儿"形式变化的过程，也就是说那些读拼合式读音的音节就是"一个长音节"形式。据上面这些读独立儿尾式变音音节的条件，我们可以推知在卷舌"X-儿"形式读音系统和平舌元音"X-儿"形式读音系统中，从一个半音节向一个长音节变化时，韵母的读音是决定其变化快慢的条件，其中舌尖元音 ɿ、ʅ 和高元音韵母 i、u、y，以及 -ŋ 尾韵母的音节变化要比其他音节慢。同样也有一些县市的方言，无论是在卷舌"X-儿"形式读音系统、边音"X-儿"形式读音系统，还是平舌元音"X-儿"形式读音系统中，"X-儿"形式正处于由拼合式向化合式变化的过程，即由"一个长音节"向"一个正常音节"变化的过程，其中的条件也是以韵母为条件，读拼合式"X-儿"形式的音节比读化合式"X-儿"形式的音节变化要慢。据此我们也可以推知，"X-儿"形式在由两个音节向一个正常音节（化合式读音）变化的过程中，那些读独立音尾式和拼合式读音的音节，比读化合式读音的音节发展慢。发展得快还是慢的决定因素和韵母有关，所以我们只要找出韵母变韵的形成过程，也就找到了两个音节完成合音的过程，具体的发展过程我们在单纯变韵式读音的形成过程中详细论述。

二 单纯变韵式读音的形成过程

在河北方言的三大"X-儿"形式读音系统中，不同方言、同一方言内部不同韵母的"X-儿"形式的读音形式，都可以为我们展示"X-儿"形式读音变化的过程及发展脉络，我们将同一系统不同方言放在一起，通过读音类型的对比分析，以及同一方言不同韵母读音类型的对比分析，可以找出各个系统内部儿化音形成的大致过程。

(一) 卷舌"X-儿"形式读音系统的演变过程

在河北方言中，部分县市的部分韵母尚存独立音尾式和拼合式读音，这些县市"X-儿"形式大部分包括了独立音尾式、拼合式、化合式等不止一种读音情况，我们可以从这些县市的读音情况看到，所有韵母在"X-儿"形式形成的过程中的先后次序。包括不止一种读音情况的县市有14个，它们的情况是易县、定兴有独立音尾式和拼合式两种情况；高碑店、顺平、定州、保定、徐水、唐县和曲阳有独立音尾和化合式两种情况；容城是独立音尾、拼合式、化合式三种情况都有；满城、清苑、安国和望都也是三种读音形式俱全。①

这些县市独立音尾式儿化读音的现存形式有以下情况。第一，以 u 尾韵和 ŋ 尾韵做韵母的所有音节都是独立音尾式读音的县市，包括高碑店等12个方言。第二，以 u 尾韵做韵母的所有音节都是独立音尾式读音，ŋ 尾韵母的所有音节都是拼合式读音的县市，只有望都方言。第三，全部 u 尾和 ŋ 尾韵母的音节都是拼合式读音的县市，只有涞水方言。第四，除 u 尾和 ŋ 尾韵母外，单元音韵母 ʅ、ɿ、i、u、y

---

① 各县市的具体情况见表3-1。

全部为独立音尾式读音的县市,有高碑店、定兴、清苑3个方言。第五,除u尾和ŋ尾韵母外,单元音韵母ʅ、ɿ、i、u、y的音节都是独立音尾式和拼合式读音两可形式的县市,只有易县方言。第六,除u尾和ŋ尾韵母外,只有i、u、y做韵母的音节是独立音尾式读音,ʅ、ɿ做韵母的音节是化合式读音的县市,有定州方言。第七,除u尾和ŋ尾韵母外,单元音韵母ʅ、ɿ、i、u、y音节都是拼合式读音的县市,只有望都方言。第八,除u尾和ŋ尾韵母外,只有i、u、y做韵母的音节都是拼合式读音,ʅ、ɿ做韵母的音节是化合式读音的县市,有安国方言。第九,除u尾和ŋ尾韵母外,只有u、y做韵母的音节为独立音尾式读音,i做韵母的音节是拼合式读音,ʅ、ɿ做韵母的音节是化合式读音的县市,包括徐水、容城2个方言。第十,-i尾、-n尾、a组、o组、e组韵母的音节全部都是拼合式读音的县市,包括易县、定兴2个方言。第十一,-i尾、an组、a组韵母的音节为拼合式读音,en组、o组、e组韵母的音节都是化合式读音的县市,包括望都方言。第十二,i尾为独立音尾式读音,n尾、a组、o组、e组韵母的音节全部为化合式读音的县市,包括保定方言。第十三,i尾、n尾韵母的音节都为化合式读音,a组韵母的音节为独立音尾式读音,o组、e组韵母的音节全部为拼合式读音的县市,包括清苑方言。第十四,o组、e组韵母的音节全部为拼合式读音,i尾、n尾、a组韵母的音节都是化合式读音的县市,包括满城方言。第十五,除u尾、ŋ韵母和单元音韵母ʅ、ɿ、i、u、y做韵母的音节外,其他的韵母音节全部为化合式读音的县市,包括徐水、容城、顺平、唐县、安国、定州、曲阳7个方言。

我们将这些县市的"X-儿"形式的读音情况进行整理并列表,见表3-1。通过分析表中的数据我们可以看到各组韵母产生"X-儿"形式的发展过程。

表 3-1　尚存独立音尾式和拼合式 "X-儿" 形式的县市的情况①

韵母	易县	高碑店	定兴	徐水	容城	满城	顺平	保定	唐县	清苑	望都	安国	定州	曲阳
au 组②	独	独	独	独	独	独	独	独	独	独	独	独	独	独
əu 组	独	独	独	独	独	独	独	独	独	独	独	独	独	独
aŋ 组	独	独	独	独	独	独	独	ār	独	拼	独	独	独	独
əŋ 组	独	独	独	独	独	独	独	独/ur	独	拼	独	独	独	独
u	独/拼	独	独	独	独	独	ur	ur	ər	拼	拼	独	ər	ər
y	独/拼	独	独	独	独	独	ər	ər	ər	拼	拼	独	ər	ər
i	拼	独	独	拼	拼	ər	ər	ər	ər	拼	拼	独	ər	ər
ʅ 组	独/拼	独	独	独	ər	ər	ər	ər	ər	独	拼	ər	ər	ər
ei 组	拼	ər	拼	ər	ər	ər	ər	独	ər	拼/ər	ər	ər	ər	ər
en 组	拼	ər	拼	ər	ər	ər	ər	ər	ər	ər	ər	ər	ər	ər
e 组	拼	ɤr	拼	ɤr	ɤr	ɤr	拼	ɤr	ɤr	ɤr	独	ɤr	ɤr	ɤr
o 组	拼	独/ɛr	ɤr	ɤr	ɤr	ɤr	ɤr	ɤr	ɤr	ɤr	ɤr	ɤr	ɤr	ɤr
ai 组	拼	ɛr	拼	ɛr	ɛr	ɛr	ɛr	独/ɛr	ɛr	ɛr	拼	ɛr	ɛr	ɛr
an 组	拼	ɛr	拼	ɛr	ɛr	ɛr	ɛr	ɛr	ɛr	ɛr	拼	ɛr	ɛr	ɛr
a 组	拼	ar	拼	ar	ar	ar	ɛr	ar	ar	独	拼	ɛr	ɛr	ɛr

通过分析各组韵母 "X-儿" 形式读音在不同方言中的现存形式，我们可能看到，在有独立音尾式读音的县市，u 尾韵和 ŋ 尾韵在许多县

---

① 表中 "独" 表示独立音尾式读音，"拼" 表示拼合式读音，"独/拼" 表示两可的读音，化合式读音列出具体音值。
② 表中凡涉及 X 组的韵母都是举开口呼韵母以赅齐、合、撮韵母。

市都尚有独立音尾式读音，个别县市 ŋ 尾韵已经向拼合和化合式方向发展，单元音韵母 u 的"X-儿"形式为独立音尾式或拼合式的县市较 y、i、ʅ、ɿ 多，y、i、ʅ、ɿ 四个韵母读独立音尾式读音或拼合式读音的县市又较 i 尾、a 组、o 组、e 组韵母多，n 尾韵母读化合式读音的县市较其他韵母多，所以据此我们可以大致归纳出在卷舌儿化音系统中，从独立音尾式儿化音到拼合式儿化音再到化合式儿化音的发展过程：u 尾→ŋ 尾→u→y、i、ʅ、ɿ→i 尾、a 组、o 组、e 组→n 尾。从这个过程看，其中 n 尾韵母产生化合式"X-儿"形式最快，u 尾韵母产生化合式"X-儿"形式最晚，发展最慢。

（二）边音"X-儿"形式读音系统的演变过程

在整个边音"X-儿"形式读音系统中，各韵母的发展次序先后，我们可以从两个方面去看：第一，同一方言内部读音的差异，有新老派的差异和不同韵母的变化差异；第二，不同方言儿化韵音值的差异和归并。

1. 从同一方言内部读音差异看"X-儿"形式的演变次序

边音"X-儿"形式读音系统涉及的方言，从儿化韵的音值看有三种情况，一种是变韵中有边音类音值的存留；一种是变韵中没有边音类音值的存留，全部为卷舌儿化式变韵；还有一种是部分韵母的儿化韵有边音类音值存留，部分没有。全部为卷舌儿化式变韵的方言由于语音形式单一，对研究韵母变韵的次序意义不太大。在变韵中有边音类音值存留的，尤其是部分韵母为拼合式，部分韵母为化合式读音的方言，对我们研究边音"X-儿"形式从独立音尾式到拼合式再到化合式的过程非常有意义。部分韵母为卷舌儿化式变韵，部分韵母为边音韵尾式读音的，对我们研究边音"X-儿"形式读音系统从边音类音值发展到丢失边音类音值的过程也有意义。属于这两种情况的方言有柏乡、井陉、元氏、南和。元氏方言的情况后文还要详细分析，

第三章 河北方言中"X-儿"形式音变的过程及发生机制

此处暂不讨论，其他三个方言分别论述。

首先，我们来看柏乡方言的情况。在柏乡方言中"X-儿"形式的读音由于发音人的年龄不同分成四个层次，75岁以上的为老派读音，55—74岁的为新老派读音，35—54岁的为旧派读音，35岁以下的为新派读音。在老派读音中，"X-儿"形式部分为拼合式，部分为边音韵尾式。具体情况是，韵母为ɤ、iɤ、uɤ、yɤ、ʅ、ɿ、i、u、y、ei、iei、uei、yei 时，"X-儿"的读音为边音拼合式；除此之外的其他韵母的音节，都是在韵母之后附加一个边音韵尾。在新老派读音中，全部都是在韵母之后附加一个边音韵尾。在旧派读音中，ʅ、ɿ、i、u、y、ei、iei、uei、yei、əu、iəu、əŋ、iŋ、uŋ、uəŋ、yəŋ 16个韵母为附加边音韵尾式读音，ɤ、iɤ、uɤ、yɤ 4个韵母，有两种读音共存的情况，一种是在韵母之后附加一个边音韵尾，另一种是卷舌儿化式读音。其中第一种情况占了读音的大多数。从柏乡方言老派读音看，边音类"X-儿"形式从拼合式向边音韵尾式过渡时，高元音韵母（含舌尖元音）以及主元音为高元音的无尾韵和 i 尾韵发展较慢，其他韵母发展较快，发展过程：(a、ai、an、aŋ、əŋ、au、əu) > (e、o) > (ei、ən、ʅ、ɿ、i、u、y)。

从柏乡方言旧派读音看，边音韵尾式向卷舌儿化式读音发展的时候，是以主元音为条件的，即凡是主元音为高元音的，无论是有尾韵还是无尾韵，发展比主元音为低元音的要慢，发展过程：(ai、an、au、aŋ、a) > o、e > (ei、ən、u、ʅ、ɿ、i、y)。

其次，我们来看井陉方言的情况。井陉方言"X-儿"形式的情况是部分音节是在韵母后附加边音韵尾式读音，部分音节为卷舌儿化式读音，我们通过分析哪些是边音韵尾式读音，哪些韵母是卷舌儿化式读音，可以找到在儿化的过程中，哪些韵母的边音韵尾前移或丢失先变成了卷舌儿化式读音。在井陉方言中，以 ʅ、ɿ、i、u、y、ɤ、iɤ、yɤ、ei、uei、en、iən、yən、əu、iəu、əŋ、iŋ、uəŋ、yəŋ 做韵母时，

· 185 ·

"X-儿"形式为边音韵尾式读音；当韵母为 a、ia、ua、ya①、ɛ、uɛ、o、io②、aŋ、iaŋ、uaŋ 时，"X-儿"形式的读音为卷舌儿化式读音。由此我们可以得出与柏乡方言相同的结论，由边音韵尾式读音向卷舌儿化式读音发展时，凡是主元音为高元音的，无论是有尾韵还是无尾韵，比主元音为低元音的发展要慢。

最后，我们来看南和方言儿化韵的情况。在南和方言中，也是部分韵母的儿化韵是边音韵尾式读音；部分韵母的儿化韵是卷舌式读音，我们对其进行分析，同样能够了解从边音韵尾式读音向卷舌儿化式读音发展的过程和韵母的先后次序。在南和方言中，当韵母是 ɿ、ʅ、i、y、ei、uei、en、iən、yən、əŋ、iŋ、uən、yəŋ 时，儿化韵为边时韵尾式读音，当韵母是 a、ia、ua、ya③、ə、uə、iə、yə、ai、uai、ɔ、iɔ、uɔ、əu、iəu、aŋ、iaŋ、uaŋ 时，儿化韵为卷舌儿化式读音。分析南和方言的儿化读音，我们同样可以看到，在边音韵尾式读音向卷舌儿化式读音发展时，主元音为非低元音的有尾韵（əu、iəu 除外）和前高元音（含舌尖元音）韵母比主元音为低元音的有尾韵、后高元音和无尾韵发展要慢。发展过程：（a、ɔ、ə、u、əu、ai、an、aŋ）>（ei、ən、əŋ、ɿ、ʅ、i、y）④。

2. 从不同方言的儿化韵音值的差异和归并看"X-儿"形式的演变次序

如果具体分析每种方言，我们可以看到各韵母在不同方言里的演变次序；如果我们把各个方言放在一起对比分析，我们可以找到具有共性的规律。我们从各方言韵母的发展次序来看，不同方言既有一致性，也有差异性。

---

① 井陉方言的 a、ia、ua、ya 韵母，对应了普通话的 a、ia、ua、ya 和 an、ian、uan、yan。
② 井陉方言的 ɛ、uɛ 对应的是普通话的 ai、uai，o、io 对应的是普通话的 au、iau。
③ 南和方言的 a、ia、ua、ya 韵母，对应了普通话的 an、ian、uan、yan；ɔ、iɔ、uɔ 韵母对应了普通话的 a、ia、ua。
④ 括号中韵母都是举开口呼以赅齐、合、撮。

第三章 河北方言中"X-儿"形式音变的过程及发生机制

如果我们将不同方言的儿化韵音值的情况放在一起，进行对比分析，我们可以看到，在有的方言，韵母的儿化韵音值没有产生归并；而在有的方言，儿化韵音值则产生了归并。按照儿化韵发展的一般规律，合并程度高的韵母比合并程度低的韵母发展时间要长，也就是说产生儿化韵的时间越早，发展经历的时间越长，它的归并程度就越高。对各方言的不同归并情况进行分析，我们可以推测韵母儿化韵发展的先后顺序。我们将儿化韵中尚存边音类音值的方言进行整理并列表，见表3-2。

表3-2　　　　儿化韵中尚有边音类音值的县市情况

县市	儿化韵的音值①												
	a	aŋ	ai	an	e	o	ɿ	ʅ	ən	əŋ	ei	au	əu	i u	y
柏乡	al	āl	ɛl	ɜl	ɤl	ol	əl	ʅl	ɜl	eil	aul	əul	iəl ul	yəl
元氏②	ɚr/ɛr	ɛ̄r	ɛɜ③			l	əl	ʅl	ɜl	ɔr	əul	iəl uəl	yəl
南和	ɚr						əl			ɔr	aur	iəl ur	yəl
肥乡	ɛr	al	ɛr	ɛl			əl		ɚr	aul	əul	iəl ul	yəl
临漳	ɜl	—	ɛl				əl	—	ɜl	ol	əul	iəl ul	yəl
武安	al		ɛl	ɤl			əl			ol	əul	iəl uəl	yəl
涉县	al	al	ɛl		ol		əl			ol	əul	iəl ul	yəl
井陉	ɛr	ɛl	ɛr	ɤl	ɜr		əl			ol	əul	iəl ul	yəl
内丘	ɛr ār		ɛɜ④		l	əl	ɚr	əl	or	aur	iəl ur	yəl
邢台县	ɛr						əl			aur	əur	iəl ur	yəl

---

① 表中所列韵母举开口呼以赅齐、合、撮。
② 表中所列元氏方言的əu、əŋ儿化韵为除tʂ、tʂʻ、ʂ、ʐ、l声母以外的其他音节的情况，当声母是tʂ、tʂʻ、ʂ、ʐ、l时，它们的儿化韵应该是卷舌式的读音，分别为əur、ɚr，而且韵母前有增音l。
③ o、uo、e、ie、ye随拼合的声母不同，儿化韵有ɚr组和ɛr组两类音值。
④ e的儿化韵有ɤr和ɛr两读音值。

从上表的数据，我们来看所有韵母的儿化韵都是边音韵尾式读音的方言的情况。在柏乡新老派的读音中，全部韵母的"X－儿"都是边音韵尾式读音，而且从音值上看有多少韵母就对应多少不同的变韵，也就是说儿化韵没有发生合并。在同样"X－儿"全部都是边音韵尾式读音的临漳、涉县和武安，儿化韵则出现了归并。

在临漳方言中，ŋ尾韵尚没有儿化韵形式，这说明其发展较缓慢。a组、o组、e组、ai组、an组韵母儿化韵归并成一组ɛɭ，ei组、ən组、ʅ、ɿ、i、y的儿化韵归并成一组əɭ，au组、əu组、u的儿化韵没有合并，这说明u尾韵和u韵母的发展比其他的韵母缓慢。所以从临漳方言看，ŋ尾韵发展变化最慢，其次是u尾韵和u韵母。

在涉县方言中，e组、ai组、an组韵母儿化韵归并成一组ɛɭ，ei组、ən组、əŋ组、ʅ、ɿ、i、y的儿化韵归并成一组əɭ，a组、aŋ组、o组、au组、əu组、u的儿化韵没有和其他的韵母合并，这说明u尾韵和u韵母以及a组、aŋ组、o组的韵母发展比其他韵母慢。

在武安方言中，ai组、an组韵母儿化韵归并成一组ɛɭ，ei组、ən组、əŋ组、ʅ、ɿ、i、u、y的儿化韵归并成一组əɭ，e组、o组韵母的儿化韵归并成一组ɤɭ，a组、aŋ组韵母的儿化韵归并成一组aɭ，au组、əu组的儿化韵没有和其他的韵母合并，这说明u尾韵母的儿化韵发展变化比其他韵母慢。

从临漳、涉县和武安方言儿化韵音值的归并情况看，它的发展有几个层次：au组、əu组、aŋ组、əŋ组是一个层次，ai组、an组是一个层次，ei组、ən组是一个层次，e组、o组是一个层次。再结合前面我们对柏乡老派读音的分析，以及我们关于有尾韵和无尾韵发展次序的论述，我们可以将边音拼合式到边音韵尾式读音变化的先后次序，做一个大致推测，变化次序：(ei、ən) > (ai、an) > (au、aŋ、əu、 əŋ)＞(o、e)＞(ʅ、ɿ、i、u、y)①。

(三) 平舌"X-儿"形式读音系统的演变过程

我们将平舌元音"X-儿"形式读音系统中各县市的儿化韵类型进行整理并列表,见表3-3,然后再来进行分析各韵母在儿化韵发展过程中的先后次序。

表3-3 平舌元音"X-儿"形式读音系统中各县市的儿化韵类型

县市	a	ai	an	e	ən	ei	o	aŋ	əŋ	au	əu	u	ʅ	ɿ	i	y
涞源	化合式		拼合	化合		拼合		化合		独立音尾式/拼合式		拼合式				
卢龙	化合式						独立音尾式					独立音尾式/拼合式				
宽城	拼合式						—				拼合式					
青龙	化合式						独立音尾式				拼合式					
迁西	拼合式						独立音尾式				独立音尾式/拼合式					
迁安	拼合式						独立音尾式				独立音尾式/拼合式					
抚宁	拼合	化合式		拼合			独立音尾式									
丰宁	化合式		拼合	化合		拼合	化合				拼合					

对表3-3各县市方言中,韵母为拼合式读音还是化合式读音,我们有以下区分标准。第一,儿化后的音值中是否保留了原来韵母和"儿"音的音值。所谓保留原来的韵母的音值,一是没有任何变化;二是虽然稍有变化,但是这个变化不是"儿"音特征的影响引起的,是其自身的语音特征造成的,如"an"在"X-儿"形式中变"ɛ"可视为前鼻韵尾脱落造成的。由于"儿"在不同方言中有不同的音值,所

---

① 括号中韵母都是举开口呼以赅齐、合、撮。

以在不同方言中，韵母的儿化形式读音相同，但可能属于不同的读音类型，比如宽城方言和青龙方言，o 韵母的儿化韵都是"oɯ"，但宽城的"儿"读"ɯ"，青龙的"儿"读"əɯ"，所以宽城为拼合式读音，青龙为"化合式"读音。第二，儿化后的音长较正常音节略长，如迁安方言 e 韵母的儿化韵读 əːɯ，比正常音节 əɯ 长，可视为拼合式读音。原则上只要满足上面的一个条件，我们就视其为拼合式读音，否则视为化合式读音。

依据儿化韵系统发展的一般规律：独立音尾式读音→拼合式读音→化合式读音，一般位于箭头前端的类型较后端的类型发展慢。我们由表 3–3 中的数据可知，后韵尾韵母在大部分县市的方言中，其儿化韵为独立音尾式读音，而 u 韵母在大部分方言处于比后韵尾韵母稍快的一个层次——独立音尾式或拼合式两读的阶段，也就是说两者的读音类型要么 u 的"X–儿"形式类型与后韵尾韵母相同，要么比后韵尾韵母稍快；而前韵尾韵则处于比 ʅ、ɿ、i、y 稍快的阶段，与 o、e 相比，则处于比其稍慢的阶段；ʅ、ɿ、i、y 韵母的儿化韵与 u 韵母比较要稍快，与前韵尾韵比较则稍慢。据此我们可以将后韵尾韵、前韵尾韵母与无韵尾韵母的发展次序进行罗列：o 组、e 组 > i 尾、n 尾韵 >（ʅ、ɿ、i、y）> u > u 尾、ŋ 尾韵。再结合我们前面对有尾韵和无尾韵进行的内部排序，韵母的发展次序：（o 组、e 组）>（an、ai）组 >（ən、ei）组 >（ʅ、ɿ、i、y）> u > au 组 > əu 组 > ŋ 尾韵母。还有 a 组韵母的儿化韵，我们由表 3–3 可知，这组韵母在大多数县市处于与 o 组、e 组相同的发展阶段，少数县市有的快于 o 组、e 组，有的慢于 o 组、e 组，我们粗略地将其视为与 o 组、e 组处在同一发展阶段，那么所有韵母的发展次序：（a 组、o 组、e 组）>（an、ai）组 >（ən、ei）组 >（ʅ、ɿ、i、y）> u > au 组 > əu 组 >（aŋ 组、əŋ 组）。

三　各系统内部儿化韵归并的过程

从理论上说，化合式读音应该是有多少个韵母就有多少个不同的儿化韵，但是从河北方言的情况看，许多方言中，儿化韵的数目总数比基本韵母少，有的甚至只有几个儿化韵，比基本韵母要少20—30个，这就意味着儿化韵的音值出现了合并，也就是音值不同的基本韵母，它的儿化韵的音值有可能相同，变成同一个读音。有的县市儿化韵合并的程度高，所以儿化韵从数量上就少；有的方言儿化韵合并的程度低，所以数量相对来说就多一些。儿化韵的数量多少有差异，多的可达8组27个儿化韵，如深泽、无极、承德市、栾城、平泉、安新等；少的只有2组7个儿化韵，如阳原。"当我们把不同汉语方言的儿化韵放到一起时，它们之间在儿化韵数目以及类型上的共时差异，则可以映射出不同历时阶段、时间层次的差异以及儿化韵整合的大致轨迹。"[①] 我们可以通过多方言的对比，分析儿化韵归并的程度和数量，从而来推断儿化韵产生发展的时间长短和归并的过程。按照事物的一般发展规律来说，儿化韵出现得越早，发展时间越长，应该变化就越大，归并的程度就应当越厉害，儿化韵的数量就越少。

（一）卷舌"X－儿"形式读音系统儿化韵的归并过程分析

在河北方言卷舌儿化韵系统中，儿化韵因为归并，多的还有8组儿化音，最少的只有4组儿化音。这里我们需要特殊说明的是，虽然阳原等方言儿化韵只有2组，但是这不能算归并后最少音组的方言。因为在阳原方言中有几组韵母还没有产生儿化韵，它的儿化韵少，很可能不是儿化韵音值归并的结果，而是儿化韵总共就产生

[①] 丁崇明、荣晶：《汉语方言不同阶段的儿化及儿化韵的整合》，《语文研究》2011年第2期。

了那么多，还没发展到所有韵母都有儿化韵的阶段，所以我们讨论儿化韵音值归并时，这些县市不算在内，只讨论所有韵母都有儿化韵的县市。所谓一组音，就是指儿化韵开、齐、合、撮相配的情况，我们视为一组音，如 ər、iər、uər、yər 我们视其为一组音。其中比较特殊的情况，为了讨论的方便，我们将 aur/əur、iaur/iəur、ur 也视作一组 ur 组音。下文在讨论边音系统儿化韵归并时，也照此处理。

我们通过对各方言的分析①，可能为儿化韵的归并拟测出一个大致发展过程：先是 n 尾韵母和 i 尾韵母的儿化韵归并（ai 组、an 组的儿化韵合并，ei 组和 en 组韵母的儿化韵合并）；然后是 ɿ 组、ei 组和 en 组韵母的儿化韵归并；再后来是 o 组和 e 组儿化韵的归并；最后是 əŋ 组和 o 组、e 组韵母的儿化韵归并，a 组与 ai 组、an 组韵母的儿化韵归并，o 组、e 组韵母的儿化韵和 ai 组和 an 组韵母的儿化韵归并，a 组和 aŋ 组的儿化韵归并，a 组、o 组、e 组、ai 组、an 组韵母的儿化韵归并。过程如下：ai 组 + an 组/ei 组 + en 组→ɿ 组 + ei 组 + en 组→o 组 + e 组/a 组 + ai 组 + an 组/əŋ 组 + o 组 + e 组→ o 组 + e 组 + a 组 + ai 组 + an 组/ɿ 组 + ei 组 + en 组 + əŋ 组/a 组 + aŋ 组。

我们前面对儿化韵形成过程的推断，认为它们形成的先后次序为：u 尾→ŋ 尾→u→y、i、ɿ、ʅ→i 尾、a 组、o 组、e 组→n 尾。认为 n 尾韵母的儿化韵形成最早发展最快，u 尾韵母的儿化韵形成最晚，结合我们对儿化韵归并过程的分析，可以断定这个推断大致是可信的。一般情况下，儿化韵形成较早的韵母，发展时间就越长，它与其他韵母的儿化韵就有可能归并得较早；儿化韵形成晚的韵母，发展时间就稍短，它与其他韵母的儿化韵归并的可能性就小，或者归并程度不高。从各县市儿化韵归并的情况和归并过程来看，基本 u 尾韵没有和其他韵母

---

① 具体的分析过程，参见李巧兰《河北方言儿化变音的历史层次及演变模式研究》，待出版书稿。

的儿化韵产生归并，只是有些县市 au 组韵母的儿化读音稍微有一些变化，从 aur 变成了 or。单元音 u 的儿化韵在绝大多数县市都没有什么变化。ŋ 尾韵与其他韵母儿化韵的归并也发生得较晚，其中 eŋ 组韵母的儿化韵较 aŋ 组韵母的儿化韵在更多的县市与其他组的儿化韵产生了归并。

（二）边音"X－儿"形式读音系统中儿化韵的归并过程分析

在河北方言边音"X－儿"形式读音系统中，儿化韵归并后，最多的县市有9组音值，最少的仅有3组音值。

从具体的情况看，有的县市还全部为边音韵尾式读音，有的县市全部为卷舌儿化式读音。也有部分县市既有边音韵尾式读音又有卷舌儿化式读音。依据前面我们的论述，边音韵尾式儿化音应该较卷舌儿化式读音产生得早，因此，卷舌儿化式读音是在边音韵尾式读音的基础上，边音继续前移至韵头、声母部位，而在韵腹部分只留下了卷舌特征影响的结果。因此，在边音"X－儿"形式读音系统中，儿化韵的归并，一部分县市可能是在边音韵尾式阶段进行的，有的县市可能是在卷舌儿化式阶段进行的，有的县市可能是在两个阶段同时有过儿化韵的归并。这使得边音儿化韵的归并过程异常复杂，我们在下面讨论儿化韵归并过程时，先看边音韵尾式读音在归并时可能经历了怎样的归并过程，然后再看卷舌儿化式读音是怎样从边音韵尾式读音过渡到卷舌儿化式读音，之后又可能经历了怎样的归并过程。

1. 边音韵尾式读音儿化韵归并的过程

在尚有边音类韵值存留在儿化韵的县市中，全部韵母都为边音韵尾式读音的有柏乡、临漳、涉县、武安。我们将4个县市儿化韵归并后的具体音值情况用表格的形式列出，然后分析其归并的过程，见表3－4。

表3-4　　　全部韵母儿化韵为边音韵尾式读音的归并情况

音值	韵母											
	u	au	əu	ɿ组	o组	e组	ei组	en组	əŋ组	a组	ai组	an组	aŋ组
uɭ	□◆ △												
oɭ		◆△ ◇			□◆								
ɤɭ					◇	□◇							
əɭ	◇				□◆ △◇		△◆◇	△◆◇	◆◇				
aɭ										□◆◇			◇
ɛɭ					△	◆△			△	□◆ △◇	□◆ △◇		
əɭ								□	□				
ãɭ													□
auɭ		□											
əuɭ				□◆ △◇									
eiɭ							□						
ɑɭ													◆

注：表中"□"代表柏乡方言的情况，"△"代表临漳方言的情况，"◆"代表涉县方言的情况，"◇"代表武安方言的情况。

由表3-4可知，柏乡方言的儿化韵有9组音值情况，其中an组和ai组合并成了一组，en组和əŋ组并成了一组，其他各组的儿化韵音值没有归并的情况。涉县方言的儿化韵有6组音值情况，其中e组、an

第三章　河北方言中"X-儿"形式音变的过程及发生机制

组和 ai 组合并成了一组，en 组、ei 组、ʅ 组和 əŋ 组并成了一组，o 组和 au 组合并成了一组，其他的各组没有合并的情况。临漳方言有 4 组儿化韵音值情况，其中 en 组、ei 组、ʅ 组并成了一组，e 组、o 组、an 组和 ai 组合并成了一组。武安方言有 6 组儿化韵音值情况，其中 e、o 组合并成了一组，en 组、ei 组、ʅ 组和 əŋ 组合并成了一组，an 组和 ai 组合并成了一组，a 组和 aŋ 组合并成了一组。由此我们可知，an 组和 ai 组合并、en 组和 əŋ 组合并是比较常见的；然后有 en 组、ei 组、ʅ 组和 əŋ 组合并，e 组、an 组和 ai 组合并；接下来是 e 组、o 组、an 组和 ai 组合并。

如果我们把 an 组和 ai 组的合并看成 A 组，过程如下：第一个过程是 A→A + e 组（A + 组）→A + 组 + o 组（A + + 组）。第二个过程是 A→A、o 组 + e 组（C 组）→A + C。第一个过程，显然从柏乡到涉县再到临漳方言遵循的是这个过程。第二个过程，我们还可以从部分韵母是卷舌儿化式读音，部分韵母是边音韵尾式读音的方言得到验证，如武安方言，an 组和 ai 组合并成了一组儿化韵，e 组和 o 组合并成了一组儿化韵，这两组读音不相混，大多数的方言是 e 组、o 组、an 组和 ai 组合并成了一组，所以我们说这四组儿化韵的合并途径可能有如上两种路径。

如果我们将 en 组、ei 组、ʅ 组和 əŋ 组的合并看成 B + + 组，这个 B + + 组是怎么来的？一种是从 en 组、ei 组合并成 B 组→B + ʅ 组（B + 组）→B + 组 + əŋ 组（B + + 组），这个路径从元氏、内丘、临漳方言可以得到验证。如果我们结合其他还部分存留边音韵尾式儿化韵的方言，还可能有另外一种发展路径是 en 组和 əŋ 组并成了 B 组、B + ʅ 组（B + 组）→B + 组 + ei 组（B + + 组），这个发展路径可以在柏乡和肥乡方言得到验证。从南和、武安、涉县、井陉、邢台县的方言看，这几组韵母的儿化韵都合并成了 B + + 组，具体是哪种发展路径，由于材料的限制我们不得而知。

· 195 ·

2. 卷舌儿化式读音儿化韵归并的过程

在边音"X-儿"形式读音系统中,读卷舌儿化式儿化韵的县市,最多的县市有9组音值,如南宫方言;最少的仅有4组音值,如磁县方言。

我们通过对各方言的综合分析①,可能为儿化韵的归并拟测出一个大致发展过程,这个过程与前文卷舌系统儿化韵归并过程是一致的,此处不予赘述。这个过程如下:A组、B组→A+组、B组、C组→A+组、B组→A+组、C+组、Y组(B组+C组)。

(三)平舌元音"X-儿"形式读音系统中儿化韵的归并过程

在平舌元音韵尾式读音的8个县市,一方面由于涉及的县市总数就少,另一方面由于许多韵母还处于独立音尾式和拼合式读音阶段,还没有产生儿化韵,所以它们的儿化韵归并情况非常简单。在已经产生儿化韵的卢龙、涞源、丰宁、青龙、抚宁几个县市,其中儿化韵的归并主要有两组,ai组和an组韵母产生归并,ei组和en组产生归并,这应当是最早期的归并形式,其他韵母还没有归并,所以也谈不上过程先后。

在平舌元音"X-儿"形式读音系统中,读卷舌式读音的县市只有两个:昌黎和秦皇岛。这两个县市的方言全部韵母都是卷舌儿化式读音,从儿化韵的归并来看,也主要是ɿ组、ei组和en组儿化韵产生归并,这是两个县市方言都有的现象。只有秦皇岛方言ai组和an组韵母产生归并,昌黎方言与此不同。昌黎方言是ai组和aŋ组有归并,an组和e组有归并,ai组和an组韵母没有归并。而秦皇岛方言还有o组、e组和əŋ组韵母儿化韵的归并。因为这些归并都涉及的方言太少,所以我们不能判定是特例,还是共性规律。

---

① 具体的分析过程,参见李巧兰《河北方言儿化变音的历史层次及演变模式研究》,待出版书稿。

·196·

综上所述，平舌元音"X-儿"形式读音系统中，由于上述原因，我们还不能像卷舌儿化系统和边音儿化系统那样为其儿化韵的归并理出一个过程。

四 从单纯变韵到声韵双变的演变过程

在河北方言中，无论是边音"X-儿"形式读音系统，还是卷舌"X-儿"形式读音系统，都有一种值得我们关注的现象：韵母卷舌化的同时，还出现了声母或介音后增音的现象，甚至出现了声母和韵母同时发生变化的现象。这种现象在我们不考虑具体方言以及"儿"的具体音值的情况下，似乎是一种儿化增音现象，如果我们将其放在"X-儿"形式的系统中去考察，会发现其实它是"X-儿"形式发展的一个必然阶段。

这种种变化，其实都是儿音特征不断前移而引发前字音节各位置上的种种变化，在河北方言中主要有三种情况：第一，单纯变韵式音变；第二，变韵的同时，部分音节出现增音性变化——伴有增音的儿化韵；第三，变韵的同时，部分音节声母发生变化——声韵双变现象。其实这三种情况，正好反映的是儿音特征在前移过程中影响前一音节的变化过程，单纯变韵式音变，是儿音失去独立音节地位与前音节合音时而产生的一种变化，是"X-儿"形式的初级阶段，在这个阶段不仅有儿化韵的产生，由于儿音特征的影响，韵母的主元音也会发生相应的变化，所以不同的儿化韵逐渐产生归并。随着儿音特征的进一步前移，它会影响到前一音节的声母，但是由于韵母介音的有无和不同，就会出现不同的变化结果。有介音的音节会对儿音特征起到一个阻隔作用，同时又由于介音的发音特征与儿音特征的相容或不相容，从而使其在音节中的表现不一样。有的音节可能会由于介音的阻隔作用，从而使得儿音特征在音节的介音部分留下印迹，如在介音后产生增音现象，形成于类似双音节的读音形式；也有的音节，会穿越介音，在声母后出现增音现象。儿音特征再进一步对声母产生影响，就可能导致变声现象，即声韵双变现象。所以儿音对前面音节的影响，是一个长期发展、逐渐深化的过程，如果一个"X–儿"形式读音系统形成的时间越早，发展的时间越长，形成的音变就会越复杂。由此来看，河北方言中的卷舌"X–儿"形式读音系统和边音"X–儿"形式读音系统都是一个经历了长期发展过程的"X–儿"形式读音系统，所以它的音变非常复杂，而平舌元音"X–儿"形式读音系统较前两者时间短，所以音变情况就相对较简单。

　　正是由于"X–儿"形式经历了一个由单纯变韵到声韵双变的演变过程，又由于"儿"音在不同的"X–儿"形式读音系统中的具体音值不同，所以在不同系统中看似相同的儿化读音形式，它所处的发展阶段不一定相同。比如都是单纯变韵型的卷舌儿化式读音，如果在卷舌"X–儿"形式读音系统中，它是处在两个音节合成一个音节的初级阶段；如果在边音"X–儿"形式读音系统中，它是处于两个音节合成一个音节的后期发展阶段，也就是比单纯变韵的儿化音阶段有了进一步的发展之后的一个阶段。我们来具体分析单纯变韵到声韵双变的演变过程，由于平舌元音"X–儿"形式读音系统，只发展到了变韵的初期阶段，还没有伴随增音的儿化韵或声韵双变的形式，所以这个问题的讨论仅限于卷舌"X–儿"形式读音系统和边音"X–儿"形式读音系统。

（一）卷舌"X–儿"形式读音系统中变韵到声韵双变的发展过程

　　在卷舌"X–儿"形式读音系统中，出现所谓"增音"或"变声"现象的县市有献县、盐山、海兴、黄骅、沧州、沧县、平山、沙河、正定。在这些县市方言的"X–儿"形式中，又分成两种情况，

第三章 河北方言中"X-儿"形式音变的过程及发生机制

一种是伴随有增音的儿化韵,即韵母产生卷舌化的同时,还在介音后或声母后增加一个闪音或颤音的现象①;另一种是发生声韵双变的现象,即韵母发生卷舌化的同时,声母同时发生变化,或变为另外一个不同音值的声母,或在发声母时卷舌,形成一个所谓的双焦点音。

1. 伴随增音的儿化韵

在卷舌"X-儿"形式读音系统中,伴随增音的儿化韵的方言涉及正定、黄骅、沧州、沧县、献县、盐山、沙河。这些县市从增音的音值上看只有一种情况,全部为舌尖"闪音",而且大部分县市是舌尖前闪音,只有沙河方言为舌尖后闪音。音节中增音的位置,依介音和声母的不同分为两种情况,当介音为前、高元音 i、y 时,在介音后出现增音;当介音为 u 或无介音时,则在声母后增音。而且音节儿化时增不增音不仅和介音有关系,而且和声母也有关系,有的县市增音的音节较多,有的县市增音的音节较少。我们将有增音的九个县市的情况进行归纳并列表,具体情况见表 3-5。

表 3-5　卷舌"X-儿"形式读音系统中的增音和变声情况

音节		正定	黄骅	沧州	沧县	献县	盐山	沙河	海兴	平山
零声母	没有介音的韵母									
	有 i 介音韵母②	+③					+	+		
	有 u 介音的韵母									
	有 y 介音的韵母	+					+			

---

① 在不同的音节中,有的为闪音,有的为颤音,两者的区别是舌尖与口腔上部接触一次或多次。为了叙述简便我们下文统称"闪音",不做具体区分。

② 表中所列有 i 介音的韵母中包含单韵母 i,有 u 介音的韵母中包含 u 韵母,有 y 介音的韵母中包括单元音韵母 y。

③ 表中"+"表示有增音现象,"▲"表示声母由单辅音变成复合辅音;"●"表示声母变舌叶音。

续表

音节		正定	黄骅	沧州	沧县	献县	盐山	沙河	海兴	平山
唇音	没有介音的韵母	▲				▲	+		▲	▲
	有 i 介音的韵母	+								
	有 u 介音的韵母									
舌尖前音	没有介音的韵母	+	+	+	+	+				
	有 u 介音的韵母		+	+		+				
舌尖中音	没有介音的韵母		+	+	+	+	+	+		
	有 i 介音的韵母						+	+		
	有 u 介音的韵母		+	+	+		+	+	▲	
舌尖后音	没有介音的韵母								●	●
	有 u 介音的韵母								●	●
舌根音	没有介音的韵母	▲				▲				▲
	有 u 介音的韵母									
舌面音	有 i 介音的韵母					+	+	+		
	有 y 介音的韵母					+	+			

通过表3-5我们可知，伴有增音的"X-儿"形式主要集中在舌尖前音声母ts、ts'、s和舌尖中音声母t、t'、n、l的音节，其次是舌面音声母tɕ、tɕ'、ɕ和零声母；而声韵双变的情况，主要集中在唇音声母p、p'、m和舌尖后音声母tʂ、tʂ'、ʂ的音节，以及舌根音声母k、k'、x的音节。而在声母相同的情况下，有无增音和变声情况，又

· 200 ·

和介音有关，如在舌根音声母 k、k'、x 的音节在与没有介音的韵母拼合的音节有变声现象，与有介音的韵母形成的音节既无变声也无增音；再如零声母音节，没有介音的韵母和有 u 介音的韵母（含 u 韵母）没有增音或变声现象，而在有 i 介音的韵母（含 i 韵母）和有 y 介音的韵母（含 y 韵母）的音节则有增音现象。同时我们从河北方言"X－儿"形式的读音情况可以了解到，增音的位置也和介音有关，当介音是 i 或 y 时，增音在介音后；当介音为 u 或没有介音时，增音的位置在声母后。

2. 单纯儿化韵向伴随增音或声韵双变的演变条件和过程分析

在河北方言卷舌"X－儿"形式读音系统中，增音和变声现象的条件一方面和声母有关，另一方面也和介音有关。因为儿音是一个卷舌音，它具有舌尖 [－前] 的特征，与前高元音介音 i、y 舌体 [－后] 同时舌尖参与的语音特征相矛盾，所以受到其阻隔，落脚于其后，形成增音现象。当介音为后高元音 u 时，由于它具有舌体 [＋后] 的语音特征，与卷舌音舌尖 [－前] 没有矛盾，所以能够顺利穿过介音直达声母部位。同理，如果没有介音，儿音特征也会直达声母部位，如果声母的发音特征与之相矛盾，就会在声母后产生增音。正如我们所看到的，在没有介音的韵母和有 u 介音的韵母（含 u 韵母）的音节，有没有增音又和声母有关，如果声母是舌尖前和舌尖中音，即有舌尖 [＋前] 特征的，就会产生增音；如果声母是舌尖后音舌尖 [－前]，它与儿音的特征一致，就不产生增音，但在部分方言，声母和儿音两个特征叠加，导致声母发生变化，由 tʂ、tʂ'、ʂ 变为 tʃ、tʃ'、ʃ；如果声母是唇音，因为它的发音部位是唇，与舌尖 [－前] 可并存，所以导致在发声母的同时舌尖上翘，形成一个复合辅音。

如果声母是舌根音，它的 [＋后] 特征与卷舌音也不矛盾，于是产生叠加，在发舌根音时同时卷舌。所以在河北方言卷舌"X－儿"

形式读音系统中，产生不产生增音，什么条件下产生增音，声母变不变，都还是受"可共存发音的同时性"原则的制约，只不过是"儿"音特征继续前移至了介音位置产生的结果，其中介音的语音特征先起作用，决定了增音产生的位置，其次是声母的语音特征发生作用，决定了在声母后是产生增音还是声母发生改变。无论是伴随增音的儿化读音，还是声韵双变的儿化读音，都是"X–儿"形式从单纯变韵式读音进一步发展的结果。

(二) 边音"X–儿"形式读音系统中从单纯变韵到声韵双变的发展过程

在边音"X–儿"形式读音系统中，出现所谓"增音"或"变声"现象的县市有井陉、新河、冀州、巨鹿、元氏、鸡泽、曲周、内丘、磁县、枣强、平乡、肃宁、赞皇、深州、临城、柏乡、衡水、南宫、邢台市、馆陶、邱县、威县、肥乡、涉县、邯山区（原邯郸县）、武邑共26个县市。从涉及方言的数量上看，边音"X–儿"形式读音系统中有增音和变声的方言远远多于卷舌"X–儿"形式读音系统。从具体的读音情况看，它也分成伴随增音的儿化韵和声韵双变的"X–儿"形式两种情况，但伴有增音的儿化韵，增音的音值较卷舌"X–儿"形式读音系统复杂，有的方言增加的是"闪音"，有的增加的是边音。而增加闪音的又分舌尖前闪音 ɾ 和舌尖后闪音 ɽ。

在边音"X–儿"形式读音系统中，声韵双变的情况也较复杂，第一种情况是所有音节没有增音现象只有部分音节有变声现象；第二种情况是有的音节有增音现象，另外的音节有变声现象；第三种情况是同一音节既有增音又有变声现象。

综上所述，我们将边音"X–儿"形式读音系统中增音和变声情况进行整理并列表，见表3–6。

第三章 河北方言中"X-儿"形式音变的过程及发生机制

表3-6 边音"X-儿"形式读音系统中的增音和变声情况

音节		柏乡①	新河	衡水	冀州	枣强	南宫	巨鹿	平乡	邯山区（原邯郸县）	馆陶	邱县	威县	肃宁
零声母	开													
	齐						+	+		+	+	+		
	合													
	撮						+	+					+	
唇音	开	▲	▲		▲		▲	▲	▲				▲	▲
	齐	+②			+	+					+	+	+	
	合		▲											
舌尖前	开	+			+	+	+	+			+	+	+	+
	合					+	+	+			+	+	+	+
舌尖中	开	+		+	+	+	+	+	+		+	+	+	+
	齐	+			+								+	
	合	+	+				+	+	+					
舌尖后	开		●	●				●			+	+		
	合		●	●				●			+	+		
舌根	开	▲	▲		▲	▲	▲	▲	▲				▲	
	合		▲		▲									
舌面	齐							+	+		+	+	+	+
	撮							+				+		
边音					◆			◆						◆

① 表中柏乡方言是指的青年人的读音情况。
② 表中"+"表示有增音现象，"▲"表示声母由单辅音变成复合辅音，"●"表示声母变舌叶音，"◆"表示边音声母l变ɭ，"★"表示声母变成舌面中或舌根塞音、擦音，"■"表示边音声母变 z̩。

续表

音节		临城	武邑	涉县	磁县	元氏	曲周	赞皇	内丘	鸡泽	深州	肥乡	邢台市
零声母	开												
	齐		+	+			+	+					
	合												
	撮		+										
唇音	开			▲	▲		▲	+	▲	▲	▲	▲	▲
	齐		+	+				+					
	合							+					▲
舌尖前	开		+	+	+		+	+					
	合		+		+			+					
舌尖中	开	+	+	+	+			+					
	齐		+	+	+		+	+					
	合		+		+			+					
舌尖后	开				●	+★	●	+	●	●			
	合				●	+★	+●	+	●	●			
舌根	开				▲		▲	+	▲	▲	▲		▲
	合							+					▲
舌面	齐		+	+	+		+	+					
	撮		+	+			+						
边音						■+		◆		◆			

由表3-6我们可知，增音的音节主要集中在舌尖前音声母 ts、ts'、s 和舌尖中音声母 t、t'、n、l 与没有介音的韵母组成的音节；而声韵双变的音节，主要集中在唇音 p、p'、m 与没有介音的韵母拼合的音节，

· 204 ·

舌根音 k、k'、x 与没有介音的韵母组成的音节，以及舌尖后音声母 tʂ、tʂ'、ʂ的音节。在大部分县市，增音现象和声韵双变现象是同时存在的，甚至有的方言，这两种现象还共存于一个音节。在增音和变声现象共存的方言，有增音的音节基本上集中在舌尖前音 ts、ts'、s，舌尖中音 t、t'、n、l，舌面音 tɕ、tɕ'、ɕ 和零声母音节；变声则集中在舌尖后音 tʂ、tʂ'、ʂ、ʐ，边音 l 和唇音声母 p、p'、m 音节。

(三) 伴随增音的儿化韵向声韵双变的演变条件和过程分析

在边音"X－儿"形式读音系统中，伴有增音现象的儿化韵，增加的音可以是舌尖"闪音"，也可以是边音，这两种情况反映的是"X－儿"形式发展的不同阶段。增加边音的方言应该反映的是更接近初始阶段的情况，增加闪音应当是增加边音后，进一步发展的结果。因为伴随增音的方言，韵母为卷舌儿化式读音的都增加的是闪音，而在尚存边音韵尾式读音的元氏，增加的是边音。从前文中我们对边音韵尾式读音和卷舌儿化式读音先后次序的论述，我们知道，尚存边音韵尾式读音的县市发展阶段为初期阶段。尤其是元氏方言的具体情况，更加证实了我们的推论，因为在元氏方言中，还有一些韵母为边音韵尾式读音，但当这些韵母与舌尖后音拼合时，在舌尖后音后增加卷舌边音，韵母变成卷舌式儿化音，这充分证明了元氏方言尚处于由"儿"音影响韵尾到向介音前移的发展初期阶段。

有增音现象的音节，无论其增音值是闪音还是边音，它的儿化韵都是卷舌儿化式读音，即使其在没有增音的音节，儿化韵为边音韵尾式读音的，如元氏方言，一旦产生增音，它便会变成卷舌儿化式读音。这说明元氏方言是我们观察边音系统中儿化韵形成时，儿音影响前音节的韵尾形成单纯边音韵尾式儿化韵，之后儿音特征前移到介音后的变化的一个绝好材料。同时，赞皇方言和曲周方言，在介音或声母后的增音也是边音，这同样是边音"儿"音前移至介音时的初期阶段的情况，这两个方言应该是比元氏方言更向前发展了一步的情况。因为赞皇和曲周这两个方言，所有音节都没有了边音韵尾式儿化韵，元氏方言则还在部分音节中存有边音韵尾式儿化韵的读音。

我们通过元氏方言可知，只在舌尖后音声母 tʂ、tʂ'、ʂ 的音节，增音和声韵双变同时存在，尤其值得我们注意的是，i、u、y、ei 组、ən 组、əŋ 组、əu 组韵母的儿化韵，当其不与舌尖后音声母 tʂ、tʂ'、ʂ 和边音声母 l 相拼时，都为边音韵尾式儿化韵；当其与舌尖后音声母 tʂ、tʂ'、ʂ 和边音声母 l 相拼时，一律改读卷舌儿化式读音，而且伴随声母后增加边音和声母发生变化的情况。其他音节中读卷舌儿化式变韵的其他韵母，一旦与舌尖后音声母 tʂ、tʂ'、ʂ 与和边音声母 l 相拼，都和边音韵尾式儿化韵有相同的表现。简言之，无论在其他音节中读边音韵尾式儿化韵，还是读卷舌儿化式儿化韵，与 tʂ、tʂ'、ʂ 和边音声母 l 相拼时，一律读卷舌儿化式变韵，同时声母后增加边音和声母发生变化。这说明了一个什么问题呢？边音类儿音在前移至介音部分时，是从舌尖后音声母和边音声母开始的，随着边音类儿音特征的前移，它在韵尾处只保留了卷舌特征而失去了边音的语音特征。为什么边音类儿音前移时，是从舌尖后声母和边音声母的音节开始呢？这从音理上很容易解释，因为边音韵尾 ɭ 是与 tʂ、tʂ'、ʂ 同部位的卷舌浊边音，当其形成 tʂəɭ 这样的音节时，我们可以看到音节的首尾都是同部位的音，发音时较费力，所以就会产生变化。边音声母的音节，与此音理相同，音节首尾是两个边音，而且发音部位还略有差异，发音时也较费力，所以也会产生变化。我们可以看到在其他的许多县市，这两组音都产生了音值变化。这两组声母没有产生变化，韵母已经变成卷舌儿化式读音的那些方言，可能情况与元氏不同。我们知道，儿化韵从边音韵尾式读音变成卷舌儿化式读音，在不同的方言可能有不同的发展路径，有的方言有可能边音韵尾直接变卷舌韵尾，而没有在边音韵尾阶段进一步前移。

第三章 河北方言中"X-儿"形式音变的过程及发生机制

从元氏方言的情况来看，我们知道边音儿音从韵尾前移至介音时，是先从舌尖后声母 tʂ、tʂʻ、ʂ 和边音声母 l 开始的。然后就有可能波及其他声母，正如赞皇方言的情况，赞皇方言除了舌尖后音声 tʂ、tʂʻ、ʂ 和边音声母 l 外，唇音声母 p、pʻ、m，舌尖前音声母 ts、tsʻ、s，舌尖中音声母 t、tʻ、n、l，舌根音声母 k、kʻ、x，舌面音声母 tɕ、tɕʻ、ɕ，音节都发生了一定变化；零声母有 i 介音的韵母（含 i 韵母）音节也产生了变化，这些声母的音节基本上都产生了增音，增加了一个边音。增音的位置有两种情况，当介音为 i、y 时增音位于其后；当介音为 u 或无介音的音节，增音位于声母后，也就是说介音的有无和具体读音决定了增音的位置，这和前面我们分析卷舌"X-儿"形式读音系统增音的情况相同，其实这种现象同样是由"发音的同时性"原则造成的。在介音为 i、y 的音节，因为前高元音 i、y 舌体 [-后] 同时舌尖参与的语音特征，与儿音舌尖 [-前] [+边音] 的语音特征相矛盾，所以受到其阻隔，落脚于其后，形成增音现象。因为没有介音的韵母和 u 介音舌体 [+后] 与儿音特征不矛盾，所以儿音直达声母后。在赞皇方言中，边音声母音节，声母 l 变成了 ḷ，这应该是元氏方言中 zḷ 进一步演变的结果。因为赞皇方言中，绝大多数的声母都有增音的现象，我们无法预测从舌尖后音和边音声母开始，是怎么样逐渐扩展到每一个声母的，但是我们可以从曲周方言的情况窥见一斑。

在曲周方言中，除了舌尖后音声母 tʂ、tʂʻ、ʂ 外，在舌尖前音 ts、tsʻ、s 和舌尖中音声母 t、tʻ、n、l 后增加边音，唇音 p、pʻ、m 和舌根音 k、kʻ、x 后没有增音，而是发声母的时候，舌尖同时卷起，使其变成了复合辅音。零声母有 i 介音的韵母（含 i 韵母）音节在介音后也增加了边音，所有韵母都是卷舌儿化式读音。从具体音节的拼合情况，我们做如下猜测，有 i 介音的韵母（含 i 韵母）音节最易产生增音。没有介音的韵母和有 u 介音的韵母（含 u 韵母）与舌尖前音 ts、tsʻ、s，舌根音 k、kʻ、x 拼合的音节，其中没有介音的韵母音节容易产生变化；

· 207 ·

唇音声母 p、p'、m 也是与没有介音的韵母组成的音节容易发生变化。按照我们前面的分析，应该是在没有介音的韵母和有 u 介音的韵母（含 u 韵母）的音节有相同的情况，之所以形成这种情况，我们认为可能和介音 u 的语音特征有关。因为 u 舌体［＋后］特征虽然和儿音的舌尖［－前］特征不矛盾，但是儿还有一个［＋边音］的特征，这和 u 又不同，也就是说 u 介音与儿音部分特征相容，部分特征不相容，所以只能是导致儿音的部分特征可以前移至声母，那就是卷舌特征，所以在有 u 介音的韵母（含 u 韵母）的音节，声母后的增音为闪音的情况为常见情况，这也和方言事实相符。这些产生增音的声母，舌尖前音和舌尖中音都有舌尖［＋前］［－边音］特征，这和儿音舌尖［－前］［＋边音］完全矛盾，舌根音舌体［＋后］［－边］，唇音［＋唇］、［－边音］都和儿音的特征相矛盾，所以儿音前移到声母位置，不能融合为一音，只能是保留各自的特征而形成增音。在曲周方言中唇音声母 p、p'、m 和舌根音声母 k、k'、x 后不是增音，而是发声母的同时，舌尖卷起，这只是反映了儿音的部分特征，这种情况应该是像赞皇方言那样，唇音声母 p、p'、m 和舌根音声母 k、k'、x 后增加边音，之后读音进一步发展的结果。和元氏方言相比，曲周方言里舌尖后音声母 tʂ、tʂ'、ʂ 与有 u 介音的韵母（含 u 韵母）组成的音节是既变声又增音；而与没有介音的韵母形成的音节没有增音，只有变音，可以看成儿音特征衰减的结果，一般来说产生增音早的音节，进一步产生变化也应该较早。所以据此我们可以说边音儿音前移至介音位置，是从舌尖后音声母 tʂ、tʂ'、ʂ 和边音开始的，继而是唇音声母和舌根音声母 k、k'、x，然后是 ts、ts'、s 和舌尖中音声母 t、t'、n、l，以及舌面音声母 tɕ、tɕ'、ɕ 和零声母。如果这个推论成立，那么在增加闪音和变声共存的方言中，产生声韵双变的应该是舌尖后音声母 tʂ、tʂ'、ʂ，边音声母 l，唇音声母 p、p'、m 和舌根音声母 k、k'、x；产生增音的应该是舌尖前音声母 ts、ts'、s，舌尖中音声母 t、t'、n、l，舌面音声

· 208 ·

母 tɕ、tɕ'、ɕ 和零声母。这正好和方言事实相吻合，和我们依据方言事实做的边音"X–儿"形式读音系统增音和变声情况表 3–6 中的数据相吻合，说明我们这个推论是正确的。

另外，我们与卷舌"X–儿"形式读音系统相比，边音"X–儿"形式读音系统中增音和变声的情况更加复杂，一方面说明边音"X–儿"形式读音系统发展的时间长，变化情况当然就更复杂；另一方面说明读音的情况复杂也和"儿"本身的音值较复杂有关。作为一个卷舌边音，它除了卷舌音的特征外，还有边音的语音特征，也就是说影响前行音节的儿音为一个具有舌尖［-前］［-塞、-擦］语音特征的音。它的增音过程经历了前后两个阶段：第一个阶段是增加边音，正如元氏、曲周和赞皇方言所反映的那样；第二个阶段是增音后的边音特征衰减，只留下了卷舌特征，就成了增加闪音的情况，正如表 3–6 除元氏等 3 个县市外，其他 22 县市方言的读音情况那样。

第二节　河北方言中"X–儿"形式音变的发生机制

一　"X–儿"三大读音系统都是声韵互动互协的合音过程

从我们对"X–儿"形式语音演变过程的分析，我们可知，无论是卷舌儿化音变系统，还是平舌儿化音变系统或边音儿化音变系统，虽然与前行音节合音的"儿"的音值不同，但是它们的演变过程，都经历了由两个音节合二为一。首先是一个特殊的音节，后来变成一个正常音节的过程，这个过程基本上是一致的，只是在具体的系统中，音节演变的先后次序有差异，但是这种差异也是有规律可循的。

前面我们对儿化形成动因的分析，证明了"X–儿"形式从两个音节合为一个音节的语音变化，是在语法化作用下的语义虚化在语音层面的体现，这个过程体现了语音与语义以及语法功能的互动发展。当儿化词的语音形式由两个音节或者说由一个半音节变成了一个音节的时候，接下来它语音的变化，怎么变，向什么方向变，制约它的条件就成了语音的内部条件。在这一变化过程中，"语音的同时性原则"起着非常重要的作用，在具体的语音系统中，由于"儿"的音值不同，当两个音节形成合音，或变韵、变声时，基于合音后缀的不同，加上变韵特征的复杂性，还有地区和发音人的发音差异等语音条件的不同，所以就会有差异，最后形成各个韵母或音节在发展过程中的演变次序在不同系统中不同。

我们在讨论儿化音变的微观形成机制之前，首先有两个关键问题需要解决：一个是与前行音节合音时，"儿"的语音是什么，是否影响"X-儿"语音的音变结果；另一个是"儿"的读音在合音的过程中，仅仅是影响前行音节的韵母，还是会同时影响到声母和韵母每个部分。

关于第一个问题，大家比较一致的看法是，儿缀的语音一定会影响到"X-儿"的读音，但是关于与前行音节合音的"儿"的语音形式是什么的问题，尤其是在读卷舌儿音的方言，即河北方言中卷舌儿化音变系统中，到底与前行音节合音的"儿"音是什么形式？前人对北京话中"儿"的音值还存在很大分歧，主要有三种观点。第一种认为与前行音节合音的是一个卷舌动作或卷舌特征，代表人物是李立成、王立和端木三；第二种认为是近音 ɻ，代表人物是彭攻关；第三种认为是卷舌元音 [ər]，代表人物是赵元任。如果仅就北京话而言，各家的观点各有自己的合理性，但是我们将其放在更大的范围来看，尤其用河北方言一百五十多个县市的儿化音变情况来看，我们更倾向于北京话中与前行音节合音的是卷舌元音 [ər]，因为取此音值，合音后产生的种种音变更易于进行音理上的解释。

关于第二个问题，很多学者从北京话的儿化音变出发，认为儿音对前行音节进行影响时,它影响到的仅仅是前行音节的韵母,使其变成卷舌儿化韵。但是具体到发音时,这个"儿"音的卷舌特征什么时候开始发生影响,不同的人有不同的看法。李立成认为:"卷舌动作有一个过程,一般从一个音节的韵头开始,舌头逐渐卷起,经过韵腹,到音节末尾完成整个卷舌动作。"① 林焘、王理嘉、贺宁基等先生也持相同看法,并通过语音实验的手段加以证实,卷舌动作是伴随整个韵母的发音。张雪涛先生持有不同观点,他认为:"儿化卷舌主要是韵腹和韵尾,而与韵头无关,所以要保留原来的韵头;只有[i、y]儿化时特殊,增加一个韵腹[ə],[i、y]实际上变成了韵头。"② 总之,许多学者认为"儿"音影响的是前行音节的韵母部分,但是也有少数先生通过实验证实,儿化影响的似乎不仅仅是前行音节的韵母,有时对声母也有一定影响。如吴宗济、林茂灿先生③发现,有些儿化韵,如"鼓儿",卷舌一开始就出现,即在声母[k]爆破的同时舌尖也完成了卷舌动程,但是同时又认为这种现象不具有普遍性。无论持哪种观点的学者,大家有一个共识性的观点,即普遍倾向于儿化是有一定动程的"卷舌动作"。目前这种有一定动程的"卷舌动作"的观点在国内已经被学术界认同,但是卷舌动作从什么地方开始,从韵头?从韵腹?还是从声母?大家还是有分歧的。从河北"X-儿"形式的读音来看,我们可以看到它不仅有变韵,还有介音后或者声母后增音的现象,也有声韵双变的现象,这多种多样的儿化读音,让我们有理由认为在"儿"音特征影响前行音节的过程中,不仅是介音(韵头)受到影响,甚至声母也不能排除在儿化过程之外。我们通过大量的方言事实可知,在河北许多方言中,无论是在"X-儿"边音系统中,

---

① 李立成:《"儿化"性质新探》,《杭州大学学报》(哲学社会科学版) 1994年第3期。

② 张雪涛:《普通话"儿化"音变韵腹的趋变规律》,《淮北煤炭师范学院学报》(哲学社会科学版) 2003年第6期。

③ 吴宗济、林茂灿:《实验语音学概要》,高等教育出版社1989年版,第90页。

还是在卷舌音系中，在许多音节中 i 和 y 介音的后面会出现增音，这个增音的音值和"儿"音的部分特征相同，我们可以视为"儿"音的特征与介音双重作用的结果。还有一部分方言，在唇音 p、p'、m 和舌根音 k、k'、x 等声母的音节，在发声母的时候，舌尖同时卷起，使其声母变成了复合辅音，这充分说明卷舌后缀不仅影响了前行音节的韵母，甚至也影响了前行音节的声母，所以儿化中的卷舌动作有可能是从音节开头的辅音开始就存在影响的。之所以不同的方言，有的声母有变化，有的介音有增音，有的只表现为韵母的主要元音或韵尾有变化，这只能说明"X－儿"语音发展处于不同的发展阶段。

范俊军先生认为："汉语声韵发音的互动与互协是语音结构变化的根本动力，这种互动源于为实现语音心理目标而实施的对发音器官的调控……声韵互动互制，是汉语语音演变的根本动因。"[①] 在汉语音节结构中，一般一个正常的音节通常有两层五部分构成，一层是非音质音位层——声调；另一层是声母和韵母组成的音质音位层，这一层由声母、介音（韵头）、主元音（韵腹）和韵尾四个部分组成，其中声调统领着音质音位层，贯穿始终。在音质音位层中，声母是音节发音的起点，一般在这个阶段，发音器官开始运作，然后转换到介音部分的发音，发音器官的动作就要做出变化，从发辅音的状态向发元音状态调整，然后到主元音部分，表现为一个元音向另一个元音过渡，主元音的发音时长相对较长，紧接其后的是一个收尾元音或鼻辅音。每一部分在向另外部分过渡的时候，我们知道汉语的发音是一个平滑的气流不间断的连续过渡，中间不能有停顿，在这个过程中，介音和声母之音，介音和主元音间都要有较好的衔接，发音器官的状态，只能是各自尽量保持发音清晰的前提下，而做出一定的发音动作

[①] 范俊军：《论汉语语音的声韵互动》，《郑州大学学报》（哲学社会科学版）2006 年第 3 期。

的调整，使几个部分过渡能够协调自然，这是发音的一般原理。其中任何一个组成部分音质发生了变化，那么发音器官的调整状态就会不同，不同的发音器官状态不同，最终也会反作用于每个音质上，导致它最后也要发生变化。用一个儿化音节读音来看，"儿"影响前附音节，最初阶段是在韵尾上有体现，变化后的韵尾在发音时，就会要求前面的主元音与之协调的状态发生变化，发音状态一变，最后导致主元音受到影响，再进一步，同理会影响到介音，再影响到声母，当然这个过程有可能是一步一步来的，也有可能是跨越式变化的。从听感上，我们一般将一个音节结构分成声母和韵母两大部分，所以我们最容易察觉到的是声母或韵母发生了变化，然后细分到韵母内部的变化（介音、主元音、韵尾）。最终的结果，正如我们看到的"X-儿"的读音情况一样，如果一个音节的韵母发生了变化（卷舌化），当然卷舌化首先发生在韵尾部分，出现韵尾音与"儿"的协调问题，每个韵母都对应一个儿化韵母，再一步就会影响到主元音，导致主元音变化后，发生儿化韵的合并情况，再接下来会出现介音后增音，声母后增音现象，然后作为音节的一个重要组成部分的声母，必然也会与之协调互动，发生相应的变化。这也正是我们将在下文具体来探讨的，儿化音节中声母与韵母部分的互动互协而发生种种变化的微观机制。

  从前面我们对儿化音变的动因的分析，可知儿化音变的动因是"儿"语义的虚化导致的语音上的连锁反应。"儿"语义的虚化导致读音轻声化，在发音省力规律的制约下，轻声化后的"儿"音与前行音节产生合音变化，但是合音的前提是"儿"所携带的语义信息不能被丢失，只能是儿音融入前行音节而且保留其特殊的语义特征，也就是说合音后的儿化音必须保留可被辨识的"儿"的语音特征。发音省力原则从发音的感知角度来看，就要求在保持感知区分度的基础上发音力量最小化，儿化音变从本质上看反映的是发音和感知的问题。曹剑芬先生认为,"人类的发音普遍具有向前看(Look Ahead)机制,这种自然机制导致邻近音段发音姿态之间相互交叠(Overlapping)的协同发音(Coarticulation)现象(Keating,1988)……根据言语产生的动作理论(Motor Theory)(Fowler et al.,1980),言语的产生具有提前规划(Preplanning)机制,它促使更大范围内音段的发音不得不做出适应性的调节"①,这些看法,对我们分析儿化音变的形成具有启发意义,同时又与发音音系学的音姿理论不谋而合。发音音系学(AP)是研究音段音姿间协同或同步关系的理论,发音音系学的音姿理论认为:"根据肌动理论,音姿是大脑中指挥发音器官运动的神经命令……大多数音段都对应多个音姿……AP中的音姿协调,本质上可以理解为省力的原则,不同语言的不同的音姿协调也是省力原则的一种体现。"② 鉴于此,我们将借助发音音系学的动态音姿模型,来对河北方言儿化音变的微观机制进行分析。

  动态音姿模型理论认为音姿是由 onset(起始)、target(目标)、release(除阻)、gestural plateau(音姿高台)、c-center(中点)、release-offset(偏移)等具有动态性的界标组成的。这些界标中,音姿高台对一个语音的感知起着关键作用。这些动态界标按照时间先后有一个连续性。在音节结构中,每一个音素都对应一个音姿,从而形成音姿的组合,音姿和音姿之间具有协调关系。从语言的实际看,一个音节内部存在 CV、VC、CC 等三种类型的音姿协调关系。音姿和音姿之所以要产生协调关系,原因在于人类语言的普遍原则——省力原则的制约,就是发音器官用最小的力量可以发出清晰可辨的音。马照谦先生认为"发音上的省力或偷懒,在音姿上的反映就是音姿一定要最大限度的重叠"③,当然音姿重叠的极

---

① 曹剑芬:《韵律结构与语音的变化》,《南京师范大学文学院学报》2011 年第 3 期。
② 马照谦:《汉语方言儿化韵的发音音系学分析》,博士学位论文,上海师范大学,2007 年。
③ 马照谦:《汉语方言儿化韵的发音音系学分析》,博士学位论文,上海师范大学,2007 年。

第三章 河北方言中"X-儿"形式音变的过程及发生机制

致就是有的音不发音,这个音被其他音吞没(音姿被屏蔽或删除),最理想的结果是剩下的一个音姿要最大限度地体现不同音的语音特征。Browman 和 Goldstein 认为"具有相同的积极的发音器官的音姿重叠(也就是相同辅音层面上的音姿)会产生音姿特征的融合"①。但是在语音实际中,有些音姿之间是没有办法自然重叠的,因为这些音属于赵元任先生所说的不具有"发音的同时性"的音,在这种情况下,马照谦先生认为:"形成一个音姿上的空隙,就可能产生音段复制或插入(多数为元音和近音的插入)。"② 音姿的重叠、屏蔽、添加等,有的是在一个语音音节结构内发生的,也有的是在跨音节间发生的,这些都会导致语音音变现象。

"X-儿"形式读音的形成,就是一个跨音节的音姿协调关系的结果。儿化韵的形成也主要表现为音姿在时间上的调配关系,从儿化音的形成来看,声母的音姿和儿化韵的音姿是否具有发音上的"可共存性",对儿化音的形成具有显著影响,其中儿音动程的起点,尤其是卷舌动作的起点,是非常关键的一个影响因素。儿化音变,不论前行音节的读音如何,也不管"儿"本身的音值如何,作为一种音变模型或音变机制,它应该有普遍适用性,也就是说在河北方言中,无论是边音儿化音变系统、卷舌儿化音变系统,还是平舌儿化音变系统,它们在发生音变时,应该遵循一种共同的音变模式或规律,这种抽象的音变机制对各个儿化音变系统都是适用的,那么有没有这样一种音变模型呢,各种不同的儿化读音是这个模型代入不同的"儿"音和前行音节读音的结果?答案是肯定的。

我们对河北方言中儿化的读音进行分析,尽管它存在三大平行的

---

① 马照谦:《汉语方言儿化韵的发音音系学分析》,博士学位论文,上海师范大学,2007年。
② 马照谦:《汉语方言儿化韵的发音音系学分析》,博士学位论文,上海师范大学,2007年。

读音系统，但是它们都有一个共同的音变过程，表现在"X-儿"的语音形式上，主要有三种类型的读音。第一种，"儿"独立成音尾，没有与前行音节发生融合；第二种，"儿"的主要特征影响到了前行音节的韵尾或主要元音，使其产生种种不同的变化，也就是我们所说的单纯变韵读音产生阶段；第三种，"儿"影响到前行音节的介音或声母，在儿化过程中声母也参与其中。严格来说，第一种情况，它还不能算是儿化音变，它反映的是作为两个不同音姿组合的"儿"音节与前行音节的读音情况，虽然这时候"儿"音节与前行音节并没有发生融合变化，但是不意味着它们的音姿没有任何关系。在河北方言中，这种类型的读音，在部分方言中"儿"与前行音节已经产生了跨音段的音姿协调关系，我们一并将其进行讨论。从动态音姿理论来看，儿化音变的形成本质上是"儿"后缀与前行音节的韵母音姿发生重叠，与声母产生音姿协调关系的结果。

儿音音姿对前面音节的韵母音姿的影响，是一个长期发展、逐渐深化的过程，如果一个儿化音变系统形成的时间越早，发展的时间越长，形成的音变就会越复杂。由此来看，我们就不难解释河北方言中的卷舌儿化音变系统和边音儿化音变系统，从读音类型上和音值上，都比平舌元音儿化音变系统要复杂得多。从"X-儿"读音的具体情况看，卷舌儿化音变系统和边音儿化音变系统，独立儿音尾、"儿"音融入前行音节的韵尾、前行音节的声母和韵母同时发生变化的几种类型读音情况都存在；平舌儿化音变系统则只有独立儿音尾、"儿"音融入前行音节的韵尾两种读音类型。这"三大系统"三种读音类型反映的是"儿"音姿与前行音节音姿重叠程度不同的结果。

作为独立儿音尾状态下的"X-儿"的读音，其本质是"儿"音节与前行音节处于两个不同的音姿组合，它们基本上处于一种没有音姿重叠或很少程度的音姿重叠的状态，如图3-1所示。

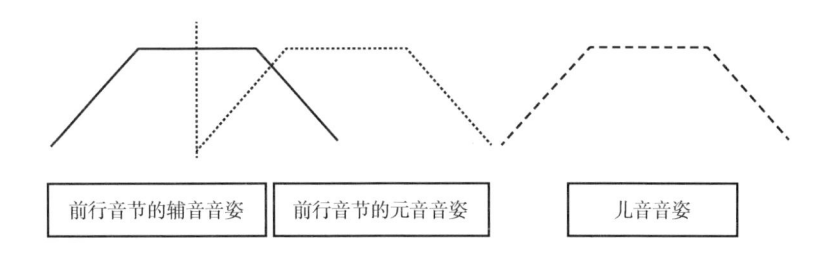

第三章　河北方言中"X-儿"形式音变的过程及发生机制

图3-1　独立音尾式儿化音形成机制

图3-1反映的是"儿"独立音尾式读音，如：字儿[tsʅ əɯ]，粒儿[li əɯ]；花儿[xua ər]，把儿[pa ər]；[xua əl]，坡儿[pɤ əl]。其中前行音节和"儿"音节处于两个不同的音姿组合内，互相之间没有音姿重叠关系。

在"儿"为独立儿音尾的读音中，有些方言中，儿音尾随前行音节结尾音素的不同，出现了儿音前增音的情况，如：豆儿[təu uəɯ]，杏儿[ɕiŋ ŋəɯ]，枝儿[tʂʅ zəɯ]；凳儿[təŋ ŋər]，油儿[iəu uər]。这种读音情况的形成，说明前行音节与"儿"音节有了一些重叠，即"儿"音姿的起始点（onset）处于前行音节的偏移（release-offset）之间，如图3-2所示。

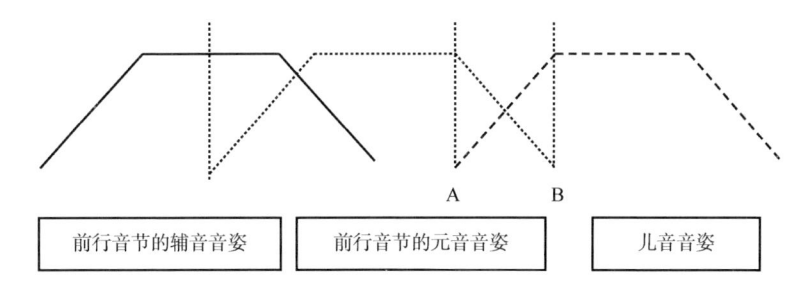

图3-2　独立儿尾前增音的形成机制

如图3-2所示，当儿音音姿的onset位于竖虚线A、B（不包括A、B）之间时，前行音节的韵尾和儿音音姿不同步，它们之间产生了发音上的停顿，这不是一种自然的发音状态，于是自然衍生出一个过渡音，即前行音节韵尾的拖长，从语音的感知上，可以感知到"儿"音节有一个增音成分，但前行音节与"儿"音节仍为两个音节，就产生了上面的读音情况。当"儿"音姿的 onset 越是接近虚线 A 时，由于语音的提前规划机制，不仅儿音产生了增音，同时前行音节的元音也可能受到"儿"音特征的影响，尤其是卷舌的元音"儿"易使前行音节带上卷舌色彩，所以还可能产生一种读音，如：豆儿［təur ər］，凳儿［tə̃r ər］。"儿"音姿在影响前行音节的同时，也受到了前行音节韵尾的影响，双重影响作用下就会形成以下读音：凳儿［tə̃r ŋər］，刀儿［taur uər］。这种音姿的协调关系，就是河北方言中独立儿音尾的四种读音形式形成的内在机制。

在河北方言三大儿化音变系统中，"X－儿"还有一种共有的读音类型，即拼合型读音，如：壳儿［kʻɤ ər］，炕儿［kʻaŋər］；把儿［paɯ］，字儿［tsɿɯ］；雪儿［ɕyɤːl̩］，树儿［ʂuːl̩］。这种读音的形成，是当前行音节元音音姿的 release 与"儿"音姿的 onset 同步时，前行音节的元音和儿音各自保持了自己的音姿高台，在感知上具有可识别性，于是就形成了拼合式的儿化读音，形成机制如图 3－3 所示。

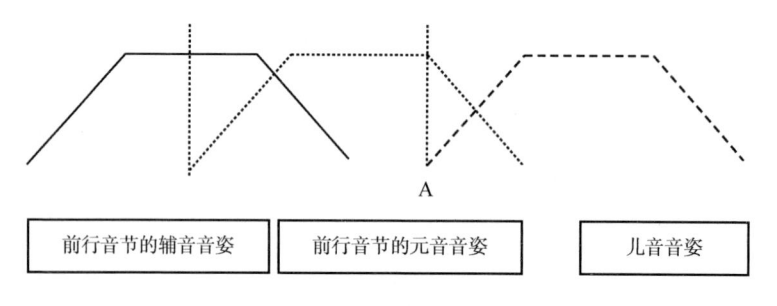

图 3－3　拼合型儿化音形成机制

由图 3－3 可知，"儿"的音姿高台与前行音节的元音音姿高台同步，但是又没有高台重叠，所以在儿化音的表层就会表现为一个音节有两个主元音的存在，当然这不是汉语中的正常音节，一般情况下一个正常音节只有一个主元音，所以在河北方言中这类"X－儿"读音比较少，而且表现为一个比正常音节的时长稍长的读音，听起来似乎有两个主元音，但又不是两个音节，因为它由一个声调统辖。

在河北方言三大儿化音变系统中，"三大系统"所共有的另外一种"X－儿"读音类型——化合式读音，则是儿音音姿与前行音节元音音姿产生了音姿重叠的结果，其中化合式读音内部种种不同的读音表现形式，则是音姿重叠的程度和实现形式不同导致的结果。由于发音的省力原则导致"儿"与前行音节合音，在动态音姿上则表现为音姿的重叠。音姿重叠后在语音表层的实现方式有三种：第一种，多余的音段插入（非重读的轻元音）；第二种，出现音姿屏蔽；第三种，辅音产生音姿特征的融合。在儿化音变产生时最终读什么音值，采用什么样的音姿重叠表层实现形式，这和"儿"本身的音值和前行音节的韵母和声母的音值有关。

在河北三大儿化音变系统中，化合式读音的差异最明显，读音形式也最复杂。在边音儿化变音系统和卷舌儿化变音系统中，化合式读音共有三种形式：第一，单纯变韵式音变；第二，变韵的同时，部分音节出现增音性变化，主要是介音后出现增音现象，少数方言是声母后出现增音；第三，变韵的同时，部分音节声母发生变化。在平舌元音儿化变音系统中，化合式的读音只有一种情况，即单纯变韵式音变。也就是说单纯变韵式音变是三大儿化变音系统共有的一种化合式读音形式，它的形成应该有一个共同的机制。我们从河北150多个县市方言的读音来看，这种单纯变韵式儿化音的形成，它并不是单纯的"儿"音姿和前行音节韵母音姿重叠的结果，而是经历了三个层次的音姿协调关系而形成的。

首先，前行音节内部各个构成部分的音姿之间有一个协调关系，其中主要是声母和韵头部分音姿的协调，这个协调过程遵循CV协调的语言共性规律。从河北方言儿化读音的整体情况来看，"儿"音姿与前行音节韵母音姿协调前，都先经历了前行音节声母与韵头的音姿协调的过程。协调的结果是韵头成为声母的次要发音或与声母的语音特征融合,采用哪种音姿协调的表层实现形式,这又和声母和介音的具体音值有关。前行音节内部的这种音姿协调首先符合了发音省力规则的制约,一个音姿组合内部各音姿在保证感知区分度的情况下实现了最大限度的重叠。另外我们从河北方言儿化读音的情况看,在儿化音中,无论前行音节和"儿"音的具体音值是什么,都不影响合音后的韵头,即儿化音中的韵头没有丢失,即使儿化韵母出现了严重合并的方言,它们的合并也是开齐合撮相配的情况,绝没有不管韵头(介音)是什么,出现跨韵头的合并现象,即只能是没有介音的韵母与没有介音的韵母的儿化韵合并,有 i 介音的韵母(含 i 韵母)与有 i 介音的韵母(含 i 韵母)的儿化韵合并,有 u 介音的韵母(含 u 韵母)和有 y 介音的韵母(含 y 韵母)也是如此,而不会出现不同介音的韵母儿化韵合并的情况。根据我们前面对儿化读音情况的描述,可知在卷舌儿化变音系统中,儿化韵归并不严重的大致有 8 组儿化韵,归并严重的最少也有 4 组儿化韵,但无论归并情况如何,它们都形成开齐合撮相配主元音相同的一组儿化韵;在边音儿化变音系统中,最多的有 9 组儿化韵,最少的有 3 组儿化韵,它们也都是开齐合撮相配的儿化韵;在平舌儿化变音系统中,大部分儿化韵没有产生归并,但它们也是形成开齐合撮相配的几组儿化韵。在出现增音和变声现象的儿化变音系统中,如在卷舌儿化变音和边音儿化变音系统中,儿化后增音的位置也和介音的有无有直接的关系,有介音的音节增音的位置在介音后,没有介音的音节则增音的位置在声母后,例如:扣儿 [k'ləur³¹],茶缸儿 [tʂa⁵³klãr⁵³],棚儿 [p'lə̃r⁵³],鞋儿 [ɕilɛr⁵³],面条儿 [mia³¹ t'ilor⁵³],鞋儿 [ɕiɛr],鸡儿 [tɕiɾər],锯儿 [tɕyɾə] 等读音中,增音的位置和韵头有直接关系。这些情况表明,"儿"音姿与前行音节的韵母音姿重叠时,对介音的影响不大。从逻辑上看原因可能有两种情况:一是从介音与声母和韵母的关系看,它与声母的关系更为密切,这种观点在学界也有很多学者支持。所以"儿"音姿与前行音节的韵母发生音姿协调时不包括介音；二是介音与韵母关系也可能更近，但是客观上介音处于与声母相邻的位置，在发音开始时，由于发音向前规划的机制，介音已经与其前的声母发生音姿协调，它的语音特征已经融入了声母的发音，所以"儿"音姿与前行音节韵母发生音姿协调关系时也影响不到介音。

前辈学者关于介音的归属问题，曾有过相当多的论述。"端木三（Duanmu 1990，2000）主张介音属声。包智明（Bao 1990，1996）认为归属难定，因为 –i、–u 行为不一，此外还有方言差异。王洪君（1999）认为介音占有独立的时间格；在介音甚短的方言中，将其处理为声母的特征或者独立时间格可依研究目的决定。朱晓农（2005）将介音视为独立于声韵的一个单位。"① 王灵芝、罗红昌通过实验的方法证明"汉语介音 [i] 是依附前面声母的"②，其他两个介音 u 和 y 与此相同。李云靖也是通过实验的方法证明"声母和介音之间确实关系密切，两者的发音动作之间具有大范围的时间重叠"③。总结各家观点，大致有三种情况：介音属声、介音属韵、介音与两者都有关系。其中同意介音属声，又有两种不同的意见，无论哪种观点都有相关的证据支持。

根据河北方言儿化的读音情况，我们更倾向认为介音与声母的关系更为密切。我们从河北方言的"X – 儿"形式的读音情况来看，介音应当有独立的音段。因为在河北许多方言中，儿化韵除了有单纯变韵外，同时还有增音和变声现象，而增音的位置和介音的音值有关，介音为前高元音 i 和 y 的音节，增音的位置在介音后；介音为后高元音

---

① 孙景涛：《介音在音节中的地位》，《语文研究》2006 年第 2 期。
② 王灵芝、罗红昌：《现代汉语介音的性质：以 [i] 为例》，《宜宾学院学报》2010 年第 8 期。
③ 李云靖：《普通话声母与介音关系的发音实验研究》，《江苏科技大学学报》（社会科学版）2011 年第 4 期。

u 或无介音的音节，增音的位置在声母后，这充分说明了介音是影响增音位置的一个重要条件。如果我们像传统的语音学那样，把介音看成韵母的一部分，儿化音是"儿"音的特征是从右向左逐渐影响前附音节的结果，那么显然应该是先影响韵母，形成儿化韵，后影响声母，形成儿化变声或声母后增音。因为介音是韵母的组成部分，音长很短，不占有独立的时间段，所以介音的有无对儿化音的形成应该没有什么特别的影响。方言的事实却与此情况相反，这说明介音应该有一个独立的音段，它对儿音特征的前移有阻隔作用。或者说介音与声母的关系更为密切，当"儿"音姿与前行音节的韵母音姿发生协调关系时，并没有影响到介音。或者说声母与介音先发生了音姿协调关系，实现了介音语音特征与声母语音特征的融合或成为声母发音的次要特征，所以"儿"音姿影响前行音节韵母音姿的时候，根本就对介音语音特征的保留没有任何影响。其实这看似两个原因，说到底是一回事，因为声母与介音的关系更密切，所以音节内部音姿协调时才会发生声母与介音的音姿协调，而不是发生介音与韵母主要元音部分的音姿协调，所以最终表现在儿化音的形成并不影响介音的情况。这不仅符合儿化语音事实，而且也符合音姿协调的普遍性规律。当声母（辅音）与介音（元音）的音姿协调时，遵循语言 CV 协调的规律会发生如图 3-4 所示的变化。

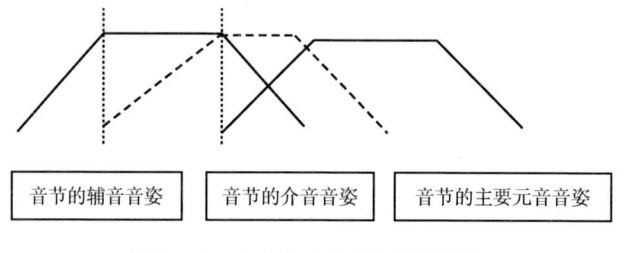

图 3-4　声母与介音音姿协调机制

从图 3-4 可以看到，主要元音的音姿高台不和声母的重叠，保证了它主要元音的发音地位，响度强度都比较大。在这个过程中，声母和介音两个音姿高台发生了重叠,在读音上的表现就是介音和声母发生融合,变成了声母的次要发音。在这样的情况下,类似于 [kua] 这样的音节变成了 [kʷa],[pian] 就成了 [pʲan]。这个发音使得声母和介音的音姿有较大程度的时间重叠,符合发音的省力原则,也和前人关于介音依附于前面声母的实验结果相吻合。这种音姿协调还可能有另外一个结果,那就是辅音音姿与介音音姿高台完全重合(两者发音动作不冲突时),在语音的感知上则表现为介音音姿被声母音姿屏蔽不在表层实现,如图 3-5 所示。

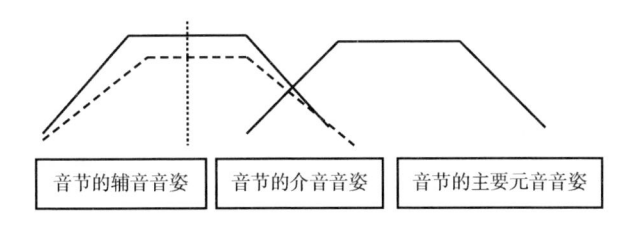

图 3-5 声母音姿屏蔽介音音姿机制

在前行音节声母与介音音姿协调之后,"儿"音姿与韵母的主要部分(韵腹/韵腹+韵尾)进行了音姿协调,这个步骤在不同的方言中可能情况不同,单元音韵母比较简单,直接就是元音音姿与"儿"音姿协调。复韵母的情况则较复杂,实质上涉及的是主元音与韵尾的问题,因为包含介音的复元音韵母,其韵头部分已经与声母音姿发生了音姿协调关系,所以不将介音部分考虑在韵母内,其中就只涉及了元音韵尾韵母和鼻音尾韵母两类。这其中可能分两种情况:第一,主元音音姿与韵尾音姿之间先进行内部音姿协调,这个过程遵循 VV、VC 协调的共性规律,然后与"儿"音姿协调;第二,主元音与韵尾没有事先进行音姿协调,直接与"儿"音姿进行协调。当然不同的方言是否先经过了韵尾与主元音音姿的协调这个过程,可能在不同方言里儿化音形成时经历了不同的路径。我们先来分析假如主元音音姿和韵尾音姿进行协调的结果如何,然后再结合河北方言儿化读音情况分析可能的路径。

主元音与韵尾音姿协调的结果，主要和韵尾的性质有关。如果韵尾是元音尾的，它应该遵循 VV 协调规律；如果韵尾是鼻音尾，那么它就应该遵循 VC 协调规律，我们分两种情况进行分析。当韵尾是元音尾时，它们的音姿协调应遵循汉语的 VV 协调共性，即"汉语则倾向于使具有相近发音空间位置的音段最大程度的重叠"①，如图 3-6 所示。

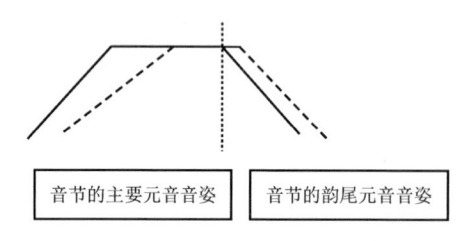

图 3-6　主元音与元音韵尾音姿协调机制

如图 3-6 所示，主元音与韵尾元音音姿高台出现了重叠，韵尾元音的舌位位置成了主元音的一个舌位落点，就使得它们两个的音值都发生了变化。当主元音与韵尾元音具有相近的发音空间位置时，它们的语音高台尽可能地重叠，在语音感知上形成了类似一个单元音的形式。如 [ei] 类似于 [ɤ]。

还有一种情况，就是当主元音与韵尾元音不具有相近的发音空间位置时，它有两种可能。一种是遵循图 3-6 所示的音姿协调关系，中和为一个类似于单元音的形式，如 [ai] 发音类似于 [ɛ]，[au] 从语音听感上类似于 [o]；另一种是各自保留自己的音姿高台，语音感知上仍为两个独立的元音，当它们的发音距离足够大，而使它们的音姿过渡不够自然时，中间增添过渡音段，如：[ai] 听感上类似于 [aɛi]。它们这种音姿协调方式，如图 3-7 所示。

---

① 马照谦:《汉语方言儿化韵的发音音系学分析》，博士学位论文，上海师范大学，2007 年。

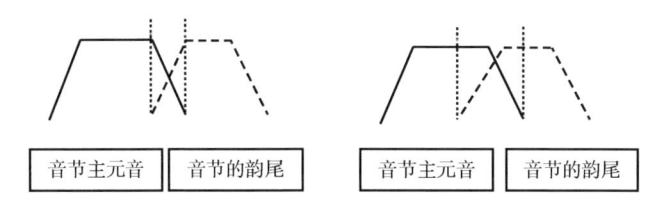

第三章 河北方言中"X-儿"形式音变的过程及发生机制

| 音节主元音 | 音节的韵尾 | 音节主元音 | 音节的韵尾 |

图3-7 主元音与元音尾增添过渡音段示意

当韵尾是鼻音（辅音）尾时，主元音与韵尾的音姿协调遵循VC协调共性规律，这里又分不同的情况。如果辅音的发音方法与元音存在较大的冲突时，例如主元音为低元音前鼻尾［an］，从发音器官的状态看，发［a］时要求舌尖下降，舌根后缩，发［n］时则要求舌尖前伸向上抵齿龈成阻，从舌头的动作看，发音方法存在冲突，所以它们两者的音姿很难同步，这就使得两个音姿在协调时有两种不同的方式：方式一，在［a］和［n］之音增加过渡音段，从语音感知上类似于［aən］；方式二，元音的发音部位稍微变化，以达到和鼻音尾的音姿高台同步，尽可能重叠，形成［ɛn］。如图3-8所示。

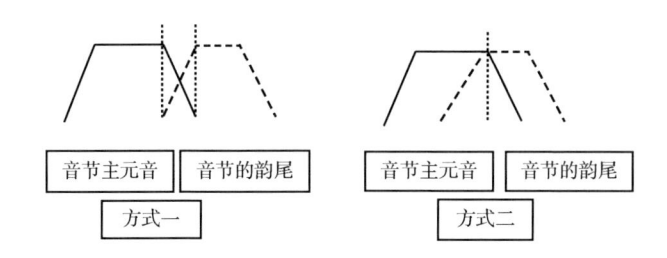

| 音节主元音 | 音节的韵尾 | 音节主元音 | 音节的韵尾 |
| 方式一 | | 方式二 | |

图3-8 主元音与鼻音尾音姿协调机制

主元音为高元音的后鼻尾韵［iŋ］，发音的情况与［an］类似，也是由于发音方法上的冲突，很难同步，同时两个音姿发音空间距离又不太大，所以只能采用［an］方式一的解决办法，增加过渡音段，发成［iəŋ］。

主元音为低元音的后鼻尾韵［aŋ］，由于低元音与后鼻音尾在发音

· 225 ·

方法和部位上不存在冲突，[a] 和 [ŋ] 的发音空间又较大，语音高台可同步，所以它们可以采用类似于 [an] 方式二的音姿协调方式，即两个音姿高台同步尽可能最大限度地重叠，从而形成语音形式 [ãŋ]，或者 [a] 的音姿稍变，形成 [ɑ̃ŋ]。

主元音为高元音的后鼻尾韵 [uŋ] 也是如此，它可能采取 [u] 音姿高台与 [ŋ] 的直接同步重叠（如图 3-8 方式二），形成 [ũŋ]。也可以采用 [an] 方式一的同步方式，形成 [uəŋ] 的语音形式。主元音为高元音的前鼻尾韵 [in] 的音姿同步方式类似于 [uŋ]，可以形成 [ĩn]，也可以形成 [iən]。

鼻音尾韵母 [en] 和 [eŋ]，因为在发音方法上元音与鼻音不存在冲突，所以都采用图示中方式二的音姿协调形式，形成的语音形式为 [ẽn]、[ə̃ŋ]。

这里我们把主元音与韵尾可能的音姿协调形式都进行了分析，但是具体到方言中采用哪种，不同的方言可能有不同的选择。我们具体来看河北方言儿化韵的读音情况，可以找到大多数方言采用的协调方式。儿化韵的形成是大多数方言在经过了前行音节内部音姿协调的基础上，然后韵母与其后的"儿"音姿进行协调，进而形成各种儿化韵的读音形式。但不管前行音节内部音姿协调采用了哪种形式，"儿"音姿与韵母协调的主要方式是进行音姿重叠，大多数情况下是用音姿最大限度重叠，甚至是音姿的屏蔽的形式，最后形成不同形式的儿化韵。

音姿重叠并发生屏蔽的一般规律是，强势特征音姿屏蔽弱势特征音姿。什么样的音姿是语言的弱势特征音姿呢？按照语言的共性规律，弱势音征在感知上具有标记性，需要较长时间才能感知，"Ohala 得出的结论是：卷舌音征较弱，所以它的出现频率受到限制"[①]。那么我们是不是就可以据此得出结论，在"儿"音姿与前行音节韵母

[①] 马照谦：《汉语方言儿化韵的发音音系学分析》，博士学位论文，上海师范大学，2007 年。

音姿发生重叠时，由于"儿"是弱势特征音姿，所以儿的音姿就会被前行音节韵母的音姿给屏蔽掉。从儿化韵的读音看，情况恰恰相反，无论"儿"的具体读音是什么，它都会在儿化韵中留下它的语音特征，而有些前行音节韵母的音姿却被屏蔽了，这是什么原因导致的呢？

其实这种情况说明，在儿化音变形成的过程中，哪个音姿被屏蔽，哪个音征被保留，与语言类型学意义的弱势音征和强式音征无关，这里有一个前提条件——儿化音的形成是语音省力原则驱动下的一个合音过程，这个过程不能仅仅看作一个语音内部自我调整的过程，即它不仅仅和语音相关，它是有一个语义的前提的，"儿"音特征携带了语义信息，所以在音姿屏蔽中，我们必须保证"儿"音的语义信息不丢失，也就是还要保证感知混淆的最小化原则。如果"儿"音特征被前行音节的韵母屏蔽掉了，它就和不加"儿"尾的音节相同了，不能保证感知上的不混淆，所以从这种意义上说，在"儿"音与前行音节韵母合音的情况下，"儿"音特征就成了一个强势音征，即必须在语音中体现的语音特征。在"儿"音姿与前行音节韵母音姿进行协调后，最后就形成了儿化韵的各种读音情况。当然最后形成什么样的儿化韵读音，还要视具体韵母的读音和具体"儿"音值的情况来做具体分析，下面我们结合河北方言儿化变音的具体音值情况来做具体分析。

二 河北方言中单纯变韵式儿化音的形成机制分析

从以上我们对儿化音形成前声韵互动互协过程的分析，我们可知，当"儿"前音节完成了音节内部的音姿协调后，接下来"儿"音姿要与前行音节的韵母进行音姿协调，协调的方式是采用音姿重叠的方式（在保持最小混淆度的基础上），这个过程完成后就会形成儿化韵的形式，也就是形成了单纯变韵式儿化音。"儿"音姿与前行音节的韵母进行了怎样的音姿协调，我们还要结合具体的音值来分析。

（一）卷舌儿化变音系统中单纯变韵式儿化音形成机制分析

从河北方言单纯变韵式儿化音的读音来看，在卷舌儿化变音系统中，也就是说"儿"的音值为[ər]时，从独立音尾式儿化音到拼合式儿化音再到化合式儿化音的发展过程为：u尾→ŋ尾→u→y、i、ɿ、ʅ→i尾、a组、o组、e组→n尾。从这个过程看，其中n尾韵母产生化合式"X-儿"形式最快，u尾韵母产生化合式"X-儿"形式最晚，发展最慢。这个过程实质上反映的是"儿"音姿与前行音节的韵母的音姿能不能自然重叠的问题，什么样的音姿是可以自然最大限度地重叠的呢？从发音上看，语音特征没有冲突的音，就能做到语音特征相容，其中一个或多个音就可以被屏蔽不发音，从而做到发音省力，具有这样特点的音素，只能是发音部位或发音方法上没有冲突的音，这类音素归根结底是符合"可共存发音的同时性"原则的音素。那么由于它们发音时，有的前行音节的韵母音姿与"儿"音姿在发音上没有冲突，音姿可以自然实现最大限度的重叠，所以更符合发音省力原则，合音则较易完成，这样的情况下儿化音产生便顺理成章，而且成为发展速度最快的。当"儿"音姿与前行音节的韵母的音姿存在发音上的冲突时，发音时音姿不能自然完成重叠，音姿协调过程会变得较复杂，所以就不太容易完成，所以相比较而言合音发生得晚些。从前文我们分析的儿化韵形成的过程看，在有尾韵中，-n尾和-i尾韵母的音节比-u尾和-ŋ尾韵母的音节，发生合音变化要早，原因就在于这两组韵母在音节内部音姿协调的结果是不同的。同样是元音尾韵母，-i尾韵与主元音音姿协调的方式倾向于元音高台尽可能地重叠，在语音听感上类似于单元音，比如[ai]变成[ɛ]，[ei]变成[ɤ]；-u尾韵与主元音的协调方式则更多采用各自保留自己的音姿高台，语音感知上仍为两个独立的元音的方式，比如[au][əu]。单元音化后的有尾韵自然再与儿音音姿协调时变得较容易，保留两个独立元音的，再加上 -u 尾本身发音部位与卷舌儿音有冲突，所以儿化韵的发生就会相对难一些，发生也就会晚一些。再看鼻音尾韵，它们在音节内部音姿协调时，所采用的方式，一般情况下鼻音尾仍保留，前面主元音视具体情况稍变或增加过渡音段，比如 [an] 变成 [ɛn]，[aŋ] 变成 [ãŋ]，[en] 变成 [ən]，[eŋ] 变 [ə̃ŋ]，[iŋ] 变 [iə̃ŋ]，等等。这样儿音与前面韵母发生音姿协调时，首先面临的是怎样与鼻音尾进行音姿重叠，-n 尾与卷舌 ər 发音没有冲突，音姿能够自然重叠；但是 -ŋ 尾与卷舌"儿"音有发音部位上的冲突，音姿较难自然完成重叠，要经过进一步的变化，所以从合音完成的先后看，-n 尾韵较 -ŋ 尾韵较先发生合音。而且从前文儿化韵形成的过程看，-i 尾和 -n 尾韵都是较早发生化合变化的韵母，这和这两个韵尾本身与卷舌儿音的发音没有冲突有关。因为有前行音节主元音与韵尾进行音姿协调时，与韵尾发音有冲突的音节由于不能进行自然的音姿高台重叠，所以稍微进行了调整，变成了一个与韵尾能够音姿高台同步的音，当然能与 -i 尾、-n 尾同步，也就意味着能与卷舌儿音同步，所以最终儿与前行音节合音时，这两个韵尾的韵母就最先完成化合变化。同样在这个化合音变发生的过程中，非高元音（i、u、y 以外的）以及非高元音做韵腹的韵母合音的速度，比高元音（i、u、y）以及高元音做主要元音的韵母变化要快，原因也在于前者的音姿与卷舌儿音的音姿能够自然重叠。因为它们的语音特征有发音的同时性，所以它们的音姿协调更自然，所以完成合音的过程就快。高元音尤其是前高元音及舌尖元音，由于它们和卷舌儿音共用了舌前部位，当发生音姿协调时，为了保证感知的最小混淆化，就稍有困难，所以它们不如非高元音变化快。

我们之所以说儿音在与前行音节合音前，先行音节内部韵尾与主元音曾经有过先行音姿协调的发生，并不是凭空推测，我们也是依据儿化韵的具体音值进行的推理。我们看河北方言各县市的儿化韵音值的情况，它与前行音节形成儿化韵的音值有三种情况。第一，儿化韵的形成首先和前行音节的韵尾有关。-u、-ŋ 做韵尾的有尾韵与单元音韵母的儿化韵在绝大多数方言不出现合并，只在极少数方言有合并的情况，如-ŋ 尾韵根据主元音的不同，aŋ 组的儿化韵并入 a 组韵母的儿化韵，在大多数方言尚未发生，只有极少数如平山方言发生了合并；还有少数方言虽然-ŋ 尾韵已经丢失了鼻音色彩，但是并未与其他儿化韵发生合并，也就是说主元音还与其他韵母的儿化韵有区别。这说明一个问题，在大多数河北方言中，后鼻音尾韵母的儿化韵还带有鼻音色彩，按照音姿协调的一般规律，"儿"音姿屏蔽前行音节韵母的音姿，如果没有经过前行音节内部音姿协调的过程，儿化韵母中的鼻化色彩将没法保留下来。因为在儿音节与前行音节发生音姿重叠时，一方面要满足发音省力的原则，音姿之间要求最大限度地重叠；另一方面还要保证感知混淆最小化原则，尽可能地保留原来韵母和儿音的特征，在儿化韵里一般是保留卷舌特征，如果主元音与卷舌特征没有冲突，也会保留下来，那么儿化韵中的鼻音色彩应该是之前已经在主元音上具有的。第二，从河北方言儿化韵的归并情况看，目前最多的还有9组儿化韵，它们形成开齐合撮相配的9组；最少的还有4组儿化韵，也是形成开齐合撮相配的4组；这说明"儿"音姿与前行音节韵母音姿发生协调时，并不影响韵头，也就是说韵头并不随韵母发生变化（被屏蔽），所以很可能韵头已经事先与声母音姿发生了协调，它的语音特征已经融合在了声母中。第三，还有一个情况值得我们注意，即有的先生所谓的主元音为 i 的韵母，它似乎是主元音变成了介音，后面加上卷舌儿音。这种情况的发生是由于儿化韵母的形成过程，是"儿"音姿与前行音节韵母的音姿发生协调的结果。这种结果有几种不同的情况，一是如果前行韵母的音姿与"儿"音姿较自然完成重叠，也就是说韵母的主元音与儿音的发音特征能相容，从发音上的表现就是主元音卷舌化。它们的音姿协调如图 3-9 所示。

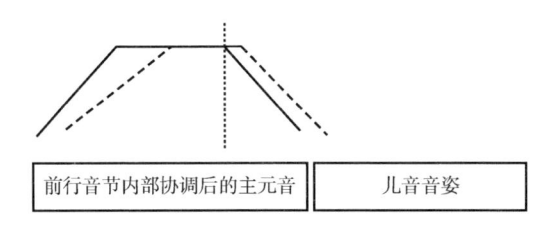

第三章 河北方言中"X-儿"形式音变的过程及发生机制

图3-9 主元音卷舌化音姿协调机制

经过这个协调过程，儿化韵就变成了原来的主元音直接卷舌，如果事先通过内部音节协调而保留在主元音上的语音特征也会保存在儿化韵中。二是如果前行音节的主元音与儿音的发音有冲突时，它们发生音姿协调时就会是另外一种情况，如主元音是 i 的音节，由于它根本不能发生卷舌，就会产生以下协调关系如图 3-10 所示。

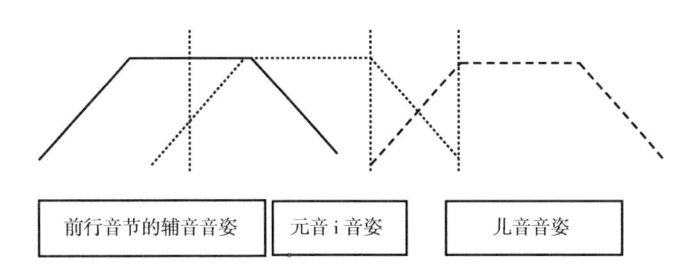

图3-10 主元音介音化的音姿协调机制

从图 3-10 我们可知，由于"儿"音姿不能与前行音节的主元音自然发生音姿重叠，于是就采取了各自保留自己的音姿高台的办法，形成 [iər] 这样的儿化韵读音，也就是形成两个清晰的可识别的主元音 i 和卷舌 ər，当然这个音节与我们汉语音节一般只有一个主元音的规律不符合，所以它就会再发生音节的内部调整，主元音 i 与前面的声母音姿进行协调，变成声母的一个次要发音，类似于介音与声母的协调一样，所以从听感上我们似乎觉得原来的主元音 i 变成了介音。当然这两个过程并不是先发生一个，然后再发生一个，而是同时发生的两个过程，所以难怪目前学术界将其解释为[i]的介音化。那么既然主元音与"儿"音姿不能自然重叠，为什么不采用"儿"音姿屏蔽主元音的形式呢？如 ər 屏蔽掉 i，形成 ər 读音，这里我们说儿化韵形成时，还有一个制约原则——感知混淆最小化，如果采用这种音姿协调，那么就会出现[pi]的儿化读音与[pəi]的儿化读音相同的情况，两个音节的儿化韵就会发生混淆，所以采用这种音姿协调的方式不如此前的音姿协调方式更为合理。

根据儿化读音的具体音值我们可以说，在河北方言中"儿"音姿与前行音节的韵母进行音姿协调时，采用的一般方式是音姿融合的办法，即当两个主元音发音不冲突时，两个音姿高台自然重叠，原来的主元音保留（包括韵尾的语音特征）并卷舌。采用的特殊方式，即当两个主元音发音有冲突时，各自保留自己的音姿高台，然后前面的主元音再与声母发生音姿协调，如上面分析的主元音为 i 的情况，类似的情况还有主元音为 y 和舌尖元音 ɿ 和 ʅ 的情况。这里还有一个问题需要说明，主元音 y 的儿化韵与 i 是一样的，这里不予赘述。那么舌尖元音形成的儿化韵为什么不是 ɿər 和 ʅər 的形式呢？这里涉及了舌尖元音和舌尖辅音音姿协调的问题。因为我们知道在汉语中舌尖元音是不能离开舌尖辅音而独立存在的，所以当它们音姿协调后听感上只剩下舌尖辅音的读音，实质上其中已经融合了舌尖元音的语音特征。

在卷舌儿化变音系统中还有一个韵母的儿化音需要注意，那就是单元音韵母 u，它的儿化韵在河北方言中有两种音值 ur 和 uər。其中大多数方言中为 ur，只有少数方言如故城、邱县为 uər，还有大名、平乡、武邑方言中 u 的儿化韵有 ur 和 uər 两读的音值。这种情况说明 u 的音姿与 ər 的音姿协调方式有两种：一种是按照两个音没有冲突的融合方式，采用主元音直接卷舌，这也是儿音与前行音节韵母协调的普遍方式；另一种是采用两个音有冲突的方式，各自保留自己的音姿高台，然后 u 与声母音姿协调。之所以会出现两种协调方式，这和 u 音的发音有关。按照李思敬①先生的研究认为，发 [u][ʊ] 这些后高元音时，虽然舌根抬起但没有规定舌尖的位置，在这种情况下，用到舌尖发音部位的"儿"音，从理论上说是可以与之共存的。但是这样两个音的发音时舌位的高点相距较远，一个在舌根部位，一个在舌尖部位，也就是说舌头要在一瞬间同时完成两个抬起动作，一个动作在舌根，一个动作在舌尖，整个舌身要变成两头高的状态，处于一种不那么自然的状态。所以这种共存发音的规定动作反倒不如不共存的前高元音的调整动作（只有舌尖一个动作）省力，于是这种共存状态的形成与持续也就比较勉强。因为儿化音发起来也就比较不自然，所以结合性较差，容易产生游离状态。正是这种发音的不自然导致了 u 的儿化韵要较其他单元音形成的晚，河北有些方言中 u 还没有儿化韵。也正是后高元音 u 发音与卷舌儿音的这种结合的游离状态，导致了河北方言中 u 的儿化韵读音有 ur 和 uər 两种音值。有儿化韵的方言，虽然两者的结合不自然，但还是能够结合的，表现在音姿协调上，即两个元音的音姿高台还是能够重叠的，所以大部分县市采用了这种音姿协调方式，形成 ur 儿化韵读音。也正是这种结合的不自然性，也有少数方言采用了类似 i、y 的音姿协调方式，形成 uər 儿化韵的读音方式。

(二) 边音儿化变音系统中单纯变韵式儿化音形成机制分析

在边音儿化变音系统中，儿化韵的形成从实质上说与卷舌儿化变音系统一样，也经历了前行音节内部的调整和韵尾与前面主元音的调整过程，然后再经过"儿"音姿与主元音音姿的协调形成儿化韵的各种读音形式。之所以儿化韵的具体音值不同，是由于与前行音节进行

---

① 李思敬：《汉语"儿"[ɚ]音史研究》，商务印书馆1986年版，第77—78页。

音姿协调的"儿"的读音与卷舌儿化变音系统不同造成的。在边音儿化变音系统中与前行音节合音的是卷舌边音 l̩，所以我们在分析儿化韵的读音时，只能拿它的音值来进行具体分析。

在边音儿化变音系统中，儿化音变的读音有两种类型，一种是其中还有边音音值保留的情况；另外一种是儿化韵中已经看不到边音音值的踪迹，我们分别来进行分析。

在尚存边音类音值的儿化读音中，其中儿化韵的读音有三种情况：边音独立音尾式读音、边音拼合式读音和边音韵尾式读音。其中边音独立韵尾式读音，从严格意义上说，儿音节与前行音节尚属两个音节，这种情况与卷舌独立音尾式读音一样，它还和前行音节没有音姿协调关系；从音值情况看，它较卷舌儿化变音系统的读音还要简单，只有一种情况，这里我们不再做分析。下面我们主要分析边音拼合式儿化读音与边音韵尾式儿化读音两种情况。

边音拼合式儿化读音，"儿"音姿与前行音节韵母进行音姿协调的方式，也是采用的各自保留自己的音姿高台，在听感上形成两个主元音一个长音节的形式，如图 3 – 11 所示。

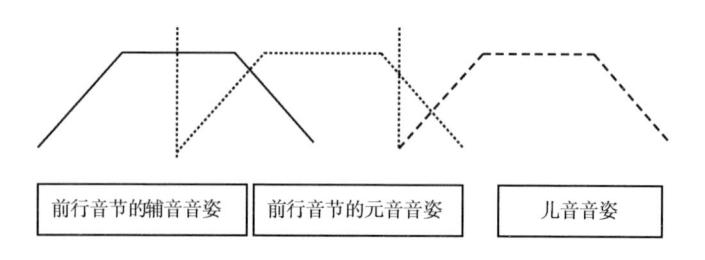

图 3 – 11　边音拼合式儿化音形成机制

这里需要说明的是，边音类儿音虽然不是元音，但是它是一个卷舌浊边音，许多先生经过实验证实边音在严格意义上应该叫边近音，边近音与普通的辅音不同，它与元音的性质更接近。根据朱晓农先生的研究认为，"近音和元音分享相同的元音的主要特征，如高低、前后、圆展，以及部分次要特征，如咽化和日化（Rhoticty）"①，"'高浊音'从无擦、微擦、弱擦到强擦是个连续统……近音在这条连续统上与元音最为接近"②。通过语音实验可以发现，"近音和元音的性质比较接近，中间过渡段无论从声波图，还是从宽带图常常没有明显分界"③。所以当读卷舌边音的"儿"与前行音节的韵母进行音姿协调时，它遵循的规律和卷舌元音是一样的，采用的也是两音融合的方式。但是边音毕竟不同于元音，所以它又不完全像卷舌儿音那样采用音姿高台最大限度重叠的方式，而是采用了各自保留自己的音姿高台的方式进行音姿协调，如图3-12所示。

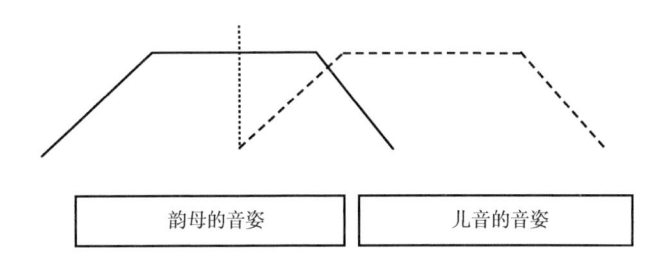

图3-12 卷舌边音韵尾形成机制

从图3-12我们可知，在儿化读音中，卷舌边音"儿"和前行音节的韵母，各自保留了自己的音姿高台，而且又最大限度地有音姿重叠，从语音听感上，韵母后带上了一个卷舌边音韵尾，形成了əul̺、aul̺、ol̺、āl̺、əl̺、əl̺等儿化韵的读音。从它们的具体音值上看，同样我们可以看到它们先经过了前行音节内部韵尾与主元音的音姿协调，所以韵尾的语音特征保留在了儿化韵中。

这里需要说明的是，舌尖元音和高元音i、y的儿化韵读音，它们

---

① 朱晓农：《近音——附论普通话日母》，《方言》2007年第1期。
② 朱晓农：《近音——附论普通话日母》，《方言》2007年第1期。
③ 朱晓农、焦妮娜：《晋城方言中的卷舌边近音［l̺］——兼论"儿"音的变迁》，《南开语言学刊》2006年第1期。

形成了əɭ、iəɭ、yəɭ 的儿化韵读音，而不是 ɭ、iɭ、yɭ 的读音，其中的 [ə] 音的来源问题，其实这还是和主元音与边音尾的"可共存发音的同时性"有关。当主元音为舌尖元音和前高元音时，它与卷舌边音共用了一个舌前部位，也就是在发这些高元音的同时，不能同时发卷舌边音；从音姿协调关系上看，只能是先发完主元音，然后再发卷舌边音韵尾，两者的音姿高台不能自然同步，于是中间就会插入过渡音段 [ə]，这就是这些儿化韵中 [ə] 音的来源，它属于增生的过渡音段。这个音姿协调的方式类似于卷舌儿化变音系统，不同的是卷舌儿化系统中的 [ə] 是卷舌元音本身的一部分，而边音儿化变音系统中的 [ə] 是一个增生音段，但两者所起的作用是一样的，都是为主元音向卷舌发音做了一个过渡。另外高元音 u 的儿化韵，也同样有 uɭ 和 uəɭ 两种读音，形成的机制与卷舌儿化变音系统中 u 的两个儿化韵形式一样，不同的也是 uəɭ 中的 [ə] 是一种增生的过渡音段。

  边音韵尾式儿化读音的形成，同样是"儿"音姿与前行音节韵母音姿协调的结果。不同的韵母与读边音的"儿"采用不同的音姿协调方式。但是归根结底，和两个音姿能否自然重叠相关，从读音上看就是和主元音与边音韵尾的读音特征能不能相容有关。当然这种边音韵尾式读音形成的先后次序也和它们之间音姿协调的难易程度有关。我们从前文可知，边音拼合式到边音韵尾式读音变化的先后次序如下：(ei、ən) > (ai、an) > (au、aŋ、əu、əŋ) > (o、e) > (ɿ、ʅ、i、u、y)①。这个发展次序其实本质上是主元音为高元音与主元音为非高元音的区别，其实反映的是音姿与边音尾音姿协调的难易程度。

  边音韵尾式读音向卷舌儿化式发展的时候，是以主元音为条件的，即凡是主元音为非低元音的，无论是有尾韵还是无尾韵，发展比主元

---

① 括号中韵母都是举开口呼以赅齐、合、撮。

第三章 河北方言中"X-儿"形式音变的过程及发生机制

音为低元音的要慢,发展次序如下:(ai、an、au、aŋ)>(a、o、e)>(əu、əŋ)>(ei、ən、ɿ、ʅ、i、u、y)[①]。在儿化韵由边音韵尾式逐渐丢掉边音尾,最后形成卷舌儿化韵的变化过程中,大部分主元音为高或半高元音的韵母变化较慢。其中主元音为半高元音的无尾韵(o、uo、e、ie、ye)的变化比其他的高元音韵母稍快,主元音为非低元音的 u 尾韵和 ŋ 尾韵的变化比主元音为高元音的 i 尾韵、n 尾韵和高元音(含舌尖元音)韵母要快。在同为卷舌儿化式读音的情况下,主元音为低元音的有尾韵比无尾韵发展快;在同为元尾韵的情况下,主元音为低元音的无尾韵比主元音为非低元音的无尾韵发展快。这个变化过程,其实反映的是主元音与卷舌边音尾发音在融合程度上的差异,其中边音韵尾作为一个辅音尾,它在发音时只有成阻没有除阻阶段,所以它最突出的一个特征就是卷舌,这与卷舌元音 ər 有些类似,但是又有不同的地方,因为边近音的发音舌尖成阻的位置相对来说较灵活。根据马照谦先生的研究认为,"卷舌边音在单念时,口腔阻塞点在硬腭,但就感知来说,阻塞点在齿龈到硬腭之间的任何一点都不会造成感知上的混淆,尤其是在音节结尾,此时发音处于收尾阶段,阻塞点在此区间的变化不会导致识别上的困难,词尾卷舌边音阻塞点的这种不确定性就使得前元音和后高元音更容易与之协调"[②]。所以我们可以看到在边音韵尾式读音形成时,如果是有尾韵的音节,它的音尾情况包括元音做尾韵和鼻音做韵尾,鼻音尾韵的所有音节基本上是这种读音;但是元音尾韵主要涉及的是主元音为高元音的元音尾韵是这种读音情况。鼻音尾有与高元音尾相似的发音方式,而且在前行音节内部已经事先经过了韵尾与主元音的音姿协调,使得韵尾与主元音的语音特征相融合,更有利于具有高元音特点的音与之相融合,所以在边音儿化变音

---

① 括号中韵母都是举开口呼以赅齐、合、撮。
② 马照谦:《汉语方言儿化韵的发音音系学分析》,博士学位论文,上海师范大学,2007 年。

系统中，有尾韵比无尾韵的变化要快。边音儿化韵尾同卷舌儿化韵的变化过程与边音韵尾式读音形成的过程既相似又不同，也是由于边音与卷舌元音的发音不同造成的，卷舌边音与卷舌元音相比，读边音时舌尖的位置更灵活，可稍前可稍后，都不影响边音的音质，发边音时舌尖卷起的幅度也没有卷舌元音的大，同样发边音时舌根下降的幅度也小，所以二者和前行音节的韵母在发音时"可共存发音的同时性"上存在差异。按照马照谦先生的研究认为，"从发音学上看，卷舌动作最方便、最省力的舌体状态应该是低元音的发音位置，因为如果舌尖充分卷起，舌体中部相应地充分凹陷，此时舌根位置应该是最低的"[①]。根据前人的研究表明，"低元音所允许的卷舌程度要大于高元音，同时卷舌低元音的儿化感知色彩也浓于高元音，亦即，卷舌音的感知凸显度以低元音上更能得到体现"[②]，所以我们可以说正是低元音可以允许的卷舌程度大于高元音，所以比卷舌边音卷舌幅度更大的卷舌儿化韵才容易形成；也就是说低元音与卷舌元音在发音时协调程度更高，协调起来更容易，所以产生儿化也就最快。所以我们可以发现，从边音韵尾向卷舌儿化韵变化时，主元音为低元音的韵母产生变化的速度更快。同时我们还可以看到，在边音韵尾式读音向卷舌儿化式读变化的过程中，这种变化不仅和韵母的音值有关，同时也和声母的发音相关，以舌尖后音 tʂ、tʂʻ、ʂ 和边音 l 作声母的儿化音节比其他声母的音节变化要快。究其原因，这和声母与卷舌边音的发音特征有无冲突也有关系。通过元氏方言可以看到，只在舌尖后音声母 tʂ、tʂʻ、ʂ 的音节，增音和声韵双变同时存在，尤其值得我们注意的：i、u、y、ei 组、ən 组、əŋ 组、əu 组韵母的儿化韵，当其不与舌尖后音声母 tʂ、tʂʻ、ʂ 和

---

① 马照谦：《汉语方言儿化韵的发音音系学分析》，博士学位论文，上海师范大学，2007年。
② 马照谦：《汉语方言儿化韵的发音音系学分析》，博士学位论文，上海师范大学，2007年。

边音 l 声母相拼时，都为边音韵尾式儿化韵；当其与舌尖后音声母 tʂ、tʂʻ、ʂ 和边音声母 l 相拼时，一律改读卷舌儿化式读音，而且伴随声母后增加边音和声母发生变化的情况。而且其他音节中读卷舌儿化式变韵的其他韵母，一旦与舌尖后音声母 tʂ、tʂʻ、ʂ 和边音 l 声母相拼，都和边音韵尾式儿化韵有相同表现。简言之，无论在其他音节中读边音韵尾式儿化韵，还是读卷舌儿化式儿化韵，与 tʂ、tʂʻ、ʂ 和边音 l 声母相拼时，一律读卷舌儿化式变韵，同时伴随有声母后增加边音和声韵双变的现象。这说明了一个什么问题呢？边音韵母式儿化韵在与声母发生音姿协调时，丢失边音尾在韵尾只保留了卷舌特征是从舌尖后声母和边音声母开始的，这从音理上很容易解释，因为边音韵尾 ɭ 是与 tʂ、tʂʻ、ʂ 同部位的卷舌浊边音，当其形成 tʂəɭ 这样的音节时，我们可以看到音节的首尾都是同部位的音，发音时较费力，所以就会产生变化。边音声母的音节，与此音理相同，音节首尾是两个边音，而且发音部位还略有差异，发音时也较费力，所以也会产生变化。我们可以看到在其他的许多县市，这两组音都产生了音值变化，这个变化过程实质上是反映了声母和儿化韵的音姿协调发音上的冲突程度的大小问题。

(三) 平舌儿化变音系统中单纯变韵式儿化音形成机制分析

在平舌"X-儿"读音系统中，同样是经过了前行音节内部音姿的协调，然后再和儿尾音姿采用最大程度的融合来实现儿化的读音，因为在此与前行音节合音的是平舌元音 ɯ，它本身的发音方法与特点与卷舌元音和边音不同，所以它的形成机制与卷舌儿化变音和边音儿化变音系统一样，结果却不同。

在平舌儿化变音系统中，儿化韵的产生次序如下：(a 组、o 组、e 组) > (an、ai) 组 > (ən、ei) 组 > (ɿ、ʅ、i、y) > u > au 组 > əu 组 > (aŋ、əŋ) 组。这个过程同样反映了儿音与前行音节的韵母之间"可共存发音的同时性的调整原理"①，平舌元音 ɯ，在发音上属于舌面后高不圆唇元音，ɯ 音发音时，"舌尖降至下齿背，整个舌体在口腔中部抬起，舌根回缩，只是舌尖不翘起。它具有常态卷舌音的一般特点——咽腔收紧"②。所以从发音的协调度来说，后元音尾韵与后鼻音尾韵，因为它们的韵尾与平舌元音 ɯ 同用了舌根部位，如果要保持感知最小混淆原则，各自保留音姿的元音高台比较困难，所以发音时音姿可调整度较差，它们不容易产生语音的融合，所以从独立音尾向化合式读音过渡时就会相对要慢。单元音 u 与此同理。所以我们可以看到在儿化韵的产生次序发展过程中，这些韵母都是变化比较慢的。而前元音和低元音（也包括前元音尾韵、前鼻音尾韵）则正好与此相反，当然在这些韵母中，主元音为低元音由于发音时整个舌体的部位较低，比较容易和高元音 ɯ 相协调，所以比非低元音更容易产生化合式读音。

通过以上我们对儿化变音"三大系统"的分析，我们可以看到这"三大系统"单纯变韵式儿化读音有一个共同的形成机制，即前行音节内部先进行音姿协调（介音与声母、韵尾与主元音），然后形成儿音音姿与前行音节韵母音姿协调。在这个过程中，遵循的是"可共存发音的同时性调整原理"，即"儿"音特征与韵母容易调整的先形成儿化韵，不容易调整的后形成儿化韵。

三 伴有增音的儿化音的形成机制分析

在河北方言中，无论是边音"X – 儿"音变系统，还是卷舌"X – 儿"音变系统，都有一种值得我们关注的现象：伴随韵母卷舌化的同时，还出现了声母或介音后增音的现象，甚至出现了声母和韵

---

① "可共存发音的同时性的调整原理"是李思敬先生根据赵元任先生"可共存发音的同时性"这个原理进一步推演出来的，详细内容参见李思敬《汉语"儿"[ɚ] 音史研究》，商务印书馆1986年版，第76—79页。

② 张维佳：《汉语方言卷舌音类的地理共现与共变》，《语言研究》2011年第4期。

母同时发生变化的声韵双变现象。如果我们将这种现象放在"X-儿"音变的整个大系统中去考察，会发现其实它是儿化音变发展的一个必然阶段，本质上看，它反映了"儿化韵"的音姿与声母音姿协调的结果。也就是说在儿化韵形成以后，这个特殊的韵母就会重新形成一个音姿，这个音姿必然会遇到与声母音姿协调的问题，声母与儿化韵音姿也会再进一步进行音姿协调，这个音姿协调的结果就会出现伴有增音或声韵双变的现象。换句话说，伴有增音和声韵双变的"X-儿"读音的形成，是在单纯变韵式儿化音形成后，经过进一步发展的结果，是其后的一个儿化音发展的阶段。也就是说当儿化韵形成后，儿化韵和声母部分（协调后包含了介音语音特征的声母）也有一个音姿协调的问题，这个协调的过程最终形成方言中复杂的儿化读音形式。

我们为什么说它是单纯变韵式儿化音的后一个阶段，而不将其视为同一个儿化音阶段呢？首先从音姿协调关系的普遍原理看，只有处于相邻音段上的音姿才能产生音姿协调，所以儿化音形成的第一步，当是儿音与相邻的前行音节的韵母发生音姿协调。只有当儿化韵形成以后，声母才成为与儿化韵相邻的音段，才会产生音姿协调关系。据人类发音原理的启示，人类的发音普遍具有向前看机制，这种自然机制导致邻近音段发音姿态之间相互交叠的协同发音现象。如果两个音段不相邻，也就不会造成发音音姿的协调问题，所以儿音音姿不会跨过韵母直接与声母音姿发生协调关系。这也回答了前人提出的为什么"儿化"是"儿"字不断左移影响前字音节的结果的问题，即儿音特征不断前移的动因是什么，它为什么会不停地向前（向左）移。它的动因是发音省力原则导致的相邻音段的音姿调整，开始时是两个音节合成一个音节，儿音音姿与相邻的韵母音姿发生协调，于是产生了儿化韵，儿化韵形成后，它的音姿又会和相邻的声母音姿发生协调问题，于是进一步发展的结果就是伴有增音或声韵双变的产生。我们从河北方言的情况来看，这种伴有增音的儿化音只限于卷舌儿化变音系统和边音儿化变音系统，不涉及平舌元音儿化变音系统，从我们对三大儿化变音系统产生的时间顺序的分析来看，平舌儿化韵产生的时间最晚，也就是说儿化还没有进一步发展，所以还没有出现声母与儿化韵的音姿协调，所以还没有产生伴有增音的儿化音和声韵双变的儿化音，这也从另外一个方面证明了单纯变韵式儿化音与伴有增音和声韵双变的儿化音不处于一个时间阶段。

　　从河北方言儿化变音的情况来看，儿化变音的三种情况，反映了儿音与前行音节合音过程中的两大阶段：影响韵母阶段和影响声母阶段。其实这三种读音情况，正好反映的是"儿"音特征在前移过程中影响前一音节的变化过程。单纯变韵式音变，是儿音失去独立音节地位后，刚前移到前音节韵尾时，与其发生音姿重叠，表现为读音上产生合音变化，这个时期处于儿化音变的初级阶段。在这个阶段不仅有儿化韵的产生，由于"儿"音特征的影响，韵尾首先产生一定的变化。就会形成有别于基本韵母的特殊读音的韵母，这些特殊的韵母就会有一个新的音姿组合，韵母音姿之间就会产生新的音姿协调方式，势必会造成主元音音姿的变化，因为它要发生与其他相邻音姿的重新协调关系，在音值上就会表现为主元音的音值发生相应的变化，使原来由于主元音的区别而不同的儿化韵母的区别有可能消失，语音发展的结果就是不同的儿化韵逐渐产生归并。随着"儿"音特征的进一步前移，这个变化了的儿化韵的音姿，它还会影响到前一音节的声母，但是由于音节中介音的有无和介音的不同，会出现不同的变化结果。有介音的音节会对"儿"音特征起到一个阻隔作用，同时又由于介音的发音特征与"儿"音特征的相容或不相容，从而使其在音节中的表现不一样。有的音节可能会由于介音的阻隔作用，从而使得"儿"音特征在音节的介音部分留下印迹，如在介音后产生增音现象，形成于类似双音节的读音形式；也有的音节，会穿越介音，在声母后出现增音现象，"儿"音特征再进一步对声母产生影响，就可能导致变声现象。伴有增音的儿化音与声韵双变的儿化音都是儿化韵与声母音姿协调的结果，那么它们为什么会出现两种不同的情况呢？我们认为这两种情况反映的不是儿化音的不同发展阶段，其实是儿化韵母的音姿与前面声母的音姿进行协调时，由于介音的有无和声母的音值的不同，具有不同的音姿协调方式导致的结果。前面我们说过有介音的音节，声母和介音先有一个音姿内部调整的变化，所以与儿化韵进行音姿协调时，就和没有介音的音节不同，因为不同介音与声母内部调整的结果不同，所以再和儿化韵音姿进行协调时，就会有不同的音姿协调方式。我们之所以做这样的断定，主要是基于河北方言中儿化读音的具体音值做出的判断。

从河北各县市方言各种儿化系统的读音来看，伴有增音现象的"X-儿"的具体读音情况有一个共同的规律，无论是卷舌系统，还是边音系统，它的读音的形式都是在声母或介音后增加一个音（不同方言具体音值有所不同），而韵母部分都是卷舌儿化式的读音，也就是说从韵母部分的音值看，这两大儿化变音系统变成了相同的儿化读音形式，边音儿化变音系统已经没有了边音的音值，如在属于卷舌儿化变音系统的正定方言，刀儿 [tɿaur]，豆儿 [tɿəur]，枣儿 [tsɿaur]，字儿 [tsɿər]，刺儿 [tsʻɿər]，丝儿 [sɿər]，等等，与属于边音儿化变音系统的肃宁方言这些词的读音是一样的。也就是说在伴有增音的儿化音中，卷舌儿化变音系统与边音儿化变音系统的读音变得相同了。为什么会出现这种变化呢？可能有两方面的原因：一是儿音特征相近，所以"X-儿"音趋同；二是普通话读音的强势影响导致各读音系统的趋同变化。

第一，卷舌儿音与边音儿音的特征相近，容易导致儿化韵趋同。关于卷舌 [ɚ] 的音值问题，前人时贤也有过相当多的争论和论述。有的人认为它是一个单元音，如现代汉语教材就持这种观点。罗常培、王均先生认为，它不是纯粹的元音，也不同于辅音的[ʐ]，而是一个"发音部位与[ʐ]相似，但又稍稍靠后，用舌尖接近齿龈后部，嘴唇圆拢，向外突出而发出的有轻微摩擦的半元音"①。后来又认为"北京话'儿''耳''二'等字，在发音时舌头的位置比混元音[ə]稍稍向前推动，舌尖向硬腭前部翘起，形成一种特殊音色，仿佛是一个带有卷舌音r色彩的[ə]，咱们用[ɚ]来标它——这就是所谓卷舌元音"②。王力先生说："舌尖元音[ɚ]是北京话及某些汉语方言里的一种特殊元音，发音时舌头位置比中部元音[ə]稍前，舌尖向硬腭前部翘起，带有卷舌音[r]的色彩。"③赵元任先生说："成功卷舌的状态，说[ə]舌尖卷起来就变成了[ɚ]。"④也有人认为它是一个复合元音。董少文在《语音常识》中说过："er发音时略有动程，舌尖由低而高，开口度由大而小，上声去声比较显著，由此断定er是动程很小的复合元音。"⑤李思敬先生说："北京地区的'儿''而''耳''饵''尔''迩'等字，它们的实际音值是这样的，先是发央元音[ɘ]（即比[ə]略高的央元音），随后再带一个卷舌元音。"⑥李思敬先生的论述得到了有些学者实验的证实。诸家对于儿音是一个卷舌的[ə]，在这一点上基本上是有共识的，但是关于卷舌发生的时段，还存在争议。从发音时音姿协调关系来看，正是由于不同的人在发音的过程中可能带有自己的特点，再加上不同的方言中本身"儿"音值可能也有一定的差异，与前行音节化合的"儿"音值就会稍有不同，也就是与前行音节发生音姿协调的"儿"音姿有差异。这种"儿"音姿差异的原因主要是卷舌特征发生的时段不同造成的，如图3-13所示。

---

① 罗常培、王均编著：《普通语音学纲要》，中国科学出版社1981年版，第73页。
② 罗常培、王均编著：《普通语音学纲要》，中国科学出版社1981年版，第74页。
③ 王力：《汉语音韵》，中华书局1963年版，第3页。
④ 赵元任：《语言问题》，商务印书馆1980年版，第25页。
⑤ 董少文：《语音常知》，文化教育出版社1955年版，第71页。
⑥ 李思敬：《汉语"儿"[ɚ]音史研究》，商务印书馆1986年版，第101页。

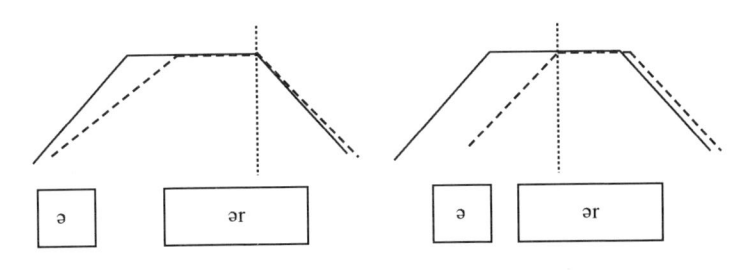

图 3-13　儿音发音时卷舌时段差异

图 3-13 左侧的示例表明，平舌元音［ə］与卷舌的动作几乎同时发生，在听感上就类似于一个单元音。图 3-13 右侧的示例表明，卷舌动作发生得较平舌元音晚，在听感上就有了发音的动程，类似于一个复合元音。这两种不同的发音方式，不具有音位学的意义，只是由于不同的发音个体，不同的发音习惯导致的，所以针对不同的发音个体实验的结果就会有差异。

Ladefoged 通过观察美式英语卷舌元音后发现，"卷舌元音至少有两种不同的形成方法，一些人像发卷舌辅音一样把舌尖抬起，而另一些人则保持舌尖平放，将整个舌头上抬后发元音，虽然发音方法有点儿不同，但所发出元音的音质非常相似，通过 X 光发现，这两种卷舌化方法都有由会厌下面部分舌根收缩而导致的咽部收紧现象"[①]。王祥灿先生也通过实验的方法论证了英语和汉语的［ər］发音既有相似度，又有区别，他证实了"儿化作用发生得早或迟与音节末 r 音和之前元音两个音的融合程度高低密切相关"[②]。刘振平先生通过实验的方法证实汉语方言的卷舌音也有这两种情况，"儿韵有两种发音方法：一种是

---

① Peter Ladefoged, *A Course in Phonetics*, NewYork: Harcourt Brace Jovanovich, 1975. [美] 彼得·赖福吉:《语音学教程》（第五版中译本），张维佳译，北京大学出版社 2011 年版，第 83 页。
② 王祥灿:《美式英语与汉语普通话 r 音实验对比研究》，硕士学位论文，延边大学，2013 年。

元音前半段不卷舌，后半段卷舌，即所谓有一点动程；一种是发元音时同时卷舌，即像平舌元音一样，先摆好了舌位态势再发音"①。我们结合诸位先生的实验和我们自己的分析可以得出如下结论，卷舌儿化韵实际上在发音时也有两种不同的发音情况，ə 和 r 融合程度高的是一个带有卷舌色彩的元音，融合程度低的就是一个稍有动程的复合元音。这两个音的发音方法与美式英语的卷舌元音的方法相似。

正是由于儿音或儿化音发音方法的这种不确定性，使得它和卷舌边音 l̢ 有了更多的相似点。卷舌边音也是在发边音的基础上，同时舌尖卷起，形成与上腭有多点成阻的卷舌边音，这和卷舌元音的第一种形成方法"像发卷舌辅音一样把舌尖抬起"类似，所以形成的音质相似。马照谦先生也认为，卷舌元音比卷舌边音的舌尖卷起幅度和舌根下降幅度略大。正是由于这两个儿音的特征如此相近，所以有可能两个系统的儿化韵会出现趋同的变化。

第二，边音儿化变音系统的语音向卷舌儿化式发展，可能也和普通话的影响逐渐增强有关。国家对推普工作的重视，让本来地域分布就广泛、使用人口就最多的普通话，影响变得越来越大，尤其是当今信息化社会，网络的普及，广播、电影、电视的全面覆盖，普通话是大多数媒体使用的唯一语言。这些媒体对社会生活的影响，不仅是其传播的信息受众面广，更加重要的是它所使用的语言也是大众效仿的对象，使普通话的影响可以说无处不在，使得普通话本就强势地位逐步增强。在普通话里，"X－儿"形式是读卷舌式儿化的，就使得这种读音形式成为一种强势选项。儿化形式本来是与普通话读音不同的方言，受到普通话这种强势方言的影响，就可能向着普通话做趋同变化。本来读边音儿化韵的方言，就有可能向着卷舌儿化韵的读音方向发展。之所以这样说还有一个间接证据，在边音儿化变音系统中，儿化变音

---

① 刘振平：《儿韵和儿化韵的实验分析》，《汉语学习》2008 年第 6 期。

的读音有新老派，或者说老年人与青年人的区别。在许多方言中，老年人的读音还保留着边音韵尾式读音，青年人的读音已经变成了卷舌儿化韵的读音，其中一个重要原因是，年轻人更容易受到新生事物的影响，尤其是在语言方面，许多年轻人由于受教育程度高，更易受普通话的影响。

正是由于以上两方面的原因，我们认为伴有增音的儿化音是卷舌儿化韵与声母音姿协调的结果。这和马照谦先生研究的结果一致，但是马先生这个结论的获得是基于一个假设："这些方言的儿化后缀的底层语音形式并非卷舌边音……'中缀'儿化方言的儿化后缀的底层表达式应该仍为[ər]（Yu 2004）也提出，平定方言儿化后缀底层语音形式为卷舌元音。"① 马先生认为之所以这些儿化韵的读音中有增音，是因为儿化韵的底层"儿"音就是卷舌元音。而为什么认定其是卷舌元音呢？因为它的儿化音读音与边音儿化音的读音不同，我们认为这个观点有待商榷。这些产生增音的儿化读音形式，的确是卷舌儿化韵与声母音姿协调的结果，在这一点上我们没有异议，我们持不同观点的是，这种读音形成时，与前行音节合音的"儿"不是[ər]，它应该是边音[l]，最终出现的这个卷舌儿化韵，不是合音的最初形式，而是在边音韵尾式儿化韵的基础上，又进一步发展变化的结果，也就是说和这些音节合音的"儿"音是卷舌边音无疑，而不是像马先生所说的是一个卷舌元音[ər]。因为此时虽然韵母已经变成了卷舌儿化韵，但是并不是[ər]影响的结果，而是同样具有卷舌特征的边音[l]语音特征的残留。这时的"X-儿"音已经发展到了伴有增音儿化音的阶段，与单纯变韵式儿化音阶段相比，已经前进了一步，这也是在河北一些方言中，无论是边音韵尾式儿化音，还是伴有增音的儿化音，它们都不能涵盖所有的音节，只能在部分音节中存在的原因，它表现

---

① 马照谦：《汉语方言儿化韵的发音音系学分析》，博士学位论文，上海师范大学，2007年。

的是语音发展的两个连续阶段。而且从这些产生增音的方言的"儿"音来看，它在单独使用时大部分仍为边音类音值，我们说儿化音是"儿"音与前行音节合音的结果，那么就很难解释为什么与前行音节合音的不是现在仍读边音的"儿"音，当然可以说合音时"儿"音与现在的"儿"音不同。但是通过我们前期的研究表明，边音儿音值应该是比卷舌元音儿音值处于稍早的发展阶段，合音时"儿"音已经发展成了卷舌元音了，那么单说为什么又复古了呢？这显然是不符合事物发展规律的，是解释不通的，因此我们赞同马照谦先生的结论，不赞同他的立论基础。

马照谦先生在他的博士学位论文中详细分析了增音产生的原因及声母与卷舌韵母的音姿协调方式，这些分析我们认为是很有道理的。他认为，"声母与卷舌韵母音姿不同步是音段插入的根本原因，这种不同步的音姿协调方式为：ALIGN(C，release – offset，ər，target)"[①]，他同时还认为，"插入音段的音值与儿化后缀的语音性质有密切的关系，如果没有关系，那么闪音和边音就成了一种自由变体，其插入也就没了限制"[②]。这些分析都是非常精辟和合理的，这也同样适用于河北方言儿化读音的情况，我们非常赞同马先生的分析。

在河北方言中，伴有增音儿化音插入的音值主要有三种情况：舌尖前闪音 ɾ、舌尖后闪音 ɽ 和边音 l。马先生在分析闪音插入时说："无论是卷舌闪音 [ɽ] 还是非卷舌闪音 [ɾ] 都有可能成为插入音段，对此的选择具有一定的倾向性，这种倾向性不仅表现在不同的方言上，同时也存在于说话者个体身上。从整个汉语音位系统看，闪音（卷舌或非卷舌）不具有音位性，再加上此处只是一个过渡性质的音段，所

[①] 马照谦：《汉语方言儿化韵的发音音系学分析》，博士学位论文，上海师范大学，2007年。
[②] 马照谦：《汉语方言儿化韵的发音音系学分析》，博士学位论文，上海师范大学，2007年。

第三章 河北方言中"X-儿"形式音变的过程及发生机制

以总体上,我们认为:不管是[ɾ]还是[r],都只具有发音上的意义,没有感知上的区别,可以将增生的音段看作闪音"①,同时还详细分析了闪音插入的音姿协调方式,在此不再重复,我们也非常赞同马照谦先生的分析。对于马先生关于边音插入的分析我们有一些异议,马先生认为:"平定和阳谷方言儿化韵中插入的是非卷舌边音[l],而卷舌的[ɭ]只是一个变体,两者之间没有音位感知上的差异"②,原因是舌尖声母"除阻到[ɭ]开始卷舌之间出现了音姿上的空隙,这个空隙可以是发音上的停顿,也可以是一个过渡的 schwa,但不管是哪一种,都不是汉语所允许的音节结构"③,这种分析对于平定这个单点方言的读音来看可能是正确的,如果拿河北方言的儿化音来看,它有一些不同。因为在河北方言中除了伴有增音儿化读音形式外,同时还有部分音节同时发生了声韵双变现象。在河北方言中有边音插入的方言涉及元氏方言和曲周方言。在元氏方言中,舌尖后声母 tʂ、tʂʻ、ʂ 与没有介音的韵母和有 u 介音的韵母(含 u 韵母)组成的音节,儿化时,声母后增加边音 ɭ,同时声母发音部位发生变化,变成舌面中音或舌根音④。边音声母的音节,声母后增加边音 ɭ,同时声母变成 ʐ。在曲周方言中,舌尖后声母 tʂ、tʂʻ、ʂ 与有 u 介音的韵母(含 u 韵母)组成的音节,儿化时,声母后增加边音 ɭ,声母 tʂ、tʂʻ、ʂ 变成舌叶音 tʃ、tʃʻ、ʃ。同时,舌尖后音声母 tʂ、tʂʻ、ʂ 与没有介音的韵母组成的音节,声母后不增音,只是由 tʂ、tʂʻ、ʂ 变成舌叶音 tʃ、tʃʻ、ʃ。唇音声母 p、pʻ、m 和没有介音的韵母组成的音节,舌根音声母 k、kʻ、x 与没有介音的韵母组成的音节,在儿化时,发声母的同时,舌尖上卷,形成一

---

① 马照谦:《汉语方言儿化韵的发音音系学分析》,博士学位论文,上海师范大学,2007年。
② 马照谦:《汉语方言儿化韵的发音音系学分析》,博士学位论文,上海师范大学,2007年。
③ 马照谦:《汉语方言儿化韵的发音音系学分析》,博士学位论文,上海师范大学,2007年。
④ 变成什么音值,有地域的不同,在城关槐阳镇变舌面中音,在姬村镇变舌根音。

个复合辅音。马先生之所以否认插入的音段是卷舌音，因为他认为，"'中缀'儿化的方言之所以插入一个音段，是为了避免舌冠音与卷舌音的发音冲突，如果再插入一个发音和感知上都倾向于卷舌的音段，这将无助于冲突的解决，所以，这些方言没有选择近音 [ɹ] 作为插入的对象，同时，这也是我们反对将插入音段定性为卷舌闪音 [ɽ] 和卷舌边音 [ɭ] 的原因"①，从河北方言儿化的读音来看，插入的确实是卷舌边音，它解决的办法是声母发音部位发生变化，变成一个容易与卷舌音同步的声母，尤其是边音 l 声母的音节，它本身是一个不卷舌的边音，在插入卷舌边音后变成一个卷舌的声母 [ʐ]，这充分说明了其后的插入音段是一个卷舌音。同样在插入卷舌闪音的方言中，它也有声母发音部位的变化，我们可以说这可能是河北方言不同于平定方言解决音姿协调的方式造成的。

  我们说伴有增音的儿化音是声母与卷舌儿化韵音姿协调时，由于发音上的冲突，很难完成音姿高台的同步，从而出现音姿空隙造成的，还有一个证据。我们来看河北各方言的具体音值情况，可以看到，无论是卷舌儿化变音系统还是边音儿化变音系统，伴有增音现象的音节，增音的出现条件以及位置，都和声母本身的音值和其后有没有介音等条件有关。有增音的音节基本上集中在舌尖前音 ts、ts'、s，舌尖中音 t、t'、n、l，舌面音 tɕ、tɕ'、ɕ 和零声母音节，在声母相同的情况下，如零声母音节，没有介音的韵母和有 u 介音的韵母（含 u 韵母）没有增音现象；而在有 i 介音的韵母（含 i 韵母）和有 y 介音的韵母（含 y 韵母）的音节则有介音后增音现象。在没有介音的韵母和有 u 介音的韵母（含 u 韵母）的音节，如果声母是舌尖前音 ts、ts'、s 和舌尖中音 t、t'、n、l，即有舌尖 [+前] 特征的，就会产生增音；如果声母是舌尖后音 tʂ、tʂ'、ʂ、ʐ，就不产生增音。增音的位置和介音的音值有

---

① 马照谦：《汉语方言儿化韵的发音音系学分析》，博士学位论文，上海师范大学，2007 年。

关，介音为前高元音 i、y 的音节，增音的位置在介音后；介音为后高元音 u 或无介音的音节，增音的位置在声母后。如下列儿化词的读音①：印儿 [iɭər]，影儿 [iɭə̃r]，芽儿 [iɭar]，字儿 [tsɭər]，刺儿 [tsʻɭər]，丝儿 [sɭər]，刀儿 [tɭaur]，凳儿 [tɭə̃r]，洞儿 [tɭuə̃r]，面条儿 [mia tʻiɭor]，地儿 [tiɭər]，调儿 [tiɭor]。通过马照谦先生的研究我们可以知道，"辅音中可以和卷舌音共存的辅音主要是唇音和舌根音（包括卷舌的辅音），不能和卷舌韵母共存的辅音主要是舌冠音，塞音共存程度最差，其次是塞擦音，再次是擦音"②。当然舌冠音除了辅音中的舌尖前音 ts、tsʻ、s，舌尖中音 t、tʻ、n、l 和舌尖后音 tʂ、tʂʻ、ʂ，舌面音 tɕ、tɕʻ、ɕ 外，还包括舌冠元音 i 和 y，因为这些辅音或元音在发音上与卷舌儿化韵存在发音部位上的冲突，所以很难达到音姿高台的同步，解决的方式之一就是增加过渡的音段，当然还有另外一种解决方式就是发音部位发生变化，这种方式我们在下文分析声韵双变儿化音的形成时再探讨。从河北方言伴有增音的儿化音主要集中在舌尖前音 ts、tsʻ、s 和舌尖中音 t、tʻ、n、l，以及介音 i、y 后的情况看，正好都是与卷舌儿化韵有发音冲突的音节，所以我们说增音的原因是声母和卷舌韵母发音冲突，它们的音姿高台不同步，存有插入过渡音的空间。

那么为什么音段插入的音值会有闪音和边音两种性质的音段呢？马先生也进行了分析，他认为，"闪音是舌尖快速接触或拍打齿龈，时间很短，从音姿协调看，闪音要求卷舌韵母音姿的 onset 与声母（舌冠辅音或声母 + [i] 介音）的同步点尽可能接近声母的 release 点，也就是说，从声母的 release 到卷舌韵母的 target 之间的音姿空隙尽可能小，而边音相对来说需要的时间要长一些，onset 与声母的同步点的位置应

---

① 此处儿化词的读音是赞皇方言的读音。
② 马照谦：《汉语方言儿化韵的发音音系学分析》，博士学位论文，上海师范大学，2007 年。

该更远离声母的 release 点,边音 onset 与声母的同步点离开声母 release 点的距离要大于闪音"。如图 3－14 所示。①

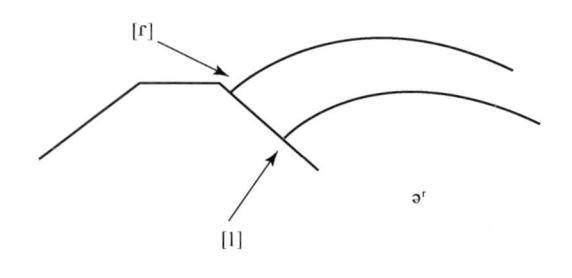

图 3－14

"这种插入不是延长了过渡,而是缩短了不卷舌声母到卷舌韵母之间的感知上的过渡,相对于北京话 [ə] 的插入,整个音节的卷舌色彩更浓,所以,儿化过程中音段的插入(包括 [ə]),除了发音外,感知因素也是一个不可忽略,需要引起重视的研究问题。"② 我们认为这个分析非常合理,增音的插入一方面是为了解决声母和卷舌韵母发音上的冲突,另一方面还要兼顾感知上的因素。因为插入边音比插入闪音所需的音姿空隙要大,所以从发音的省力原则来看,不如闪音更经济。所以我们可以在河北方言中看到,插入边音的县市较少,只有赞皇和曲周两个方言,而插入闪音的却多达三十多个方言点。另外我们还可以有一个大胆的假设:插入边音的儿化音可能是伴有增音的儿化音形成的早期阶段。其中是感知的原因占了主要地位,即在发儿化音时,由于声母与卷舌儿化韵有冲突,由于发音的提前规划机制,在发声母的同时就要为发韵母做好音姿上的准备,这就出现了一个过渡音段,这个过渡音段受了"儿"音本身的影响,首选是卷舌边音。我们

---

① 马照谦:《汉语方言儿化韵的发音音系学分析》,博士学位论文,上海师范大学,2007 年。
② 马照谦:《汉语方言儿化韵的发音音系学分析》,博士学位论文,上海师范大学,2007 年。

之所以这样推测，因为我们可以看到在河北方言中，读伴有增音的儿化音的方言，绝大多数"儿"到目前仍为边音类儿音的音值，如读 l̩，或者 lə，或者 əl，或者 l̩r 等的方言都比较多，而且读这类音值的方言，有的还有 ər 音与其共存。这两种音值或为地域的区别，或是新老派读音的差异，即使目前不读边音类儿音，从地理位置上看大部分比较接近读边音系统的这些方言，也就是说有可能它们的儿音以前也是读边音类音值的，只是后来发生了语音的演变。

四　声韵双变儿化音的形成机制分析

在河北方言中，除了伴有增音的儿化音外，还有一种比较特殊的儿化音——声韵双变儿化音。所谓的声韵双变，即在韵母读卷舌儿化韵的同时，声母也发生了相应变化，一种变化是发音部位发生转移，变成了另外一个不同音值的声母；另一种变化是发卷舌儿化韵的声母同时也发生卷舌化。从本质上看，声韵双变式儿化音的形成和伴有增音的儿化音的形成原因是一样的，也是声母和卷舌儿化韵音姿协调的结果，只不过从发音冲突上看，发生声韵双变的声母从冲突程度上弱于伴有增音儿化音的音节，所以音姿协调的方式采用了另一种方式。

从河北方言声韵双变的读音来看，声韵双变儿化音主要有两种情况：一是单纯声母发生变化。其中又有两种小类型，一种是声母变成另外一个部位的音，主要涉及的是舌尖后音声母 tʂ、tʂʻ、ʂ，边音声母 l 和舌根音声母 k、kʻ、x；另一种是发卷舌儿化韵的同时声母也卷舌化的音节，主要涉及的是唇音声母 p、pʻ、m 和舌根音声母 k、kʻ、x。二是声母发生变化的同时还伴有增音，主要涉及的声母也是舌尖后音声母 tʂ、tʂʻ、ʂ 和边音声母 l，以及舌根音声母 k、kʻ、x[①]。前面我们曾经说过，可以和卷舌特征共存的辅音有唇音 p、pʻ、m 和舌根音 k、kʻ、

---

① 前文第一章第四节"河北方言中'X-儿'形式的特殊音变现象及成因"的内容。

x，以及卷舌的辅音；可以共存的元音有后高元音 u，这些音容易与卷舌特征融合共存，所以在音姿协调时，就不会采用增加过渡音段的方式，它们的音姿高台自然同步。表现在儿化音中，这些声母或介音后可以直接加卷舌儿化韵，只是儿化韵的卷舌特征也会影响到声母，让其或多或少的发生变化：一种是声母发音部位趋向于卷舌部位，一种是发韵母的时候舌尖直接卷起。其中比较值得我们关注的是，声母发生变化的同时还伴有增音的这种情况，我们前面说了既然与卷舌儿化韵冲突厉害的舌冠音可以采用增加过渡音段的方式，来完成音姿高台的同步，那么发音上冲突不大的也可以采用这种音姿协调方式，这些声母在增加卷舌过渡音段的时候，由于与卷舌音没有冲突或冲突不大，所以同时声母也可以先发生卷舌化，从而导致声母从听感上出现了发音部位的变化。

在元氏姬村镇的方言中，原声母为边音 l 的音节儿化后边音 l 变成卷舌音 ʐ，而且有在其后增加一个 [ɭ] 音的现象，如：蜡儿 [ʐɭar]，楼儿 [ʐɭəur]，摞儿 [ʐɭuər]，亮儿 [ʐɭãr]，棱儿 [ʐɭə̃r]，篮儿 [ʐɭər]。在元氏姬村镇方言中，部分翘舌音声母的有 u 介音的韵母（含 u 韵母）音节儿化后声母变成舌根音 k、kʻ，并增加边音 ɭ，如：爪儿 [kɭuar]，镯儿 [kɭuər]，船儿 [kʻɭuər]，床儿 [kʻɭuar]。在元氏城关槐阳镇的方言中，翘舌音声母音节儿化后声母变成舌面中音，同时增加边音 ɭ，如：事儿 [çɭ]，树儿 [çɭu]，爪儿 [cɭuar]，镯儿 [cɭuər]，船儿 [cʻɭuɛr]，床儿 [cʻɭuãr]。从这些词的具体儿化音看，主要是边音声母和翘舌音声母，这两类声母比较特殊，由于它们都属于舌冠音，但同时又有卷舌特征，这与卷舌儿音是能共存的。但是这些语音特征与卷舌儿音太相同了，从而就会影响到声母和卷舌韵母的区分度，为了保持听感上的最小混淆度，所以它们在音姿协调时就采用了增加过渡音段的方式。但是我们知道增加的过渡音段是一个卷舌边音，韵母卷舌凸显度不够，于是声母就发生发音部位的变化，可以说这种变化是由于语音异化作用导致的。这里还需要我们解释的是，有 u 介音的韵母（含 u 韵母）的音节似乎没有与声母发生音姿协调，即增音位于介音 u 前的问题。关于这一点，马照谦先生在他的论文里论述平定方言里边音插入的位置时，曾解释了类似问题，他认为，"边音 [l] 对唇部动作没有要求，可以具有唇部特征，如展唇或圆唇，边音的唇部特征都来自它与声母 [kʷ] 的协调关系（音姿重叠）；无论从发音还是感知上看，[-lʷɐr] 和王（1994）的标音 [-lurɐr] 都是一样的"①。河北方言的读音情况也是如此，我们上面关于元氏方言的标音采用的是宽式标音，从语音感知上看，它与严式标音的爪儿 [kʷlar]，镯儿 [kʷlər]，撂儿 [ʐʷlər] 没有区别。

综上所述，我们认为河北方言儿化变音有三种情况：一是单纯变韵式儿化音，二是伴有增音的儿化音，三是声韵双变的儿化音。它们反映了儿化音形成的两个阶段，第一个阶段是单纯变韵式儿化音的形成；第二个发展阶段就是伴有增音的儿化音和声韵双变的儿化音。第一个阶段是"儿"音尾与前行音节韵母音姿协调的结果，当然在此之前，前行音节内部声母和介音、韵母和介音先经过了内部音姿协调。第二个阶段是声母与卷舌儿化韵音姿协调的结果。无论是在哪个阶段，音姿协调时遵循的都是"可共存发音的同时性调整原理"，即音姿协调的方式视两个音姿能否自然达到重叠，也就是两个音素在发音上有没有冲突，在有冲突的情况下，还要看冲突的大小程度来决定两个音姿采用什么样的协调方式。换句话说，河北三大儿化变音系统的儿化音都是在"可共存发音的同时性调整原理"的制约下，相邻音段音姿协调的结果，其中既有发音的省力原则的驱动，同时也有感知因素在起作用。

---

① 马照谦：《汉语方言儿化韵的发音音系学分析》，博士学位论文，上海师范大学，2007 年。

第四章　河北方言中功能性变音的共性及类型学意义

第一节　河北方言除"X-儿"以外的其他功能性音变

在河北方言里,除了少数来源于语音性音变的"X-儿"形式外,绝大多数的"X-儿"形式属于功能性音变,即我们常说的具有"表小称爱"功能的儿化变音。这种音变的形成是独立承担一定语义的"儿"语素,由于语义的虚化而导致语音上一系列弱化直至合音而形成的音变,这种音变同时联系着语义、语法功能和语音变化多个层面。通过我们前期的调查发现,在河北方言中,这种功能性音变不单单有这样一种情况,除了"X-儿"形式外,类似的功能性音变,其中比较常见的现象有D变音、Z变音,还有一些量词和方位词的变音以及地名的变音等。这些变音与"X-儿"形式有着许多相似之处,为了深层次地了解"X-儿"形式所包含的功能性音变的共性特点及其类型学上的意义,我们先来探讨河北方言中"X-儿"形式以外的其他变音的情况,在比较的基础上探讨它们共性的规律和类型学意义。①

---

①　因为我们的目的是便于与儿化变音相比较,所以此处关于河北方言其他变音的情况,不是穷尽式的描写,而是选取部分方言点进行描写。

一　河北方言中的 D 变音

D 变音现象，也是官话方言中常见的一种语音现象，前人的研究多集中在河南方言和山东方言。从公开发表的成果来看，对河南方言 D 变音有过研究的，涉及的方言有获嘉①、长葛②、荥阳（广武）③、浚县④，还有山东的一些方言，如博山⑤、莒县、日照、安丘、济阳、长山⑥。关于河北方言中的 D 变音，除了曹牧春先生的《威县方言的 D 变韵》⑦和李巧兰的《河北赵县方言的 D 变音》⑧报道过，以及吴继章先生⑨在研究魏县的"了"时曾经提到过"霸州"方言有 D 变韵现象外，目前我们还没有见过其他人的报道。此处我们选取邢台县作为描写点，同时和威县方言⑩以及其他邻省的方言对比来进行描写。

（一）邢台县方言的 D 变音

1. 邢台县方言的 D 变音的读音

（1）邢台县方言的 D 变韵

据我们调查，在邢台县方言中总共有 34 个基本韵母，只有 16 个有 D 变韵，其他的韵母只有相应的 ə 变独立音尾形式，所以邢台县方言总共有 16 个变韵形式。邢台县方言的 D 变韵读音情况，见表 4-1。

---

① 贺巍：《获嘉方言研究》，商务印书馆 1989 年版。
② 赵清治：《长葛方言的动词变韵》，《方言》1998 年第 1 期。
③ 王森：《郑州荥阳（广武）方言的变韵》，《中国语文》1998 年第 4 期。
④ 辛永芬：《河南浚县方言的子变韵》，《方言》2006 年第 3 期。
⑤ 钱曾怡、张树铮：《山东方言研究》，齐鲁书社 2001 年版；陈宁：《山东博山方言的子变韵及相关问题》，《方言》2006 年第 4 期。
⑥ 李仕春、艾红娟：《山东方言里的一种语法变调》，《方言》2009 年第 4 期。
⑦ 曹牧春：《河北威县方言的 D 变韵》，《语言学论丛》2007 年第 36 辑。
⑧ 李巧兰：《河北赵县方言的 D 变音》，《语文研究》2013 年第 3 期。
⑨ 吴继章：《河北魏县方言的"了"——与汉语普通话及其他相关方言、近代汉语等的比较研究》，《语文研究》2007 年第 3 期。
⑩ 威县的材料我们主要引自曹牧春先生的论文。

表 4-1　　　　　　　　　　邢台县方言的 D 变韵

变韵音	例子	变韵音	例子	变韵音	例子	变韵音	例子
aːə	拉ᴅ拔ᴅ	iaːə	下ᴅ掐ᴅ	uaːə	花ᴅ刷ᴅ		
ɤːə	折ᴅ扯ᴅ			uoːə	多ᴅ搓ᴅ		
əːr	跟ᴅ喷ᴅ	iːr	擒ᴅ赁ᴅ	uəːr	混ᴅ轮ᴅ	yəːr	晕ᴅ熏ᴅ
āːə	绑ᴅ尝ᴅ	iāːə	降ᴅ抢ᴅ	uāːə	汪ᴅ诳ᴅ		
əːə	瞪ᴅ省ᴅ	iəːə	迎ᴅ钉ᴅ	uəːə	哄ᴅ拢ᴅ	yəːə	拥ᴅ熊ᴅ

（2）邢台县方言 D 变调

在邢台县方言中，D 变音的声调是一个长曲折调形式，原来四个调类的调值，在 D 变音中有以下具体调值情况。

阴平　243　拉ᴅ花ᴅ喷ᴅ多ᴅ掐ᴅ　　阳平　522　提ᴅ迎ᴅ尝ᴅ赔ᴅ轮ᴅ
上声　522　哄ᴅ讲ᴅ省ᴅ绑ᴅ抢ᴅ　　去声　311　去ᴅ下ᴅ混ᴅ瞪ᴅ问ᴅ

2. 邢台县方言 D 变音的类型

我们将邢台县方言 D 变音从变韵、变调两个方面，与基本音系进行比较，以便我们更好地看到它的变音特点。

（1）D 变韵的类型

邢台县方言的 D 变韵从数量上，大大少于赵县方言的 D 变韵，所以与基本韵母相比，邢台县方言 D 变韵的类型也较简单，只有两种类型。可以分成主要元音长化并增音型和主要元音长化并卷舌型两种类型。

第一，主要元音长化并增音型。

主要元音长化并增音型变韵，主要涉及基本音系中的无尾韵母和后鼻音尾韵母，但不包括舌尖元音和高元音韵母，它的音值是在基本韵母主元音变成长元音之后，再增加一个元音 ə，这种变韵共有 12 个，例如：

第四章 河北方言中功能性变音的共性及类型学意义

aːə<①a　iaːə<ia　uaːə<ua　ɤːə<ɤ　uoːə<uo　ãːə<aŋ
iãːə<iaŋ　uãːə<uaŋ　ə̃ːə<əŋ　iə̃ːə<iŋ　uə̃ːə<uəŋ　yə̃ːə<yŋ

第二，主要元音长化卷舌型。

除了上面提到的 12 个韵母外，基本韵母为前鼻音尾韵母的，它的 D 变韵形式是基本韵母的主要元音由短元音变成鼻化长元音，同时附加卷舌动作，这种读音类型的韵母有 4 个，例如：

ə̃ːr<ən　iə̃ːr<iən　uə̃ːr<uən　yə̃ːr<yən

第三，其他 18 个韵母没有 D 变音。

邢台县方言中当基本韵母为上述 16 个基本韵母以外的韵母时，在其后附加一定的语法意义时，没有变韵形式，而是采用加"相应 ə 音尾"的形式来加以表达。所谓"相应 ə 音尾"，它的读音形式随韵母的末尾音素的不同而有所不同，对应关系如下：

ⁱə–②i ai uai ei ueiɛ iɛ uɛ yɛ　ᵘə–u au iau ou iou　ʸə–y
ʅə–ʅ
ɿə–ɿ

在这些读音中，其中增加的音素，发音时时长较短，类似于弱化的韵头形式，所以我们在标注时，标成了上标的形式。

（2）D 变调与基本声调的关系

从调类看，邢台县方言基本声调有四个调类，邢台县方言的 D 变调与基本声调不同，其中阳平和上声的 D 变调出现了合并的现象，最后四个声调有三种调值，合并成三个长曲折调的形式，有以下具体情况。

243<24（阴平），522<53（阳平），522<55（上声），311<31（去声）。

（二）邢台县方言 D 变音的语法功能

邢台县方言 D 变音从语法功能上说，大体上相当于普通话的持续

---

① 此符号连接的两部分，前面是变韵韵母的读音，后面的音为基本韵母读音，下文同此。
② "–"前后两部分，前面的部分是增加的独立音尾的读音，后面的音为基本韵母读音。

体标记"着"、完成体标记"了₁"、终点格标记"到"和处所格标记"在"的语法功能,例如:

普通话	邢台县方言
下了₁一下午雨了₂。	下ᴰ一下午雨 lɛ。
水瓢扔到井里了₂。	水瓢扔ᴰ井里 lɛ。
你把碗放在桌子上。	你把碗放ᴰ桌ᶻ上。①
桌子上放着一个碗。	桌ᶻ上放ᴰ一个碗。

通过比较普通话与邢台县方言的几个例句,可以看出邢台县方言的 D 变音相当于"了₁""到""在""着"的功能,但两者在用法上又有不同,并不是普通话中的这些虚成分都能用 D 变音替换,除了语音的限制外,还有句法特点上的不同,我们将两者对比来分析它们的具体情况。

1. 相当于北京话的完成体标记"了₁"

在普通话里,"了"有"了₁""了₂"用法上的区分,但是从读音上两者区分不开;邢台县方言与普通话不同,"了₁"和"了₂"的"了"在读音上有区别,如"了₁"读 lau 或有 D 变音,"了₂"读 lɛ,没有 D 变音形式。但邢台县方言的 D 变音在功能上相当于普通话的"了₁",但两者并不是总能替换,还要根据句法环境具体分析。北京话用"了₁"的地方,在邢台县方言中并不能统一换成 D 变音表示。

(1) 用在"V+了₁+宾语"句中,相当于完成体标记

普通话中"V+了₁+宾语"句中的"了₁",在邢台县方言中都可以替换成 D 变音的形式,表示动作行为的完成,句中的动作行为可以是已然的,也可以是未然的,如:

---

① 桌ᶻ表示它是"子"变韵的形式,因为在邢台方言里,有些韵母有子变韵形式。

例1：他泼^{D}我一身水。他泼了我一身水。

例2：小明上^{D}学校就变样lɛ。小明上了学校就变样了。

例3：张红一不小心打^{D}一个碗。张红一不小心打碎了一个碗。

(2) 用在"了$_1$"和"了$_2$"共现的句子

位于句尾的"了"，有两种情况，一种情况是相当于一个语气词，另一种情况是相当于"了$_{1+2}$"，相当于"了$_2$"的不能用D变音，相当于"了$_{1+2}$"的也不读D变音。而不位于句尾的"了$_1$"，都能用D变音的形式，来表示完成体意义，如：

例4：我缝^{D}衣裳lɛ。我缝了衣裳了。

例5：我做^{D}饭lɛ。我做了饭了。

例6：我们进^{D}货lɛ。我们进了货了。

例7：衣裳他缝lɛ。衣裳他缝了。

例8：饭他做lɛ。饭他做了。

例9：货我们进lɛ。货我们进了。

例4—例6中相当于"了$_1$"的位置可以用变音，相当于"了$_2$"的位置只能用lɛ。例4—例9中句末的lɛ在功能上相当于"了$_{1+2}$"，此处不可以用D变音形式。

以下句子例10—例12，在邢台县方言中不成立，其中的原因可能正如辛永芬先生在对浚县方言的动词变韵进行分析时，所指出的那样。"了$_1$"和"了$_2$"的合并在前，动词变韵发生在后①。

例10：衣裳他缝^{D}lɛ。

例11：饭他做^{D}lɛ。

---

① 辛永芬：《河南浚县方言的动词变韵》，《中国语文》2006年第1期。

例12：货我们进ᴰlɛ。

有一点是值得我们特别注意的，虽然"了₁"能用 D 变音替换，"了₂"不能变成 D 变音，但是并不意味着"了₂"的读音是不变的，不同的句类中，"了₂"的读音也是不同的。上面的例子是在陈述句中的情况，如果是在疑问句或祈使句中，"了₂"或"了₁₊₂"的读音与陈述句是有差别的，在疑问句中，它一般读 lau，如：

例13：你缝ᴰ衣裳 lau？你缝了衣裳了？——缝 lɛ。缝了。
例14：他做ᴰ饭 lau？他做了饭了？——做 lɛ。做了。
例15：你们进ᴰ货 lau？你们进了货了？进 lɛ。进了。

在祈使句中，位于句末的"了₂"有两种读音，不管哪种读音，一律不能换成 D 变音，不同的读音表达的句子意思不同，如：

例16：piau① 拔 lau！（"拔"这个动作还没开始，提醒小心避免这个动作的发生）。
例17：piau 拔 lɛ！（"拔"这个动作已经在进行的过程中，要求停止进行）。
例18：piau 洒 lau！（"洒"这个动作还没开始，提醒小心避免这个动作的发生）。
例19：piau 洒 lɛ！（"洒"这个动作已经在进行的过程中，要求停止进行）。

（3）用于含有数量成分的句子

句中的数量成分既可以是名量成分，也可以是动量成分，还可以是指量成分和时量成分。当句中的数量成分是名量成分或指量成分时，

---

① piau 是"不要"的合音形式，下文与此同。

D 变音表示动作的完成，如：

例 20：他擦^{D}一面墙。他擦了一面墙。
例 21：我喝^{D}一口水。我喝了一口水。
例 22：他押^{D}一块钱。他押了一块钱。
例 23：他赁^{D}一间屋^Z。他租了一间屋子。

当句中 D 变音后用的是动量成分时，动量成分表示动作的次数，如：

例 24：他爹打^{D}他一顿。他爹打了他一顿。
例 25：说^{D}两遍。说了两遍。
例 26：着刀捅^{D}他两刀。用刀捅了他两刀。

当句中 D 变音后用的是时量成分时，时量成分表示动作经历的时间，如：

例 27：他骂^{D}一下午。他骂了一下午。
例 28：你站^{D}快两个钟头。你站了快两个小时。
例 29：他躺^{D}一天。他躺了一天。
例 30：又过^{D}一天。又过了一天。

在含有数量成分的句子中，产生 D 变音的如果是形容词性成分，则表示某种情况的实现，如：

例 31：你好像年轻^{D}好几岁。你好像年轻了好几岁。
例 32：半年没见他胖^{D}大概十斤。半年没见他胖了大概十斤。
例 33：衣服长^{D}一大截。衣服长了一大截。
例 34：钱多^{D}好些。钱多了很多。

（4）用于动词重叠式

在邢台县方言中，重叠式动词如果表示一个短暂动作的完成，也可以变成 D 变音的读音，这种情况下两个动词都要变成 D 变音形式，形成"V^{D}V^D"格式，如：

例 35：他说^{D}说^{D}那件事儿。他说了说那件事儿。
例 36：他用^{D}用^{D}铲^z。他用了用铲子。
例 37：他擦^{D}擦^{D}桌^z。他擦了擦桌子。

（5）用于存现句

在存现句中，存现动词表示某种情况出现了或发生了，也就是具有完成体功能的"了"出现的位置，在邢台县方言中也可以用 D 变音表示，如：

例 38：家里用^{D}一担柴。家里用了一担柴。
例 39：床上躺^{D}一个病人。床上躺了一个病人。
例 40：客厅挂^{D}一幅画儿。客厅挂了一幅画儿。
例 41：屋里坐^{D}一个人。屋里坐了一个人。

（6）用在小句中做完成体标记

在连谓谓语句中，一般来说前一个动词和后一个动词动作的发生有先后关系，如果后一个动作动词是紧跟着前一个动词表示的动作的完成而开始的，那么前一个动作动词后有"了"的地方，也同样可以用 D 变音表示完成体意义，动作动词表示的意义可以是已然的，也可以是未然的。但是后一个动词后如果也有"了"，处于句末，相当于"了$_{1+2}$"的意义，不管最后一个动作是已然的，还是未然的，此处不能用 D 变音的形式，如：

例 42：你喝^{D}水再走。你喝了水再走。（将来完成体意义）

例43：他喝ᴰ水就走lɛ。他喝了水就走了。(现在完成体意义)

例44：他擦ᴰ桌ᶻ才睡觉。他擦了桌子才睡觉。(现在完成体意义)

例45：你放ᴰ假早点回来。你放了假早点回来。(将来完成体意义)

例46：闯ᴰ祸你才跟我说。闯了祸你才告诉我。(现在完成体意义)

2. 相当于北京话的终点格标记"到"

在邢台县方言中，能用 D 变音的句子中，它的语法意义除了相当于完成体"了₁"外，还可以相当于终点格标记"到"的语法功能。"到"后面的名词有两类：一类是处所名词，一类是时间名词。时间名词表示动作行为在时间上的终止点，处所名词表示动作行为在空间上的终止点。

D 变音出现在处所名词前的情况，在邢台方言中，动作行为可以是已经发生了的，也可以是还没有发生的，例如：

例1：我把钱藏ᴰ哪儿lau？我把钱藏到哪儿了？

例2：东西你放ᴰ桌ᶻaŋ吧。东西你放到桌子上吧。

例3：他撞ᴰ门aŋ lɛ。他撞到门上了。

例4：俺把车停ᴰ那边儿lɛ。我把车停到那边儿了。

在连谓句中，如果有处所名词，D 变音也可以替换用在处所名词前的"D + 到"，同样表示动作所达到的最终位置点，如：

例5：我把你送ᴰ单位去再回来。我把你送到单位去再回来。

例6：拿ᴰ外面去扔lau。拿到外面去扔了。

3. 相当于北京话的处所格标记"在"

在邢台县方言中，D变音除了相当于完成体标记"了₁"和终点格标记"到"的语法功能外，还相当于处所格标记"在"，一般出现在方位名词前的位置，如：

例1：他被困^D屋里 lɛ。他被困在屋里了。

例2：画挂^D墙 aŋ 好看。画挂在墙上好看。

例3：菜搁^D桌ᶻaŋ 吧！菜搁在桌子上吧！

4. 相当于北京话的持续体标记"着"

第一，用在静态存现句"NL + V^D + N"中，表事物存续的状态，如：

例1：床上坐^D一个人。坐着一个人。

例2：门口卧^D一只狗。门口卧着一只狗。

例3：墙上挂^D一幅画。墙上挂着一幅画。

第二，用在一般陈述句或疑问句"S + V^D + O"中，表动作的持续，如：

例4：你先拿^D这瓶酒。你先拿着这瓶酒。

例5：你不能总想^D他的好处。你不能总想着他的好处。

其中的"O"还可以是谓词性成分，如：

例6：你跟^D他走，没错。

例7：你想^D这事咋办？

第三，用在"V_1^D/A_1^D + (O) + V_2"中，V_1^D/A_1^D + (O) 表示方式、

手段、原因、条件、伴随状态等，对 V_2 起修饰限制作用，句义是在 V_2 发生的时候，V_1/A_1 表动作或状态一直在持续，如：

例 8：他坐^{D}车来的。他坐着车来的。

例 9：他拿^{D}书走 lɛ。他拿着书走了。

例 10：他骂^{D}走 lɛ。他骂着走了。

第四，用在"$V^D + A$"中，V^D 作 A 的主语，V^D 表示人的一种主观感受，动词都是持续性动词，如：

例 11：这把椅子坐^{D}不舒服。这把椅子坐着不舒服。

例 12：这话听^{D}顺耳。这话听着顺耳。

例 13：这菜尝^{D}挺香。这菜尝着挺香。

(三) 邢台县方言中与 D 变音功能相当的两种结构形式

在邢台县方言中，不仅可以用 D 变音表示完成体、持续体意义和终点格、处所格标记，当谓词是鼻音尾韵母时，也可以用另外一种形式表示相同的语法意义，这种结构形式就是在谓词后面加上"相应的 ə 变体形式"，包括 ⁱə、ᵘə、ʸə、ᶜə、ᶦə、ᵑə、ᵚə。具体后面加哪个变体，条件是受谓词的语音限制的，要看谓词是以什么音素结尾的，然后加上相应的变体形式，分为两种情况。

第一，"韵母为鼻音尾的谓词 + ⁿə/ᵑə"与 D 变音并存。

在邢台县方言中，韵母为鼻音尾的谓词的 D 变音都能换成"动词/形容词原形 + ⁿə/ᵑə"结构形式，其中前鼻音尾韵母换成 ⁿə，后鼻音尾韵母换成 ᵑə，而句子意思不变，如：

例 1：你想ⁿə这事咋办？↔你想^{D}这事咋办？

例 2：他被困ⁿə屋里 lɛ。↔他被困^{D}屋里 lɛ。

例 3：东西你放ⁿə桌ᶻaŋ 吧。↔东西你放ᴰ桌ᶻaŋ 吧。

例 4：你放ⁿə假早点回来。↔你放ᴰ假早点回来。

例 5：你们进ⁿə货 lau？↔你们进ᴰ货 lau？

例 6：再闹，把你送ⁿə你姥爷 a 去。↔再闹，把你送ᴰ你姥爷 a 去。

第二，"谓词+ⁱə/ⁿə/ʸə/ᵗə/ᶜə"时，没有 D 变音的形式，但其表示的语法意义也是完成体、持续体意义和终点格、处所格标记，具体后面加哪个音尾，也是依前面谓词韵母结尾的音素而定的，如：

例 7：起ⁱə风 lɛ。起了风了。

例 8：这本书我读ⁿə三遍。这本书我读了三遍了。

例 9：你呲ʸə个牙，真难看。你呲着个牙，真难看。

例 10：他跑ⁿə北京了！他跑到北京了！

例 11：他举ʸə个手，像个啥？他举着个手，像什么？

例 12：这菜吃ᵗə不好吃。这菜吃着不好吃。

D 变音是用语音的变化来表示一定的语法意义的现象，它产生的直接原因和动词、形容词后的虚成分有关。其中 D 变音与独立音尾式并存的情况，据被调查人说，当说话语速较慢时或表示强调时，谓词为鼻音尾韵母的音节，一般虚成分读ⁿə或者ᵒə；而当语速较快时，就用 D 变音。但是当它的语法意义相当于"到"和"在"时，更多的情况下是用 D 变音，独立音尾较少用，有些人甚至已经不用了。而其他韵母的音节只有一种形式，或者是 D 变音，或者是谓词后再加独立音尾表一定语法意义。

二 河北方言中的 Z 变音

在河北方言中，有 D 变音现象的县市不一定会同时存在 Z 变音现

第四章 河北方言中功能性变音的共性及类型学意义

象,如赵县方言只有 D 变音,而"子"尾还作为一个独立轻声音节存在,即子尾词还没有合音产生。邢台县方言则既有 D 变音又有 Z 变音,故我们在描写 Z 变音时,选取了邢台县方言和沙河方言两个点进行描写。

(一) 邢台县方言的 Z 变音

1. 邢台县方言的 Z 变音的读音情况

(1) 邢台县方言的 Z 变韵

在邢台县方言音系中,有 34 个基本韵母,其中只有 9 个有 Z 变韵,其他的韵母只有相应的 ə 变独立音尾形式,所以邢台县方言共有 9 个变韵形式,邢台县方言的 Z 变韵读音情况,见表 4-2。

表 4-2　　　　　　　邢台县方言的 Z 变韵

变韵音	例子	变韵音	例子	变韵音	例子
aːə	麻^Z 把^Z	iaːə	瞎^Z 鸭^Z	uaːə	爪^Z 袜^Z
ɤːɤ	盒^Z 格^Z	uːə	屋^Z 柱^Z	uoːə	脖^Z 锁^Z
ãːə	房^Z 嗓^Z	iãːə	样^Z 箱^Z	uãːə	状^Z 筐^Z

(2) 邢台县方言的 Z 变调

邢台县方言四个调类,在 Z 变调中有三个不同调值,而且调值与邢台县的 D 变调相同,其中阳平调类和上声调类的 Z 变调调值相同,合并成一个,从调形上,三个 Z 变调都是一个长曲折调形式,有以下具体调值情况。

阴平　243　桌^Z 沙^Z 车^Z 瞎^Z 夹^Z

阳平　522　麻^Z 芽^Z 婆^Z 镯^Z 蛾^Z

上声　522　嗓^Z 娘^Z 爪^Z 傻^Z 膀^Z

去声　311　袜^Z 样^Z 状^Z 框^Z 个^Z

(3) 邢台县方言 Z 变音的类型

为了更好地分析邢台县方言的 Z 变音的情况，我们同样采用与基本音系的韵母和声调对照的方式来进行分析。

第一，Z 变韵的类型。

在邢台县方言中，产生变化的 9 个基本韵母，我们从音值上与基本韵母对照，可以将其分成两种类型：元音长化并增音型、主要元音鼻化并增音型。

首先，元音长化并增音型。属于元音长化并增音型变化的 Z 变韵，所涉及的是基本韵母中的无尾韵母，但是不包括舌尖元音和高元音韵母，它的读音情况是原来韵母的元音变成长元音，如果是复合元音则主元音变成长元音，在长元音后再增加一个央元音 ə 的音值，这种读音类型的变韵共有 6 个，与基本韵母的对应情况如下：

aːə < [①] a　iaːə < ia　uaːə < ua　ɤːə < ɤ　uoːə < uo　uːə < u

其次，主要元音鼻化并增音型。属于主要元音鼻化并增音型的 Z 变韵，所涉及的主要是主元音为低元音的后鼻音尾韵母，它的变韵的读音情况是原来韵母的鼻尾丢掉，主要元音变成鼻化元音，同时增加一个元音 ə，这种类型的变韵有 3 个，与基本韵母的对应情况如下：

ãːə < aŋ　iãːə < iaŋ　uãːə < uaŋ

最后，其他 25 个韵母没有 Z 变音。邢台县方言中当基本韵母为上述 9 个基本韵母以外的韵母时，在其后附加一定的语法意义时，没有变韵形式，而是采用加"相应 ə 音尾"的形式来加以表达，所谓"相应 ə 音尾"，它的形式随韵母的末尾音素的不同而有所不同，与基本韵母的对应关系如下：

[①] 此符号连接的两部分，前面是变韵韵母的读音，后面的音为基本韵母读音，下文同此。

ʸə－y   ˠə－ɿ   ˠə－ɿ   ⁱə－i ai uai ei uei ɛ iɛ uɛ yɛ   ᵘə－au iau
ou iou   ⁿə－ən neɨ neun neɤ   ᵁə－e₀   yŋ ũn iŋ un yŋ

第二，Z 变调与基本声调的关系。

从调值看，邢台县方言的 Z 变调与基本声调不同，合并成三个长曲折调的形式，具体调值情况如下：

243＜24（阴平），522＜53（阳平），522＜55（上声），311＜31（去声）。

2. 邢台县方言 Z 变音的语法功能

邢台县方言 Z 变音从语法功能上说，大体上相当于北京话名词后的"子缀"，例如：桌ᶻ桌子、沙ᶻ沙子、房ᶻ房子、嗓ᶻ嗓子、屋ᶻ屋子、柱ᶻ柱子。

邢台县方言中的 Z 变音，与北京话的"子缀"相比，构词能力更强，可以用于不成词的语素后构成名词，如：桌ᶻ、鸽ᶻ、谷ᶻ、脖ᶻ、沙ᶻ。

邢台县方言中的 Z 变音，可以用于动词、形容词后构成名词，如：傻ᶻ、胖ᶻ、辣ᶻ、擦ᶻ。

在北京话中不加"子"的，在邢台县方言有 Z 变音形式，如：麦芒ᶻ麦芒、疙瘩ᶻ疙瘩、结巴ᶻ结巴、澡堂ᶻ洗澡池、窝ᶻ窝。

邢台县方言中的 Z 变音，对应着北京话中其他的非子缀词，如：棒ᶻ玉米、蝎虎ᶻ壁虎、豁ᶻ豁口、牙花ᶻ牙龈、电棒ᶻ手电筒、耳巴ᶻ耳光、戏匣ᶻ收音机、车ᶻ自行车。

邢台县方言中的 Z 变音，还可以用于人名，如：王亮ᶻ、刘洋ᶻ、李芳ᶻ、张亚ᶻ。同时也可以用于人的小名、绰号等，如：刘罗锅ᶻ、二麻ᶻ、强ᶻ、小张ᶻ、小亮ᶻ。

邢台县方言中的 Z 变音，还可以用于数量结构，如：一帮ᶻ、一堡ᶻ、一窝ᶻ、一趟ᶻ、一桌ᶻ、一筐ᶻ、一摞ᶻ、一码ᶻ、一盒ᶻ。

邢台县方言中的 Z 变音，还可以用于某些固定结构，如：囫囵个ᶻ、当家ᶻ、肠ᶻ肚ᶻ格朗鼓ᶻ、半大ᶻ、（前/后）半响ᶻ。

3. 邢台县方言 Z 变音的平行结构

在邢台县方言中，不仅可以用 Z 变音表示北京话"子缀"的语法意义和功能，而且还可以像北京话那样用独立音尾式的读音来起这种作用。这些独立音尾与北京话不同的是，它可以随前面的音节的不同，读音有变化，而不像北京话是一个固定轻声 tsɿ 音尾。但是这些音尾的变化是有规律的，它随前面音节的不同，在后面加上"相应的 ə 变体形式"，包括 ^{i}ə、^{u}ə、^{ɣ}ə、^{ɿ}ə、^{n}ə、^{ŋ}ə，具体后面加哪个变体，条件是受前面词的语音限制，要看前面词是以什么音素结尾的，然后加上相应的变体形式，分为两种情况。

（1）Z 变音与独立音尾式读音并存

前面的词韵母为后鼻音尾且主元音为低元音的，后面加"^{ŋ}ə"与 Z 变音并存，两种形式随意替换，意义不变。一般情况是语速快时，用 Z 变音；语速慢或表示强调时，用"^{ŋ}ə"音尾。如：bã ə^{311}/baŋ$^{31\,ŋ}$ə$^{0}_{棒子}$、iã ə^{311}/iaŋ$^{31\,ŋ}$ə$^{0}_{样子}$、kʻuã ə^{243}/kʻuaŋ$^{24\,ŋ}$ə$^{0}_{筐子}$、tʂʻã ə^{522}/tʂʻaŋ$^{53\,ŋ}$ə$^{0}_{肠子}$、tʂʻã ə^{522}/tʂʻaŋ$^{55\,ŋ}$ə$^{0}_{厂子}$。

（2）只有独立音尾式读音，没有 Z 变音形式

当前面词的韵尾为除低元音外的后鼻音尾、前鼻音尾、i 尾韵、u 尾韵，以及舌尖元音时，没有 Z 变音的形式，可以加"+^{ŋ}ə/^{n}ə/^{i}ə/^{u}ə/^{ɣ}ə/^{ɿ}ə/^{ʅ}ə"表示与 Z 变音相同的语法意义，具体后面加哪个音尾，也是依前面词的韵母结尾的音素而定。

第一，当前面的词是 ŋ 音素结尾的音节时，后面加 ^{ŋ}ə 音尾，如：ʂəŋ$^{53\,ŋ}$ə$^{0}_{绳子}$、tiŋ$^{55\,ŋ}$ə$^{0}_{钉子}$、tsuŋ$^{31\,ŋ}$ə$^{0}_{粽子}$、yŋ$^{55\,ŋ}$ə$^{0}_{蛹子}$。

第二，当前面的词是 n 音素结尾的音节时，后面加 ^{n}ə 音尾，如：tsun$^{24\,n}$ə$^{0}_{村子}$、tɕʻyn$^{53\,n}$ə$^{0}_{裙子}$、mən$^{53\,n}$ə$^{0}_{门子}$、in$^{53\,n}$ə$^{0}_{银子}$。

第三，当前面的词是 i 或 ɛ 音素结尾的音节时，后面加 ^{i}ə 音尾，如：tɛ$^{24\,i}$ə$^{0}_{单子}$、tiɛ$^{31\,i}$ə$^{0}_{垫子}$、yɛ$^{31\,i}$ə$^{0}_{院子}$、kai$^{31\,i}$ə$^{0}_{盖子}$、bei$^{31\,i}$ə$^{0}_{被子}$、kuai$^{55\,i}$ə$^{0}_{拐子}$、kuei$^{55\,i}$ə$^{0}_{鬼子}$。

第四，当前面的词是 u 韵尾结尾的音节时，后面加 ᵘə 音尾，如：tau²⁴ᵘə⁰_刀子、kəu⁵⁵ᵘə⁰_口子、tɕiau²⁴ᵘə⁰_饺子、siou³¹ᵘə⁰_袖子。

第五，当前面的词是 y 音素结尾的音节时，后面加 ʸə 音尾，如：tɕy³¹ʸə⁰_锯子、tɕy²⁴ʸə⁰_橘子。

第六，当前面的词是 ɿ 音素结尾的音节时，后面加 ᶤə 音尾，如：sɿ²⁴ᶤə⁰_丝子。

第七，当前面的词 ʅ 音素结尾的音节时，后面加 ᶤə 音尾，如：ʂʅ³¹ᶤə⁰_柿子、tʂʰʅ⁵³ᶤə⁰_池子。

4. 邢台县方言中名词的双词缀现象

在邢台县方言中，名词既可以有 Z 变音形式，也可以有"X－儿"形式，这两种变音共存于邢台县方言，也就是相当于一个词有两种变音形式，但两者表示的意义稍有差别，可以说在语义上是互补的。

一般情况下，Z 变音表示"大量"，"X－儿"形式表示"小量"。主要表现为，首先，客观的大量与小量，事物面积、体积、数量、长度、年龄等，如：蛾子—蛾儿，个子—个儿，茶缸子—茶缸儿，缝子—缝儿，绳子—绳儿，坑子—坑儿，一车子——车儿；其次，主观的大量与小量，程度的轻重、力度的大小等，如：耳刮子—耳刮儿，胆子—胆儿，一下子——下儿。

Z 变音表示贬义的感情色彩，如讨厌、否定等；"X－儿"形式表示褒义的感情色彩，如喜爱、赞扬、肯定等。如：姑子—尼姑儿；样子—样儿。

Z 变音表示贬义的感情色彩，"X－儿"形式表示中性的感情色彩，如：钻空子—钻空儿；罗锅子—罗锅儿。

Z 变音表示中性的感情色彩，"X－儿"形式表示褒义的感情色彩，如：鼻梁子—鼻梁儿。

Z 变音表示非正常的状态，"X－儿"形式表示正常的状态，如：脚脖子—脚脖儿，肩膀子—肩膀儿。

有些情况下，"X－儿"形式表示统称、类称，Z变音表示同类中"大"的事物，如：鸽儿—鸽子，兔儿—兔子，屋儿—屋子。

还有一些词有Z变音和子尾儿化词并存的情况，这些子尾儿化词，就是人们常说的双词缀词，这些词前面一般要加"小"，如小凳子儿［siau təŋ təl］，小鸽子儿［siau kɤ təl］，小蛾子儿［siau ŋɤ təl］，小锁子儿［siau suo təl］，小攮子儿［siau ŋãŋ təl］。这些双词缀词不能读Z变音，只能是"子儿"读"X－儿"形式，但其读音与同音的"字儿""籽儿"［tsəl］不同，读［təl］。这些双词缀词如果去掉"儿"和"小"依然成立，但是表大义，读Z变音的读音，如凳子［tə̃ə］，鸽子［kɤːə］，蛾子［ŋɤːə］，锁子［suoːə］，攮子［ŋãə］。

（二）沙河方言的Z变音

1. 沙河方言的Z变音的读音情况

（1）沙河方言的Z变韵

沙河方言中的34个韵母，只有5个有Z变韵，其他的韵母只有相应的ə变独立音尾形式，所以沙河方言共有5个变韵形式，沙河方言的Z变韵读音情况，见表4－3。

表4－3　　　　　　　　沙河方言的Z变韵

变韵音	例子	变韵音	例子	变韵音	例子
ɒːə	麻ᶻ 把ᶻ	iɒːə	瞎ᶻ 鸭ᶻ	uɒːə	爪ᶻ 袜ᶻ
ɤːə	盒ᶻ 格ᶻ	—	—	uoːə	脖ᶻ 锁ᶻ

（2）沙河方言的Z变调

沙河方言的Z变调，调类与基本声调相同，一共有四个调类，调形也是一个长调形式，有以下具体调值情况。

阴平　423　桌ᶻ 沙ᶻ 车ᶻ 瞎ᶻ　　阳平　522　麻ᶻ 婆ᶻ 镯ᶻ 蛾ᶻ
上声　553　法ᶻ 果ᶻ 爪ᶻ 傻ᶻ　　去声/入声　322　袜ᶻ 沫ᶻ 下ᶻ 架ᶻ

2. 沙河方言 Z 变音的类型

（1）Z 变韵与基本韵母的关系

第一，5 个 Z 变韵与基本韵母。

与基本韵母相比，沙河方言 Z 变韵的发音是主要元音长化并加一个央元音 ə，这些变韵涉及了无尾韵母（除了舌尖元音和高元音韵母以外）和入声韵母等 9 个基本韵母，基本韵母主元音变成长元音后（入声韵尾消失），再增加一个元音 ə，这种变韵共有 5 个，例如：

ɒːə < ɒ、ɐʔ iɒːə < iɒ、iɐʔ uɒːə < uɒ、uɐʔ ɤːə < ɤ、əʔ oːə < uo、uəʔ

第二，其他 25 个韵母没有 Z 变音。

沙河方言中当基本韵母为上述 9 个基本韵母以外的韵母时，在其后附加一定的语法意义时，没有变韵形式，而是采用加"相应 tə 音尾"的形式来加以表达，所谓"相应 tə 音尾"，它们的形式随韵母的末尾音素的不同而有所不同，对应关系如下：

tə –[①] i u y ʅ ai uai ei uei ɛ iɛ uɛ yɛ ʅʅ ˈə[②] – au iau ou iou   də – iən uən yən əŋ iŋ uŋ yŋ

（2）Z 变调与基本声调的关系

从调类看，沙河方言基本声调有四个调类。从调值看，沙河方言的 Z 变调与基本声调不同，合并成四个长曲折调的形式，具体情况如下：

423 < 42（阴平），522 < 53（阳平），553 < 55（上声），322 < 312（去声）/32（入声）

3. 沙河方言 Z 变音的语法功能

沙河方言 Z 变音从语法功能上说，大体上相当于北京话名词后的

---

① "–"前后两部分，前面的部分是增加的独立音尾的读音，后面的音为基本韵母读音。
② "ˈə"的上标"ˈ"表示读音短而弱。

"子缀",例如:桌^{Z}桌子、沙^{Z}沙子、鸭^{Z}鸭子、瞎^{Z}瞎子、麻^{Z}麻子、夹^{Z}夹子。

沙河方言中的 Z 变音,与北京话的"子缀"相比,构词能力更强,可以用于不成词的语素后构成名词,如:桌^Z、鸽^Z、镯^Z、脖^Z、沙^Z。

沙河方言中的 Z 变音,可以用于动词、形容词后构成名词,如:傻^Z、辣^Z、擦^Z、麻^{Z}麻子。

在北京话中不加"子",或一般用"X–儿"形式的,在沙河方言有 Z 变音形式,一般不用"X–儿"形式,如:牙刷^{Z}牙刷儿、疙瘩^{Z}疙瘩、结巴^{Z}结巴、把^{Z}把儿、窝^{Z}窝儿、脚丫^{Z}脚丫儿、裤衩^{Z}裤衩儿。

沙河方言中的 Z 变音,对应着北京话中其他的非子缀词,如:果^{Z}油条、豁^{Z}豁口、牙花^{Z}牙龈、耳巴^{Z}耳光、戏匣^{Z}收音机、车^{Z}自行车、辣^{Z}辣椒、拖舌^{Z}大舌头、戳^{Z}印章。

沙河方言中的 Z 变音,还可以用于人名,如:李华^Z、张亚^Z。同时也可以用于人的小名、绰号、姓氏等后,表达一种亲切、随意的感情色彩,如:刘罗锅^Z、二麻^Z、老郭^Z、小马^Z。

沙河方言中的 Z 变音,还可以用于数量结构,如:一垡^Z、一窝^Z、一桌^Z、一摞^Z、一码^Z、一盒^Z。

沙河方言中的 Z 变音,还可以用于某些固定结构,如:囫囵个^Z、当家^Z、肠^{Z}肚^{Z}格朗鼓^Z、半大^Z、(前/后)半晌^Z、月把^Z。

4. 沙河方言 Z 变音的平行结构

在沙河方言中,不仅可以用 Z 变音表示北京话"子缀"的语法意义和功能,而且还可以像北京话那样用独立音尾式的读音来起这种作用。这些独立音尾与北京话不同的是,它可以随前面的音节的不同,读音有变化,而不像北京话是一个固定轻声 tsɿ 音尾。但是这些音尾的变化是有规律的,它随前面音节的不同,在后面加上"相应 tə 变体形式",包括 'ə、tə、də、tə,具体后面加哪个变体,条件是受前面词的语音限制,要看前面词是以什么音素结尾的,然后加上相应的变体形式,分为两种情况。

（1）Z变音与独立音尾式读音并存

前面的词韵母为入声韵母的，后面加"tə"与Z变音并存，两种形式随意替换，意义不变。一般情况是语速快时，用Z变音；语速慢或表示强调时，用"tə"音尾。如：tʂuɒːə³²²/tʂuɒ³²tə_爪子、vɒːə³²²/vɒ³²tə_袜子、tʂuoːə³²²/tʂuo³²tə_桌子、iɒːə³²²/iɒ³²tə_鸭子。

（2）只有独立音尾式读音，没有Z变音形式

当前面词的韵尾为鼻音尾、i尾韵、u尾韵，以及舌尖元音时，没有Z变音的形式，可以加"'ə、tə、də"，表示与Z变音相同的语法意义，具体后面加哪个音尾，也是依前面词的韵母结尾的音素而定。

第一，当前面的词是后鼻音结尾的音节和主元音为高元音的前鼻音尾结尾的音节时，后面加 də 音尾，如：ʂəŋ⁴² də_绳子、tiŋ⁴² də_钉子、tsuŋ³¹²⁻³² də_粽子、pən⁵³ də_盆子、ʂən⁵⁵ də_v婶子。

第二，当前面的词是主元音为低元音的鼻音n音素结尾的音节、i音素结尾的音节或是单元音 i u y 音节时，后面加 tə 音尾，如：tan⁴² tə_单子、tian³¹²⁻³² tə_垫子、yan³¹²⁻³² tə_院子、kai³¹²⁻³² tə_盖子、bei³¹² tə_被子、kuai⁵⁵ tə_拐子、kuei⁵⁵ tə_鬼子、p'i⁵³ tə_皮子、tʂʅ³¹²⁻³² tə。

第三，当前面的词是u韵尾结尾的音节、舌尖元音ɿ、ʅ音素结尾的音节或者ɻ音节时，后面加'ə 音尾，如：tau⁴²t ə⁰_刀子、kəu⁵⁵ t ə_口子、tɕiau⁴²t ə_饺子、siou³¹²⁻³² t ə_袖子、tsʅ⁵⁵ t ə_籽子、tʂʅ⁴² t ə_枝子、ɻ³¹²t ə_二子。

5. 沙河方言中名词的双词缀现象

在沙河方言中，名词既可以有Z变音形式，也可以有"X–儿"变音形式，这两种变音共存于沙河方言，也就是大部分的词同时有两种变音形式，但两者表示的意义稍有差别，可以说在语义上是互补的。

一般情况下，Z变音表示"大量"，"X–儿"形式表示"小量"，主要表现为，首先，客观的大量与小量，事物面积、体积、数量、长度、年龄等，如：蛾子—蛾儿，个子—个儿，一车子——一车儿；其次，

主观的大量与小量，程度的轻重、力度的大小等，如：耳刮子—耳刮儿，一下子——一下儿。

Z变音表示贬义的感情色彩，如讨厌、否定等；"X－儿"形式表示褒义的感情色彩，如喜爱、赞扬、肯定等。如：脚脖子—脚脖儿；衣裳架子—衣裳架儿。

Z变音表示贬义的感情色彩，"X－儿"形式表示中性的感情色彩，如：罗锅子—罗锅儿。

Z变音表示非正常的状态，"X－儿"形式表示正常的状态，如：脚脖子—脚脖儿。

Z变音用于固定结构，表示大约的时间或数量，如：半大^z、（前/后）半晌^z、月把^z。

在有些情况下，"X－儿"形式表示统称、类称，Z变音表示同类中"大"的事物，如：鸽儿—鸽子，鸭儿—鸭子。

还有一些词有Z变音和子尾儿化词并存的情况，这些子尾儿化词，就是人们常说的双词缀词，这些词前面一般要加"小"，如小鸽子儿［siau kɤ təl］，小蛾子儿［siau ŋɤ təl］，小锁子儿［siau suo təl］，小桌子儿［siau tʂ uo təl］。这些双词缀词不能读Z变音，只能是"子儿"读"X－儿"形式，但其读音与同音的"字儿""籽儿"［tsəl］不同，读［təl］。这些双词缀词如果去掉"儿"和"小"依然成立，但是表大义，读Z变音的读音，如鸽子［kɤːə］，蛾子［ŋɤːə］，锁子［suoːə］，桌子［tʂ uoːə］。

第二节 河北方言中几种功能性变音的比较

我们都知道在研究某一个语言现象时，进行单点的个体的研究固然重要，但是仅就一个现象进行分析，很难发现这种现象背后隐含的共性规律，甚至人类语言的普遍特征。所以我们最好能将一种现象，放在更大的背景下，进行多维相关现象的比较，才能发现其中的规律，甚至是具有类型学普遍特征意义的规律。在河北方言中，功能性变音有多种形式，那么这些功能性变音有没有共性的特点，包括在共时的音变机制和历时的演变模式上有没有相似点，能不能反映人类语言音变的共性规律，还需要我们对几种音变现象进行比较研究和分析。我们通过对河北方言中儿化变音、D 变音、Z 变音几种功能性变音进行比较，可以发现它在语音演变过程、音变的发生机制和音义功能的联系等方面具有相似性。

一　语音演变过程的相似性

（一）河北方言中 D 变音的比较及演变过程分析

1. 河北方言与其他方言中 D 变音的比较

我们将河北各县市的 D 变音与相邻各省市的 D 变音进行比较，我们可以发现两者无论从语音上还是从语法功能上都存在较大差异。

首先，从语音上看，豫北方言的 D 变音多属于变韵型，也就是说只有音节的韵母发生变化，其他的因素不发生变化，其中 D 变音常见的变调型读音，在豫北方言很少能见到。山东方言的 D 变音多属于变调型，也是声调一个因素发生变化，多数方言音节的韵母不发生变化，只用变调的形式来承担语法功能。赵县方言的 D 变音则是不仅音节的韵母发生变化，同时声调的调值也发生变化，所以我们前文称之为 D 变音，而不是称之为 D 变韵或 D 变调，目的就是和单纯韵母发生变化或声调发生变化的情况相区别。从 D 变音的结果来看，赵县方言也和豫北方言和山东方言有区别。一方面，音节的韵母发生变化的方式与豫北方言有所不同，不像豫北方言大多数采用 U 化韵的形式，赵县方言的 D 变韵大多属于长音节型，即原韵母中的主要元音变成长元音，有的韵尾的音长也相应延长。另一方面，变调的方式也和山东方言的

D 变调不太一致，李仕春和艾红娟研究认为，(山东方言) 变调是合两字而成 (轻声音节前变调和轻声音节)，赵县方言的 D 变调的形成，并不是轻声音节前的谓词变调和轻声音节的调值的简单合调，它涉及了更复杂的音高调整过程，详见李巧兰《赵县方言的 D 变音研究》。

其次，从语法功能上看，赵县方言的 D 变音、豫北方言的 D 变韵和山东方言中的 D 变调也不同。山东方言和豫北方言中的 D 变韵（调）比赵县方言的 D 变音功能要多，大致相当于普通话的"了""着""过""在""到""里"等的语法功能；而赵县方言的 D 变音仅相当于"了"和"到"的语法功能，不能相当于"着""过""在""里"等的语法功能。

赵县方言中的 D 变音，即使和河北方言其他县市的方言比较也有它的特殊之处，和河北威县方言的 D 变音有相似的地方，也有不同的地方。从读音上看，两者都属于动词的韵母变成一个长元音型的变韵，这一点都和豫北方言的 U 化韵形式不同。在变调方面，赵县方言的 D 变调形式和威县方言中的 D 变调不同，威县方言的 D 变调和山东方言中的变调完全一致，即 D 变调的调值是轻声前谓词的变调值加上轻声调值。从语法功能上看，赵县方言中的 D 变音也和威县方言的 D 变音有一定的差异。在威县方言中，D 变音不限于谓词，名词也可以发生变音，名词变音相当于"里"的语法功能，动、形容词变音相当于"了""着""得""到"的语法功能；赵县方言变音仅限于动词、形容词等谓词，而且功能也较威县少，只相当于"了""到"的语法功能。

邢台县方言的 D 变音和赵县方言的 D 变音相同，也是不仅韵母发生变化，同时声调的调值也发生变化。韵母发生变化的方式也与豫北方言 U 化韵不同，大多属于长音节型，但是从具体的音值上说，又不同于赵县方言的 D 变韵，是原韵母中的元音变成长元音，并同时伴有增音或卷舌的现象。邢台县方言的变调也和赵县方言不同，它的方式和山东方言一致，邢台县方言也是轻声前音节变调和轻声音节调值两者的简单合调。在邢台方言轻声音节的变调为阴平＋轻声：24＋3；阳平＋轻声：53＋2；上声＋轻声：55/53＋2；去声＋轻声：31＋1。对比 D 变音的声调我们可以发现，它正好是两个音节声调的相加：243、522、311。从语法功能上看，豫北方言、山东方言中的 D 变音比邢台县方言的 D 变音功能要多，大致相当于普通话的"了""着""过""在""到""里"等的语法功能；而邢台县方言的 D 变音的语法功能和赵县差不多，仅相当于"了"和"到"的语法功能，不能相当于"着""过""在""里"等的语法功能。

邢台县方言中的 D 变音和河北威县方言的 D 变音有相似的地方，也有不同的地方。从读音上看，两者都属于动词的韵母变成一个长元音，但是邢台方言除了变长元音外还伴随有增音和卷舌的现象，而威县方言只是变成长元音。在变调方面，两者的变调类型一致，都是一个长调的形式，而且都和山东方言中的变调完全一致，是轻声音节前音节变调加上轻声词合二为一而形成的。从语法功能上看，邢台县方言中的 D 变音也和威县有一定差异。在威县方言中，D 变音不限于动词、形容词，名词也可以发生变音，相当于"里"的语法功能，动词、形容词变音相当于"了""着""得""到"的语法功能；邢台县方言变音也可以发生名词变音，我们已经在"河北邢台县方言的 Z 变音"中进行了详细描写，但是在功能上和威县方言不同，它不相当于方位名词"里"，而是相当于"子"尾的语法功能。动词、形容词变音的功能，除了相当于"了""着""到"的语法功能，还可以相当于"在"的语法功能，和赵县方言的 D 变音一样，谓词变音没有相当于"得"的语法功能。

但是不管在语音方面还是语法功能方面，河北方言的 D 变音又有相同点，即通过实义词读音的改变表示一定的语法意义，而且变音与基本音之间读音上有整齐的对应关系，可以通过基本音系加上规则进行推导。从语法功能上看，大多数有功能与其相当的并存形式，只是在并存形式中虚成分的读音各有不同。

综上所述，从语音上看，河北方言 D 变音属于声调和韵母双变型；豫北方言的 D 变音多属于变韵型，而少有变调型；山东方言的 D 变音多属于变调型。从语法功能上看，河北方言 D 变音的功能内部差异较大，有的少有的多；豫北方言和山东方言 D 变音的语法功能总体看来较多。

2. 河北方言 D 变音的语音演变过程分析

从河北方言各县市的 D 变音的读音来看，它主要有两种情况：一是全部音节都有 D 变音，如赵县方言和威县方言的读音；二是部分音节有 D 变音，部分音节为独立音尾式读音，如邢台县方言、沙河方言。哪些音节读独立音尾式读音，哪些音节为 D 变音读音，或者是 D 变音和独立音尾式读音两可的情况，是以韵母的结尾音素为条件的，也就是说限制条件是语音决定的，跟语义和语法功能无关。

D 变音是谓词和其后的虚成分的合音的结果，赵县和威县方言 D 变音的读音可以视为两个音节已经完成了合音的过程，邢台县等方言的读音可以视为尚未完成合音的过程，正处于合音的过程的情况。我们通过对比几个方言 D 变音的读音，找出 D 变音两个音节合音的过程。

在河北方言中绝大多数县市都没有 D 变音，也就是说谓词和其后的虚成分是两个音节，确切地说是一个半音节阶段。因为虚成分是一个轻声音节，这个轻声音节的读音也分两种情况：第一，声韵俱全的全音节，不同县市方言读音有差异；第二，只有元音的残音节，如赵县东部的方言，谓词后可加 "a" "ə" 表示相应的时体意义，这是 D 变音前的最后阶段。综合各个县市的情况我们可以看到，在河北方言中与 D 变音语法功能相当的结构形式的读音，存在以下三种情况：第一，"D + X" 形式，其中 "X" 为一个轻声音节；第二，D 变音和 "D + X" 形式并存；第三，D 变音形式。这个过程正好反映了 D 变音形成的过程：一个半音节的阶段→一个长音节或者一个半音节共存的阶段

→一个长音节阶段。从河北具体的方言情况看,赵县、威县、邢台县方言等的 D 变音全部处于一个长音节阶段,还没有发生融合成一个正常音节的情况,也就是说,由河北方言可以看到 D 变音从一个半音节阶段是怎样发展到一个长音节阶段的。要更好地分析这个过程,我们可以将赵县、威县、沙河、邢台县方言的 D 变音情况来做一个对比,从中可以清晰地看到 D 变音由一个半音节合成一个长音节的过程。

在邢台县方言中,有 16 个 D 变韵,发生 D 变韵的韵母分别是无尾韵母(a、ia、ua、o[①]、e、uo)和有尾韵母(aŋ、iaŋ、uaŋ、əŋ、iŋ、uŋ、yŋ、ən、in、uən、yən)。在沙河方言中,有 5 个 D 变韵,发生 D 变韵的韵母有无尾韵母(a、ia、ua)和入声韵母(ə、iə、uə、yə)。因为邢台县方言中入声韵母已经并入阴声韵,发生变韵的有 a、ia、ua、o、e、uo 几个韵母,其中也包括来自入声韵的字。从这两个县市的情况看,主元音为低元音的无尾韵和入声韵最先发生 D 变音,其次是后鼻音尾韵母和主元音为高元音的前鼻音尾韵母。王福堂先生在讨论子变韵的合音方式时,把"子"尾与前音的合音状态分为拼合型、融合型和长音型。[②] 这个分类同样适用于谓词和其后虚成分的合音分析。从赵县方言和威县方言的情况看,两者的 D 变音情况当分属于长音加拼合型和长音型。长音型的 D 变音的读音为,D 音节为一个比正常音节时长要长的音节,如主元音变成长元音,或者同时有韵尾时长变长,这个音节的时长加长是由于后缀的消失导致的,它的音质特征全都看不到了踪影,只变成一个非音质特征保留在了前行音节上。拼合型的 D 变音,D 音节变成了一个长音节,这个长音节与正常音节的区别在于,韵母比较特殊,它是 D 音节的韵母和后缀的音值的一个加合形式。赵县方言的 D 变音有部分音节属于长音加拼合型,如韵母为

[①] 邢台县方言 o 韵母并入了 uo 韵母,为了便于和其他方言比较,我们比照普通话的语音将产生 D 变韵的韵母列出。
[②] 王福堂:《汉语方言语音的演变和层次》,语文出版社 1999 年版,第 138—139 页。

舌尖元音ɿ、ʅ和高元音i、u、y韵母的音节，它们的D变韵是这些元音变成长元音的同时，后面加上虚词后缀的残存音值ə，从而形成ɿːə、ʅːə、iːə、uːə、yːə 的读音；部分韵母为长音节型，除舌尖元音和高元音韵母以外的音节，形成了［aː］［iaː］［uaː］［oː］［ɤː］［uoː］［eːi］［ueːi］［aːu］［iaːu］［əːu］［iəːu］［ɛː］［iɛː］［uɛː］［yɛː］［aːn］［iaːn］［uaːn］［yaːn］［əːn］［iəːn］［uəːn］［yəːn］［aːŋ］［iaːŋ］［uaːŋ］［əːŋ］［iːŋ］［uːŋ］［yːŋ］的变韵读音。威县方言的 D 变音则属于长音型，全部音节都是主元音长化的读音类型。从合音的过程看，赵县方言的 D 变音更接近合音完成后的初期阶段，威县方言则是合音完成后的进一步发展，即合音完成后，所有音节的初始阶段是长音节加拼合型读音，进一步发展时，其他韵母都比舌尖元音和高元音韵母先向长音型发展一步。

综上所述，我们可以将河北方言 D 变音的发展过程图示如下：两个音节（D+X）→一个半音节（D+轻声 X 音节）→拼合型长音节（变韵加变调）→长音节（变韵加长调）→正常音节加长调[①]。在一个半音节向拼合型长音节发展的过程中，主元音为低元音的无尾韵 a、ia、ua、ya 和入声韵母 əʔ、iəʔ、uəʔ、yəʔ 最先变化，其次是后鼻音尾韵母 aŋ、iaŋ、uaŋ、əŋ、iŋ、uŋ、yŋ 和主元音为高元音的前鼻音尾韵母 ən、in、uən、yən，然后是其他韵母。在拼合型长音节向长音节的发展过程中，舌尖元音ɿ、ʅ和高元音 i、u、y 韵母的音节发展较其他韵母的音节要慢。

（二）河北方言中 Z 变音的比较及演变过程分析

1. 河北方言与其他方言 Z 变音的比较

通过前人时贤关于方言中 Z 变音的报道，目前发现的有 Z 变音的

---

① 据张晓静的研究，河北武邑方言中存在 D 变调的读音。参见张晓静《武邑方言音系兼论汉语儿化韵》，博士学位论文，福建师范大学，2011 年。

第四章 河北方言中功能性变音的共性及类型学意义

方言集中在河南、山西等地,这些方言子变韵与前面音节合音的子缀多以 au、ou、əu、o 等形式为主,所以也有人称为 U 化韵或者 O 化韵。因融入前一音节的音以[+高][+后][+圆唇]特征的音为主,如封丘、开封、浚县为 au,郑州、武陟、原阳、获嘉为 ou,济源、吉利为 əu,阳城、陵川为 o。只有山西省的少数县市为长音节或长音节加变调的读音,如和顺、垣曲方言的 Z 变音。而在河北方言中,无论是邢台县方言,还是沙河方言的 Z 变音,都属于长音节增音并变调的类型,这跟河南方言和山西方言有所不同,从增音的音值看,与前面音节合音的 Z 缀应该为[ə]。王福堂先生把"子"尾与前音的合音状态分为拼合型、融合型和长音型①。河南、山西方言的 Z 变音基本上已经完成了合音的过程,从读音类型上看,应该属于融合型或长音型读音;而河北方言的 Z 变音都还没有完成合音过程,产生合音的音节,从类型上看基本属于拼合长音型读音同时还伴有变调。另外,从 Z 变音涉及的韵母来看,河南、山西方言涉及的韵母数量较多,有 30 多个变韵,除了不同于基本韵母的 20 多个变韵外,还有一部分可以看成零形式变韵,也就是说基本上所有韵母都有基本韵母和变韵的对立。河北方言的 Z 变音则是部分韵母为变韵形式,还有部分韵母为独立音尾形式。关于河南、山西方言中产生 Z 变韵的前行音节是否来源于"子",由于"-子"的弱化链 tsʅ - tsəʔ - təʔ - tə - ə 与 Z 变音 u(au)之间还缺少中间环节,所以还不足以对这一问题下结论,因而仁者见仁,智者见智。目前有学者认为来源于"子",夏俐萍先生认为,"河南境内的子变韵可以形成一个'au - ou - əu - ə'的演变序列,子变韵最后会以央元音[ə]作为演变的终点,如果央元音消失,子变韵将会变得跟基本韵同形"②。也有学者认为来源于"儿",赵日新先生认为,"基于以上六点理由,我们认为所谓一般人认同的'子变韵'很可能都是'儿化韵',

---

① 王福堂:《汉语方言语音的演变和层次》,语文出版社 1999 年版,第 138—139 页。
② 夏俐萍:《河南封丘赵岗方言的子变韵》,《方言》2012 年第 3 期。

至少不能排除'儿'可能是参与变韵的语素"①。还有学者认为来源于词缀"头",王临惠先生认为,"晋南、晋东南、豫北及黄河南岸的郑州、开封一带方言中存在的Z变音现象其实是来源于'头'后缀的音变现象,把这种现象称之为'头'变音现象似乎觉得更为合适"②。而关于河北方言中的Z变音来源于"子"的结论是无疑的,因为在有Z变音的方言中,只有部分韵母有Z变音的形式,还有一部分韵母后的"子"尾没有与前行音节合音,子尾的读音都是相应的tə或者ə的变体形式,这和"子"音的弱化链完全吻合。而且与这些有Z变音相毗连的大部分县市,还没有Z变音现象。"子"尾在河北大部分方言中读tə或者ə,这充分证明了河北方言中Z变音就是源于读ə音的子尾与前行音节的合音。

2. 河北方言Z变音的语音演变过程分析

从河北方言Z变音的情况看,它都是来源于"子"与前行音节的合音,那么这个过程同样也应该经历了由两个音节→一个半音节→一个长音节和一个半音节并存→一个长音节的过程。从河北方言"子"尾的读音来看,除了我们发现的少量县市产生了Z变音外,其他大部分县市中,"子"还是为独立的轻声音节的读音,其中的音值有tsʅ、tʂʅ、tsə、də、təʔ、tə、ə几种情况。而有Z变韵的方言,并不是全部音节都有Z变韵,其中的部分音节也还是独立轻声子尾读音,音值为tə和ə的相应变体形式,所以我们可以断定,河北方言Z变音是轻声音节ə与前行音节合音的结果。之所以我们说是读轻声的ə与前行音节的合音,还有一个证据,即Z变调都是轻声音节前变调与轻声音节本身音高的加合形式。邢台县方言和沙河方言Z变音的过程都还没有完成,读音都为拼合型长音节,而且两者的情况略有不同,这可以帮助我们分析Z变音由一个半音节到它与一个长音节并存状态的具体发

---

① 赵日新:《中原地区官话方言弱化变韵现象探析》,《语言学论丛》2007年第36辑。
② 王临惠:《晋豫一带方言Z变音源于"头"后缀试证》,《中国语文》2013年第4期。

展过程。

邢台县方言和沙河方言,前者属于官话与晋语的过渡地带,后者属于晋语区,这也可以为我们了解入声Z变韵的官话与晋语的不同情况提供条件。从属于晋语的沙河方言可见入声韵已经合并为一组əʔ、iəʔ、uəʔ、yəʔ韵母,其中部分韵母产生了Z变韵,产生Z变韵的主要是来自中古音咸山宕摄开合口和梗摄合口二等江摄开口二等的入声字。这些字在入声韵为两组的县市读ʌʔ、iʌʔ、uʌʔ,这些字的Z变韵与阴声韵a、ia、ua相同,这说明在产生Z变音的时候,沙河方言的入声韵按中古来源的不同,还可以分为ʌʔ、iʌʔ、uʌʔ、yʌʔ和əʔ、iəʔ、uəʔ、yəʔ两组,后来才合并成了一组。另外,主元音为低元音的入声韵更易产生Z变韵。从舒声韵Z变韵的情况看,邢台县产生Z变韵的韵母有a、ia、ua、ɤ、uo(o)、u、aŋ、iaŋ、uaŋ 9个;沙河产生Z变韵的韵母有a、ia、ua、ɤ、uo(o)5个。其中在邢台县方言中,主元音为低元音的后鼻音尾韵母Z变韵与加独立子音尾形式并存;在沙河方言中,所有的Z变音都与独立子音尾形式并存。我们同样能够看到主元音为非高元音的开尾韵容易产生Z变韵,其次是后高元音,然后是主元音为低元音的后鼻音尾韵。由于方言语料所限,接下来哪些韵母容易产生Z变音我们不能通过Z变音的材料看到,但是我们可以比照与Z变音有同样变音形式的D变音进行推测:接下来可能是主元音为高元音的后鼻音尾和前鼻音尾韵发生Z变韵,然后是其他韵母。我们比较这两个方言同形的D变音与Z变音的情况,发生D变音的韵母较Z变音的多,这说明D变音发生的时间可能早于Z变音。

(三)河北方言"X-儿"形式与其他变音过程的相似性

1. 都是从独立音尾式向合成一个音节演变的过程

从河北方言"X-儿"形式"三大系统"的情况来看,无论是卷舌"X-儿"形式读音系统、平舌"X-儿"形式读音系统,还是边音

"X－儿"形式读音系统，它们的演变都有一个共同的过程，那就是由两个音节逐步向一个音节的变化。儿化是原本两个音节逐渐向一个音节变化，最后合音成一个音节的过程。在这个过程中，有两个值得注意的现象：一是"X－儿"由两个正常音节→一个正常音节+轻声音节→一个长音节→一个正常音节；二是"儿"音节从其失去独立音节地位开始，它的特征不断向前移动并引发前字音节各位置上的种种变化。呈现了：独立儿尾→拼合型儿化变音→化合型儿化变音这样一个语音演变过程。

从河北方言 D 变音和 Z 变音的情况来看，它们也是由两个正常音节→一个正常音节+轻声音节→一个长音节→一个正常音节的变化过程，只是在这个过程中，"X－儿"形式变音整个过程已经完成，而 D 变音和 Z 变音还没有完成，D 变音和 Z 变音正处于这个过程的不同阶段。D 变音处于一个半音节向长音节过渡的阶段，Z 变音处于一个半音节向一个半音节和长音节并存阶段的发展过程；而且在 D 变音和 Z 变音同时存在的方言中，发生 D 变音的韵母较 Z 变音要多，同时在河北方言中有些县市方言已经完成了全部音节发生 D 变音的变化的过程，如赵县方言。Z 变音目前还没有发现有全部音节都完成了变化的方言，无论是邢台县方言，还是沙河方言，Z 变音现象只是在部分音节中存在。另外，我们通过调查发现 Z 变音和 D 变音有共存于同一方言的情况，如沙河方言和邢台县方言，Z 变音和 D 变音无论从产生变音的音节的情况来说，还是从最终的变音的读音音值来说，两者表现出了一致性。从其产生变音的音节看，有 Z 变音的音节一定有 D 变音形式，反之则不然，而且两者的读音基本相同，这可能说明 D 变音的发展较 Z 变音更快，或者说更早发生。

从已经完成 D 变音的赵县方言和威县方言的情况看，它们应该处于合音的早期阶段，即变音只影响到了韵母的韵尾或主元音部分，谓词后的虚成分的语音特征在有的音节还能分辨出，至少轻声的调值还在前面音节有体现，可以看作一个半音节的拼合阶段。河北方言的"X–儿"形式的情况要较 D 变音和 Z 变音复杂，后面"儿"音在大部分县市完成了与前面音节的合音，不再是独立音尾。这和 D 变音和 Z 变音正好相反，在河北方言大部分县市 D 变音和 Z 变音中虚成分还是一个独立音尾式读音，还没有完成合音。在完成合音的"X–儿"形式读音系统中，大部分县市都处于融合型读音阶段，甚至有的声母还受到了"儿"音的影响。但这些都不影响"X–儿"形式、D 变音、Z 变音发展演变过程的相似，即都是一个由独立音尾向合成一个音节的演变过程。只是在合音过程中，"X–儿"形式发展得更快更彻底，D 变音和 Z 变音发展得较慢较落后，也可以说"X–儿"形式发生得较 D 变音早，D 变音发生得较 Z 变音早，即几种变音处于合音的不同发展阶段上。

2. 合音演变都是一个受制约的合音过程

无论是"X–儿"形式，还是 D 变音、Z 变音都是一个合音过程，但这个过程都不是漫无目的、任意发展的，这个合音过程始终都是一个受制约的过程。制约这个过程的是语音条件。正如前面我们分析"X–儿"形式的演变过程见到的那样，前行音节的韵母的语音特征和儿音的特征是否冲突决定了发展的快慢次序和语音是否调整，即可共存发音的同时性原则制约着合音发展的快慢和合音后元音的调整方向。李思敬先生清晰地给我们论述了这个调整原则，称之为"可共存发音的同时性调整原理"。李思敬先生以 ə 为原点在元音舌位表上画了一条"横向共存发音线"和"纵向共存发音线"，这两条线成为 X、Y 两个坐标轴，把元音舌位表分成四个象限，于是可以看到，"凡是第一、三、四象限内的音都是可以和 [ɚ] 共存发音的，第三、四象限的音与 [ɚ] 共存发音的同时性和儿化的结合性（即儿化作用产生的难易）是一致的，因此呈吻合状态；而第一、二象限的音与 [ɚ] 共存发音的同时性和儿化的结合性却出现相反的倾向……正是这个原理（即

'可共存发音的同时性的调整'原理）在决定着'儿'音与词根语素的末一个音结合性的强弱，规定了儿化作用的'吻合、游离、排斥'这三步进程"①。从河北方言"X-儿"形式变音发生、发展和演变的过程，我们可以看到合音的发展先后和发展方向，确实是受这个原理作用的。我们将这个原理的适用范围推广一下，它也同样适用河北方言 D 变音和 Z 变音的发展过程。

在河北方言 D 变音与 Z 变音中，与前行音节发生合音的是一个轻声 [ə]，我们按照李先生的办法以 ə 为原点画一个坐标轴，那么处于第三、四象限的 a、ia、ua、ʌʔ、iʌʔ、uʌʔ，正是容易与前音节产生合音的韵母。从前文我们对河北几个方言 D 变音与 Z 变音演变过程的分析，我们可以看到，确实是 a、ia、ua、ʌʔ、iʌʔ、uʌʔ 这几个韵母最先产生了变音，其次是位于第一象限的 o、e、uo、u、aŋ、iaŋ、uaŋ、əŋ、iŋ、uŋ、yŋ，然后是第二象限的韵母。所以我们说"可共存发音的同时性调整"原理同样制约着河北方言 D 变音与 Z 变音的发展过程。从这个变化过程和韵母合音的先后次序角度来说，"X-儿"形式、D 变音与 Z 变音是具有相同的变化过程的。

二 功能性音变发生机制的相似性

在前文中，我们曾详细探讨了"X-儿"音变发生的动因和机制，认为"X-儿"形式从两个音节合为一个音节的语音变化，是在语法化作用下的语义虚化在语音层面的体现，这个过程体现了语音与语义，以及语法功能的互动发展。儿化发生的一系列读音上的变化，它起因是"儿"语义的虚化，从而导致在语音上的连锁反应。具体点说，就是"儿"语义的虚化导致"儿"音轻声化，在发音省力原则的制约下，轻声化后的"儿"音与前行音节产生合音变化，但是合音的前提

---

① 李思敬：《汉语"儿"[ɚ]音史研究》，商务印书馆 1986 年版，第 76—79 页。

是"儿"所携带的语义信息不能被丢失,只能是"儿"音融入前行音节并且保留其特殊的语义特征,也就是说合音后的儿化音必须保留可被辨识的"儿"的语音特征。儿化音变从本质上看反映的是发音和感知的问题,各种儿化音的形成都是"儿"音姿融入前行音节,而导致的相邻音姿重新协调的结果。具体情况如前文所述。

那么 D 变音和 Z 变音的音变发生机制又是怎样的呢?它们和儿化音变的发生机制有没有相似点呢?

(一) D 变音、Z 变音的发生机制

我们将赵县方言和邢台县方言的 D 变音与基本韵母的关系进行整理并列表,见表 4-4。

表 4-4　　　　　　　　基本韵母与 D 变音的关系

县市	a①	o	ɤ	ɿ	ʅ	i	u	y	ɛ(ai)	ei	au	ue	an(ɛ)	ne	aŋ	ŋe
赵县	aː	oː	ɤː	ɿː	ʅː	iː	uː	yː	ɛː	eiː	auː	ueː	aiː	neː	aŋː	ŋeː
邢台县	aːə	oːo	ɤːɤ	ɿ+er	ʅ+eʅ	i+ə	u+ən	y+ən	ei+ə	ei+ə	au+ən	ue+ən	ei+ə	ər/ieː +eʷə	ãə/ ə̃ʷə	eːə/ ə̃ʷə

通过前文的分析以及对表 4-4 的分析,我们可以将河北方言 D 变音的发展过程概括如下:两个音节(D+X)→一个半音节(D+轻声 X 音节)→拼合型长音节(变韵加变调)→长音节(变韵加长调)→正常音节加长调。邢台县方言的情况反映的是一个半音节向拼合型长音节发展的过程。在这个过程中,首先,是主元音为非高元音的无尾韵 a、

---

① 本表中的韵母我们是举开口呼以赅齐、合、撮。

ia、ua、o、e、uo 和入声韵母 ʌʔ、iʌʔ、uʌʔ 已经完成了由一个半音节向一个长音节的过渡，所以我们说这几个韵母最先变化；其次，是后鼻音尾韵母 aŋ、iaŋ、uaŋ、əŋ、iŋ、uŋ、yŋ 和主元音为高元音的前鼻音尾韵母 ən、in、uən、yən，它们还处于独立轻声音尾和一个拼合的长音节的两可阶段，所以我们说这些韵母在发展过程中处于中间阶段；最后，是高元音韵母 i、u、y 和元音韵尾韵母，以及主元音为低元音的前鼻音尾韵母，它们之后的虚成分还读轻声独立音尾，即处于一个半音节阶段，所以它们的合音变化尚未发生。赵县方言的读音反映的则是拼合型长音节向长音节的发展过程。在这个过程中，首先，是舌尖元音 ɿ、ʅ 和高元音 i、u、y 韵母的 D 变音中还有独立音尾 ə 语音特征的保留，其他韵母则已经变成了一个稍长的音节，所以我们说这些音节发展较其他韵母的音节要慢；其次，是后鼻音尾韵母 aŋ、iaŋ、uaŋ、əŋ、iŋ、uŋ、yŋ 变成了长音节的读音，读音却与前鼻音尾不同，它的主元音与鼻音尾都读得长，所以它处于一个失落虚成分的语音特征与长音节化的中间状态。从这两个县市的 D 变音的情况看，已经产生合音变化的韵母主要涉及两种情况：一是 [ə] 与前行音节拼合成一个不同于单字韵系统的新韵母，从而形成一个长音节拼合型加长调的读音形式；二是前行音节主元音延长形成一个长音节加长调的形式。无论是哪种情况，它们的读音都属于长音节阶段，这两种读音只是反映了两个音节拼合时，音姿协调的不同方式从而造成不同的语音形式。音姿协调同样受"可共存发音的同时性调整原则"制约，我们可以看到，一是前鼻音尾与后鼻音尾在语音形式上是有差异的；二是高元音韵母与非高元音韵母在语音形式上也有差异。这些都反映了音姿协调时，受"可共存发音的同时性"调整原理制约。音姿协调过程与"X－儿"的读音音姿调整过程是相似的，只是由于产生合音的音尾是"子"或者其他虚成分，它的音值不同于"儿"音值，所以最后合音的音值也不同于"X－儿"的读音。通过发生了 D 变音的方言的读音，我们大致可以断定，在发生 D 变音时，与前行音节合音的当是轻声音尾 [ə]，最后形成的 D 变音是前行音节与其音姿协调的结果。由于轻声音尾 [ə] 是一个发音时，舌位处于最自然状态下的，也是发音最省力的央元音，它在发音时舌体处于一种中间状态，所以非高元音在发音时较易与其发生融合。当发音时，发出一个非高元音后，由于舌位较低，恢复到不发音状态时，舌头有一个自然经过央元音的状态，它们发音时受省力原则的制约，发生音姿重叠，央元音 [ə] 较易被屏蔽，所以我们从赵县方言可以看到，只有高元音（包括舌尖元音）变韵还有央元音 [ə] 的保留，其他变韵则不同。高元音与非高元音的音姿协调方式如图 4-1 所示。

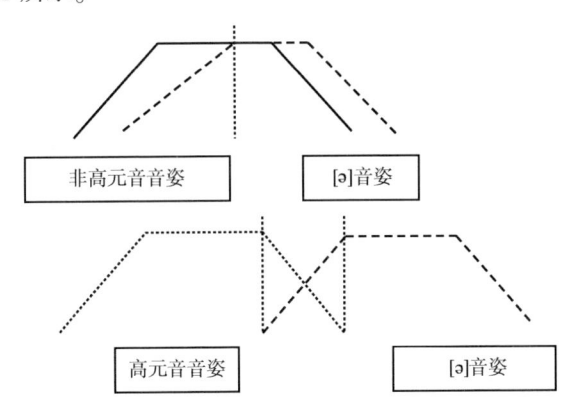

图 4-1　高元音与非高元音音姿协调方式

从 D 变音的读音我们还可以看到鼻音尾韵母由于鼻音的发音部位的前后不同，它们的 D 变韵的结果也不同。虽然 [n] 和 [ŋ] 都属于鼻辅音，但是从发音时舌体的状态来看，两者是不同的。其中 [n] 类似于前高元音的发音状态，[ŋ] 类似于低元音的发音状态，所以正是由于这两种发音状态与其后的 [ə] 音姿的协调方式不同，所以它们的 D 变音的读音也有差异。其中值得我们注意的是，邢台县方言中前高鼻音尾韵的读音，它的读音竟然发生了卷舌化，读成ɿːr、iəːr、uəːr、yəːr 一组音，类似于儿化的读音，这种情况的形成依然与音姿协调有关。我们可以看到在邢台县方言中，后高鼻音尾韵的 D 变音已经读成了 ə̃ːə、iə̃ːə、uə̃ːə、yə̃ːə 一组音，如果前高鼻音尾韵，也采用这种方式就会发生语音的混淆，所以它就采用了卷舌化的发音。当然这种变化也和前鼻音尾 [n] 发音时舌体状态有关，由于此时舌位较高较前，就会对其后的央元音产生影响，使其高化舌尖卷起就形成了卷舌 [ər]，同时这种发音也有可能受了儿化音的影响，却和儿化音的读音不同，不容易混淆。所以我们说这种情况的出现，既和语音内部的可共存发音的同时性有关，又和语音感知分不开，即保持语音最小混淆度有关，或者还和外部因素儿化音的影响也有关联。总之，河北方言中 D 变音正如儿化变音一样，它通过语音的变化，联结着语义和语法功能的变化，这个变化过程同样经历了，由两个音节合而为一的过程，最后产生了一个长音节的形式（长元音加长声调）。从与儿化变音对比来看，它的发展只到了两个音节相拼合的阶段，还没有发展到变韵的阶段。从我们前期对河北方言的调查来看，大部分方言现阶段都是采用的长音节加长调的形式，下一步可能采用变调或变韵的形式，也可能不同方言有不同的发展路径。

我们将邢台县与沙河市的基本韵母与 Z 变韵的关系进行整理并列表，见表 4-5。

表 4-5　　　　　　　基本韵母与 Z 变韵的关系

县市	a①	o	ɤ	ɿ	ʅ	i	u	y	ɛ (ai)	ei	au	əu	an (ɛ)	ən	aŋ	əŋ	入声韵
沙河	ɒːə	oːə	ɤːə	+tə	+tə	+tə	+tə	+tə	+tə	+ˈə	+ˈə	+tə	+də	+də	+də	+tə	+təʔ
邢台县	aːə	oːə	ɤːə	+ˈeˌ	+ˈeˌ	+ei	+uən	+yə	+ei	+eu	+eu	+iə	+ˈeˌn	ãːə/+ˈeⁿə,+	+ˈeˌ	—

① 本表中的韵母我们是举开口呼以赅齐、合、撮。在沙河方言中 a、o、ɤ 韵母还包括入声来源的韵母。它们的 Z 变音有两种形式，一种与阴声韵相同，一种后加独立音尾 [təʔ]。

从邢台县方言与沙河市方言的 Z 变音的读音情况看，我们可以看到，发生合音变化的韵母数量少于 D 变音，大部分韵母还没有发展到合音阶段，只在几个非高元音的开尾韵发生了两个音节的合音变化，后低鼻音尾韵母则有合音和独立轻声尾两读的情况。这说明 Z 变音的合音变化也是从非高元音韵母开始的，这和 D 变音相似。它们合音的过程同样是受"可共存发音的同时调整原则"的制约，从这些方言的具体音值来看，与前行音节合音的也是［ə］，这与 D 变音一样，所以在此我们不再重复分析。

(二) 儿化变音、D 变音、Z 变音发生机制的相似性

1. 河北方言中功能性变音的语音形式及共现地域特征

从我们对河北方言的调查来看，儿化变音、D 变音和 Z 变音从语音的形式上看，儿化变音最复杂，它有独立音尾型、拼合型和化合型读音三种形式，而且这三种形式的读音又分为卷舌式儿化变音系统、平舌式儿化变音系统和边音式儿化变音系统。D 变音和 Z 变音的读音形式都只有独立音尾型和拼合型两种情况，还没有发展到化合型读音阶段，其中发生 Z 变音的韵母少于 D 变音的韵母。从读音形式的复杂程度，可以看到两个音节合音的时间和长短，我们可以说，儿化变音发生的时间较其他两种要早，经过了很长的发展阶段，所以语音就复杂；D 变音和 Z 变音的合音变化发生得较晚，可以说处于合音的初期阶段，这从大部分方言仍有独立音尾型读音可以看到，同时发生合音变化的方言，我们也可以看到有大量独立音尾型读音和拼合型读音并存的现象。根据我们对被调查人的询问，他们说："合不合音和语速的快慢有关，当说话快时，采用一个长音节的形式，说话慢时就用两个音节的形式"，这也从侧面证明了，这种合音变化是处于初期阶段。

我们从三种变音的地域共现情况看，可以将河北方言，以北京、

天津为中心,按地理位置分成西北部地区、东北部地区、中部和东南部地区,以及西南部地区四片。这样划分后,我们可以看到三种变音形式,在地理上呈现出有规律的分布。

在河北西北部地区,只有儿化变音。在东北部和中部、东南部地区则有儿化变音和 D 变音两种形式。西南部地区则是儿化变音、D 变音和 Z 变音共存于一个方言,三种变音地理分布情况,见表 4-6。

表 4-6　　　　　　　　　三种变音地理分布情况

地区	儿化变音	D 变音	Z 变音
西北部	+++++++++++++++++		
东北部	+++++++++++++++++	+++++++++++++++	
中部、东南部	+++++++++++++++++	/////////////////	
西南部	+++++++++++++++++	/////////////////	/////////////////

由表 4-6 我们可知,西北部地区只有儿化变音,没有 D 变音和 Z 变音;东北部地区有儿化变音和 D 变音形式,而且两者的读音是同形的,即我们此前研究中的特殊语法功能的儿化变音形式,它们从读音类型上看属于卷舌儿化变音系统和平舌儿化变音系统中的单纯变韵式读音;中部和东南部地区也有儿化变音和 D 变音两种形式,但是儿化变音的读音与 D 变音不同,这个地区的儿化变音大部分伴有增音或声韵双变现象,D 变音则多为长音节长调拼合型,如赵县方言的 D 变音;西南部地区儿化变音、D 变音、Z 变音三种形式都有,一般是儿化变音与另外两种不同形,D 变音和 Z 变音的读音形式相同,都为一个长音节长调拼合型,如邢台县方言。由表 4-6 我们还可以了解到,所有方言都有儿化变音,大部分方言有 D 变音,只有少数方言有 Z 变音。这说明只要有 Z 变音的方言,一定存在儿化变音和 D 变音;只要有 D 变音的方言,一定存在儿化变音,反之则不然。

第四章　河北方言中功能性变音的共性及类型学意义

从这三种变音的读音具体音值看，它们有以下地域分布特征，见表4-7。

表4-7　　　　　　　三种变音的地域分布特征

分布地区	语音类型							
^	儿化变音				D变音				Z变音	
^	独立音尾	拼合型	化合型		独立音尾	拼合型	化合型		独立音尾	拼合型
^	^	^	变韵	增音	^	^	变韵	增音	^	^
西北部	+		+							
东北部	+	+	+		+	+	+			
中部、东南部	+	+	+	+	+	+				
西南部			+	+	+				+	+

由表4-7我们可以得出，儿化变音的读音类型比较简单的西北部地区，它们儿化音尚处于合音的初期阶段，所以西北部地区方言中还没有出现D变音和Z变音；同样读音类型较简单的西南部地区，虽然只有化合型一种读音类型，但它的合音多数处于伴有增音和声韵双变的后期阶段，所以儿化音是经历了相当长的发展时期的，因而方言中也有D变音和Z变音；儿化变音读音较复杂的中部和东南部地区，以及东北部地区，它处于儿化变音的中间阶段，所以方言中大多数有D变音。同样我们也可以得出一个结论，儿化变音发生得较早，D变音是在儿化变音之后发生的，Z变音则发生得更晚。

2. 合音音变的共性机制

无论是"X-儿"形式的音变、D变音还是Z变音，从本质上看，它们都是原本独立的音节，由于语义的变化，造成语义上的主从关系，从而形成语音上的依附关系的结果。它的读音上的一系列变化，都是由两个音节合成一个音节的过程中，不同合音阶段读音上的表现。这个过程表面上看是语音的变化，但是它不单纯涉及语音的变化，同时还和语义和语法功能的变化相联结，是一个音义互动的过程。这几种变音都是后面的虚成分或者词缀性成分的语义虚化导致了它语音上弱化，经历了失落声母声调，最后变成轻声元音音节。从前面我们对儿化变音和 D 变音、Z 变音的分析，这个独立的轻声元音音节，是经历了一个变化过程的。从语音的发展轨迹来看，最初都是两个独立的音节，后来由于语义的虚化，于是语音逐渐弱化直至脱落，最后与前行音节合音。这一点我们从任何一个变音都能得到证明，它们都经历了：X/V + 儿(Z)/Y→X/V - 儿(Z)/Y→X′/V′这样一个过程，只是在这个过程中，"X′/V′"的读音表现有所不同，儿化变音走得更远，不仅 X 的韵母发生了变化，在有些方言中声母也发生了变化或者伴有增音出现。D 变音和 Z 变音仅仅是韵母发生了增音或长化的变化，正如前面我们所分析的那样，一方面是由于 D 变音和 Z 变音发生得较晚，经历的发展时期较短，所以比儿化变音的读音更简单；另一方面也和合音时独立音尾本身音值的复杂程度有关。我们知道在河北方言中，单单"儿"音就有 11 种音值，和前行音节合音时，它至少有三种音值：边音类音值 ɭ、卷舌元音 ər、平舌元音 ɯ 等；而在 D 变音和 Z 变音合音中，只有后面的音尾是 [ə] 一种音值。但无论最终合音后读音的具体音值如何，这三种变音形成过程和形成机制是一样的。在这个语音形成过程中，都是省力原则和感知混淆最小化原则在起着作用。由于发音的省力原则，两个音节或确切地说一个半音节向一个长音节变化，在这个变化过程中，一方面"可共存发音的同时性"原则起了关键作用；另一方面语音感知因素也起着一定作用。由于可共存发音的同时性原则决定了音尾与前行音节进行音姿协调时的方式，不同的音之间采用不同的协调方式。由于语音混淆最小化的作用，为了避免语音的混淆，尽可能保留消失音节的

第四章 河北方言中功能性变音的共性及类型学意义

音征的同时，还会尽量保持前行音节的清晰可辨，最大限度地保持原有音节与其他音节的不混淆。尤其是主元音相同，韵尾不同的基本韵母，在合音发生的最初阶段，在弱化的后缀音节影响到前行音节韵尾的阶段，一般会尽量保持两者的分而不混，所以就会采用不同的音姿协调方式，从而保证合音音值不混淆。如在 D 变音中鼻音尾韵母的变韵，从基本韵母看前后鼻音尾韵，它们除了鼻音尾不同外，主元音音质基本相同，如 an 与 aŋ、ian 与 iaŋ，当这些韵母的音节产生合音变化时，起初变化后的读音是不同的，以确保语音感知上的区分度。比如在儿化时，后鼻音尾韵的鼻化色彩还保留，而前鼻音尾韵则是鼻化色彩消失但主元音变化，这两种读音的形成是不同音姿协调方式的结果。再如在 D 变音中，两者最后的读音也不同，以邢台县方言为例，前鼻音尾韵的 D 变韵形式，我们以都有变韵的高元音鼻尾韵为例，它们分别是 ə:r（前鼻音尾）和 ə:ə（后鼻音尾），明显不同。通过前文我们也可以发现，不仅是三种变音在语音变化时遵循的原则相同，连音姿协调的过程也相同，同样 D 变音和 Z 变音在进行合音前，也有前行音节内部的音姿协调过程，最突出的表现就是鼻音尾在主元音上有鼻化特征，这和儿化变音相同。

我们将河北方言中三种功能性变音综合起来看，会发现三种变音虽然读音形式千差万别，所处的发展阶段也不相同，但它们最终的变音结果有着惊人的相似之处。其中最明显的如鼻音尾韵母的变音结果，前鼻音尾韵母与后鼻音尾韵母在三种变音中都有不同的表现。在儿化变音中，单纯变韵式读音阶段，前鼻音尾韵母的儿化音更易失去鼻化色彩与阴声韵母的儿化韵合并，后鼻音尾韵母的儿化音则更多倾向于保留鼻化色彩。从单纯变韵式儿化音的发展过程来看，后鼻音尾的韵母产生变韵较前鼻音尾韵母要慢，同是后鼻音尾韵母，它们儿化韵的产生也因为其前面的主元音为低元音和非低元音而有所不同，往往主元音为低元音的较早产生儿化韵，或者更多的方言失去鼻化色彩与其他组韵母儿化韵合并。在 D 变音和 Z 变音中，前鼻音尾韵母和后鼻音尾韵母的表现也不一致，一般前鼻音尾韵比后鼻音尾韵较早产生变韵。从具体的音值看，前鼻音尾韵的变音与后鼻音尾韵有所不同，如赵县的 D 变音，前鼻音尾韵为主元音延长鼻音尾不延长的形式，读 aːn、eːn，后鼻音尾韵母则为主元音和鼻音尾都延长的读音形式，读 aːŋː、eːŋː，同为鼻音尾韵母，变音的读音显然不同。在邢台县方言的 D 变音中，前鼻音尾中主元音为低元音的独立音尾为 iə，主元音为非低元音的独立音尾读"ə。这些读音现象的形成都和功能性变音形成机制、音姿协调方式不同有关，协调方式的不同又是由鼻音尾的语音特点决定的。我们说三种变音在合音前都经过了前行音节内部音姿的调整，其中韵尾音姿与主元音音姿的协调是其中必要的一步，前后鼻音尾韵母在变音中读音分成两大类的情况，就和这个过程有关。据冉启斌先生的研究发现，元音越靠后鼻尾越长，前面元音开口度越小鼻尾也越长。他认为 /-n/ 与 /-ŋ/ 在时长上有差别，前面元音会受后鼻音 /-ŋ/ 的影响而后移，这样 /-ŋ/ 会变长，/-ŋ/ 的时长常常要比 /-n/ 长，/-ŋ/ 有时甚至会超过元音部分的时长。另外，冉先生还指出了单念音节中影响鼻尾脱落的两种因素，一是鼻尾本身的时长，二是声调。指出"时长越短鼻尾越容易脱落"[①]。林茂灿等先生也认为，"鼻尾时长在主要元音开口度大的 /a/ 后面的，比在主要元音开口度非大的后面的短……鼻韵尾时长及 V(V)N 时长比值，跟其前面主要元音为低或非低的特征有关"[②]。正是由于前鼻音尾与后鼻音尾，在时长上本身有差别，再加上在不同元音后鼻音的表现也不同，所以在鼻音尾与主元音进行语音音姿协调的过程中，采用的协调方式不同，形成的结果也不同，

---

① 吴宗济、林茂灿：《实验语音学概要》，高等教育出版社 1989 年版，第 207 页。
② 林茂灿、颜景助：《普通话带鼻尾零声母音节中的协同发音》，《应用声学》1992 年第 1 期。

这个结果的不同又直接影响到了它们在变音时的语音形式。功能性变音是在前行音节内部音姿协调的基础上的合音，即后加成分与前行音节韵母音姿协调的结果形成变韵。据冉启斌的研究表明，"汉语的鼻音韵尾具有弱化的倾向，这一点在语流中表现得更为明显"[1]，所以在合音（语流音变）的过程中，这两类鼻音尾韵母由于本身的语音特征的不同，最后有不同的变音形式。

在河北方言中，这三种功能性变音之所以会出现相同的合音变化，都遵循相同的变化原则，其中都和人类的发音共同机制有关。人类发音的共同机制要求发音时尽可能地省力，所以最省力状态就是在不影响感知的基础上少发一些音，这是合音的前提。其中不影响感知，又和语境有关，在快速发音时含混一些，在说话较慢时，发音清晰一些才不影响语音的认知，这都直接和语速有关，正如前贤说的那样，"同样一个音段，在语流中由于所处的位置不同，其发音空间和时间充裕程度就不一样，因而其语音特征的实现程度必然时而充分（甚至过度发音 hyper－articulation，因而产生增强 strengthening）时而不足（不足发音 hypo－articulation，因而产生减缩 reduction、甚至脱落或减音 deletion……）"[2]。同样人类发音也有一种普遍向前看和提前规划机制，这就使得音姿视不同情况做出适应性调整，最后形成比较符合省力原则的语音形式。所以我们说在河北方言中，这几种功能性变音因为是在人类发音共同机制作用下的一种语音变化，所以无论从其变化过程来看，还是从其发生机制来看都具有相似性。不仅其语音变化机制相同，从其功能性来看，它们的语义虚化机制也相同，它们都遵循了"义虚则音轻"的共同机制。因为在合音前，无论是"儿尾""子尾"，还是其他的虚成分，都变成了一个轻声零声母开音节，轻声化是由于意义的虚化导致的。语言是音和义的结合体，所以语义弱化常常会造成语

---

[1] 冉启斌：《汉语鼻音韵尾的实验研究》，《南开语言学刊》2005 年第 1 期。
[2] 曹剑芬：《韵律结构与语音的变化》，《南京师范大学文学院学报》2011 年第 3 期。

音弱化,因为语义的变化(语言的内容)往往要求语音(语言的形式)与之相适应,从而也发生相应的变化。所以语音的弱化是词义的虚化的表现形式,它往往与新语法单位,比如词缀或虚词的形成,即语法化(Grammaticalize)过程相伴随,成为联结语音—词汇(语义)—语法不同层面的综合演变。正如江蓝生先生所说:"当一个成分在结构中变得越来越不重要时,它就会不断虚化,发展到极端变为一个零形式,从结构中消失。它的语音形式也相应地越来越弱化、简化、含糊化,以至逐渐消失。由此可以看出,音变不是在语音层面孤立地发生的,它跟语义层面和语法层面密切相关。"① 所以三种功能性变音尽管联结的层面不同,儿化变音和 Z 变音是联结着词汇层面的变音现象,D 变音是联结着语法层面的变音现象,但是它们语义——语音的虚化机制相同,所以最终的演变结果也相同——以合音为最终表现形式。

三 音义功能联系的相似性

在河北各县市方言中,不管是"X-儿"形式的音变,还是部分方言中的 D 变音和 Z 变音现象,从音和义的关系上看,这几种变音形式,不单纯是语流音变现象,它都和一定的语义和语法功能相关,最终的变音结果,也和语义和语法功能相联系,为了将其与语流音变中的语气词变读等现象相区别,可以将其视为功能性变音。这几种功能性变音,从音义联系的具体情况看,无论是"X-儿"形式,还是 D 变音 Z 变音,都存在一种语音形式表达多种语义或承担多种语法功能的现象,我们称之为"一形多能"。换句话说,河北方言"X-儿"形式变音、D 变音、Z 变音存在多种功能共用一种语音形式的现象,也就是说都具有一形多能的特性。在这三种变音中,"X-儿"形式分布和

---

① 江蓝生:《语法化程度的语音表现》,《中国语言学的新拓展》,中国香港城市大学出版社 1999 年,第 28 页。

使用的范围最广，河北境内绝大多数方言都有"X-儿"形式变音现象。"X-儿"形式的读音形式也较复杂，有卷舌"X-儿"形式、边音"X-儿"形式和平舌元音"X-儿"形式"三大系统"存在。D变音和Z变音分布的范围较小，目前发现只是零星分布，主要分布在晋语和官话接界的地带。我们在对这三种功能性变音一形多能现象进行探讨的基础上，来分析它的成因。

（一）"X-儿"形式的一形多能

1. 河北方言"X-儿"形式的小称功能

河北方言中"X-儿"形式的一项主要功能是小称功能。关于小称问题，前人做过很多探讨，虽然目前还存在一些分歧，但是主流认为表达小称的手段有多种，不同的方言有差异。目前见诸报道的小称表达形式，大致有四大类型：词缀式、重叠式和合音变音式、混合式。从分布来看，主要是名词、动词、形容词和量词；从语义功能看，主要是名词表小称爱、动词表短暂尝试义、形容词表喜爱的感情色彩和轻微义、量词表小量，等等。

词缀式小称，主要是通过给词根添加前缀和后缀的形式来表示小称。常用的前缀有"圪""卜""忽"，也就是人们常说的圪头词在方言中可以表示小称，如山西太原、汾阳、平遥临县、忻州、山阴、长治、沁县、洪洞、万荣、运城[①]、山西长子[②]、陕西神木[③]、湖北丹江口方言[④]。还有个别方言用前缀"老""细"等，如河北鸡泽方言"老"前缀用于称呼时可表爱称；商州方言加类前缀"细""蓑"表小义。更多的方言使用后缀形式表示小称，常见的后缀有"子""仔""崽""儿"

[①] 沈明：《山西方言的小称》，《方言》2003年第4期。本章后文语料多次引自本文的不再注明，其他语料的出处也照此处理。
[②] 武黄岗：《晋语长子方言"圪"研究》，《语文学刊》2013年第6期。
[③] 邢向东：《神木方言研究》，中华书局2002年版，第265—280页。
[④] 苏俊波：《丹江方言的小称》，《汉语学报》2009年第4期。

"娃儿""娃子""娃儿子""头儿""的""叽""囝""唧""崽唧""的"等，如：丹江方言用"娃儿""娃子""头儿"；湘语主要用"崽崽""儿儿"[①]；河南罗山方言用"儿""娃儿"[②]；陕西商州方言用"儿""子""娃子"[③]；福州用"子""儿""囝"[④]；江西丰城用"叽""仔"[⑤]；江西新余方言用"的"[⑥]；河北鸡泽用"的"[⑦]；湖北巴东话用"儿""娃儿"[⑧]；湖南娄底用"子""唧""崽""崽唧"[⑨]；等等。这些后缀大多是以同音字的形式表音，如果我们将各地的语音对比，结合语音的发展史来看，这些后缀大多数是"子""儿"在不同地区的语音变体。[⑩]

重叠式小称，主要是通过语素重叠构成的词来表示小称意义。如湖北长阳方言[⑪]、云南昆明[⑫]、山西武乡方言[⑬]、山西祁县方言[⑭]、江苏丹阳方言[⑮]，在这些方言中名词的重叠多表示小称，其他词类的重叠有的方言表示小称，有的方言不表示小称。

合音变音式小称，主要是利用语音的变韵、变调或鼻音韵尾来表

---

① 罗昕如、李斌：《湘语的小称研究——兼与相关方言比较》，《湖南师范大学社会科学学报》2008年第4期。
② 陈明富、张鹏丽：《河南罗山方言的小称类型考察》，《黑龙江史志》2009年第24期。
③ 王三敏、杨莉：《商州方言的小称形式》，《商洛学院学报》2010年第1期。
④ 陈泽平：《福州话的小称后缀》，《福建师范大学学报》（哲学社会科学版）2011年第1期。
⑤ 曾莉莉：《赣语丰城话的"叽、仔、子"尾》，《宜春学院学报》2014年第10期。
⑥ 王晓君：《赣语新余方言的小称词缀"的"及其他相关词缀》，《上饶师范学院学报》（社会科学版）2004年第2期。
⑦ 王丽彩：《河北鸡泽话中的小称词缀研究》，《广西社会科学》2008年第3期。
⑧ 田恒金、郑莉：《湖北巴东话的名词后缀"娃儿"》，《燕赵学术》2014年第1期。
⑨ 李立林：《娄底湘语小称后缀研究》，《怀化学院学报》2011年第10期。
⑩ 我们将另文进行论述。
⑪ 宗丽：《长阳方言的重叠和小称》，《江汉学术》2013年第1期。
⑫ 张宁：《昆明方言的重叠式》，《方言》1987年第1期。
⑬ 张瑞：《谈山西武乡方言中的名词重叠式》，《辽宁师专学报》2014年第2期。
⑭ 温春燕：《祁县方言重叠式名词研究》，硕士学位论文，山东师范大学，2005年。
⑮ 周国鹃：《丹阳方言的重叠式名词》，《苏州教育学院学报》2013年第2期。

小称。有的人称其为内部屈折式小称，如郭宇丽[①]。但这些貌似是语音内部曲折方式表示小称的形式，从语源上看都是来源于虚化的词缀与前行音节的合音带来的种种语音变化，如北京话的儿化韵，它是由虚化的"儿"缀，语音脱落融入前行音节的结果，所以我们将其称为合音变音式小称。这种合音变音式小称在不同的方言由于合音的词缀不同，合音所处的阶段不同，所以有种种不同的读音形式，如广东电白型方言以变调的形式表示小称[②]；北方冀鲁官话区大部分方言用变韵的形式表示小称。

混合式小称，是将上述小称手段叠加起来使用来表示小称意义。如山西许多方言都是运用两种以上的手段叠加来表示小称。沈明先生在《山西方言的小称》一文中，给我们进行了全面的总结，山阴方言利用重叠加儿化表示小称；太原用圪头词加词根重叠表示小称；临县用圪头词加儿化表重叠表示小称；盂县方言利用圪头词加词根重叠并儿化表示小称；汾西利用圪头词加小称变调表示小称；左权利用儿化加重叠表示小称；方山利用儿化加小称调表示小称；霍州利用小称韵加小称调加重叠表示小称。

河北方言表示小称的手段主要有词缀式和合音变音式两种。词缀式的小称在大部分方言为儿缀，即前文我们讨论"X-儿"形式读音时所说的独立儿音尾式读音；合音变音形式主要是"儿"拼合式和化合式读音形式。

河北方言中"X-儿"形式的小称功能只能说是其语义功能的一部分，这些表示小称的"X-儿"形式与其他方言一样，它们在语音形式上表现复杂，词类分布上也不一致[③]，它们所具有的共同特点是语义上都"表小称爱"。

[①] 郭宇丽：《榆林方言小称研究》，硕士学位论文，陕西师范大学，2012年。
[②] 邵慧君：《广东茂名粤语小称综论》，《方言》2005年第4期。
[③] 李巧兰：《河北方言的儿化变音研究》，河北人民出版社2011年版，第162—167页。

在河北方言中，儿化词表示"小"的意义，分为两种不同的情况，一种是"增加表小义"；另一种情况是"强化表小义"。① 强化表小义，主要出现在名词、副词中。增加表小义，主要出现在名词、形容词的重叠形式，以及形容词加词缀形式和量词及其重叠形式等儿化后。

除了表小义，儿化词还可以表达一定的色彩意义。尤其是在亲属称谓和人名中表现得最为明显，如"小姨""大婶"是一种中性的、不带感情色彩的称呼，加上"儿"后，主要是附加一种亲昵、喜爱的感情色彩。儿化词除了表达一定的感情色彩外，就是为词附上一种口语色彩。

河北方言中儿化词以"儿"为形式标记，形成了"表小称爱"这样一种语义范畴的类聚。其中"儿"前附形式以名词性成分居多，其次是量词。它们语义相似表现在两个方面：一方面是表"小"义，另一方面是表达一定感情色彩。整体来说，儿化词在表义上都有"表小称爱"的共同语义特征：第一，名词的儿化"表小称爱"；第二，形容词的儿化表示语义轻微程度加强；第三，动词、量词的儿化表示数量或时量减少；第四，各种词类和形式的儿化都有语义的磨损现象。

2. 河北方言与 D 变音同形的"X – 儿"形式

河北方言的"X – 儿"形式，除了表示小称的功能外，也呈现了一形多能性，在部分方言，它还可以承担 D 变音同样的语义和语法功能②，也就是说它可能是一种异源的叠置形式。

这部分儿化词，我们从"儿"前附的词类来看，它主要是谓词性成分；从语义和语法功能看，也和其他方言的 D 变音相同，承担了"着""了""到""在"等时体成分和虚成分的功能。从这些方面看，

---

① 关于概念界定，参见李巧兰、朱秀兰《儿化词的家族相似性及其认知基础——以河北方言为例》，《河北学刊》2007 年第 2 期。
② 李巧兰：《河北方言中特殊语法功能的"X – 儿"》，《廊坊师范学院学报》2008 年第 1 期。

我们也可以把它看成 D 变音。如果不和 D 变音相联系，我们只能将其视为特殊的儿化变音，此前我们也对其成因进行过探讨。因为从表义上看，它和来源于"儿"的动词儿化有一定区别。我们对历史文献中"V 儿"的使用情况进行查检，我们可以看到"儿"用于动词后，从宋代开始就有少数用例，但其中的"儿"表小义明显，并没有发现功能与"小义"无关而相当于时体成分、方位介词等用法的用例。假如是"儿"来源的谓词儿化现象，它应该是由与"小义"相关的用法引申出来的，但从文献材料上却找不到证据。这些特殊语法功能的"X-儿"形式，可能是不同的时体成分语音磨损而导致的一形多能现象，是不同的时体成分语音磨损而导致的 D 变音与儿化语音相近，从而混入儿化的结果，从而使"X-儿"形式具有了一形多能性。

（二）D 变音、Z 变音的一形多能

从河北赵县、威县、邢台县、沙河方言 D 变音的语法功能来看，有的方言 D 变音的语法功能较多，有的则较少。语法功能最多的威县方言，D 变音相当于北京话"了""着""得""到""在"的语法功能；语法功能较多的邢台县方言，D 变音相当于北京话"了""着""到""在"的语法功能；语法功能较少的赵县方言，D 变音相当于北京话"了""到"的语法功能；语法功能最少的沙河方言，D 变音的语法功能只相当于北京话"到""在"的语法功能。也就是说河北方言的 D 变音至少承担了两个以上时体类虚成分的功能，它同样是一形多能的。不仅如此，我们通过比较 D 变音和 Z 变音的语音，可以发现，在这两种变音共存的方言，它的语音形式也是相同的，也就是出现了 D 变音与 Z 变音的同形现象。这就使得同一种语音形式承担的语义或语法功能更加广泛，它既可以见于谓词，又可以见于名词，甚至在某些方言这种变音不限于 Z 变音，还可以相当于方位词"里"的语法功能。如威县方言名词变韵，表示在该名词所指事物的内部，相当于普通话的方位词"里",如"他可穷嘞,家ᴰ啥也没有";"俺把钱儿掉井ᴰ啦"。① 这就使得同一种变音形式,在同一种方言里具有多种语义和语法功能,我们以邢台县方言为例:

例1:你把 kuaːə³¹¹ kuaːə³¹¹ 墙上吧!
例2:ʂaːə⁵²² ʂaːə⁵²² 地上一把 ʂaːə²⁴³。

例1中两个语音完全相同的 kuaːə³¹¹,前者是Z变音,相当于"褂子";后者是D变音,相当于"挂到"的语义。例2中前两个变音完全相同,与第三个变音只是声调不同,第一个是Z变音,语义是"傻子";第二个是D变音,相当于"撒了";第三个也是Z变音,相当于"沙子"。但是由于使用的语境不同,人们并不会混淆其中的语义。

由于各方言合音的程度不同,所以一个变音形式承担的语义和语法功能多少有差别。同时,因为河北方言D变音和Z变音尚处于变化过程中,所以我们也可以根据各方言出现变音形式的语法功能的差异,大致推知哪些句法格式,或者说哪些语法功能虚词较早出现合音,哪些稍后一点儿。对比河北这几个方言D变音的语法功能,我们可以看到,"V+(到/在)+NL"结构中的"到/在"最先发生合音变化,其次是谓词后的"了"比较早发生合音变化,然后是"着",最后是位于谓词后的补语标志"得"。如果把D变音与Z变音涉及韵母的多少进行对比,我们还可以发现,各县市D变音比Z变音涉及的韵母要多,赵县几乎全部韵母有D变音,但是没有Z变音;邢台县方言有16个D变音,只有9个Z变音;沙河D变音和Z变音各是5个,这说明D变音合音发生得比Z变音合音要早。

(三)河北方言中变音的一形多能的成因

前文我们简单阐述了"X-儿"形式的一形多能是各种成分的语

---

① 曹牧春:《河北威县方言的D变韵》,《语言学论丛》2007年第36辑。

音磨损混同,然后与前行音节合音后混同于"X－儿"形式的结果,此处不予赘述。我们重点谈一谈河北方言 D 变音和 Z 变音的同形和多功能的成因问题。

河北方言中 D 变音、Z 变音同形,也具有一形多能性,成因基本上和"X－儿"形式相同。D 变音是谓词和后面轻声音节虚成分合音的结果,Z 变音是前行音节与其后的轻声词缀"子"合音的结果。之所以发生合音变化,原因和"X－儿"形式的合音相同,都是由语义的虚化而导致的语音变化,其中轻声在这一过程中起到了枢纽的作用。读轻声的词缀或各种时体意义虚成分,使得它们的语音会出现种种弱化、脱落。不同的成分弱化、脱落的过程有所不同,但路径大致相当,它们都存在声母由有到无,韵母单元音化,趋于央元音化。徐通锵先生说:"轻声字的韵母弱化,元音央化,像北京话的子、儿、头、的、了、着、过等的元音都为 ə 或接近于 ə,说明轻读的位置使这些原来有不同韵母、语义和语法作用的字都产生了相同的语音变化,具有相同的韵母读音。"[①]

我们先来看河北方言中"子"缀的语音变化过程,在大多数方言"子"缀还独立成音尾,都读轻声,音值具体有以下几种情况[②]。第一,安国、安平、安新、霸州、柏乡、保定、泊头、博野、沧县、沧州、昌黎、承德市、承德县、大厂、大城、定兴、定州、东光、丰宁、丰润、阜城、阜平、高碑店、高阳、藁城、固安、故城、海兴、河间、衡水、黄骅、晋州、景县、巨鹿、宽城、涞水、涞源、廊坊、乐亭、蠡县、临西、隆化、滦南、滦平、滦州、满城、孟村、南宫、南皮、平泉、迁安、迁西、秦皇岛、青县、清河、清苑、曲阳、饶阳、任丘、容城、三河、深泽、深州、顺平、肃宁、唐海、唐山、唐县、望都、

---

① 徐通锵:《音节的音义关联和汉语的变音》,《语文研究》2003 年第 3 期。
② 语料来自李小平《河北方言助词"着"研究》,博士学位论文,河北师范大学,2011 年。

威县、围场、文安、无极、吴桥、武强、武邑、献县、香河、辛集、新河、新乐、兴隆、行唐、雄县、徐水、盐山、易县、永清、玉田、枣强、正定、涿鹿、涿州、遵化，读［tsʅ］。第二，石家庄、栾城、鹿泉、井陉、沙河、南和、邯郸市、邯山区（原邯郸县）、武安、磁县、成安、肥乡、鸡泽、曲周、邱县、广平、临漳，读［tə］。第三，赞皇、高邑、邢台市、任县、内丘、隆尧、宁晋、广宗、永年、涿鹿、邢台县①，读［ə］。第四，临城、张家口、宣化、张北、万全、怀安、怀来、沽源、康保、阳原，读［tsə］。第五，蔚县、赤城、崇礼、尚义，读［ɻʅ］②。第六，魏县、大名，读［tɛ］。第七，青龙、抚宁、卢龙，读［tʂʅ］。第八，在一些县还有两读音或三读音的情况，灵寿，读[tsʅ][ə]；平山，读[tə?][tʂə]；元氏，读[tə][ə]；赵县，读[ə][tə][tsʅ]③；临城，读［tsə］［tθə］；邱县，读［tɛ］［ə］；综合河北各方言的情况看，子缀有［tsʅ］［tsə］［tə?］［tə］［ə］［tʂə］［tɛ］［tʂʅ］［ɻʅ］［tθə］10 种语音形式。其中读［tʂʅ］的县市，因为平舌音与翘舌音是相混的，所以实际上也可以看成读［tsʅ］音，这样就剩下了 9 种子音形式。

  河北方言子缀的读音从声母看，完全遵循了"塞擦音（ts/tʂ/tθ）→塞音或擦音（t、ʐ）→流音（ɻ）→零声母"这样的弱化链条。从河北方言子缀的韵母来看，也遵循了韵母趋央的规律，由 ʅ→ɛ→ə。当子缀弱化到轻声零声母 ə 的时候，就开始与前字合为一个长音节，开始是 ə 与前音节拼合成一个长音节，导致前行音节开尾韵母延长并增加 ə 音尾，如麻ᶻ读［maːə］；前行音节喉塞尾脱落主元音延长并增加 ə 尾，如沙河方言，刷ᶻ读［ʂuaːə］。④

---

  ① 邢台县部分音节中为独立子尾，为［ə］的相应变体形式，此处暂定为［ə］。
  ② 这几个县的读音我们调查与李小平有差异，此处按我们调查所得。
  ③ 这几个县的读音我们调查与李小平有差异，此处按我们调查所得。
  ④ 目前沙河方言刷的韵母是 uə?，但与子合音时，它可能还不是一组入声韵母，而是两组，当时读 uʌ?。

第四章 河北方言中功能性变音的共性及类型学意义

我们再来看河北方言时体虚成分"着"的读音情况，在大部分县市，还没有发生 D 变音情况，"着"也还是一个轻声音节，具体读音有以下几种。第一，石家庄、栾城、沙河、南和、广平，读 [tə]。第二，晋州、无极、新乐、行唐、深泽、辛集、涞水、涞源、阜平、唐县、曲阳、定州、安国、武邑、深州、枣强、阜城、肃宁、盐山、围场，读 [tʂɔ]。第三，赞皇、高邑、内丘、隆尧、永年、邢台县、邢台市，读 [ə]。第四，安平、安新、保定、泊头、博野、沧县、定兴、东光、高阳、故城、海兴、衡水、黄骅、景县、蠡县、满城、孟村、南宫、南皮、清苑、饶阳、容城、顺平、望都、文安、吴桥、新河、雄县、徐水、易县，读 [tʂəu]。第五，邯郸市、邯山区（原邯郸县）、武安、成安、肥乡、鸡泽、临漳、宣化、张北、万全、怀安、怀来、涿鹿、阳原，读 [təʔ]。第六，邱县、魏县、大名，读 [tɛ]。第七，廊坊、三河、大厂、香河、固安、霸州、文安、沧州、青县、秦皇岛、昌黎、唐山、玉田、遵化、迁西、迁安、滦州、滦南、乐亭、唐海、丰润、承德市、承德县、围场、隆化、丰宁、滦平、兴隆、宽城、平泉，读 [tʂə]。第八，清河，读 [tʂɿ]。第九，还有部分县市为两读音或多读音的情况，张家口、沽源、康保，读 [təʔ] [tsəʔ]；元氏，读 [tə][tsə][ə]；正定，读 [tʂɔ] [tə]；藁城，读 [tʂɔ] [tʂɿ]；赵县，读 [tʂɔ] [ə]；高碑店、涿州、廊坊、大城，读 [tʂɔ] [tʂəu]；永清、任丘，读 [tʂɔ] [tʂə]；河间，读 [tʂəu] [tʂɔ]；灵寿，读 [ə] [tʂɿ]；平山，读 [təʔ]、[tʂə]；井陉，读 [tə] [ə] [li]；巨鹿，读 [ə] [tʂɿ] [lə]；宁晋，读 [ə] [lə]；广宗，读 [tʂə] [ə]；临西，读 [tʂɿ] [ə]；威县，读 [tʂə]、[ti]；曲周，读 [tə] [lei]；涉县，读 [təʔ] [lə] [lei] [ei]；蔚县，读 [təʔ] [tʂɿ]。综合来看，"着"在河北方言中有 [tʂəu] [tʂɔ] [tʂə] [tʂɿ] [tsɿ] [tsəʔ] [təʔ] [tsə] [ti] [tə] [lə] [li] [lei] [ei] [ə] 15 种音值。各地"着"音的演变同样适用于声母"塞擦音（ts/tʂ/tθ）→塞音或擦音（t）→流音（l）→零声母"这样的弱化链条。韵母也遵循了复韵母单

· 311 ·

化，单元音趋央的规律，这都是轻声导致的语音变化。"着"的语音演变，如图4-2所示。

$$tʂəu \to tʂɔ/tʂʅ \to tʂʅ \to tʂə \to tsə \to tə \to lə/li \to ə$$
$$\searrow \qquad \nearrow \qquad \nearrow \qquad \nearrow$$
$$tsʅ \to tsə? \to tə? \to ti \to lei \to ei$$

图4-2 "着"的语音演变

同样当"着"弱化到轻声零声母 ə 的时候，就开始与前字合为一个长音节，开始是 ə 与前音节拼合成一个长音节，导致前行音节开尾韵母延长并增加 ə 音尾，如拿^{D}读［naːə］；前行音节喉塞尾脱落主元音延长并增加 ə 尾，如沙河方言，抓^{D}读［tʂuaːə］。

河北方言中处所名词前与"到""在"相当的虚成分的读音，在大部分县市也是读轻声音节，音值具体有以下几种情况。第一，晋州、新乐、深泽、灵寿、平山、阜平、唐县、曲阳、定州、安国，读［li］；第二，元氏、赵县、内丘、临城，读［a］；第三，保定、徐水、清苑、满城、定兴、容城、安新、高阳、蠡县、博野、望都、顺平、易县、涿州、涞水、定州、安国、饶阳、安平、黄骅、唐山、玉田、遵化、唐海、昌黎、蔚县，读［ti］；第四，雄县、高碑店、宣化、张北、万全、怀安、怀来、涿鹿、阳原、崇礼、涿鹿、赤城、尚义，读［tə］；第五，邯郸市、武安、磁县、成安、曲周、衡水、武邑、冀州、任丘，读［lɔ］；第六，肥乡、深州，读［tau］；第七，隆尧，读［ai］；第八，康保、尚义，读［lə］；第九，邢台县，读［ə］；第十，沙河，读［lɔ］或［au］。其余县市或者为零形式，或者采用前面谓词变长音节的形式。从与"到""在"相当的虚成分的读音来看，较其他的成分"子""着"要简单，读第九种情况［ə］的，它实际上是发生 D 变音的县市，也就是说相当于终点格和处所格的虚成分发生了 D 变音，远远多于 Z 变音和其他的 D 变音。这说明了我们前面的推论，D 变音可

第四章　河北方言中功能性变音的共性及类型学意义

能是先相当于"到""在"的虚成分开始的。从河北方言的情况看这些虚成分经历了 tau→ti/tə→lɔ/li/lə→a/ɔ/ə 的形式。同样当"着"弱化到轻声零声母 ə/a/au 的时候，就开始与前字合为一个长音节，如赵县方言，D 变音与 a 音尾并存。邢台方言是 ə 和前音节拼合成一个长音节，导致前行音节开尾韵母延长并增加 ə 音尾，如拿^D [naːə]；如果前行音节是喉塞尾则脱落主元音延长并增加 ə 尾，如抓^D [tʂuaːə]。沙河方言则是 ɔ 与前行音节拼合成长音节，如拿^D 读 [naːɔ]，抓^D 读 [tʂuaːɔ]。

河北方言中谓语后相当于"了₁"的虚成分的读音，在大部分县市也是轻声音节，具体音值有以下情况。① 第一，新乐、辛集、深泽、博野、冀州、盐山、唐县、宁晋，读 [lɔ]。第二，清苑、蠡县，读 [lie]。第三，曲阳、定州、沙河、赵县，读 [ə]。第四，定兴、宣化，读 [lə]。第五，正定，读 [la]。第六，灵寿，读 [læ]。第七，大名，读 [lɛ]。第八，故城，读 [liəu]。第九，其他县市有两种以上读音的情况，邯郸市，读 [lei][ə]；广平，读 [lei][ei]；乐亭，读 [ləu][tʂə]；临漳，读 [lau][la][lei]；青龙，读 [lɯ][ə]；深泽，读 [lau][lia]；唐山，读 [lɔ][ləu]；霸州，读 [lau][lə]；昌黎，读 [ləu][liəu]；衡水，读 [lɔ][lə][ə]；献县、盐山，读 [lɔ][lə]；黄骅，读 [lə][ə]；井陉，读 [lə][læ]；饶阳，读 [lə][ləu]；保定，读 [liɛ][ləu]。从以上县市的读音看，"了"的读音声母大部分为流音声母 l，韵母有复元音、单元音。也有少数县市"了"读轻声零声母的 [ə]，当它读 [ə] 时，同样就会出现与前字合为一个长音节的情况。

综上所述，我们可以看到谓词后的虚成分读音复杂，在各个阶段都有彼此同音的情况，但是具体到各种功能的 D 变音共用一种语音形式的成因，我们认为是各种成分最后弱化为一个轻声零声母的 [ə]，

---

① 这些方言语料来自我们自己的调查，限于时间，只调查了36个县市。

继而与前行音节合音的结果。也就是说无论是"子",还是"着""了""到""在"都最终会弱化成一个央元音 [ə],然后与前行音节拼合成一个音节的结果。这正好与赵日新先生提出的"从理论上说,弱化音节可能都会经历 [ə] 阶段,'条条道路通央 [ə]',[ə] 是名词后缀、动词后虚成分从独立到消融的枢纽"[①] 相吻合。换句话说,河北方言中 D 变音与 Z 变音同形,并且一形多能,是由于各个虚成分或词缀由义虚而音轻,首先获得轻声特征,可以说在轻声直接推动下,各个虚成分的声母不断弱化直到脱落成零声母,韵母也趋于央化,为进一步合音创造了条件。在快速的语流中,完成了与前行音节的合音,因为各个虚成分最后都弱化成了一个央元音 [ə],那么合音的结果必然是相同的读音形式承担了多种语义或语法功能。

第三节 河北方言中"X-儿"形式音变的类型学意义

语言类型学的研究从 19 世纪初诞生,直到今天,已经由最初注重语言类型的分类的传统类型学,逐步转向了语言共性研究的当代语言类型学。当代语言类型学已经成为一种与结构主义语言学、形式主义语言学、功能主义语言学等齐名的语言学流派之一。语言类型学之所以能够成为一大语言学派,得益于它有自己的研究理论框架和方法。语言类型学,有不同于其他语言学流派的研究视角,它往往采用跨语言比较的方法,用语言事实说话,去探索人类语言的普遍特征。认为关于人类语言共性的归纳,必须有跨语言的比较作为基础,而且任何类型特征,都要得到跨语言事实的支持和验证。尤其是发展到今天,类型学研究不仅和功能主义语言学发生了联系,许多学者采用功能主义的理论去解释类型特征的原因,从而使得语言类型学与功能语言学

[①] 赵日新:《中原地区官话方言弱化变韵现象探析》,《语言学论丛》2007 年第 36 辑。

有较多联系,甚至发展出了一个语言分支——功能类型学,但是这两者并不等同。语言类型学的研究也和形式主义语言学发生了密切联系,许多形式主义语言学家,如 hale 等,将生成语法理论自觉去接受多语言的验证,也有类型学研究的学者采用形式主义的观点,从而使两者关系密切。从研究方法看,它的研究是建立在大型均衡语种库的基础上,更注重归纳实证的方法,这一点和汉语研究传统相一致。汉语作为使用人口最多的语言,分布范围广,方言众多,对汉语及汉语方言进行深入的研究,一方面,可以为类型学语种库覆盖面和数量做出贡献,会将长期以来印欧语系研究推向深入,改善其他语言包括汉语研究不足所带来的语料分布的不平衡现状;另一方面,采用类型学跨语言比较的视角,将汉语研究更好地与国际语言学研究接轨,将汉语研究的成果更好地为普通语言学理论做出贡献,同时也可以采用语言类型学的视野深化汉语的研究,帮助汉语描写向现代化、国际通用化方向发展,从这个意义上说,对汉语多方言的研究就是汉语深化研究的基础,具有非常重要的意义。

一 类型学研究对"X-儿"变音研究的方法论意义

类型学的研究是以跨语言的比较为基础的,比较的研究方法,尤其是跨语言的比较,是类型学研究采用的最广泛方法。类型学的这种多语言比较的视角对我们汉语方言学的研究也多有启示,我们如果采用多方言比较的研究视角,寻求汉语的共性和不同方言的个性,从而可以深化我们对汉语本质的认识。

一种语言现象研究的最终结果,在于我们研究的视角和方法,"欲毕其事先利其器"这是古人都知道的真理。对于语言研究来说,研究的理论基础和适当的方法是开端。雅可布逊有一个著名的公式:"发生学方法处理语言的亲属关系,地域方法处理类似关系,类型学方法处理同形现象"①，这三种方法是解释语言相似之处的完全独立的方法。众所周知，"第一种方法说明原始共同语分化过程所决定的类似，第二种方法说明同一语言类型的各种语言的同形现象（изоморфизм）所决定的类似，第三种方法说明由同一地理区域各种语言的聚合过程所造成的类似"②。也就是说三种方法都有自己适用的研究对象和领域，它们从不同角度说明同一语言事实。但是这三种方法从实际操作中，常常有混淆不清的地方，俄国语言学家伊姆就认为可以将类型分类法变成发生学分类法；也有语言学家不认可这种做法，如 B. A. 维诺格拉多夫认为，"'自然，碰到近亲语言的时候，发生学与类型学分类结果相吻合的可能性是相当大的，但是这个问题不能凭臆断来解决，尤其是在讨论发生学和类型学方法的一般关系时。按照定义，这两种方法不应当得出完全相同的结果。……不能把类型学方法归结为发生学方法，发生学的类别也不能用类型学的方法来确定，因此恐怕难以同意伊姆的看法，他认为通过详尽地选择描写的说明，可以将类型分类法变成发生学分类法。'发生学分类法与地域分类法的原则差别同样不容否定，它们与方向各异的语言过程有关：前者是语言分化的结果，后者是语言聚合的结果"③，同样的语言事实，在三种研究方法下会得到不同的解释。因为"发生学分类法研究原始语分化过程中保存下来的亲属语言的结构要素；地域分类法研究语言在其聚合过程中获得的结构要素；类型学分类法研究语言同形的结构要素，它们与分化或聚合过程无关，是由于语言隶属于类型学类别而造成的"④。但是，我们也必

---

① [苏] Г. А. КЛИМОВ：《语言的发生学、类型学和地域学分类法的相互关系》，汪庆安、范一译，《国外语言学》1982年第4期。
② [苏] Г. А. КЛИМОВ：《语言的发生学、类型学和地域学分类法的相互关系》，汪庆安、范一译，《国外语言学》1982年第4期。
③ [苏] Г. А. КЛИМОВ：《语言的发生学、类型学和地域学分类法的相互关系》，汪庆安、范一译，《国外语言学》1982年第4期。
④ [苏] Г. А. КЛИМОВ：《语言的发生学、类型学和地域学分类法的相互关系》，汪庆安、范一译，《国外语言学》1982年第4期。

须认识到语言的类型学参数与地域聚合也不是没有关系,类型上相近语言的相互作用会加深这种聚合的规律性,同样语言的聚合与语言的分化一样也具有过程性和历时性。历史比较法属于历史语言学的研究方法,它常用于语言发生学的研究,它能不能同样适用于语言类型学的研究呢?

我们都知道,类型学的研究旨在找到具有重大类型学意义的参数,而且这种类型参数不应该是零星的语言结构,而是具有语言共性意义的参数,有的时候确定某种相似是语言类型学意义上的,不是亲属语言共同基因或者是由于语言频繁接触的聚合结果,是非常困难的事情。但是无论哪一种的研究都应该有系统的观念,以语言整体为着力点,都要重视语言发展史的研究,将这些相似现象置于语言共时和历时的系统中着眼,正如鲍杜恩所说:"语言的分类不应是在某些未加思索地收集来的特点的基础上,把它们的多样性加以条理化,人为地简化对它们的研究。按照对一般科学,特别是对语言学的现代观点,语言的真正科学分类法应再现它们的自然发展,另一方面应以本质特征为基础。"[①] 在研究的实践过程中,历时的作用也引起了人们也广泛关注,有的语言学者这样说:"在类型分类中局限于共时的方法,即查明并描写所观察的事实,其不合理的程度,就如把语言的科学研究简化为对它们的描写一样。根据这种或那种标准,了解有哪些语言类型是不够的。必须解释类型分类法,特别是阐明列入各类别中的各语言之间异同的原因是什么。不用历史观点,这些问题是无法解决的。"[②] 过去的类型学研究,大多注重共时平面的不同语言的相似与差异,而很少考虑历时平面的语言结构的来源问题,每一种语言(方言)它都有自己

---

① [苏] Г. А. КЛИМОВ:《语言的发生学、类型学和地域学分类法的相互关系》,汪庆安、范一译,《国外语言学》1982年第4期。
② [苏] Г. А. КЛИМОВ:《语言的发生学、类型学和地域学分类法的相互关系》,汪庆安、范一译,《国外语言学》1982年第4期。

的发展轨迹,它的发生、发展都是在自己的语言系统中进行的,每种语言系统都有不同于其他系统的独一无二的特点,它发展的轨迹和规律都受制于自己的系统。正如戴庆厦先生所说:"在做语言类型学比较时,要从语言系统上把握用来比较的语言材料,而不是孤立地、表面地认识语言材料。"① 不同语言中可能存在类似的语言现象,我们怎样从这些类似现象中看到语言的共性,实现这个目标最完美的做法就是把世界上所有的语言都进行系统详尽的描写,在语言描写成果的基础上,还要追溯语言的发展过程,了解语言结构的来龙去脉。从这种意义上说,语言类型学的研究离不开语言历史的研究,需要了解语言形式的发展变化的路径和规律,类型学的研究也需要了解某种形式的来源,这和历史语言学相同,从理论上说历史语言学的方法,对类型学也同样适用。我们以河北方言的"X-儿"变音来看,儿化现象不是原始的母语共有的现象,而是有着共同基因的亲属方言后来平行发展出来的一种现象,由于这种现象出现的先后不同,与前行音节相融合的"儿"音音值不同,所以后来经过了发展,造成了今天"X-儿"变音读音的复杂情况。从河北儿化读音来看,它分为"三大系统":卷舌儿化系统、平舌儿化系统和边音儿化系统,由于"三大系统"起始的儿化音不同,所以我们在研究儿化读音时,只能在每个系统内部来看它发展的历时过程,而不能偏离自己所处的系统,孤立地去看一种现象的发展规律。同时由于汉语各方言具有发生学上的亲缘关系,也就是说它们有着共同的"基因",由于受到共同基因的制约,再加上地域上的毗连,就使得它们的变化趋势有大致的方向,所以三大儿化读音系统又有趋同的发展变化。我们在进行语言类型学研究的时候,不能简单地把不同语言或方言的现象,不区分它们是亲属关系还是非亲属关系,是同源现象还是非同源现象,一股脑放在一起进行比较,这

---

① 戴庆厦、朱艳华:《20年来汉藏语系的语言类型学研究》,《云南民族大学学报》(哲学社会科学版) 2011年第5期。

第四章　河北方言中功能性变音的共性及类型学意义

种做法是不科学的,对河北方言"X-儿"变音的比较研究,也从一个侧面证实了这一点。戴庆厦先生提出,"在比较方法上,亲属型类型学比较总会带有'共同基因'的眼光看待不同语言的对应关系,把相互间的异同与'共同基因'的主线联系在一起;而非亲属型类型学比较则是'就事论事'的,或者说是就语言现状论事的,不去考虑它们的过去怎样……亲属语言的类型学共性有两个来源:一是原始共同语同一现象在不同语言的延续,这是同源关系;二是不同语言后来各自新增的现象,这是非同源关系"[①]。正如河北方言的儿化音变现象一样,我们不区分它是否同源现象,只将它作为有发生学关系的方言共有的一种现象进行比较的做法也是不合理的。我们应将它按起源分成"三大系统",在"三大系统"中找它们的发展历程,通过"三大系统"的比较来发现儿化现象共有的演变动因和机制,从而为类型学的研究提供一种语言样本。实际上,虽然河北方言"X-儿"变音系统,不同方言属于有亲缘关系的方言,但由于这种现象本身没有同源关系,属于各方言后起的平行发展的现象,这和不同语言的现象有着类似的地方,当然也有不同。我们通过对"三大系统"儿化读音表层现象的深层动因和机制的解读,再和其他变音系统相比较,我们可以找到功能性变音系统生成的共性特点和蕴含共性。

跨语言的比较是类型学研究的基础,类型比较首先就要确定比较对象,比较对象对研究的结果有着非同寻常的意义。从大的方面讲可以采用没有亲属关系的不同的语言作为比较对象。也可以采用有亲属关系的方言作为比较对象。但是不论哪种情况,传统类型学把零散结构作为比较对象的做法是有局限性的。比较对象的确定必须参照该对象在整个系统中的地位,也就是类型学中对照系统研究很重要。类型比较研究必须以世界各种语言的全面、系统、深入的描述为基础,在

[①] 戴庆厦、朱艳华:《20 年来汉藏语系的语言类型学研究》,《云南民族大学学报》(哲学社会科学版) 2011 年第 5 期。

这个基础上才可能建立起一个系统层级，同时语言描写也是类型学研究的依据。从这一点上说，对某种具体语言事实的详尽描写本身就是非常有意义的工作。

我们对于河北方言中"X–儿"变音现象的研究，虽然只是从不同方言角度对这一现象进行了详细描写和比较，但是这有利于我们找到汉语跨方言的语言共性，从而为跨语言的研究打下基础。同时我们可能看到，在对儿化这种变音现象进行分析时，不同方言的这一现象有不同的表现形式，它们虽然属于同一语言，但是这一现象并没有同源关系。因为在河北方言中它有三大"X–儿"变音系统，这三种变音系统的起源形式不一致，一种是起源于读平舌元音的"儿"与前附音节的合音变化；另一种是起源于读边音的"儿"与前附音节的合音变化；还有一种是起源于读卷舌元音的"儿"与前附音节的合音变化。在起始阶段由于"儿"音的不同，从而使这种现象成了具有同源关系的语言各自新生语言现象，但是这"三大系统"在具有亲属关系方言共同基因的作用下，有可能产生一种趋同的变化过程。通过对这三大"X–儿"变音系统的研究，也为我们研究有发生学关系的语言并行产生的新现象的发展过程和趋势提供了研究依据。

二 合音是汉语一种独具特色的语法化模式

汉语中的合音现象有两种情况。一种是类似于河北方言中的儿化、D变音、Z变音等的功能性音变产生的合音现象，这种现象前文我们对河北方言进行了细致的描写，在山东、河南等地也广泛存在。另外一种是语流中存在的纯语音性的合音现象，前人学者将其称为"合音词"现象。这种现象在汉语方言中，不仅是河北方言，其他方言也是俯拾皆是。在河北涉县方言中，"不要"读［piau^{42}］，"四个"读［se^{33}］[①]。

[①] 黄萌萌：《河北涉县拐里话语音研究》，硕士学位论文，河北师范大学，2012年。

第四章 河北方言中功能性变音的共性及类型学意义

在南和①方言中，量词"个"与前行音节常出现合音，几个读[tɕiə⁵⁵ᐟ⁵³]，两个读[liɔː⁵⁵³]，三个读[sɔ⁴⁴ᐟ⁴⁴²]，二十个读[l̩³¹²ᐟ³¹ ʂʅ⁴]。还有南和方言中动词后的虚成分"了"在有的音节中发生合音型音变②，在开尾韵 a、ia、ua、ya 后，就成了[aː]为主元音的音节，同时声调发生变化，变为调值为[443、533、553、311]的四个长调。

除河北方言外，河南方言、山东方言、陕西方言、东北方言等都有不少地方有这种合音词现象。也有很多前人时贤对合音现象（合音词）做过深入的研究。大家都熟知的北京话里的"甭"就是"不用"的合音，以及北方官话方言中[biau]就是"不要"的合音，[miəu]就是"没有"的合音，还有大范围广泛存在的指示代词和"一"的合音[tʂei][nai]等。在很多北方方言中还有语气词的合音、数词的合音，等等，如冯春田③认为"啥"是"什么"的合音，"咋"是"怎么"的合音。姜文振④对黑龙江方言中常见的合音现象进行了细致的描写。陈丽湘《语言经济性原则下的豫北方言合音现象分析》⑤提到了豫北方言中的单音节数词和量词"个"的合音在豫北方言的各调查点中均出现频率高且覆盖面广的情况，特别是"一个"的合音，其使用频率远远高于两个音节使用的频率。又如名词"昨天""今天""明天""事情""地下"等，代词"咱们""什么"等合音在各方言点中使用都非常频繁；动词中的"知道""起来""出来"及代词中的"怎么""什么""这么"等都有合音现象，并运用语言经济原则对这种现象进行了解释。杨绍林⑥对彭州方言的合音词做了详细分析。王瑞对河南新

---

① 张丽：《河北南和方言音变调查研究》，硕士学位论文，河北大学，2011年。
② 张丽：《河北南和方言音变调查研究》，硕士学位论文，河北大学，2011年。
③ 冯春田：《合音式疑问代词"咋"与"啥"的一些问题》，《中国语文》2003年第3期。
④ 姜文振：《试谈黑龙江方言中的合音现象》，《求是学刊》1997年第6期。
⑤ 陈丽湘：《语言经济性原则下的豫北方言合音现象分析》，《长春大学学报》2013年第7期。
⑥ 杨绍林：《四川彭州方言的合音词》，《方言》2007年第3期。

蔡方言的合音词现象给予了关注，新蔡方言中的合音现象①一般发生在表示数量的，如"一个""两个"；表示方位的，如"顶上""底下"；和一些表示代人的，如"弟兄几个""人家"等结构中。仵兆琪《南阳方言的语流音变现象研究》②中，提到了河南南阳方言中常用的合音词"不要、半晌、给我、知道、人家、底下、起来、里头、媳妇、做啥、只要"等的读音情况。在西安方言中③，做啥、不要、没有、底下、去呀、这个、这一、那个、那一、人家也常常是以合音的形式出现。在河南平顶山④方言中，你们[nen]，底下[tia]，给我[kuo]，只要[tʂiau]，这方[tʂaŋ]，那方[naŋ]，哪方[naŋ]，一样[jaŋ]，不好[pau]，时候[ʂou]，这个[tʂuo]，那个、哪个[nuo]，什么[ʂa]，怎么[tsa]，不用[piŋ]，不是[pei]，一个[iuo]，知道[tʂau]，不要[pau]，四个[sʅ]，十个[ʂʅ]，几个[tɕiə]，里头[liou]，出来[tʂʻuɛ]，起来[tɕʻiɛ]，弟兄[tiõr]都是合音现象。在山东方言中⑤，一些地区三音节以上的地名，如胡家庄、李家桥、朱家井等，中间的"家"音节脱落形成变调，也属于合音词现象。

通过以上各地方言中合音现象的描写，我们可以发现，汉语方言中的合音现象，其实有两种类型。一是合音词中的合音现象。从语音上看，它是两个音节的语音合成一个音节，合成后的单音节声母、韵母、声调的读音，往往与合音前的两个音节的声母、韵母和声调都有一定的联系，这种联系还是一种有规律的关系。规律特点与古代汉语中的反切相似，一般是上字取声，下字取韵和调；或者是上字取声和调，下字取韵，这两种情况比较常见。从语义上看，原来两个音节的

---

① 王瑞：《新蔡方言的音变现象研究》，硕士学位论文，河南大学，2012年。
② 仵兆琪：《南阳方言的语流音变现象研究》，硕士学位论文，吉林大学，2013年。
③ 龚群虎：《关中方言的变调和变音》，《语文研究》1995年第4期。
④ 李静：《平顶山方言语流音变的调查》，《平顶山师专学报》1999年第3期。
⑤ 曹延杰：《德州方言地名读音》，《方言》1997年第1期；王彦：《梁山地名中零音节"家"的存在形式》，《中国语文》2007年第1期。

意义也由合音后新形成的音节承担。二是合音形成的不一定是合音词，有可能是一种语法结构体。合音后的新音节，它的读音是以前字音节为主，是前字音节的读音变形，新读音即以前字音节的声、韵、调为主，后字音节的语音特征，或者失落，或者以某种音质或非音质特征对前字音节产生一定的影响，使前字音节的韵母或声调，甚至是声母产生一定的变化。第一种类型的合音其实与我们前文中儿化中的单纯语音性儿化音变相类似，我们不妨称其为语音性合音；第二种合音其实与功能性儿化类似，我们也可以称其为功能性合音。

(一) 语音性合音和功能性合音的共同特点

1. 合音的外部条件相同

这两种合音的变化结果与原来两个音节的联系规律不同，但是它们又有一些共同的特点。无论哪种合音，在最初的阶段慢读时都可以还原成两个音节，随着合音词产生时间增长，再加上语音不断变化的因素，就不能再还原成两个音节，就只剩下一个合音形式，甚至有的合音形式人们已经意识不到它是一个合音来的音节，如"啥"是"什么"的合音，人们已经将它当作一个不同于"什么"的疑问词来用了。我们通过对方言中的合音现象的调查可以发现，无论是哪种类型的合音，都是需要一定的条件的，语速是合音的重要原因之一。有的词语只有在句子中，或者说在和别的词语连用时才能合音，而在单个的词语的发音过程中不会合音；而且部分合音词在语速快时合音，在语速较慢时仍能还原成两个音节。只要语速达到一定的程度，便可能产生合音的现象。但偶然的合音现象，我们不能称为合音现象，只有当这种现象较为固定，在语言交流的过程中被人们普遍接受时，才能称之为合音。

2. 合音后的语音和意义具有的特殊性

快速急读变为一个音节并不是合音的唯一条件，除此之外，合音还需要一定的内部语音条件,语速只是一个触发条件。从它的内部语言条件来看,它的特点为合音后的语音和意义具有特殊性。

　　首先,从语音上看,合音后的读音比较特殊,它的特殊表现为新合成的音节,在音系中没有相同的音节形式,也就是它不同于音系的单字音节,或者是韵母音值不同,或者出现了音系中没有的特殊元音,或者出现了特殊音节结构类型。比如河北方言 D 变音中出现的长元音音节,儿化变音中伴有增音或声韵双变现象的出现,但是这并不是音系中产生了新的音位,而是形成了与单字音相对应的新的音节,如花儿 [xuar] 一个单字音里没有的音节,再如三个读 [sɔː$^{44/442}$],这样的长元音在单字音系里也是没有的。其次,从语义上看,合音后音节的意义,是利用语音的变化表达合音前两个音节意义的整体。无论是哪种合音类型,都是通过语音的变化,某种微小的语义色彩或语法意义被增添到这个新音节上,如儿化音变能给前附音节增加"表小称爱"的语义色彩或轻松随便的语用色彩,一些语音性合音则给人一种方言色彩浓重的语用色彩。在同一方言区的各个子方言区之间,常常出现合音后的音节语音有较大的相似性,这可能是由于地域邻近,本来的语音就有较大的相似性,而且越是接近越容易相互影响导致的。在河北方言中合音词在分布上也呈现地域上越是接近,其合音的现象和规律越是相似,有的甚至在声调和韵母的变化上都存在一定的同一性。如沙河方言的 Z 变音,有的音节与"X – 儿"变音相似;又如河北东北部方言 D 变音与"X – 儿"变音同形,西南部方言 D 变音与 Z 变音同形,这些都反映了同形形式分布的地域性特征,一般成片大规模分布。

　　3. 两种合音符合人类语言发展的共性——经济原则

　　经济原则是指语言交际编码时应尽可能简短,这就是交际理论中合作原理中的"数量准则","不要传达满足当前交际需要以外的信息"或"传达满足当前交际所需要的信息"。语言学家齐夫借用经济学上的术语，提出了"齐夫定律"（Zipf's Law），即"高频率是小数量的原因"①。因为一个形式的频率越高，标记性越弱，它在记忆中盘踞得就会越牢固。而频率与形式和功能之间的映射有关，例如，语法中的合并、异根替换、同音或同形而异义和一词多义都出现在最常用的形式上。无论是语音性合音，还是功能性合音，它们都符合语言的经济原则，但是其原因又略有不同。固然高频使用是合音的一个条件，但高频使用的原因不同。语音性合音的高频是由于涉及的是一些常用词，而功能性合音的高频则涉及的不一定是高频词，它和这种合音的能产性，或者说这种合音的强类推性有关，前文我们在论述儿化词的发展动因时曾论及这一问题，此处不予赘述。

（二）语音性合音与功能性合音的差异

语音性合音与功能性合音虽然两者存在很多相似点，但两者又有很多不同之处。

首先，合音后的读音变化方式不同。语音性合音后的读音，和合音前的音节都有关系，往往是两个或多个音节各取一部分合成一个新音节，合成的方式是拼合的形式。功能性合音则往往是以前附音节为主，后一音节只在前附音节上保留部分特征或对其产生影响让前附音节产生一定的变化。换句话说，语音性合音大部分情况是两个音节的语音似乎不分主次，都会在合音后的音节上保留；功能性合音则是有主次之分，一般是前面音节为主，后附音节为辅。语音性合音是一种减音变化，每个音节都省略了其中的一部分（或者是声母或者是韵母或者是声调），将音节省略后剩余部分组合为一个音节整体。功能性合音是一种语音融合变化，也有可能出现增音的变化，一般是后一个音节的声、韵、调全部消失，只剩下了主要语音特征而融合于前一音节，

---

① ［美］威廉·克罗夫特：《语言类型学与语言共性》，龚群虎译，复旦大学出版社2009年版，第133页。

对前附音节产生一系列影响而形成新的音节形式。功能性合音中,两个音节中的后一个音节多数为轻声音节,尤其是后一个音节为轻声零声母音节的合音现象,在整个合音中占了绝大多数。为什么后音节为轻声音节容易产生合音的发生呢?我们在前文论述轻声是儿化产生的前提条件时,曾经论述过轻声属于音节的弱化现象,是由义虚而引发的音轻现象,我们也可以发现,发生功能性合音的轻声音节一般是零声母音节。当双音节词的第一个音节有声母,第二个音节没有声母只有元音时,按照汉语的音节结构特点,是允许有复元音型音节出现的,所以在这种情况下最容易合成一个音节,尤其是在较快的语流中,音节的发音有点含混,丢失一些音素或变化一些音素合成一个音节,并不影响语义的表达,合音现象就容易出现。这对于功能性合音是适用的,将其放到语音性合音中,我们发现虽然部分语音性合音也有后一个音节为零声母轻声音节的情况,但是大部分并不如此,如在很多地方有合音变化的"媳妇",后一音节并不是轻声音节,也不是零声母音节。另外,据孙红举先生的研究,合音词(语音性合音)形成的音节在官话区有自己的规律和原则,一般是"合音时,先取两端。具体来说就是先取合音成分中前字音节的声母 I_1 和后字音节的韵 R_2,形成 I_1R_2"[①],也就是说在语音性合音中,前后两个音节对最后的合音形式都起主要作用,而不像功能性合音是以前字音节为主的。

其次,语音性合音变化形式呈封闭性,不可类推;功能性合音变化形式呈现开放性,有规律可以类推。语音性合音一般以常用的高频词发生合音的变化较多,而这些高频词之间从语义或语音上没有什么关联,哪些词发生合音,哪些词不发生合音,不具有规律性;读音相同或者语义有联系的词,不一定都产生合音变化,也就是说合音的变化不具有类推性。对于功能性合音来说,则不同,它是具有类推性的

---

① 孙红举:《论中原官话合音音节中音段成分的生成规则》,《第八届汉语官话方言国际学术研讨会论文集》,2016 年。

变化。如"X-儿"变音，只要是后音节是轻声"儿"音节，只要有相同的语音条件，比如前附音节都是同样的韵母，无论声母同不同，也不管它的意义如何，它都会发生合音变化。再如D变音，只要是前字音节的韵母属于同类（不论介音有无或是否相同），它的D变音一定会发生与基本韵母相对应的合音变化。正是因为一般语音性合音是封闭式的不可类推的变化，所以从合音发生的方式看，采用的是突变式合音。而功能性合音是可类推的变化，所以一般是渐进式合音变化，它以前字音节的韵母为条件，逐渐发生合音变化。

最后，合音的本质不同。语音性合音是以高频词作为前提条件的，合音的产生与使用频率有关，从合音词的产生和流传来看，在形成之时使用频率都很高。它基于的是发音的省力简洁原则。功能性合音是以语义的虚化为前提，它是义虚音省的一种体现。从本质上看，功能性合音是汉语独具特色的一种语法化现象。"语言结构编码在本质上看是经济性和象似性两理据相互竞争的结构"[1]，经济性和象似性是对结构编码有重要影响的两大因素。在功能性合音中，之所以合音后，后一音节即词缀或虚词发生零形式化，就是因为这些词缀或虚词，在语义功能上不承载多少实际意义，处于一种次要地位。尤其是在D变音中，后一音节无论是在句法位置上，还是在语法意义上，都呈现一种固定性，在这样的情况下，其意义完全可以通过语境推测出来。随着语音的弱化，它就成了一个可有可无的成分，更容易变成零形式。这也符合语言经济原则的要求，按照信息论编码的原理，用较短的编码来表示出现频率最高的信息，所以两个音节减缩成一个音节，体现了高频简化。而象似性是指语言结构在一定程度上反映经验结构，承载着说话者观念中客观世界的结构。语言中象似性存在的全部理由是为了让实时处理变得容易，意义上的变化必然导致与之相应的形式上的

---

[1] [美]威廉·克罗夫特：《语言类型学与语言共性》，龚群虎译，复旦大学出版社2009年版。

变化，如功能性合音中音轻义虚现象，正是象似性的反映。之所以功能性合音它的语音以前字音节为主，后一音节的语音特征只是对其有一定的影响，这也体现了凸显在首动因。因在功能性合音中，要凸显的语音是前附音节，后一音节只是一种信息量非常小的成分，所以它往往只作为一种标志附着在受影响或状态发生变化的成分上。

三　河北方言中功能性变音的蕴含共性

从前文论述我们可以了解，所有方言都有"X-儿"变音，大部分方言有 D 变音，只有少数方言有 Z 变音。这说明只要有 Z 变音的方言，一定存在"X-儿"变音和 D 变音；只要有 D 变音的方言，一定存在"X-儿"变音，反之则不然。

从河北方言的情况看，它们之间有如下蕴含关系：Z 变音⊃D 变音⊃"X-儿"变音，即如果一个方言中有 Z 变音，那么一定有 D 变音和"X-儿"变音；如果一个方言中有 D 变音一定有"X-儿"变音，反之则不然。

河北方言的几种功能性变音，最后的语音形式都表现为合音，合音后的音节与原来音节相比，发生变韵和（或）变调现象甚至是变声现象。比如在河北方言"X-儿"形式变音、Z 变音、D 变音化合式读音中，后面的轻声音节已经消失，只在前字音节看到它的一些印迹，与前附音节化合成了一种变韵形式；在"X-儿"形式变音、Z 变音、D 变音拼合式读音中，它本身已经不是一个完整的汉语音节，而作为一部分寄生在前附音节上。这两种读音情况，我们可以看成汉语虚词（或词缀）完成词汇化后在语音上的一个表现，这就容易让人们有一个认识，是不是汉语通过合音的方式也产生了屈折词缀呢？因为印欧语在完成了语法词或附着词之后，下一个语法化阶段就进入了屈折词缀的阶段，汉语是否也是这样一个发展过程呢？俄罗斯（苏联）语言学家 В. М. СоЛЦеВ 与 Н. В. СоЛНЦеВа 共同提出，"语言的形态系统在不断发生变化：许多语言中的旧形态在逐渐减少，孤立语中新的（粘着类型的）形态也在出现，孤立与粘着并不互相排斥"①。汉语作为孤立语的典型代表，是公认的缺少形态变化的语言，是不是正像语言学家所说的那样，新形态在不断形成，这种功能性变音是不是一种新的形态变化呢？对于这个问题我们需要进行深入分析。

作为典型孤立语的汉语，它表达语法意义，一般是靠语序和虚词，不是靠词形变化这种狭义形态。从河北方言功能性变音来看，似乎这种表语法意义的虚成分最后发生合音是具有可类推性的，也是很普遍的一种现象。再从全国各地方言来说，存在功能性合音的方言并不鲜见，分布在河北、山东、河南等广大官话区，甚至是南方一些非官话区也存在这种现象，这似乎应该引起我们的高度关注，由此我们产生了一个疑问，从本质上看这种功能性合音是不是一种新的形态变化呢？

前人时贤对什么是形态变化问题，有不同理解，比较宽泛的看法既包括构形变化，也包括构词变化，与构形变化所对应的是狭义的"形态变化"。一般我们认为形态比较发达的语言，如英语，它的附着性成分有两类：一类是具有"派生性"的成分，我们称为词缀；另一类是具有"屈折性"的成分，我们称为词尾。英语中的词缀从历史来源看，它们本来也是独立的词或词根，后来"由于经常缀在别的词或词根前后，辅助中心意义，逐渐失去了独立的意义、形式、语音，成为附加的构词成分"②。形态发达诸如印欧语系的语言，可能由于它们的词缀有不同的来源，不同的语言形成了不同的构词法，但是不管怎样，它们有一个共同的特点，那就是改变原来词的意义或词性，从这个角度看汉语的这些功能性变音，有些似乎与词缀相似。在汉语方言中功能性变音有两种情况：第一种情况包括部分"X－儿"变音和Z变音，它们属于词汇层面；第二种情况包括D变音和部分"X－儿"

---

① 王翠：《俄语语序的语言类型学研究》，博士学位论文，上海外国语大学，2011年。
② 唐逸：《英语构词法》，商务印书馆1962年版，第10页。

变音,它们则属于语法语用层面。第一种情况从功能上看仅有一部分类似于英语的词缀,如"X-儿"变音中有一部分起到区别词义和词性的作用,也有一部分它们既不能辨义,也不能改变词性,可以视为可有可无的成分,这种表现与英语词缀相去甚远。第二种情况则表达一定的语法意义,有点类似于英语的词尾,但又和词尾不同。词尾在英语中有一定的音形,而汉语功能性合音,后附语法成分也有一定的语音形式,而发展到合音阶段,大部分成了零形式,这和英语等形态丰富的语言是完全不同的。所以我们说功能性变音应该是汉语独具特色的一种语法化形式,无论从功能上看,还是从语音来源上看,都和形态变化有本质上的差别,其实这也体现了语言类型上的差异,英语词缀功能主要具有表义性,而汉语中仅有的少量词缀功能主要体现为修饰性。所以我们不能将汉语的功能性变音看成词缀,那么能不能看成词尾呢? Hopper 和 Traugott 曾基于跨语言的考察提出了这样的语法化阶段的渐变序列:"discourse > syntax > morphology > morphonemics > zero。"① 沈家煊先生也给我们介绍过 Givon 等人提出的语法化的循环性,一个成分虚化到极限以后就跟实词融合在一起,自身变成了零形式,具体循环模式是"自由的词→黏附于词干的词缀→与词干融合的词缀→自由的词"。从历时类型学的研究,我们知道语言结构形式的变化具有不可逆性,即具有单向性。实词意义虚化后可以变为虚词,虚词进一步虚化后可变为附属词,之后附属词再进一步虚化变为语缀,然后语缀功能进一步发展变为字形变体,接着还可以最后消失。从实义词变为虚词,虚词再进一步发展成失去独立性的附着词,如英语的冠词 a,汉语里表语法意义的非自由语素"了""着"等,这种变化在所有的语言都可以出现。这种变化在任何语言,无论形态丰富的语言(像印欧语系的屈折语),还是形态不丰富的语言(像汉语这种典型的

---

① Paul J. Hopper, Elizabeth Closs Traugott, *Grammaticalization*, 北京大学出版社 2005 年版, 第 176 页。

第四章　河北方言中功能性变音的共性及类型学意义

孤立语）都没有问题，问题是变成附着词后的发展阶段，这些虚成分能不能进一步发展成屈折词缀。吴福祥指出，"汉语语法词或后附词的后续演化是词汇化（Lexicalization）而非形态化"①。从河北方言的几大功能性变音来看，虚成分的进一步发展的确没有产生新的屈折形态，而是以与前一音节合音的形式出现，可以说原来的虚化语素变成了近似于零形式的读音，但是又没有完全成为零形式，还或多或少地以音质或非音质特征保留在了前附音节上，以合音的形式呈现。

我们之所以把汉语这种合音现象和印欧语的屈折形态产生混淆，是因为语音弱化往往与语法化相伴随，这是人类语言演变的一个普遍特征。语法化怎么会导致语音弱化呢？Hopper和Traugott说："频繁出现的组合形式往往会变得自动化，它们会被储存起来和作为组块来表示。因为这些自动化形式所表示的内容具有可预测性，因而人们在表达时说得较快；语言是线性的结构，由于说得较快，这些自动化形式的各个成分就变得含糊，显著性降低了；经常互相邻接出现的形式甚至可能会融合为一个单一的词，如词干和附着形式。……屈折型语言语音弱化的形式通常为：元音和辅音脱落，强调或重读语调的丧失导致新形式的词重音的重新调整，相邻的音段之间彼此同化、融合。"②在屈折型语言中，语音弱化与结构省缩有直接的关系，或者说，结构省缩是语音弱化的结果，因为语音的弱化常常会直接造成语音形式的缩短。比如英语的冠词a，源于数词one，语音弱化常常会造成结构省缩，即一个语言单位内某些成分的脱落或一个语言单位结构形式的缩短。汉语的情况也是如此，实词变虚词在语法化的同时，它的语音形式也缩短了。语音形式的缩短主要表现为，有的是声韵调几个方面或者两个以上方面都有不同程度的减弱或者脱落，这些变化有的只是

---

① 吴福祥：《汉语语法化研究的当前课题》，《语言科学》2005年第2期。
② ［美］鲍尔·J. 霍伯尔、［美］伊丽莎白·克劳丝·特拉格特：《语法化学说》，梁银峰译，复旦大学出版社2003年版，第160—195页。

· 331 ·

声韵调某一个因素的弱化或者脱落。最主要的如声母的弱化主要表现为语音强度（Phological Strength）减弱，语音强度弱的辅音发音比较省力。据有关专家研究表明，辅音的弱化是有以下规律的，"语音强度在发音（Articulation）方面按以下的序列递减：塞音—塞擦音—擦音—鼻音—流音—半元音—零辅音（声母辅音失落），在发声（Phonation）方面按以下的序列递减：清音—浊音，紧音—松音。……韵母的弱化主要表现为主元音的央化。……声调的弱化主要是轻声化或零化（脱落）"[①]。

但是，在语音弱化的表现上，汉语这类分析——孤立型语言，与英语等屈折型语言有着明显的不同，即演变的最后结果往往不是词缀，而是语法词或词内成分。另外，我们还可以看到形态丰富的语言，它们语音的弱化变成词缀的动因，是由于语音发音的省力原则导致的语音的简缩。而汉语中这种语音弱化不仅与语音简缩有关，同时还和语义表达的重要性有关，虚词的信息负载量小，语音形式就不太重要。如"我去过单位□"这个句子，末字即使不说，我们也可以猜得出来是个"了"字，它所传达的信息量几乎等于零，省掉它也绝对不影响意思的表达。正是这样，诸如此类的虚词的读音就非常自由，把它念成［lə］［la］［lo］，或者不发音，大家都可以理解句子的意义；但是句子中的"去"就只能念［tɕhy］，否则就会影响意义的表达。正是这样意义虚化的词可有可无的这种地位，决定了它语音也是可有可无的，可以省略的。

像"X-儿"变音等这种功能性合音从本质上看是起源于语流音变的语音弱化现象，它的发生是在语言使用的过程中逐渐形成的，那么就离不开语言环境因素。在这个过程中，语义和语音不能完全分离，语义最开始的变化也是在话语中产生的，而引起的语音变化的因素也

---

① 潘悟云：《汉语否定词考源——兼论虚词考本字的基本方法》，《中国语文》2002年第4期。

往往是不确定的，有可能是带有个人特点的一次语音随机变化，也可以是音素相互影响下的一次合音，而只有这样的读音形式和一定的凝固化的词汇义，或者和固化的语法功能相结合，才会最终导致语音变化的固化，这个过程也是一个词义主观化的过程。在长期的使用过程中，如果某个词的变音读法比较固定，经常出现，那就有可能会固定下来，最终作为历史音变，保留在语音系统中。如河北方言中的"X-儿"形式的音变，起初是由于语义的虚化导致的语音轻声化，后来受发音省力原则的制约，弱化后的"儿"音脱落，但又限于感知因素的影响，它的语音特征保留在前行音节中，形成"X-儿"变音，起初可能"X-儿"变音是独立音尾式读音和拼合式读音并存的，后来经过语音的发展，化合式读音成为其唯一的固定形式。正如河北大部分方言那样，这时候它就不再是语流音变现象，而固化成历史音变保留在语言系统中。但这种历史音变又有它的特殊性，它不像音系中音类的变化，它是以语音为条件的，甚至还会形成文白异读现象。功能性音变，表面上看类似语音音类的变化，它合音后的变读形式的音值同样是以语音为条件的，但是它又完全不同于纯粹的音系中的历史音变。历史音变是以音类为条件的，是在一定的语音条件下，整类音的相同变化，而功能性音变是以韵母或者是介音、声母的音值为条件的，实际上隐藏于背后的是语义对语音的制约。同时这种音变又和印欧语系中的纯语音性的语流音变不同，它是来源于语流音变的特殊类型的历史音变。再如河北方言中东南部方言的D变音和Z变音，据我们的调查，它是受语速影响的一种语流音变现象，它还有独立音尾式读音和拼合式长音节读音并行的情况，也就是说它有时是一个音节的形式，有时是两个独立音节的形式，处于两种读音形式均可的阶段，这说明到目前为止它仍是一种语流音变现象，合音还能还原成两个音节的形式。河北东北部方言中的D变音虽然具体音值与此不同，它的语音与儿化同形，但是从性质上看和东南部方言相同，也还处于语流音变读音阶段。因为也有与其共存的"D－X"与其同现于一种方言中，所以河北方言中的功能性变音，从性质上看有两种。一种是语流音变现象，如 D 变音和 Z 变音；一种已经发展成了来源于语流音变的特殊历史音变，如"X－儿"变音。虽然其性质不同，但是它们都是和虚词（词缀）的虚化或者说语法化有关，合音作为汉语独有的一种语法化模式，它的语法化过程和途径和语言屈折形态变化是有明显不同的。

四　功能性音变蕴含的语言类型差异

"X－儿"形式等功能性音变不同于印欧语的语流音变，究其原因是由汉语和印欧语不同的音义关联模式导致的，它隐含了语言类型的差异。

据徐通锵先生的研究认为，"汉语的音节是表义的语音结构单位，一个音节一个字，表达一个概念性的意义，说明音节和意义有强制性的关联，呈现出'1 个字·1 个音节·1 个概念'的基础性结构格局"①。印欧语的音节有完全不同于汉语音节的特点，它的表现有两个方面。首先，从音义的联系看，无论是词素还是语素、词都与意义没有强制性的联系。其次，非音质特征与语音的组合方式也不同于汉语。汉语声调是一种音高（非音质）的变化，它与声韵处于不同的两个层面，音高的变化能够具有单独表义性，能够起到区别意义的作用，如"麻妈妈骂马"这样的句子，就完全是靠音高的变化来表义的。在印欧语系的语言中，也有非音质手段的重音，但是它不能独立存在，一般是落在词音上，不具有单独表义性。正是音节在语言编码功能上的这种差异，直接决定了印欧语系的语言和汉语这两种不同类型语言在音变上的差异，由于汉语音节的这种音义关联性，导致了汉

---

①　徐通锵：《音节的音义关联和汉语的变音》，《语文研究》2003 年第 3 期。

语发生语流音变时,不单纯是语音的变化,在语音变化背后隐含着语义的制约,不像印欧语系诸语言。英语等印欧语系语言的音节是以元音为核心的音质音位的线性组合,与意义无直接联系,语音的变化主要是由音素与音素相互影响导致的,是语流中一种纯语音的变化过程。作为音节具有音义强关联性的汉语,它的语流音变,以及作为语流音变的终极形式的合音变化,必然要受到语义和语音两方面因素制约,自然这种变化的过程和结果都较只受一种因素影响的纯语音变化过程要复杂。同时汉语这种音义互动的变化过程,不仅受了音和义两方面因素的制约,同时因为汉语同印欧语音节结构的基础性差异,也必然制约着音变的趋势和方向。正如徐通锵先生所指出的,"'1个字·1个音节·1个概念',这是汉语最简单、最基本的结构原则,各种复杂的现象都是以此为基础而生成、运转的,因而要弄清楚由音义互动而产生的变音,就必须牢牢地把握这一基本格局……不管是变声还是变韵,其共同的目标都是要使两个字的两个独立的音节融化为一,挤入一个音节的框架,实现'合二而一'的单音节化"[①]。从汉语的合音来看,它也体现出了这种语言基本结构的单音节性和双音节词之间的矛盾和竞争,竞争的结果是两个音节通过合音的方式重新归于一个音节,表达一个新概念(原来两个音节合起来的意义)。不仅是功能性合音如此,如 D 变音,它生成的新的读音形式(单音节)表达原来两个音节的整体意义,而且汉语中语音性合音词,它也是如此,合音词的新读音形式,是从原来的两个或多个音节各取一部分经过重新组合,变成一个新音节的形式,新音节的意义也是原来两个音节各自意义合起来的意义。从新生成的读音来看,它是不同于原来音系中固有音节的一种独特的读音形式。这种语音的变化体现出了单音节性这个基础格局的制约作用,高于基本音系格局的制约作用的特

[①] 徐通锵:《音节的音义关联和汉语的变音》,《语文研究》2003 年第 3 期。

点，也就是说，合音这种变化适应了汉语单音节性的要求，为了单音节化，不惜突破音系的原有格局，从而也更说明了汉语音节的音义关联性是它的最基本要求。

正是因为汉语不同于形态发达语言的这种音节音义强关联性特点，决定了汉语和印欧语系诸语言在语言基本结构上有原则的差异，所以有学者把汉语称为"语义型语言"，而把印欧语称为"形态型语言"。语言类型的差异也是导致语言中变音（音变）存在诸多差异的根本原因。这表现在句法上，印欧语系语言有丰富的形态变化，而汉语则缺乏形态变化，因为汉语句法的生成单位是"字"而不是"词"。印欧语系语言的词为什么富有形态变化呢？这和它的基本结构单位有关。印欧语有一"大"一"小"两个基本结构单位，"大"指的是句子，"小"指的就是能充当句法结构成分的词。形态变化是联系句子和词这两个基本结构单位的桥梁，所以它的音变的路径或者说语法化的路径遵循的是"自由的词→粘附于词干的词缀→与词干融合的词缀→自由的词"的单向性循环。而汉语则遵循的是"实义词→语法词/附着词→词内语素"的路径。在印欧语里"词由于要服从二轨合一的要求，要接受一致关系的支配，富有形态变化，因而在句法结构中首先注重'形'，其次才关注'义'"[①]。这种形态变化是适合印欧语，"主语—谓语"这种句子核心框架，也适合它的语法结构原理，但是不适合汉语语法结构规律。汉语语义型语言的本质，决定了它首先关注的是"义"，不太注重"形"，所以各种变化都是以语义为基础的，语音形式上的变化也是和语义相适应的结果，而不是变化的根本所在。所以有的学者认为汉语是意合的语法，它更注重构义，而不太关注结构形式。

所以我们说汉语这种独具特色的语法化模式——合音，是与形态

---

① 徐通锵：《"字"和汉语语义句法的生成机制》，《语言文字应用》1999年第1期。

丰富的语言的形态化是有根本区别的。从汉语合音的过程看它是音义互动制约下的语流音变过程，而且同时它也是语法化作用下的一个语义虚化过程，这个语法化过程，完全不同于印欧语的语法化过程。从语音形式的变化来看，无论是纯语音性合音还是功能性合音，它都不同于印欧语的纯语音变化过程，语义在其中起了很重要的作用。所以我们说汉语的变音是不同于印欧语的一个音义互动的过程，这个过程的差异背后隐含了语言类型上的差异。

第五章 "X-儿"形式的音变对音变理论的几点启示

第一节 从"X-儿"音变的特殊性看汉语音变类型的划分

从19世纪历史比较语言学产生至今，对语音演变的研究已经取得了非常丰富的成果。长期以来，音变被假设为纯语音的过程，语义、语法在音变中的作用未得到应有的重视。

从语言学作为一个独立学科开始，关于音变类型的研究就没有停止过，起初是着眼于语言系统内部的音变方式的研究，主要有两种主要类型：连续式音变和离散式音变。连续式音变的代表，就是以"语音规律无例外"的观点著称的青年语法学派，他们所研究的对象是语言系统内部的音系的变化，提出了音变是以渐变的方式进行的。离散式音变的代表人物，是华裔语言学家王士元先生，他认为音变是离散的方式进行，表现为语音突变会在词汇上以扩散的方式进行变化，这种变化有可能产生变化的中止，从而造成音系中的例外产生，从而提出了对后世影响深远的"词汇扩散理论"。以上两种音变类型，实际上是从语音演变的方式的角度进行划分的，两者并没有本质上的区别，

第五章 "X-儿"形式的音变对音变理论的几点启示

它们的研究对象都是同一语言内部的语音系统的演变，两者的着眼点略有不同。连续式音变的着眼点是语音内部的音类，离散式音变的着眼点是音节或词。对于语音演变来说，这两者是一种互相补充的关系，各有自己适用的条件和范围，他们所适用的只是众多语音演变类型中的一种，对一些音变现象也具有一定的解释力。这两种音变类型的划分，实际上，是把语音演变的方式和语音演变的类型相混淆了。若从音变方式这个角度出发，语音演变可能还有其他的类型，因为语音在演变过程中，有时会受到多种因素的影响，有语言内部的因素，也有语言外部因素的影响，音变的方式和过程也有多种可能性。随着人们研究的深入，也逐渐认识到了这一点，有的学者开始着眼于语言外部因素对音变影响的研究。语言外部因素对音变的影响，主要体现在方言接触上。如早期的波浪说理论，认为语言从一个中心向外扩散，就像波浪似的，在两种语言或方言交界的地方，会出现方言的接触混杂，这为研究语音的演变方式拓展了思路；但是它的局限性体现为，只关注个别音变的空间扩散，未关注语音系统本身的调整和改变。后来随着研究的进一步深入，这种接触带来的语言系统的多层次性为人们所关注，产生了音变新理论。尤其是研究汉语的学者，做出了突出的贡献，随着汉语研究取得新突破，汉语方言中一种特殊的音变方式"叠置式音变"被提出来，这是一种由于方言接触所造成的语音变化。无论是着眼于语言内部因素角度的两种音变方式，还是从语言外部因素着眼的扩散式、叠置式音变，研究者都只关注到了语音层面，较少涉及语言的其他子系统，如词汇、语法功能、语用等对语音变化的影响。汉语是单音节语，意义影响音变的证据十分丰富，其中河北方言中的"X-儿"形式的音变就是一个很典型的例子。从前面我们的研究来看，它的音变过程涉及了语义和语法多个层面，所以我们不能只关注"X-儿"音节面貌的描写及其合音过程的分析，而对语义、语法功能影响音变应当给予足够的重视。不单单是"X-儿"的音变，甚至是 D

变音、Z变音都是如此。通过我们对河北方言中几种音变情况的研究，从音变类型上看，既有语音性音变，也有受语义和语法功能制约的功能性音变，这就要求我们在研究音变时，不能一概而论，进行音变类型的区分是研究的必要前提。

前人关于音变类型的划分，有不同的标准当然也有不同的分类结果。从事汉语研究的学者，往往将音变的类型和方式纠缠在一起，对音变类型的划分也模糊不清，有的学者将音变分为"叠置式音变和离散式音变"①，或者将音变分为"语音音变（或称单纯音变）、词汇音变和语法音变"②，也有的学者将其分为"系统性变化和个体性变化"③，也有很多的学者将音变分为语流音变和历史音变，主要考虑了语音条件和语法条件，并未涉及语义对音变的影响。其实在汉语中还存在大量意义影响音变的例证，如河北方言中存在的功能性变音中儿化音变、Z音变等。国外的学者关于音变类型的划分，主要是将其分为语音的变化和音位的变化，着眼点仍旧是语音层面。这些不同的划类都有一定的合理性，但是都考虑得不够全面。鉴于这一点，郭秀丽在其硕士学位论文里综合了各家音变类型划分之后，提出了将音变划分为音系音变和构词音变两大类型，每个大的音变类型下又分出两小类型，如图5-1所示。④

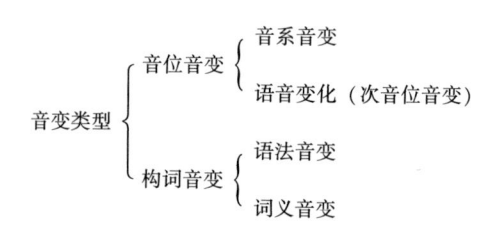

$$
\text{音变类型}\begin{cases}\text{音位音变}\begin{cases}\text{音系音变}\\\text{语音变化（次音位音变）}\end{cases}\\\text{构词音变}\begin{cases}\text{语法音变}\\\text{词义音变}\end{cases}\end{cases}
$$

图 5-1　音变类型划分情况

---

① 徐通锵：《历史语言学》，商务印书馆2001年版，第400页。
② 徐通锵：《音节的音义关联和汉语的变音》，《语文研究》2003年第3期。
③ 瞿霭堂：《语音演变的理论和类型》，《语言研究》2004年第2期。
④ 郭秀丽：《音变类型和音变方式研究》，硕士学位论文，首都师范大学，2006年。

但是我们认为这种类型的划分仍有不足之处：其一，如音系音变，提出者郭秀丽也承认存在不造成音系变化的次音位音变，一会儿称为次音位音变，一会儿又称为语音变化，这在概念上就自相矛盾，语音变化是所有音变的上位概念，将其作为音变类型的下位概念不合适，再者说不造成音系变化的音变，怎么能算在音系音变之中呢？其二，如构词音变一种类型，其实汉语中并不是所有音变都是为了构词而产生的，这种音变有的和语义的虚化有关，有的音变和语法功能的弱化有关，前文中我们所说的伴随语法化的音变就是例子，这些音变现象，我们不能算作构词音变。所以我们认为有重新对汉语方言中音变进行类型区分的必要，在划分类型的过程中，分类的标准和角度是问题解决的关键。我们认为从与音变相关联语言要素看，可以将音变类型划分为纯语音性音变和功能性音变两大类；从语音变化的过程和结果看，我们可以将音变类型区分为动态音变和固化音变两大类型。

一 纯语音性音变和功能性音变的划分

早在1962年李如龙先生在研究厦门话的变调与轻声的时候，就注意到了音变和其他语言要素的关系，已经提出"把它分为'语音音变'（或称单纯音变）、'词汇音变'和'语法音变'"[①]。在2003年徐通锵先生也提出了自己的看法，他认为音变包括三种类型，即"纯语音层面的音变，受语汇条件制约、具体表现为文白异读的叠置式音变和受语义、语法条件制约的变音"[②]。综合前人关于音变类型的划分，结合我们自己的研究，我们可以将音变进一步概括成两类。一种是纯语音层面的音变，比如语气词的变读和部分连读变调，相当于李如龙先生的第一类，包括徐通锵先生所说的第一类和第二类。虽然叠置式音变

---

① 李如龙：《厦门话的变调和轻声》，《厦门大学学报》（社会科学版）1962年第3期。
② 徐通锵：《音节的音义关联和汉语的变音》，《语文研究》2003年第3期。

受到了不同系统语音的影响，但是从音变涉及的层面看，它还是语音层面的接触、竞争和影响的结果，不涉及语言的其他层面。另外一种就是体现出语言各个层面相互影响的一种音变类型，即语汇或语义与语法功能对语音变化的制约而形成的音变，就是徐通锵先生所说的第三类，或者说是李如龙先生的第二类和第三类，我们称它为功能性变音。它不仅包括徐通锵先生所说的受语义的制约而产生"一分为二式"或"合二为一式"音变情况，还包括部分虚词由于语义虚化、弱化而产生的语音上的变化的情况。单纯语音性音变和功能性音变由于变化的原因不一致，所以最后的语音表现、发展规律和趋势也不尽相同。第二种功能性音变由于影响音变因素的多样性，所以音变过程较单纯语音性音变更为复杂。功能性变音是汉语方言中比较有特色的语音变化形式，它与纯语音性变化最大的不同在于，音变与一定的语义相联系，音变受到语法、语义、语用多层面因素的影响和制约，并和这些语言要素发生共同伴随性变化。音变伴随着语义、语法功能、语用表达等多方面的改变，最主要的特征是音变与语言其他要素的关联性，不是单纯的语音要素产生变化的现象，有人关注到这种现象，为了和纯语音变化相区别，称为变音。这种变音与纯语音性的语流音变现象不同，如语气词的变读，它改变的只是语气词的读音，语气词在功能上、语义上并未发生任何变化，而且这种语音的变化是由于音素与音素的组合导致的，与语义等语言要素无关。而功能性音变或者说变音，表面看是语音形式的变化，实际上暗含着语义或语法功能的变化，语言的几个要素是共同变化的，甚至可以说音变是语法化的最终产物。目前学界对方言变音的研究，也多集中在合音上，如小称变音（含儿化、重叠、变调等）、D变音等。

这种功能性变音的制约因素主要有两个方面：第一，语义因素。语义层面对于语音的影响，分别在两个层面上发生作用，一是在语法层面，伴随语法化的过程，由于语义的变化，多数情况下是虚化，从而使语音产生轻化、弱化、脱落等变化,如汉语方言中的儿化和 Z 变音现象;二是在词汇层面,通过语音变化,达到辨义、构成新词的目的。如古代汉语中常见的构词方式"四声别义",以及现代汉语中依然存在的"别义异读"现象,这些现象从本质上看不是语音现象而是词汇现象。第二,语法功能因素。变音和语法功能相联系,通过语音的变化表达不同的语法意义,如 D 变音现象,通过合音表达后附音节的时体意义,变音实际上承担了消失了的时体虚成分的语法功能。功能性变音的形成多伴随着语义的虚化和语法化过程,语音和语义之间存在互动关系,这种互动关系我们前文在论述儿化变音的动因时已经做了很多论述,此处不予赘述。这种音义互动的功能性音变中语音的弱化伴随着语法化的全过程,语法化为什么会导致语音弱化呢?可能是由于音义作为语言相互关联的要素,两者在发生变化时具有象似性导致的,语义磨损会导致该语言成分显著性下降,语义重要性的下降,会导致在发音时有点含糊,从而导致音系形式发生变化,常见的变化为,语音缩减或变为其他发音更省力的语音形式。不过语法化并不一定导致语音弱化,但是从汉语的情况看,语音的弱化经常伴随着语法化的过程,这种语音弱化对语法化的演变过程也有一定的固化和促进作用。语法化导致的语义的虚化,外在最直接的表现形式就是语音弱化,形成义虚音轻现象,随着语义由虚走向更虚,语音也有可能由轻走向脱落,不同的语音形式与语法化不同阶段的语义呈现有规律的对应关系,但是在有些情况下,音义的关联是不对称的。一般而言,语法化程度越高,其读音形式越简单。音变不是完全任意的,语法化模式是有理可据的,就是音义之间,形式与意义之间存在一定象似性的联系。可见,认知上的象似性是变音蕴含共性的动因。多种多样、区别细微的语法需求,语言生成了附加的形式和内部的语音变化。更复杂化、抽象化的意义,一般对应着更加复杂的语音形式,这符合 Jakobson(雅各布森)1971 年所提出的"复杂化的形态就是复杂化的语义的象似符"① 的原则。但是语法功能差异带来的语音改变,可能带来不规则的语音变化,造成一种特殊的音变方式。这种由系统不同层面之间的相互影响而带来的语音变化,当旧有的语义磨损,新旧语音形式不再承载过去的语用差异,两种形式趋于合并,如果新形式固定下来,就会带来音系内单字音的不规则改变。语音弱化的结果有多种表现形式,从语言发展史看,首先最可能导致语音的分化产生,分化后的语音对应分化后的语义,比如"了"[liau]这个实义词,随着语法化的进程,它的语义发生了变化,从"完结"义变成了体标记,所以语音也发生弱化变成[lə],当然这是北京话的情况;方言中"了"语音的弱化有不同的读音形式,比如[lia] [la] [lɛ] 等。甚至于表达不同时体意义的虚成分,在方言中语音也由于语法功能的不同有分别。在北京话中语音没有区别的"了$_1$"和"了$_2$",在方言中也有不同的语音形式。单拿北京话来看,出现了语音分化为[liau]和[lə]两种情况,两个语音对应两个不同语法功能的词,一个是实义动词,一个是时体标记,这一现象表明分化的语音对语法化成果有固化作用,将语法化产生的新词与实义词分开,并用新语音固定下来。再说方言中,采用不同的语音形式将"了"作为时体标记的不同语法功能分别固定下来。语音的弱化是随着语法化的过程而产生的,反过来语音弱化会促进语法化的进一步发展。因为语音弱化的终极是以零形式出现,也就是说当语音弱化到一定程度,就会导致语音最后的消失,最好的例证就是儿化现象。随着"儿"语义由实义变成一个形式标记,它的语音也发生了变化,在许多方言中脱落,与前附音节发生合音现象。合音刚开始产生时,"表小称爱"这个由"儿"虚化而来的意义还会在词义中有所体现,但是经过一段时间的发展,这个虚化的语义也有可能不存在了,人们或许最终已经无法认识到它是儿化词的合音形式了,

---

① Haiman, John *Inconicity in Syntax*, Amsterdam: John Benjamins, 1985, p.290.

比如徐通锵先生所说的宁波方言中的"鸭"类词的读音，人们已经无法认识到它是儿化词来的，只知道它是读音较特殊的一个新词。

产生合音现象的音节，我们从虚化后缀的语音变化角度当然可以认为是语音的弱化，但是从合成后的新音节的角度，我们可以看作是一种语音强化的现象。如 D 变音音节，当合音发生前，整个语音变化过程体现了时体等虚成分音节的弱化，但是当合音完成后，新形成的音节，与原来音节相比，它往往产生了强化的变化。如在赵县方言中 D 变韵变成了长元音，甚至是长元音加长韵尾的形式，D 变调也变成了一个长曲折调的形式，这些新发生的变化，与原来的 D 音节相比，不能不说是一种语音上的强化现象。变韵会产生一些音系里没有的特殊韵母，变调产生了一些音系里没有的调值，与其他基本音节的区别性加大，这种新语音形式的产生的主要作用是为了增强语用功能。因为原来两个音节的语义或语法功能要由一个语音形式来承担，所以表现在语音形式上，它增加了内容，当然音节的形式就会复杂化或得到强化，这也符合语义和语音形式具有一定象似性的原则。

二 语流音变和历史音变的重新划分——动态音变和固化音变

关于语流音变和历史音变的划分，都是从语音变化的层面对其进行的分类，但是前人关于二者的区分，尚有进一步讨论的必要。因为国内外学者关于二者的划分还有一定的分歧。国外学者 Robert J. Jeffers and Ilse Lehiste 认为："一方面，它（语音演变）指的是具体语言环境中的语音程序（Phonetic Process），另一方面，是指语音对应（Phonetic Correspondence）。"[1] 按照国内学者使用术语的惯例，有语流音变和历史音变两种，其中语流音变就是 Robert J. Jeffers and Ilse Lehiste 所说的

---

[1] Robert J. Jeffers and Ilse Lehiste, *Principles and Methodsfor Historical Linguistocs*，外语教学与研究出版社 2001 年版，第 1 页。

"语音程序",他们所说的"语音对应"就是历史音变。关于语流音变和历史音变,前人在区分上,主要有两种做法,一种是从两者既有联系又有差异的角度来讨论;另外一种是把语流音变和历史音变混淆在一起,这往往体现在用例上,在进行相关论述时,用历史音变的一些例子来阐释说明语流音变现象。

虽然语流音变和历史音变都是语音的变化,但是从二者的发展过程看,二者有本质上的区别。"现代语言学之父"索绪尔将语言区分为"共时"和"历时"两个方面,那么语流音变属于语言的共时层面,而"历史音变"则属于语言的历时层面。具体说来,语流音变是在语言的共时层面,在使用的过程中,"音位与音位组合的时候,由于说话时快慢、高低、强弱的不同和邻音的影响,可能发生不同的临时性的变化"①。也就是说语流音变是一种共时的临时性语音变化,不能固定下来成为语素或词的正式读音,这种读音有它的发生条件,单独使用时不可以,只能发生在与其他音素组合的条件下。历史音变和语流音变不同,不属于共时层面语音的变化,它是语音跨不同时代的变化,"这种音变的本音和变音处于不同的历史平面……这种音变往往涉及整类语音现象,并且是有规律的变化,语言学家把这种有规则的音变现象归纳成语音规律,这种音变可以改变音位系统"②。

从事汉语研究的学者,之所以常常把两者混淆,原因在于汉语的语流音变很多并不是单纯的多音素或多音节连读时发生的语音变化,许多汉语中所说的语流音变,都是和音节所处的句法位置以及在词内所起的作用,甚至是跨词的语法功能密切相关,也就是说跟语义和语法都有联系,这种情况与西方语言中所说的连读音变(Sandhi)有着非常大的差异。西方语言学中的连读音变,符合语流音变的特点,它

---

① 叶蜚声、徐通锵:《语言学纲要》(修订版),北京大学出版社 2011 年版,第 75 页。
② 韦茂繁:《关于语流音变几个问题的讨论》,《广西民族学院学报》(哲学社会科学版) 1987 年第 3 期。

是临时性的共时音变，不会成为语素或词的固定读音；而汉语的所谓语流音变常常与此不同，这种音变不是在词或语素的内部出现的，常常是跨词或跨语素的变化。因为西方语流音变常常只涉及语音的变化，而与语义或语法功能的变化无关，所以变化较简单有规律，但是将其放到汉语看，现代汉语方言中，语流音变的种类复杂，音变的规律也各不相同，尤其是涉及有些音义互动性的音变，它既不同于西方所说的语流音变，又和历史音变不同，或者和两者都有相似的地方，正是由于这种特殊性，所以划分起来有一定困难。

仅从语音层面来看，汉语这种跨词或跨语素的语音变化，主要有两种情况。一是单纯音变，音质音位或非音质音位变化。这种音变和西方的语流音变相似，比较简单有规律，可以用同化、异化、弱化、脱落来解释，主要涉及变调和词的声母或韵母的变化，如面包［miam pau］中"面"的结尾鼻音由舌尖音变成双唇音，是由于后面"包"的双唇音声母逆同化的结果；领导［liŋ$^{214-35}$tau^{214}］中"领"的声调的变化是由于"导"字声调的异化作用的结果。二是综合音变，脱落后合音，声韵调多个方面综合变化。这在汉语方言中是一种非常普遍的音变现象。如前文我们提到的合音词和由于语法化作用下的功能性变音，大多数都属于这种综合音变，这种音变与西方语言相比有特殊性。这种音变常常类似于语流音变，它也是在和其他音节组合时或在语流中才发生，但又不能将其归为同化、异化、弱化或脱落中的任何一种，它常常涉及语音几个方面的变化。"X－儿"形式的音变前面我们提到过，它不仅有变韵的读音，同时还有增音或变声伴随变韵同时发生的情况，D变音、Z变音也是如此。再看合音词，如北方大多数方言都使用的"甭""孬"等，类似于古时的反切，采用了前字取其声，后字取韵和调的形式，如果从汉语北方方言整体情况来看，构成规律又不完全限于此，合音词的语音形式的构成有多种规律。如豫北方言合音词的构成形式，据陈丽湘博士的研究大致有以下8种情况："A. 前声－后韵－后调式，如：不应［piŋ³¹］（河南新乡县）；B. 前声－后韵－前调式，如：你们［nen⁴²］（河南延津县）；C. 前声－前韵－后韵－前调式，如：几个［tɕiɛ⁵⁴］（河南滑县）；D. 前声－前韵－后韵－后调式，如：七个［tɕʻiɤ⁴²］（河南延津县）；E. 前声－前韵－后调式，如：两个［lia³¹］（河南新乡县）；F. 变韵变调式，如：那么［nəŋ³¹］（河南林州市）；G. 变声变韵变调式，如：一个［yɔ²⁴］（河南新乡县）；H. 前声前韵儿化式，如：事情［ʂɚ²¹³］（河南长垣县）。"①通过豫北方言合音词的构成形式我们可以看到，这种音变变化的不仅仅是音位或非音质音位的一个方面，而是一种综合音变。与此相类似的，还有功能性的音变合音形式，合音的读音也往往不是声、韵、调等音质音位或非音质音位任何一个因素单方面的变化，如前文我们看到的河北方言中的 D 变音和 Z 变音，常常是一种复杂的语音变化，或者韵母变化同时有增音现象伴随，或者发生声韵双变现象。这种混合式的音变在西方语言中是很少会出现的，这也是汉语独具特色的一种音变形式，这种合音式音变，在汉语中还有一种常见的情况，就是音变还没有最后完成，还没有最终固定下来，成为一个单字音节，还存在与变音相对应的单字音（本音），还存在变音和本音两个不同的系统，当然这种变音系统进一步发展，有可能产生固化，进而发生历时上的音变。

从汉语的语音历史看，这种由语流音变发展来的历时音变还真不少见。从音变的最初过程看，功能性音变往往会向历时音变发展。因为一个语义功能虚化的语法词，它的语音常有脱落、弱化现象，这种形式的音素在与其他音素发生组合时，是很容易发生音变的，虽然这种音变最后总是朝着有规律的方向发展。但是这种语流音变最初是一种临时的、随机的变化，因为语流音变受到语速、相邻音素等多种因

---

① 陈丽湘：《语言经济性原则下的豫北方言合音现象分析》，《长春大学学报》2013 年第 7 期。

素的影响,它可能由于语境的不同,甚至是发音人的不同,音变的随机性、突现性比较明显,从短时来看似乎没有什么规律性,经过若干时间的发展后,这种随机的音变由于其特殊的读音,和特殊的表义作用,有可能被大家普遍认同,而成为一种纯语音性质的历史音变。有时甚至这种音变会对原有的语音系统产生影响,成为两个合音词的一个新读音(产生一个新词)。但是当其刚开始时,可能会经过一个多语音对应一个语义的阶段,也就是同一个词产生了多个语音形式。系统新出现一个或多个同义同功能的形式,必然造成羡余,同时也造成了语言的无序状态。语言是社会群体约定俗成的一种现象,多个同义同形结构必然会带给语言使用者选择的余地。口语中有相同语义或语法作用的词,有两个或多个语音形式共存,这种现象成为一种常见的语音现象的时候,这时人们在使用时就存在一个如何选择的问题。到底是用 X 的读音形式,还是用 Y 的读音形式,不同的说话人由于主观上的不同,选择也不同,那种使用频率高的选择项,有可能最后被凝固下来,成为一个大家的常态选择,由此对应这个语音就有了一个新的语义及语法功能,于是就分化出来一个新词或语法成分。这种由于语法化导致的音变现象,最后固定为历时音变的现象,遵循了语音"少→多→少"的变化过程,体现了一切音变从产生到发展的必然过程和一般规律。所以这种以语流音变起始的音变过程,经过同音同义形式的羡余阶段,经过一段时间的发展,就会重新走向有序状态,结果是一个语义统一为一种读音形式,或形成多个不同功能分工的新词或语法成分,每一个新形成的词或语法成分都有一种读音形式作为载体,语音随着语法意义而变,音义结合达到了新的统一,到了这个阶段,语流音变就会逐渐凝固为历史音变了。为什么语法化产生的语流音变会最终走向有序状态呢?这和事物发展的普遍规律相契合,新形成的音变形式,在刚刚产生时有一定的语义标记功能,但是这种标记的显著性,会随着使用范围的扩大和使用人群的广泛化而逐渐降低,就会造成使用选择由先分化到后统一，新形成的变读式从词汇扩散逐步进入语音类推，这也导致变读影响的速度和规模都增加，只留下少数人和少数字词保留原读音，不同的变读形式最终留下一个，使得语言重新走向有序。从总体上来看，语流音变是由于语境和说话人的主观选择差异所引起的语音变化，这种语音变化是不稳定的，这些变音形式，只能形成一种有异于单字音系的特殊读音，本音或者说未产生语流音变的原音不会发生任何改变，这些少量的特殊字音也不会影响音系的整体格局。但是当一种音变形式使用的人越来越多，被使用的频率越来越高，就会产生本音和变音的竞争。竞争有两种可能的结果，一种结果是新产生的音变形式竞争力弱，最后消失，语音重新回归原来的格局；另一种结果是新产生的音变形式在表义上或在语音上有自己的特色，更具有优势，打败了原来的读音，原读音消失，两者统一为变音形式，变音与本音经历两读的过渡阶段，最后很可能变音固定下来，取代之前的读音，变为新的字音，这个新字音有可能突破原来音系格局，从而产生音系内的不规则音变。

正是由于汉语音变不同于西方语言的这些特殊性，所以我们将一个音变归入语流音变还是历史音变，有的时候就变得有些困难。比如"X－儿"形式的音变，普通话中叫儿化，这种音变它到底算不算语流音变的范畴呢？我们从语言学对语流音变的分析来看，语流音变是临时性的共时音变，不会成为语素或词的固定读音，但是我们从前文的分析来看，儿化词最初的读音类似于语流音变，是一种临时性的读音，它还有本读存在。如在河北有些方言中，"梨儿"的读音有 [liər] 和 [li ər] 两读的形式，慢言为二，快言合一，这是典型的语流音变，受语速和相邻语素的影响而形成的音变现象。但是在河北大部分方言中，这个词只读 [liər] 一种读音形式，无论语速的快或慢，它已经成为"梨儿"固化下来的读音形式，这与历史上曾经是两个音节的读音对比，似乎又应该算作一种历史音变。这样的历史音变却又不同于汉语

第五章 "X-儿"形式的音变对音变理论的几点启示

音类的历史音变，它是由于语流音变引起的最后固化下来的一种合音形式，而且最后成为词的唯一形式，这种形式承担了一个新的语义（两个语素义合成的）。除此之外，D变音、Z变音等在汉语中大量存在的许多功能性音变都与此类似，鉴于此，我们为了将汉语这种独特的音变现象概括在内，不妨将语流音变和历史音变的划分，重新按音变发生的过程和结果，重新划分为动态音变和固化音变两种类型。所谓动态音变就是受了其他因素的影响，包括语音内部因素或外部因素，而使原来的语音产生的种种变化，这种变化只是临时的，随语境而存在的一种音变形式，和这种形式相对的还有本读形式存在。所谓固化音变，就是不管它最初是由于什么原因，语音产生了变化，而且这种变读音成为它的唯一固定的语音形式我们都可以将其归为固化音变，这其中包括西方语言学上的历史音变和汉语中独特的由语流音变固化下来的音变，比如合音词、合音现象、已经完成了的儿化、D变音、Z变音等。

我们将汉语音变划分为动态音变和固化音变，在一定程度上解决了汉语独特的音变现象——合音的归类问题，也使得类似于轻声、变调等的归类争论变得简单。前人关于汉语语流音变中包括轻声和变调曾经有过很多疑问，有人认为汉语的轻声和变调现象受语音位置和外部多种因素的影响而发生的一种"随位音变"[1]；还有人认为变调是一种"位置音变"[2]。还有人认为它是一种"不自由音变"[3]。前人有争议的原因是看到了这些音变不同于西方语流音变的特殊之处，这些音变发生不发生并不受组合音素的影响，也不受语言使用者的影响，不管说话人的语速是快还是慢，这些音变现象都会发生。总之人们产生的种种疑问，都是因为大家认为汉语的一些音变现象和西方语言中的

---

[1] 刘恩祥：《英汉语流音变对比分析》，《深圳信息职业技术学院学报》2008年第1期。
[2] 吕朋林：《音变论》，《海南师范学院学报》（社会科学版）2004年第1期。
[3] 林焘、王理嘉：《语音学教程》，北京大学出版社1992年版，第151页。

语流音变有不同的地方，但是又不知如何归类导致的。因为汉语中的音变，无论是音变的动因，还是音变的过程和机制，都表现出了和形态发达的印欧语系语言不同的方面。如果我们将音变的这些特殊性考虑进来，就会对汉语中这些常见的而印欧语系极少的现象如何归类心存疑惑，仅从汉语归类看，我们如果将音变原因、方式和结果几个方面混在一起，也很难做到一个界限明确的分类。基于此，我们将汉语语音变化，从与音变相关联的语言要素角度，将其分为纯语音性音变和功能性音变两大类；从音变的发生的过程和最终结果角度，将其分为动态音变和固化音变两大类，这种处理办法不失为一种较好的办法。

第二节　从"X-儿"形式等功能性音变研究看历史比较法的适用问题

历史比较法是历史比较语言学所采用的一种研究方法，这种研究方法对研究印欧语的亲属关系来说是一种行之有效的方法，它的目的是利用亲属语或方言的差异，来构拟原始母语。虽然到目前为止这个目的尚未达到，但是这种方法是有科学性的，我们可以不以构拟为目的，采用历史比较的方法去探讨语言的发展规律。尤其是对于研究语音这种变化比较有规律的现象，这种方法是非常有效的。历史比较法的基础是确立语言之间可以比较的对等形式，这个对等形式可以是同源词，也可以是具有对应关系的语音现象。对等形式的确立对印欧语系那种形态发达、历史文献资料丰富的语言来说，不是什么难事；但是对于形态不发达的语言来说就会遇到很大困难。以典型的孤立语著称的汉语，在运用历史比较法时，同样会遇到这个难题，如同源词的确定就是一个不小的难题，所以汉语言学家提出词族比较的方法，这是对历史比较法改进的结果。有的学者或者干脆放弃历史比较法的理论基础，采用非谱系树理论。不管是采用新的理论方法也好，还是坚持历史比较法的改进方法也好，都充分说明，历史比较法在汉藏语研究的实践上遇到了困难，或者说它的普适性受到了挑战。一般来说，历史比较法有其特定的适用前提，一是同源关系，二是分化出来的不同语言或方言。作为同为汉语分化出来的各方言，它们之间具有亲属关系是毋庸置疑的，但是具体到方言中的某种现象，尤其是后起的现象，这种现象的产生具不具有同源关系，这需要具体问题具体分析。例如功能性音变，我们对其进行研究时，能否采用历史比较法，或者采用由此而衍生的方法——时空投影法呢？实践是检验真理的标准。一种理论或方法是否具有普适性，要看它是否经得起各种实践的检验，检验的结果不外乎三种可能，一是历史比较法适用于汉语方言的研究；二是历史比较法在一定程度上适用于汉语方言的研究，但要进行相应的补充和修正；三是历史比较法不适用于汉语方言的研究。那么对于汉语方言中比较特殊的音变现象——功能性变音来说，历史比较法有没有用武之地呢？我们以河北方言的"X-儿"形式的音变为例，来进行具体分析讨论。历史比较法在研究汉语方言的过程中，首先遇到的问题是怎样确立汉语方言比较中的对等形式，确立方言中的一种现象是否具有同源关系是解决问题的关键。

一　怎样确立汉语方言比较中的对等形式

高本汉先生是最早把历史比较法引入汉语方言语音比较的人，他在《中国音韵学研究》一文中，进行汉语语音比较时就使用了这个方法。他的做法同其他历史比较语言学家一样，首先排列规则的音变，同时把认为不合规则的例子作为注解罗列出来。在解释这些例外时，他也说这些是"借词或者是纯偶然的巧合"[1]。高本汉这样做的一个前

---

[1] 陈忠敏：《历史比较法与汉语方言语音比较》，《语言科学》2013年第5期。

提就是认为，今天的汉语方言除了闽语外，全部是由中古《切韵》音系发展来的，这样就使得汉语方言的分化遵循了谱系树理论，这为历史比较法的适用创造了条件。但是据我们今天的研究成果看，这个前提是有问题的。《切韵》是不是各方言的共同祖先，它是不是中古时期一时一地的音系都存在较大争议。

  汉语各方言之间具有亲属关系，这一点不需要证明，但是具体到方言中的一种语音现象是否具有同源关系，或者说是由共同的原始形式分化出来的，这就遇到了很大问题。历史比较法在确定印欧语的同源词时，是这样做的：凡是在共时平面上存在严整的语音对应关系的词，如果这种关系不属于具有普遍意义的类型学特点，又有相关历史文献证据，我们就可以推测它们是同源关系的同源词，同源词所从属的语言也就有亲属关系。这种做法有一个假设作为基础，那就是具有亲属关系的语言一定有整齐的语音对应关系，这个假设在大多数情况下是成立的，但也有少数情况有问题。具有亲属关系的方言的语音共性有两个来源：一是原始共同语中的同一语音现象在不同方言的延续，这无疑是具有同源关系的语音现象。具有同源关系的语音分化，由于它们有一个共同的原始祖先，都是从一个祖先分化出来的语音现象，虽然后来具有了一些后起的特点，但是还能找到它们在"血缘"上的联系。二是这些语音现象是不同方言后来各自新增的现象，平行发展的结果，这属于非同源关系。非同源关系的语音现象，是不同方言后起的现象，不具有共同祖先的原始特点，没有"血缘"上的直接联系，但是由于不同方言存在亲属关系，即便是后来不同方言各自创新的个性，在演变特点上，又会在不同程度上受到原始语言中共同"基因"的间接影响，也会在现代语言里留有其亲缘关系的"烙印"，从而产生某些共性。因为有亲缘关系的方言，因源头上有共同的"基因"，虽后来发生了分化，保留下来的共性或多或少还会具有亲缘关系的特征。所以，我们对待不同的方言即使有相同特点的同一种语音现象，也要区分同源关系和非同源关系，才能决定应该用什么视角、什么方法进行语言比较。

每个语言都有自己独立的语言系统，重视语言现象的系统特点，将用来比较的材料放在大系统内去审视，而不能就事论事、孤立认识。由于语言接触的原因，语言的特点会发生某些变化，所以在做语言现象比较时，应当区分固有现象和接触现象。根据以往的研究经验，在汉语研究对这两种现象的区分上，往往不易判断清楚。一般认为对语音对应关系进行演变过程的论证是确认同源对应的重要方法，证明了一种语音现象的演变过程也就在一定程度上排除了接触借用的情况。语言发展的不平衡性对深入了解语言发展过程有重要的启示作用，语言的地域差异代表语言发展的不同阶段，反映语言在时间上的发展顺序。因此，很多学者根据语言成分或方言保留古代形式的不等程度推论古音演变过程或演变阶段。陈忠敏先生认为，"在没有梳理出语音层次及找到相对应的层次之前，光凭口语基本词也是无法保证所比较的语音形式就是对等形式"[1]。根据汉语方言研究的实际，有的先生就提出语音层次比较的新的研究方法。陈忠敏先生认为，"方言的语音比较其实就是建立方言间语音层次的对应，只有是对应的层次才是对等的语音形式，才可以做语音比较"[2]。换句话说，语音比较的对等形式，首先应该是处在同一语音发展层次上的语音形式，比如方言中的语音现象，在A方言可能处于发展的早期阶段，在B方言可能已经是晚期形式了，如果我们忽略了语音发展的层次性，盲目地将其进行比较，就失去了研究的意义。例如我们在研究"X-儿"形式的音变现象时，就可以看到，同是处于卷舌式儿化变音阶段的单纯变韵式语音现象，如果是在卷舌儿化式读音系统中，它处于合音的早期阶段；而如果放在边音儿化变音系统中，它则处于很晚的发展阶段，我们就不

---

[1] 陈忠敏：《历史比较法与汉语方言语音比较》，《语言科学》2013年第5期。
[2] 陈忠敏：《历史比较法与汉语方言语音比较》，《语言科学》2013年第5期。

能将两者放在一起去比较,然后探讨卷舌儿化韵发展规律和特点,而只能放在各自的读音系统中,去和不同发展阶段的读音相比较。这个儿化不同读音系统如果换成不同的方言,道理也是一样的。所以在语言接触频繁的方言中,语音层次分析是语音比较的前提。最好的做法就是把每个方言中,所要研究的语音现象都梳理出它的变化过程和语音层次,在此基础上再做比较研究。对于汉语这种形态不发达,而且方言差异很丰富的语言,我们在研究语音对应关系,或者说比较的对等形式时,应该先从每种方言内部的层次分析入手,找到语音演变的层次,然后从层次出发,找到相应每个演变阶段的对等形式,再通过对等形式的比较,最后推演出它的演变的过程。但是这个工作是一个庞大的系统工程,非一朝一夕可以完成。所以我们对每一点具体方言的研究,都对将来我们的比较研究来说,起到一个奠定基础的作用。

二 历史比较法对功能性变音研究的价值和作用

汉语方言属于亲属语言,但它们的功能性音变都是独立产生的,不是原始汉语"功能性音变"的分化,没有一个共同祖先,那么适用于谱系分化的历史比较法又能否适用呢?虽然有些功能性音变具有相同的生成机制,但是它没有历史比较法的适用条件,对它的研究似乎不是历史比较法所能适用的领域。所以有的学者认为,"历史比较法有它特定的适用条件,这就是所比较的现象必须具有历史同源关系和因分化而形成的成系统的语音对应关系,是一种纯语音的过程"[①]。前文我们论述过功能性变音,是由语义引起的语流音变现象,或者说是一种音义互动的音变现象。这个音变过程由于语义的参与,一方面它已经不是纯语音的过程,另一方面它又是一种后起的语音现象,是语法化的结果,根本不具备历史比较法适用的条件,也就不能用历史比较

---

① 徐通锵:《音节的音义关联和汉语的变音》,《语文研究》2003年第3期。

第五章 "X-儿"形式的音变对音变理论的几点启示

法去研究。那么是不是历史比较法在研究功能性变音的过程中就没有用武之地呢？

我们知道，"历史比较法是比较方言或亲属语言的差异以探索语言的发展规律的一种方法"[①]，要完成历史比较的终极目标，其中有一个关键步骤就是要确定同源形式的大致年代顺序。由于语言发展的不平衡性，不同的方言发展有快有慢，这就会在不同方言中保留代表不同发展阶段的语言现象，所以我们就可以从方言差异中去推断语言的不同发展阶段，在时间上的发展序列。因为方言是同一语言的不同地域的变体形式，所以可以看作语言的空间差异，语言的不同发展阶段就是语言在时间的发展序列，这是由空间推时间的客观基础，后来在此基础上衍生出一种具有方法论意义的研究方法——时空投影法。时空投影法，是陈渊泉教授在《相关年代学：三种构拟方法》提出来的一种科学研究方法，这种方法就是利用在不同方言或亲属语言中共有的同一种语言现象，它在不同地域上的分布情况和特点，再结合语音演变的一般规律，来推断这种现象演变的大致年代次序，它的理论基础是语言地域发展的不平衡性特点，是以时间推空间的典型范式。它与桥本万太郎先生的"推移"理论有着异曲同工之处。

我们在研究"X-儿"形式的音变等功能性变音的过程中，虽然这些变音现象不是一个共同的原始汉语分化出来的现象，是方言中后起的现象，我们不能借此来构拟原始汉语的面貌。是不是我们只能凭借每个方言中的音变线索，去孤立探讨它的发展规律和过程，而不能将它置于不同方言比较的大系统去观察呢？答案是否定的。因为我们知道，这些后起的音变现象，它们起点都是由两个音节合音而成的，如果它们合音的起点相同，即具有相同的音变的起点，那么我们这一起点为原始点。在各个方言的发展演变，虽然不是分化出来的，由于

[①] 徐通锵：《历史语言学》，商务印书馆2001年版，第79页。

它受到各亲属方言共同基因的制约，这和有共同来源的原始形式在不同方言的分化过程有着相似之处，这并不影响我们采用"时空投影法"，根据儿化这种功能性变音的语音在地域分布上的不同来推断其演变过程。这里只是需要我们格外注意的是，我们在采用由空间差异推时间顺序的过程中，我们必须保证，音变的起点是相同的形式，这也是我们前文在探讨"X-儿"语音演变的过程时，将其分成了平舌 ɯ 式系统、卷舌 ər 式系统、边音 l 式系统"三大系统"的原因，这"三大系统"的区分，保证了它们在不同地域演变的起点的一致性。

同时我们知道汉语方言中的功能性变音，大多数和语法化过程有密切的关系。而语法化过程，也同时具有时间和空间两个维度，空间维度上的着眼点是语言的共时形式，而时间维度上的着眼点是语言的变化。但是我们如果要了解语言的形式，就必须了解语言形式的来源，而要了解语言的形式和意义的来源，就必须了解语用。语用是语言所有形式和意义的来源。语法化链条同时具有历时维度和共时维度，这就使得我们研究功能性变音时，由空间推时间这一方法有了它合理的客观基础。我们称历时维度各环节为"历时阶段"，而称共时维度各环节为"共时变体"，笼统地说，这也是一种对应关系。二者的关系如图 5-2 所示。

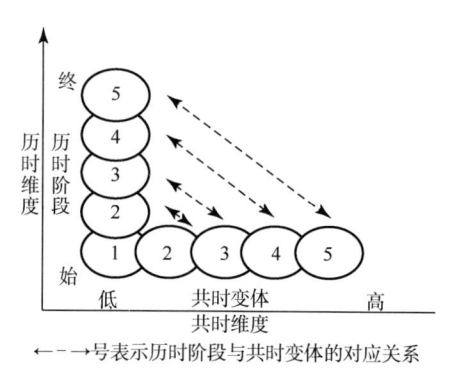

←--→号表示历时阶段与共时变体的对应关系

图 5-2　共时与历时对应关系

第五章 "X－儿"形式的音变对音变理论的几点启示

以功能性变音为例，这种对应关系至少应该包括三个方面的关系。第一，不同的功能性变音，它的共时变体和历时阶段在各自维度上的位置之间存在对应关系。如历时维度的始端最早阶段和终端最晚阶段分别对应于共时维度的始端语法化程度最低和终端语法化程度最高。这也反映了一个事实，即共时变体是历时阶段在特定历史时期的遗迹。我们以河北方言中的D变音为例。从共时层面看，赵县方言的语音代表了D变音的晚期阶段，威县方言则代表了它的更晚的发展阶段，邢台县方言代表了它的较早发展阶段，而沙河方言则是最初的阶段。从语法化的程度看，沙河方言中D变音的语法化程度较邢台县低，换句话说邢台县方言产生了合音变化的音节较少，而D变音的语法功能也较少；赵县方言的D变音较邢台县多，语法功能也较多，威县则最多。这种从语法功能和语音形式的对应的历史过程，恰恰以空间变体的形式呈现了出来。D变音的由少到多：沙河方言→邢台县方言→赵县方言→威县方言；D变音语法功能的由少到多：沙河方言→邢台县方言→赵县方言→威县方言。通过这个D变音空间的变化过程，我们可以推导出D变音历时演变的过程。第二，共时变体和与之对应的历时阶段的语义语用及形态句法特征不一定完全相同，因为语言是不断变化的。关键是相邻共时变体之间的特征差异和相邻历时阶段之间的特征差异具有相似性。换言之，相邻共时变体的特征差异往往就是与之对应的相邻历时阶段之间关系的一种反映。如果想了解D变音的语音的变化情况，我们可以通过逐步比较，沙河方言的D变音与邢台方言的D变音有哪些变化，再比较邢台县方言的D变音和赵县方言的D变音有哪些变化，然后再比较赵县与威县方言的D变音有哪些变化，通过各个变化，推演出整个D变音的变化过程。D变音语法功能的变化过程也是如此。第三，相邻共时变体之间的差异可以看作一种动态的特征变化的结果。既然两个维度的相邻环节之间的特征差异是一致的，就可以认为相邻共时变体的特征变化规律和相邻历时阶段的特征演变规律之间具有一致性。这就为我们由共时关系推溯历时轨迹提供了可靠的理论基础。假定一个语法化链条的各个共时变体在某一时期较活跃，而相关语法化项的历时语料不丰富，那么理论上就可以根据共时变体之间的关系来推溯相对应的历时阶段之间的演变脉络及语义语用的变化过程。这种由共时推溯历时的做法的可靠性大小，取决于共时变体的多少，以及它所代表的历史时期层次的多少。假如共时变体差异区分越细致，层次区分越多，那么这个演变过程的推导就会越具体，反之则会是一个大致过程的推演。这里有一个特别值得注意的问题是，语音形式和语法意义都接近的功能性变音极有可能来自同一源头，但不是绝对的。比如儿化变音，虽然语音形式相似，但是有些方言中的儿化变音是由 D 变音发展来的，而不是"X－儿"发展来的，是由不同路径演变而来的，最后语音形式趋同的结果；其形式的相似性是因为它们有着共同语音演变机制造成的。所以由共时关系推溯历时演变，一个棘手的问题是，怎样从相似形式中区分哪些是单一语法化链条的历时阶段，或者说同一语法化现象的不同共时变体，哪些是异源同构形式，即多重语法化的结果。这就要求我们进行研究时一定要弄清楚形式相近的语音成分的源流关系。也就是说这些形式是否构成源流或说语法化链条关系，它们是不是不同历时阶段或同一现象的共时变体。即使是同一语法化链条的不同历时阶段或共时变体，也必须弄清楚是否相邻环节，如不相邻，则不具备直接的语法化演变关系。

　　通过以上分析，我们可以看到，虽然功能性变音不具备历史比较法所适用的条件基础——分化和同源，但是这并不妨碍，由历史比较的基础上衍生出来另一种方法——时空投影法的适用，以空间推时间这种方法，对于功能性变音历史过程的推演也是适用和有效的。

参考文献

（一）中文著作

鲍厚星：《长沙方言研究》，湖南教育出版社1999年版。

陈保亚：《20世纪中国语言学方法论》，山东教育出版社2001年版。

陈复华：《汉语音韵学基础》，中国人民大学出版社1983年版。

陈淑静：《获鹿方言志》，河北人民出版社1990年版。

陈淑静：《平谷方言研究》，河北大学出版社1998年版。

陈淑静、许建中：《定兴方言志》，方志出版社1997年版。

丁声树、李荣：《古今字音对照手册》，科学出版社1958年版。

董少文：《语音常识》，文化教育出版社1955年版。

范新干：《东晋刘昌宗音研究》，湖北辞书出版社2002年版。

盖林海：《平山方言志》，河北教育出版社2004年版。

[瑞典] 高本汉：《中国音韵学研究》，赵元任译，商务印书馆1994年版。

高名凯：《汉语语法论》，商务印书馆1986年版。

葛本仪：《汉语词汇研究》，山东教育出版社1985年版。

葛本仪：《语言学概论》，山东大学出版社1999年版。

[美] 威廉·克罗夫特：《语言类型学与语言共性》，龚群虎译，复旦大学出版社2009年版。

邯郸市语言文字工作委员会：《普通话与邯郸方言》，吉林人民出版社 2004 年版。

河北省昌黎县县志编纂委员会、中国社会科学语言研究所：《昌黎方言志》，上海教育出版社 1984 年版。

贺巍：《获嘉方言研究》，商务印书馆 1989 年版。

胡裕树：《现代汉语》，上海教育出版社 1979 年版。

金立鑫：《语言研究方法导论》，上海外语教育出版社 2007 年版。

李荣：《切韵音系》，科学出版社 1956 年版。

李巧兰：《河北方言中的儿化变音研究》，河北人民出版社 2011 年版。

李巧兰：《新乐方言研究》，中国戏剧出版社 2012 年版。

李如龙：《汉语方言的比较研究》，商务印书馆 2003 年版。

李如龙、庄初升、严修鸿：《福建双方言研究》，汉学出版社 1995 年版。

李思敬：《汉语"儿"［ɚ］音史研究》，商务印书馆 1986 年版。

李新魁：《广东的方言》，广东人民出版社 1994 年版。

李新魁：《汉语等韵学》，中华书局 1983 年版。

林桂峰：《河北省地图册》，山东省地图出版社 2006 年版。

林焘、王理嘉：《语音学教程》，北京大学出版社 1992 年版。

林祥楣：《现代汉语》，语文出版社 1995 年版。

刘安祥、张华：《普通话与唐山方言》，北京师范大学出版社 1990 年版。

刘丹青：《语言学前沿与汉语研究》，上海教育出版社 2005 年版。

刘淑学：《中古入声字在河北方言中的读音研究》，河北大学出版社 2000 年版。

鲁允中：《轻声和儿化》，商务印书馆 2001 年版。

陆俭明、沈阳：《汉语和汉语研究十五讲》，北京大学出版社 2003 年版。

罗常培：《汉语音韵学导论》，中华书局 1980 年版。

罗常培、王均编著：《普通语音学纲要》，中国科学出版社 1981 年版。

吕叔湘：《中国文法要略》，商务印书馆 1981 年版。

参考文献

马清华：《文化语义学》，江西人民出版社 2000 年版。

宁继福：《中原音韵表稿》，吉林文史出版社 1985 年版。

彭克宏：《社会科学大词典》，中国国际广播出版社 1989 年版。

彭泽润：《衡山方言研究》，湖南教育出版社 1999 年版。

彭宗平：《北京话儿化词研究》，中国传媒大学出版社 2005 年版。

平乡县地方志编纂委员会：《平乡县志》，方志出版社 1999 年版。

祁连山、李树通：《河北方言辨正》，河北大学出版社 1994 年版。

钱曾怡：《汉语方言研究的方法与实践》，商务印书馆 2002 年版。

钱曾怡、张树铮：《山东方言研究》，齐鲁书社 2001 年版。

[日] 桥本万太郎：《语言地理类型学》，余志鸿译，北京大学出版社 1985 年版。

沈家煊：《不对称和标记论》，江西教育出版社 1999 年版。

石锋：《汉语研究在海外》，北京语言学院出版社 1995 年版。

石锋、廖荣蓉：《语音丛稿》，北京语言学院出版社 1994 年版。

石毓智：《汉语研究的类型学视野》，江西教育出版社 2004 年版。

石毓智、李讷：《汉语语法化的历程——形态句法发展的动因和机制》，北京大学出版社 2004 年版。

史存直：《汉语语音史纲要》，商务印书馆 1981 年版。

[瑞士] 索绪尔：《普通语言学教程》，高名凯译，商务印书馆 2001 年版。

[日] 太田辰夫：《中国语历史文法》，北京大学出版社 1987 年版。

唐逸：《英语构词法》，商务印书馆 1962 年版。

王力：《汉语史稿》，中华书局 1980 年版。

王力：《汉语音韵》，中华书局 1963 年版。

王力：《汉语语法史》，山东教育出版社 1990 年版。

王力：《汉语语音史》，中国社会科学出版社 1985 年版。

王福堂：《汉语方言语音的演变和层次》，语文出版社 1999 年版。

王洪君：《汉语非线性音系学——汉语的音系格局与单字音》，北京大学出版社 1999 年版。

王理嘉：《音系学基础》，语文出版社 1991 年版。

王远新：《语言理论与语言学方法论》，教育科学出版社 2006 年版。

［奥］路德维希·维特根斯坦：《哲学研究》，李步楼译，商务印书馆 1996 年版。

魏县地方志编纂委员会：《魏县志》，方志出版社 2003 年版。

吴继章：《河北省志·方言志》，方志出版社 2005 年版。

吴宗济：《汉语普通话单音节语图册》，中国社会科学出版社 1986 年版。

吴宗济、林茂灿：《实验语音学概要》，高等教育出版社 1989 年版。

项梦冰、曹晖：《汉语方言地理学》，中国文史出版社 2005 年版。

邢公畹：《语言学概论》，语文出版社 1992 年版。

邢向东：《神木方言研究》，中华书局 2002 年版。

徐通锵：《历史语言学》，商务印书馆 2001 年版。

徐通锵：《语言论——语义型语言的结构原理和研究方法》，东北师范大学出版社 1997 年版。

徐通锵、叶蜚声：《语言学纲要》，北京大学出版社 1997 年版。

许慎：《说文解字》附检字，中华书局 2002 年版。

许慎著，段玉裁注：《说文解字注》，浙江古籍出版社 1992 年版。

薛凤生：《汉语音韵史十讲》，华语教学出版社 1999 年版。

游汝杰：《汉语方言学教程》，上海教育出版社 2004 年版。

游汝杰：《汉语方言学导论》，上海教育出版社 1992 年版。

袁家骅：《汉语方言概要》，汉字改革出版社 1983 年版。

詹伯慧：《汉语方言及方言调查》，湖北教育出版社 1991 年版。

张清常：《语言学论文集》，商务印书馆 1993 年版。

张树铮：《方言历史探索》，内蒙古人民出版社 1999 年版。

张树铮：《寿光方言志》，语文出版社 1995 年版。

赵杰：《北京话的满语底层和"轻音""儿化"探源》，燕山出版社 1996

年版。

赵元任:《汉语口语语法》,商务印书馆 1979 年版。

赵元任:《语言问题》,商务印书馆 1980 年版。

[日] 志村良治:《中国中世纪语法史研究》,江蓝生、白维国译,中华书局 1995 年版。

中国社会科学院、澳大利亚人文科学院:《中国语言地图集》,中国香港朗文(远东)有限公司 1987 年版。

朱德熙:《语法讲义》,商务印书馆 1981 年版。

朱曼殊:《心理语言学》,华东师范大学出版社 1990 年版。

朱秀兰、李巧兰:《石家庄市区方言研究》,中国戏剧出版社 2006 年版。

(二) 中文期刊论文

白宛如:《广州话中的省略性变音》,《方言》1989 年第 2 期。

蔡录昌、李春萍:《井陉方言的语音体系》,《邯郸师专学报》2004 年第 2 期。

曹剑芬:《普通话轻声音节特性分析》,《应用声学》1986 年第 4 期。

曹剑芬:《普通话语句时长结构初探》,《中国语言学报》1994 年第 7 期。

曹剑芬:《韵律结构与语音的变化》,《南京师范大学文学院学报》2011 年第 3 期。

曹牧春:《河北威县方言的 D 变韵》,《语言学论丛》2007 年第 36 辑。

曹瑞芳:《山西阳泉方言的儿化》,《语文研究》2006 年第 2 期。

曹延杰:《德州方言地名读音》,《方言》1997 年第 1 期。

曹跃香:《从"X 儿"产生理据上分析"儿"的性质和作用》,《内蒙古师范大学学报》(哲学社会科学版)2004 年第 1 期。

曹跃香:《儿化、儿尾和儿缀等术语在不同平面上之转换使用——兼论"X 儿"的规范问题》,《广播电视大学学报》(哲学社会科学版)

2004 年第 3 期。

曹志耘：《汉语方言的地理分布类型》，《语言教学与研究》2011 年第 5 期。

曹志耘：《汉语方言中的调值分韵现象》，《中国语文》2009 年第 2 期。

曹志耘：《南部吴语的小称》，《语言研究》2001 年第 3 期。

曾莉莉：《赣语丰城话的"叽、仔、子"尾》，《宜春学院学报》2014 年第 10 期。

曾毅平：《石城（龙岗）客话常见名词词缀》，《方言》2003 年第 2 期。

陈默：《儿音演变之我见》，《内蒙古师范大学学报》（哲学社会科学版）2004 年第 6 期。

陈宁：《山东博山方言的子变韵及相关问题》，《方言》2006 年第 4 期。

陈伟：《语素"儿"的词缀性质》，《河南机电高等专科学校学报》2007 年第 1 期。

陈挚：《鄂东部分地区方言中日母字发音规律调查》，《黄冈职业技术学院学报》2009 年第 3 期。

陈丽湘：《语言经济性原则下的豫北方言合音现象分析》，《长春大学学报》2013 年第 7 期。

陈明富、张鹏丽：《河南罗山方言的小称类型考察》，《黑龙江史志》2009 年第 24 期。

陈鹏飞：《组合功能变化与"了"语法化的语音表现》，《河南社会科学》2007 年第 2 期。

陈淑静：《古四声在河北方言中的演变》，《河北大学学报》（哲学社会科学版）1994 年第 2 期。

陈淑静：《河北保定地区方言的语音特点》，《方言》1986 年第 2 期。

陈淑静：《河北满城方言的特点》，《方言》1988 年第 2 期。

陈小燕：《广西贺州本地话的"-儿"尾——兼论粤语小称形式的发展和演变》，《广西师范大学学报》（哲学社会科学版）2006 年第 1 期。

参考文献

陈泽平：《福州话的小称后缀》，《福建师范大学学报》（哲学社会科学版）2011 年第 1 期。

陈治文：《关于北京话里儿化的来源》，《中国语文》1965 年第 5 期。

陈忠敏：《历史比较法与汉语方言语音比较》，《语言科学》2013 年第 5 期。

陈遵平：《遵义方言儿化的分布、结构和功能》，《遵义师范学院学报》2009 年第 2 期。

迟文敬：《儿化功能探疑》，《大连海事大学学报》（社会科学版）2010 年第 1 期。

仇志群：《国外关于阳谷方言儿化现象的理论分析》，《山东师大学报》（社会科学版）1995 年第 1 期。

崔山佳：《〈金瓶梅词话〉中的"儿"作动词词尾分析》，《宁波广播电视大学学报》2005 年第 1 期。

崔娅辉：《周口方言儿化研究》，《科教文汇》中旬刊 2011 年第 4 期。

戴庆厦、朱艳华：《20 年来汉藏语系的语言类型学研究》，《云南民族大学学报》（哲学社会科学版）2011 年第 5 期。

戴昭铭：《弱化、促化、虚化和语法化——吴方言中一种重要的演变现象》，《汉语学报》2004 年第 2 期。

丁力：《也谈普通话儿化韵的发音规则》，《湖北大学学报》（哲学社会科学版）2001 年第 2 期。

丁锋、慧琳：《改订玄应反切声类考——兼论唐代长安声母演变过程》，《音史新论》，学苑出版社 2005 年版。

丁崇明、荣晶：《汉语方言不同阶段的儿化及儿化韵的整合》，《语文研究》2011 年第 2 期。

丁志丛：《论常德方言的"儿化"现象》，《湘潭工学院学报》（社会科学版）2002 年第 3 期。

董绍克：《高密方言的儿化》，《山东师大学报》（社会科学版）1993 年第 1 期。

董绍克：《阳谷方言的儿化》，《中国语文》1985 年第 4 期。

杜凤梅：《莒县方言儿化音系学研究》，《殷都学刊》2010 年第 1 期。

樊守媚：《河南南阳方言儿化现象研究》，《现代语文》（语言研究版）2011 年第 6 期。

范慧琴：《山西定襄方言名词的里变儿化》，《语文研究》2004 年第 2 期。

范俊军：《论汉语语音的声韵互动》，《郑州大学学报》（哲学社会科学版）2006 年第 3 期。

方梅：《北京话儿化的形态句法功能》，《世界汉语教学》2007 年第 2 期。

方松熹：《浙江吴方言里的儿尾》，《中国语文》1993 年第 2 期。

方松熹：《浙江义乌方言里的 n 化韵》，《中国语文》1986 年第 6 期。

冯爱珍：《〈福州方言词典〉引论》，《方言》1996 年第 2 期。

冯春田：《合音式疑问代词"咋"与"啥"的一些问题》，《中国语文》2003 年第 3 期。

冯青青：《潍坊滨海方言的儿化与变调》，《潍坊学院学报》2011 年第 5 期。

冯雪冬：《"儿化"，一种轻声现象》，《鞍山师范学院学报》2011 年第 5 期。

高兵、吴继章：《河北方言中与儿化有关的问题》，《河北大学学报》（哲学社会科学版）2010 年第 4 期。

高晓虹：《官话方言宕江摄阳声韵知系字读音分合类型及其演变关系》，《中国语文》2009 年第 2 期。

高永鑫：《山西祁县话的儿尾》，《陕西教育学院学报》2007 年第 4 期。

高玉敏、卢冀峰：《河北灵寿方言分音词所体现的晋语过渡性特征研究》，《现代语文》（语言研究版）2014 年第 9 期。

高玉敏、夏焕梅：《河北灵寿方言"圪"头词所体现的晋语过渡性特征

参考文献

研究》,《现代语文》(语言研究版) 2014 年第 7 期。

耿振生:《北京话"儿化韵"的来历问题》,《吉林大学社会科学学报》2013 年第 2 期。

龚群虎:《关中方言的变调和变音》,《语文研究》1995 年第 4 期。

郭泽:《试论辉县方言儿化声母的产生机制》,《语文学刊》2010 年第 6 期。

郭展:《"X 儿"的书写形式问题》,《语言教学与研究》2000 年第 4 期。

郭继懋:《再谈量词重叠形式的语法意义》,《汉语学习》1999 年第 4 期。

郭作飞:《汉语词缀形成的历史考察——以"老"、"阿"、"子"、"儿"为例》,《内蒙古民族大学学报》(社会科学版) 2004 年第 6 期。

何蔚、王珊:《重庆方言的儿化浅析》,《文学教育(上)》2012 年第 6 期。

贺巍:《河南省西南部方言的语音异同》,《方言》1985 年第 2 期。

贺巍:《济源方言记略》,《方言》1981 年第 1 期。

黑玉红:《"儿"非语素——兼议"儿化"的作用》,《西北民族学院学报》1991 年第 2 期。

胡海:《宜昌方言儿化现象初探》,《华中师范大学学报》(哲学社会科学版) 1994 年第 4 期。

胡光斌:《遵义方言儿化的作用与分布》,《玉溪师范学院学报》2003 年第 8 期。

胡松柏:《广丰方言的"儿"尾》,《上饶师专学报》(社会科学版) 1983 年第 2 期。

黄卫静:《邢台市方言尖团音分混问题》,《邢台学院学报》2005 年第 4 期。

黄笑山:《试论唐五代全浊声母的"清化"》,《古汉语研究》1994 年第 3 期。

季永海：《汉语儿化韵的发生与发展——兼与李思敬先生商榷》，《民族语文》1999 年第 5 期。

贾采珠：《北京话的轻声儿化韵》，《中国语文》1992 年第 1 期。

贾迪扉：《词缀"儿"特殊性浅论》，《殷都学刊》2004 年第 2 期。

贾俊花：《河北方言与普通话发音的主要差异》，《现代语文》2006 年第 4 期。

江海燕：《北京话姓氏的儿化现象》，《中国语文》2010 年第 2 期。

江海燕：《河北迁西方言的儿化》，《徐州师范大学学报》2000 年第 1 期。

江蓝生：《语法化程度的语音表现》，《近代汉语探源》，商务印书馆 2001 年。

江蓝生：《语法化程度的语音表现》，《中国语言学的新拓展》，中国香港城市大学出版社 1999 年。

姜文振：《试谈黑龙江方言中的合音现象》，《求是学刊》1997 年第 6 期。

蒋斌：《姓名儿化规律管窥》，《重庆三峡学院学报》2009 年第 5 期。

蒋平、沈明：《晋语方言中的儿尾变调和儿化变调》，《方言》2002 年第 4 期。

蒋文华、李广华：《应县方言的儿化现象》，《山西大同大学学报》（社会科学版）2008 年第 6 期。

蒋宗许：《〈中古汉语的"儿"后缀〉商榷》，《中国语文》2006 年第 6 期。

劲松：《"儿化"的语素形位学研究》，《扬州大学学报》（人文社会科学版）2004 年第 1 期。

劲松：《"儿化"语音研究中的二个理论问题》，《语言研究的务实与创新——庆祝胡明扬教授八十华诞学术论文集》，外语教学与研究出版社 2005 年版。

柯理思：《河北方言里表示可能的助词"了"》，《首届官话方言国际学术研讨会论文集》，青岛出版社 2000 年版。

黎平：《试论儿化音节中"儿"的语法地位归属——兼论儿化音节的读音及书写规范》，《广西教育学院学报》2003 年第 1 期。

李健：《鉴江流域粤语的"儿"后缀和高升调》，《方言》1996 年第 3 期。

李静：《平顶山方言语流音变的调查》，《平顶山师专学报》1999 年第 3 期。

李明：《从〈红楼梦〉中的词语看儿化韵的表义功能》，《世界汉语教学》1995 年第 1 期。

李明：《"儿化"浅谈》，《语言教学与研究》1980 年第 1 期。

李倩：《中宁方言两字组的两种连调模式》，《语言学论丛》2001 年第 24 辑。

李荣：《汉语方言里当"你"讲的"尔"》中，《方言》1997 年第 3 期。

李荣：《温岭方言的变音》，《中国语文》1978 年第 2 期。

李葆嘉：《海外的中国古音研究》，《学术研究》1995 年第 1 期。

李葆嘉：《论桥本万太郎的推移模式及相关问题——汉语史研究理论模式论之四》，《云梦学刊》1995 年第 4 期。

李葆嘉：《普林斯顿方言逆推模式述论——汉语史研究理论模式论之二》，《青岛大学师范学院学报》1995 年第 1 期。

李葆嘉：《张琨时空二维研究模式述论——汉语史研究理论模式论之三》，《徐州师范学院学报》1995 年第 3 期。

李格非：《汉语"儿词尾"音值演变问题商榷》，《武汉大学学报》1956 年第 1 期。

李立成：《"儿化"性质新探》，《语言文字学》1995 年第 2 期。

李立成：《"儿化"性质新探》，《杭州大学学报》（哲学社会科学版）

1994 年第 3 期。

李立冬、韩玉平：《"儿化"性质的语音学分析》，《现代语文》（语言研究版）2012 年第 12 期。

李立林：《娄底湘语小称后缀研究》，《怀化学院学报》2011 年第 10 期。

李巧兰：《保唐片轻声前分阴阳去现象及其北方官话语音史价值》，《唐山师范学院学报》2008 年第 1 期。

李巧兰：《从河北方言看"儿"音值的演变》，《廊坊师范学院学报》（社会科学版）2012 年第 3 期。

李巧兰：《儿化词的家族相似性及其认知基础——以河北方言为例》，《河北学刊》2007 年第 2 期。

李巧兰：《儿化词中的"儿"是语素吗》，《语文建设》2013 年第 2 期。

李巧兰：《汉语方言中儿化增音现象的成因探讨——以河北方言为例》，《唐山学院学报》2012 年第 4 期。

李巧兰：《河北方言中"X–儿"形式读音的三大系统》，《亚细亚语言论丛》2012 年第 9 期。

李巧兰《河北方言中"儿"与"X–儿"读音的三种关系探讨》，《燕赵学术》2013 年第 1 期。

李巧兰：《河北方言中的儿化增音现象及其分布情况》，《保定学院学报》2013 年第 4 期。

李巧兰：《河北方言中特殊语法功能的"X–儿"形式的来源》，《河北师范大学学报》（哲学社会科学版）2013 年第 4 期。

李巧兰：《河北方言中特殊语法功能的"X–儿"形式》，《廊坊师范学院学报》2008 年第 1 期。

李巧兰：《北方官话方言全浊声母清化和入声消失的次序》，《石家庄学院学报》2012 年第 4 期。

李巧兰：《河北晋语区方言的儿化读音研究》，《石家庄学院学报》2013 年第 2 期。

参考文献

李巧兰：《河北赵县方言的 D 变音》，《语文研究》2013 年第 3 期。

李巧兰：《中古阳声韵在河北方言中的读音演变研究》，《唐山师范学院学报》2012 年第 6 期。

李韧之：《类型学及其理论框架下的语言比较》，《解放军外国语学院学报》2008 年第 1 期。

李如龙：《论汉语方言的语流音变》，《厦门大学学报》（哲学社会科学版）2002 年第 6 期。

李如龙：《论汉语方言语音的演变》，《语言研究》1999 年第 1 期。

李如龙：《厦门话的变调和轻声》，《厦门大学学报》（社会科学版）1962 年第 3 期。

李仕春、艾红娟：《山东方言里的一种语法变调》，《方言》2009 年第 4 期。

李仕春、艾红娟：《山东莒县方言动词的合音变调》，《语言科学》2008 年第 4 期。

李树俨：《汉语方言的轻声》，《语文研究》2005 年第 3 期。

李思敬：《北京话轻音和儿化溯源》，《语文研究》2003 年第 3 期。

李思敬：《从〈金瓶梅〉考察十六世纪中叶北方话中的儿化现象》，《语言学论丛》1984 年第 12 辑。

李思敬：《汉语普通话儿化音两种构音方式的语音实验》，《王力先生纪念论文集》，商务印书馆 1990 年版。

李思敬：《论现代汉语普通话中儿系列字的音值和儿音缀的形态音位》，《中国语言学报》1988 年第 3 期。

李思敬：《现代北京话的轻声和儿化音溯源——传统音韵学和现代汉语语音学研究结合举隅》，《语文研究》2000 年第 3 期。

李素娟：《许昌方言中儿化韵的读音》，《许昌学院学报》2005 年第 3 期。

李万杰：《现代汉语书面语中"儿"出现于词尾的功能解析》，《楚雄师范学院学报》2006 年第 4 期。

李小军：《虚词衍生过程中的语音弱化——以汉语语气词为例》，《语言科学》2011 年第 4 期。

李旭、梁磊：《河北方言研究的历史和现状》，《南开语言学刊》2008 年第 2 期。

李延瑞：《论普通话儿化韵及儿化音位》，《语文研究》1996 年第 2 期。

李艳娇：《现代汉语"儿化"中的"儿"探究》，《辽宁教育行政学院学报》2012 年第 4 期。

李宇明：《泌阳方言的儿化及儿化闪音》，《方言》1996 年第 4 期。

李云靖：《普通话声母与介音关系的发音实验研究》，《江苏科技大学学报》（社会科学版）2011 年第 4 期。

李云龙：《高邑方言音系及相关问题》，《天津大学学报》（社会科学版）2000 年第 4 期。

梁忠东：《玉林话的小称变音》，《广西师范大学学报》（哲学社会科学版）2002 年第 3 期。

廖名春：《从吐鲁番出土文书的别字异文看五至八世纪初西北方音的韵母》，《古汉语研究》1992 年第 1 期。

林焘：《北京话儿化韵个人读音差异问题》，《语文研究》1982 年第 2 期。

林焘：《北京话个人读音差异问题》，《林焘语言学论文集》，商务印书馆 2001 年版。

林焘：《探讨北京话轻音性质的初步实验》，《语言学论丛》1983 年第 10 辑。

林焘、沈炯：《北京话儿化韵的语音分歧》，《中国语文》1995 年第 3 期。

林霞：《南宋时期的词尾"－儿"》，《语言研究》2002 年特刊。

林伦伦：《普通话里表示儿化的"儿"是后缀吗?》，《中国语文天地》1986 年第 5 期。

林茂灿、颜景助：《北京话轻声的声学性质》，《方言》1980 年第 3 期。

参考文献

林茂灿、颜景助：《普通话轻声与轻重音》，《语言教学与研究》1990年第3期。

林茂灿、颜景助：《普通话带鼻尾零声母音节中的协同发音》，《应用声学》1994年第1期。

刘群：《现代汉语中词语儿化后的语义类型》，《襄樊学院学报》2002年第3期。

刘卓：《"花儿"中的"儿"是变词语素吗?》，《汉语学习》2002年第6期。

刘春卉：《河南确山方言中的"（有）多A"与"（有）多A儿"——兼论普通话中被"中性问"掩盖了的"偏向问"》，《语言科学》2007年第5期。

刘翠香：《东莱片方言"V 儿 NL"中的"儿"》，《21世纪汉语方言语法新探索——第三届汉语方言语法国际研讨会论文集》，暨南大学出版社2008年版。

刘冬冰：《开封方言记略》，《方言》1997年第4期。

刘恩祥：《英汉语流音变对比分析》，《深圳信息职业技术学院学报》2008年第1期。

刘华卿：《邢台地方普通话语言特征分析》，《邢台师范高专学报》2002年第1期。

刘坚、曹广顺、吴福祥：《论诱发汉语词汇语法化的若干因素》，《中国语文》1995年第1期。

刘凯鸣：《略谈词尾"子"、"儿"的感情色彩》，《语文教学》1959年第5期。

刘丽丽：《安徽休宁县溪口方言的儿化现象》，《牡丹江大学学报》2008年第8期。

刘纶鑫：《江西上犹杜溪方言的"子"尾》，《中国语文》1991年第3期。

刘秀燕：《河北方言所见〈醒世姻缘传〉词语选释》，《现代语文》（语言研究版）2008 年第 6 期。

刘雪春：《儿化的语言性质》，《语言文字应用》2003 年第 3 期。

刘义青、张艳梅：《深泽方言重叠式初探》，《保定师范专科学校学报》2004 年第 3 期。

刘振平：《儿韵和儿化韵的实验分析》，《汉语学习》2008 年第 6 期。

鲁允中：《儿化现象一例》，《中国语文》1985 年第 6 期。

罗庆云：《湖北新洲方言的儿化》，《湖北工程学院学报》2012 年第 5 期。

罗仁地：《历史语言学和语言类型学》，《北京大学学报》（哲学社会科学版）2006 年第 2 期。

罗昕如、李斌：《湘语的小称研究——兼与相关方言比较》，《湖南师范大学社会科学学报》2008 年第 4 期。

雒鹏：《甘肃靖远方言儿化变调》，《西北师范大学学报》（社会科学版）2003 年第 5 期。

吕建国：《慈利方言的"AA 儿"重叠式》，《作家》2007 年第 14 期。

吕建国：《湖南慈利方言儿化格式研究》，《嘉应学院学报》2011 年第 6 期。

吕朋林：《音变论》，《海南师范学院学报》（社会科学版）2004 年第 1 期。

马慧：《方城话儿韵读音的叠置系统》，《语言研究》2003 年第 3 期。

马楠：《汉语方言语音变异过程的类型》，《汉语学报》2013 年第 1 期。

马凤如：《山东金乡话儿化对声母的影响》，《中国语文》1984 年第 4 期。

马惠玲：《单音节形容词儿化的语义认知解释》，《河南师范大学学报》（哲学社会科学版）2010 年第 5 期。

马清华：《词汇语法化的动因》，《汉语学习》2003 年第 2 期。

马秋武：《北京话儿化的优选论分析》，《现代外语》2003 年第 2 期。

马照谦：《汉语方言儿化现象中的卷舌音感知凸显研究》，《吉林省教育学院学报》（学科版）2009 年第 10 期。

麦耘：《〈西儒耳目资〉没有儿化音的记录》，《语文研究》1994 年第 4 期。

毛洪波：《徐州话儿化现象的特征几何分析》，《徐州师范大学学报》2003 年第 3 期。

毛修敬：《北京话儿化的表义功能》，《语言学论丛》1984 年第 12 辑。

毛修敬：《带"小"的儿化现象》，《中国语文》1989 年第 4 期。

梅祖麟：《汉语方言里虚词"著"字三种用法的来源》，《梅祖麟语言学论文集》，商务印书馆 2000 年版。

眸子：《语法研究中的"两个三角"和"三个平面"》，《世界汉语教学》1994 年第 4 期。

潘悟云：《汉语否定词考源——兼论虚词考本字的基本方法》，《中国语文》2002 年第 4 期。

彭鲜红：《浅析〈红楼梦〉语言的儿化特征》，《黄冈职业技术学院学报》2002 年第 3 期。

［日］平山久雄：《北京话一种儿化变调的成因》，《中国语文》2000 年第 5 期。

戚小杰：《轻声音节"儿"的入位条件限制与表达功能》，《语言文字应用》2003 年第 3 期。

祁永敏：《河南罗山方言的"儿"字结构》，《天中学刊》2007 年第 3 期。

钱曾怡：《论儿化》，《中国语言学报》1995 年第 5 期。

钱曾怡、曹志耘、罗福腾：《河北省东南部三十九县市方音概况》，《方言》1987 年第 3 期。

乔全生：《山西方言"子尾"研究》，《山西大学学报》（哲学社会科学版）1995 年第 3 期。

瞿霭堂：《语音演变的理论和类型》，《语言研究》2004 年第 2 期。

冉启斌：《汉语鼻音韵尾的实验研究》，《南开语言学刊》2005 年第 1 期。

饶星：《宜春话的"积"尾》，《宜春师专学报》1981年第2期。

桑宇红：《古知庄章三组声母在衡水桃城区的读音差异》，《山西大学学报》（哲学社会科学版）2004年第2期。

桑宇红：《衡水方言中古知庄章三组声母字的读音》，《语文研究》2004年第2期。

桑宇红：《枣强（桑庄）话知庄章三组声母与〈中原音韵〉之比较》，《河北师范大学学报》（哲学社会科学版）2003年第5期。

桑宇红：《止开三知庄章组字在近代汉语的两种演变类型》，《语文研究》2007年第1期。

尚静：《关于北京话里儿化的来源小议》，《中国语文》1966年第1期。

尚新丽：《邢台县方言的"子"尾研究》，《安徽文学》下半月2008年第11期。

邵慧君：《广东茂名粤语小称综论》，《方言》2005年第4期。

邵荣芬：《敦煌俗文学中的别字异文和唐五代西北方音》，《中国语文》1963年第3期。

沈明：《山西方言的小称》，《方言》2003年第4期。

沈家煊：《"语法化"研究综观》，《外语教学与研究》1994年第4期。

沈家煊：《语用原则、语用推理和语义演变》，《外语教学与研究》2004年第4期。

盛银花：《安陆方言的词缀"字、儿、娃儿"》，《湖北教育学院学报》（社会科学版）1999年第6期。

施其生：《汉语方言中词组的"形态"》，《语言研究》2011年第1期。

施其生：《汕头方言量词和数量词的小称》，《方言》1997年第3期。

石锋：《北京话儿化韵的声学表现》，《南开语言学刊》2003年第2期。

石毓智：《表现物体大小的语法形式的不对称性——"小称"的来源、形式和功能》，《语言科学》2005年第3期。

史定国：《现代汉语儿化词规范问题》，《语文建设》1996年第6期。

史瑞明：《杭州方言里儿尾的发音》，《方言》1989 年第 3 期。

侍建国：《浙江义乌话的［n］尾韵及其音变》，《方言》2002 年第 2 期。

宋玉柱：《关于"儿"的语法性质》，《语文月刊》1991 年第 2 期。

苏俊波：《丹江方言的小称》，《汉语学报》2009 年第 4 期。

孙燕：《保定方言中词尾"儿"的表现差异及其相关变体》，《保定学院学报》2009 年第 1 期。

孙 燕：《河北望都方言的语音特点》，《保定师范专科学校学报》2004 年第 3 期。

孙德金：《北京话部分儿化韵读音调查》，《语言教学与研究》1991 年第 4 期。

孙红举：《论中原官话合音音节中音段成分的生成规则》，《第八届汉语官话方言国际学术研讨会论文集》，2016 年。

孙景涛：《从儿化看音节的重量》，《中国语文》2007 年第 4 期。

孙景涛：《介音在音节中的地位》，《语言科学》2006 年第 2 期。

唐虞：《"儿"［ɚ］音的演变》，《历史语言研究所集刊》1932 年第 2 期。

唐健雄：《河北方言的程度表示法》，《河北师范大学学报》（哲学社会科学版）2000 年第 4 期。

唐健雄：《河北方言里的"X 得慌"》，《河北师范大学学报》（哲学社会科学版）2008 年第 2 期。

陶荫培、尹润芗：《略谈"儿化"》，《语文学习》1957 年第 10 期。

田恒金、李小平：《河北方言地名中的一些音变》，《语文研究》2008 年第 2 期。

田恒金、郑莉：《湖北巴东话的名词后缀"娃儿"》，《燕赵学术》2014 年第 1 期。

万幼斌：《鄂州方言的儿化》，《方言》1990 年第 2 期。

汪德琪：《对规范儿化的异议》，《江西师范大学学报》1987 年第 3 期。

汪化云：《团风方言的儿尾》，《方言》1999年第4期。

汪银峰：《〈元韵谱〉声母系统的若干问题》，《佳木斯大学社会科学学报》2008年第6期。

汪长学：《重庆方言儿化音刍议》，《西南师范大学学报》（哲学社会科学版）1996年第4期。

王静：《〈儿女英雄传〉儿化词浅析》，《安庆师范学院学报》（社会科学版）2010年第4期。

王立：《北京话儿化成分的语义特点及语素身份》，《语言文字应用》2001年第4期。

王森：《临夏方言的儿化音变》，《语言研究》1995年第1期。

王森：《郑州荥阳（广武）方言的变韵》，《中国语文》1998年第4期。

王霞：《湖南慈利话的重叠儿化量词、量词结构及主观量》，《牡丹江大学学报》2009年第1期。

王彦：《梁山地名中零音节"家"的存在形式》，《中国语文》2007年第1期。

王英：《几组"X+儿"式常用词的儿化音与非儿化音辨析》，《琼州大学学报》2000年第3期。

王光全：《构词域与后缀"-子"的语义问题》，《世界汉语教学》2009年第3期。

王洪君：《层次与断阶：叠置式音变与扩散式音变的交叉与区别》，《中国语文》2010年第4期。

王洪君：《从山西闻喜小方言差异看子变音的衰变》，《语文研究》2004年第1期。

王洪君：《汉语常用的两种语音构词法——从平定儿化和太原嵌1词谈起》，《语言研究》1994年第1期。

王理嘉：《儿化规范综论》，《语言文字应用》2005年第3期。

王理嘉：《儿化韵语素音位的讨论》，《中国语言学报》1995年第5期。

王理嘉、贺宁基：《北京话儿化韵的听辨试验和声学分析》，《语言学论丛》1985年第10辑。

王理嘉、王海丹：《儿化韵研究中的几个问题——与李思敬先生商榷》，《中国语文》1991年第2期。

王丽彩：《河北鸡泽话中的小称词缀研究》，《广西社会科学》2008年第3期。

王莉宁：《汉语方言中的"平分阴阳"及其地理分布》，《语文研究》2012年第1期。

王临惠：《晋豫一带方言 Z 变音源于"头"后缀试证》，《中国语文》2013年第4期。

王灵芝、罗红昌：《现代汉语介音的性质：以［i］为例》，《宜宾学院学报》2010年第8期。

王求是：《孝感方言的儿化》，《孝感学院学报》2009年第4期。

王三敏、杨莉：《商州方言的小称形式》，《商洛学院学报》2010年第1期。

王姝、王光全：《后缀"－子"、"－儿"指小指大辨》，《汉语学习》2012年第1期。

王文卿：《太原话儿尾使用情况分析》，《太原师范学院学报》（社会科学版）2004年第1期。

王文学：《谈儿化的书写问题》，《辽宁师院学报》1983年第4期。

王锡丽：《邯郸方言入声舒化的叠置式音变》，《河北工程大学学报》（社会科学版）2007年第1期。

王锡丽：《邯郸方言中古入声字的舒化》，《邯郸学院学报》2007年第2期。

王晓君：《赣语新余方言的小称词缀"的"及其他相关词缀》，《上饶师范学院学报》（社会科学版）2004年第2期。

王一涛：《山西昔阳方言的儿化音变》，《宁夏大学学报》（人文社会科学版）2011年第5期。

王云路：《说"儿"》，《杭州大学学报》（哲学社会科学版）1998年第3期。

王振广：《语素"儿"的性质之我见》，《十堰职业技术学院学报》2008年第1期。

王志浩：《儿化韵的特征架构》，《中国语文》1997年第1期。

王自万：《开封方言变韵的几个问题》，《汉语学报》2011年第2期。

韦茂繁：《关于语流音变几个问题的讨论》，《广西民族学院学报》（哲学社会科学版）1987年第3期。

魏慧斌：《宋词韵-m韵尾消变考察》，《古籍整理研究学刊》2005年第6期。

吴芳、伍巍：《广东揭阳闽语的小称"-儿"缀》，《方言》2009年第4期。

吴福祥：《汉语语法化研究的当前课题》，《语言科学》2005年第2期。

吴继章：《河北方言词缀发展演变的趋势及语义在其中的作用》，《语言研究》2005年第1期。

吴继章：《河北方言中的"圪"头词》，《语文研究》2003年第4期。

吴继章：《河北方言中的儿化研究》，《首届官话方言论文集》，青岛大学出版社2000年版。

吴继章：《河北魏县方言的"了"——与汉语普通话及其他相关方言、近代汉语等的比较研究》，《语文研究》2007年第3期。

吴继章：《河北魏县方言与"着"有关的两个问题》，《语文研究》2006年第1期。

吴冀仁、白涤洲：《歌谣中的儿音问题》，《国学月刊》1929年第1期。

吴建生：《万荣方言的"子"尾》，《语文研究》1997年第2期。

吴振国：《武汉话中的类儿化音变》，《华中师范大学学报》（人文社会科学版）1999年第5期。

伍巍：《广东曲江县龙归土话的小称》，《方言》2003年第1期。

伍巍、王媛媛：《徽州方言的小称研究》，《语言研究》2006年第1期。

武黄岗：《晋语长子方言"圪"研究》，《语文学刊》2013年第6期。

夏俐萍：《河南封丘赵岗方言的子变韵》，《方言》2012年第3期。

向道华：《镇龙方言儿尾》，《首都师范大学学报》（社会科学版）1998年第4期。

谢留文：《南昌县（蒋巷）方言的"子"尾和"里"尾》，《方言》1991年第2期。

谢书民：《商丘方言的儿化音变》，《商丘师范学院学报》2004年第3期。

谢新暎：《浅谈〈红楼梦〉的儿化词》，《宁德师专学报》（哲学社会科学版）2005年第4期。

辛永芬：《河南浚县方言的动词变韵》，《中国语文》2006年第1期。

辛永芬：《河南浚县方言的子变韵》，《方言》2006年第3期。

辛永芬：《河南浚县方言形容词短语的小称儿化》，《语言研究》2008年第3期。

邢公畹：《对外汉语［ɚ］［ï］两音位的教学及［ɚ］音史的问题——评李思敬〈汉语"儿"［ɚ］音史研究〉》，《语言教学与研究》1995年第3期。

邢公畹：《汉语"子"、"儿"和台语助词 luk 试释》，《国文月刊》1948年第68期。

徐丹：《从北京话"V着"与西北方言"V的"的平行现象看"的"的来源》，《方言》1995年第4期。

徐丹：《关于汉语里"动词+X+地点词"的句型》，《中国语文》1994年第3期。

徐海英：《古汉语里儿字用法概说》，《古汉语研究》1993年第2期。

徐家宁：《儿化中的语义变异》，《天津师大学报》（社会科学版）1999年第1期。

徐通锵:《"字"和汉语语义句法的生成机制》,《语言文字应用》1999年第1期。

徐通锵:《宁波方言的"鸭"[ε]类词和"儿化"的残迹》,《中国语文》1985年第3期。

徐通锵:《山西平定方言的"儿化"和晋中的所谓嵌l词》,《中国语文》1981年第6期。

徐通锵:《音节的音义关联和汉语的变音》,《语文研究》2003年第3期。

薛文萍、王理嘉:《儿化韵的一次听辨调查》,《语文建设》1996年第12期。

颜峰:《略论汉语方言儿化韵的历史演变》,《语言研究》2002年特刊。

颜森:《黎川方言的仔尾和儿尾》,《方言》1989年第1期。

杨绍林:《四川彭州方言的合音词》,《方言》2007年第3期。

杨同用:《河北高碑店方言的语流音变》,《首届官话方言国际学术研讨会论文集》,青岛出版社2000年版。

杨文会:《儿化琐议》,《张家口大学学报》(综合版)1997年第1期。

杨文会:《张家口地区方言的一般特点》,《张家口职业技术学院学报》1999年第2期。

杨文会:《张家口方言的调类及连读变调》,《张家口职业技术学院学报》2002年第2期。

杨正超:《中原官话唐河方言形容词短语儿化研究——兼与其它次方言同类现象比较》,《暨南学报》(哲学社会科学版)2013年第2期。

杨子华:《从"耍子儿"谈〈西游记〉中的杭州方言》,《运城学院学报》2004年第1期。

杨子华:《〈金瓶梅〉用"儿尾"方言来描写人物》,《郧阳师范高等专科学校学报》2005年第1期。

叶南:《四川省五通桥城区方言的儿尾》,《西南民族大学学报》(人文社科版)2004年第2期。

易亚新：《石门方言的"非重叠+儿"与"重叠+儿"》，《湖南师范大学社会科学学报》2005 年第 1 期。

殷作炎：《普通话儿尾词的规范化问题》，《语文建设》1987 年第 5 期。

尹大仓：《邯郸方言的语音特点及其形成》，《河北师范大学学报》（社会科学版）1995 年第 2 期。

应雨田：《湖南安乡方言的儿化》，《方言》1990 年第 1 期。

余志鸿：《儿化和语言结构的变化》，《江苏社会科学》1991 年第 2 期。

俞敏：《汉语的爱称和憎称的来源和区别》，《中国语文》1954 年第 2 期。

俞敏：《北京口语音位的出现频率》，《北师大学术论文集》，北京师范大学出版社 1982 年版。

俞敏：《驻防旗人和方言的儿化韵》，《中国语文》1987 年第 5 期。

詹伯慧：《二十年来汉语方言研究述评》，《方言》2000 年第 4 期。

张凯：《枣庄方言儿化读音探究》，《枣庄学院学报》2012 年第 1 期。

张莉：《河北地名特殊读音字例析》，《汉字文化》1998 年第 4 期。

张莉：《河北定州方言语法特点概述》，《河北大学学报》（哲学社会科学版）1999 年第 1 期。

张宁：《昆明方言的重叠式》，《方言》1987 年第 1 期。

张瑞：《谈山西武乡方言中的名词重叠式》，《辽宁师专学报》（社会科学版）2014 年第 2 期。

张弼蕊：《开封方言中子变韵的演变》，《现代语文》（语言研究版）2008 年第 11 期。

张光宇：《汉语方言的鲁奇规律：古代篇》，《中国语文》2008 年第 4 期。

张光宇：《汉语方言的鲁奇规律：现代篇》，《语言研究》2008 年第 2 期。

张慧丽：《参数调整与焦作地区的两种小称变韵》，《晋中学院学报》

2010 年第 5 期。

张慧丽：《儿化中间音、特征扩展与 F3 的两种走势——偃师儿化与北京儿化之比较》，《语言科学》2010 年第 4 期。

张吉生：《汉语韵尾辅音演变的音系理据》，《中国语文》2007 年第 4 期。

张锦玉、时秀娟：《张家口方言响音的鼻化度研究》，《河北北方学院学报》（社会科学版）2009 年第 3 期。

张邱林：《陕县方言的儿化形容词》，《语言研究》2003 年第 3 期。

赵清治：《长葛方言的动词变韵》，《方言》1998 年第 1 期。

张少华：《再谈呼和浩特方言儿化韵的发音问题》，《语文学刊》2003 年第 6 期。

张世方：《从周边方言看北京话儿化韵的形成和发展》，《语言教学与研究》2003 年第 4 期。

张树铮：《冀东和胶东方言中动词儿化的来源及其语言性质》，《汉语方言时体系统国际学术研讨会论文》，中央民族大学，2012 年。

张树铮：《冀鲁官话清入归派的内部差异及其历史层次》，《中国语言学报》2006 年第 12 期。

张树铮：《论普通话"－儿"缀的语音形式》，《语言教学与研究》2005 年第 3 期。

张树铮：《蒲松龄〈聊斋俚曲集〉所反映的轻声及其他声调现象》，《中国语文》2003 年第 3 期。

张树铮：《山东寿光北部方言的儿化》，《方言》1996 年第 4 期。

张树铮：《语音演变的类型及其规律》，《文史哲》2005 年第 6 期。

张维佳：《汉语方言卷舌音类的地理共现与共变》，《语言研究》2011 年第 4 期。

张文光：《唐山方言动词儿化及其动态变化》，《唐山师专学报》2000 年第 1 期。

张文光、丁新龙：《唐山方言"Ａ儿去咧"格式初探》，《唐山师范学院学报》2003年第1期。

张贤敏：《光山方言儿化的分布及语义分析》，《信阳师范学院学报》（哲学社会科学版）2012年第5期。

张贤敏：《河南光山方言儿化现象语音考察——兼论汉语儿化音》，《现代语文》（语言研究版）2012年第2期。

张晓静：《河北武邑方言的儿化韵》，《衡水学院学报》2010年第5期。

张晓曼：《威海方言儿化与语法结构分析》，《山东社会科学》2005年第10期。

张雪涛：《普通话"儿化"音变韵腹的趋变规律》，《淮北煤炭师范学院学报》（哲学社会科学版）2003年第6期。

张玉来：《元明以来韵书中的入声问题》，《中国语文》1991年第5期。

张占山、李如龙：《虚化的终极：合音——以烟台方言若干虚成分合音为例》，《鲁东大学学报》（哲学社会科学版）2007年第2期。

张子华、沈光浩：《河曲方言中的后缀"儿"》，《语文学刊》2010年第22期。

赵冬梅：《临澧方言的儿化和儿尾》，《韶关学院学报》（社会科学版）2002年第4期。

赵光智：《山东安丘方言的儿化现象》，《潍坊学院学报》2002年第1期。

赵日新：《徽语的小称音变和儿化音变》，《方言》1999年第2期。

赵日新：《中原地区官话方言弱化变韵现象探析》，《语言学论丛》2007年第36辑。

郑丹：《赣语隆回司门前话的入声小称调》，《中国语文》2012年第2期。

郑庆君：《湖南常德方言的名词重叠及其儿化》，《武陵学刊》1997年第2期。

郑张尚芳：《温州方言的儿尾》，《方言》1979年第3期。

郑张尚芳：《温州方言儿尾词的语音变化》，《方言》1980年第4期。

郑张尚芳：《温州方言儿尾词的语音变化》二，《方言》1981 年第 1 期。

郑张尚芳：《中古三等专有声母非、章组、日喻邪等母的来源》，《语言研究》2003 年第 2 期。

周定一：《〈红楼梦〉里的词尾"儿"和"子"》，《中国语言学报》1984 年第 2 期。

周国鹃：《丹阳方言的重叠式名词》，《苏州教育学院学报》2013 年第 2 期。

周惠珍：《枣庄方言儿化词的特点》，《枣庄师专学报》2000 年第 4 期。

周磊：《从非音节性词尾看入声韵尾 [ʔ] 的脱落》，《中国语文》2003 年第 5 期。

周磊：《非音节性词尾和汉语方言的阳声韵》，《方言》2007 年第 3 期。

周韧：《信息量原则与汉语句法组合的韵律模式》，《中国语文》2007 年第 3 期。

周启强：《词汇化模式的认知阐释》，《四川外国语学报》2009 年第 1 期。

周庆生：《郑州方言的声韵调》，《方言》1987 年第 3 期。

周一民：《北京话儿化的社会文化内涵》，《北京社会科学》2011 年第 5 期。

周祖谟：《关于唐代方言中四声读法之一些资料》，《问学集》，中华书局 2004 年版。

周祖谟：《宋代卞洛语音考》，《问学集》，中华书局 2004 年版。

周祖谟：《宋代方音》，《问学集》，中华书局 2004 年版。

周祖瑶：《广西容县方言的小称变音》，《方言》1987 年第 1 期。

朱蕾：《试论皖南泾县吴语声化韵的形成和演变》，《方言》2011 年第 1 期。

朱德熙：《从方言和历史看状态形容词的名词化》，《方言》1993 年第 2 期。

朱晓农：《腭化与 i 失落的对抗》，《徐州师范学院学报》1989 年第 1 期。

朱晓农：《从群母论浊声和摩擦——实验音韵学在汉语音韵学中的实验》，《语言研究》2003 年第 2 期。

朱晓农：《汉语元音的高顶出位》，《中国语文》2004 年第 5 期。

朱晓农：《亲密与高调——对小称调、女国音、美眉等语言现象的生物学解释》，《当代语言学》2004 年第 3 期。

朱晓农：《元音大转移和元音高化链移》，《民族语文》2005 年第 1 期。

朱晓农：《实验语音学和汉语语音研究》，《南开语言学刊》2005 年第 1 期。

朱晓农：《历史音系学的新视野》，《语言研究》2006 年第 4 期。

朱晓农、焦妮娜：《晋城方言中的卷舌边近音 [ɭ]——兼论"儿"音的变迁》，《南开语言学刊》2006 年第 1 期。

朱晓农：《近音——附论普通话日母》，《方言》2007 年第 1 期。

朱晓农：《说鼻音》，《语言研究》2007 年第 3 期。

朱晓农：《说流音》，《语言研究》2008 年第 4 期。

朱晓农：《说元音》，《语言科学》2008 年第 5 期。

朱晓农：《发声态的语言学功能》，《语言研究》2009 年第 3 期。

朱秀兰：《石家庄市区方言的语音特点》，《河北师范大学学报》2004 年第 6 期。

竺家宁：《中古汉语的"儿"后缀》，《中国语文》2005 年第 4 期。

卓俊科：《从词汇扩散理论看"儿"的两种语音现象》，《语文学刊》2010 年第 8 期。

宗丽：《长阳方言的重叠和小称》，《江汉学术》2013 年第 1 期。

[苏] Г. А. КЛИМОВ：《语言的发生学、类型学和地域学分类法的相互关系》，汪庆安、范一译，《国外语言学》1982 年第 4 期。

(三) 外文著作、论文

[美] 鲍尔·J. 霍伯尔、[美] 伊丽莎白·克劳丝·特拉格特：《语法

化学说》，梁银峰译，复旦大学出版社 2003 年版。

Crystal, David, *A Dictionary of Linguistics and Phonetics*. Oxford: Blackwell Publishers Ltd., 1997.

F. Ungerer, H. J. Schmid, *An Introduction to Cognitive Linguistics*, 外语教学与研究出版社 2001 年版。

Haiman, John, *Inconicity in Syntax*, Amsterdam: John Benjamins, 1985.

Hockett, Charles F., *A Course in Modern Linguistics*, New York: Macmillan, 1958.

Paul J. Hopper, Elizabeth Closs Traugott：《西方语言学原版影印系列丛书》，北京大学出版社 1993 年版。

Jurafsky, Daniel, "Universal Tendencies in the Semantics of the Diminutive", *Language*, Vol. 72, No. 3, 1996.

Peter Ladefoged, *A Course in Phonetics*, NewYork: Harcourt Brace, 1975.

Leech G. N., *Principle of Pragmatics*, London: Longman Group Ltd., 1983.

Paul J. Hopper, Elizabeth Closs Traugott, *Grammaticalization*, 北京大学出版社 2005 年版。

彼得·赖福吉：《语音学教程》，张维佳译，北京大学出版社 2011 年版。

William S-Y. Wang, *Competing Changes as a Cause of Residue*, 1969.

Zipf G. K., *Human Behavior and the Principle of Least Effort: An lntroduction to Human Ecology*. Cambridge, Mass: AddisonWesley Press, INC, 1949.

Robert J. Jeffers, Ilse Lehiste, *Principles and Methodsfor Historical Linguistics*, 外语教学与研究出版社 2001 年版。

（四）学位论文

车慧：《河北临西方言语音调查研究》，硕士学位论文，河北大学，

2010年。

陈江辉:《邢台县方言专题研究》,硕士学位论文,河北大学,2007年。

陈新国:《安新方言儿缀音变研究》,硕士学位论文,河北大学,2007年。

陈彧:《基于超声波检测的汉语普通话基础元音发音的舌体运动研究》,博士学位论文,南开大学,2011年。

冯龙:《北京话轻声探源》,博士学位论文,北京大学,2013年。

冯雪利:《武陟(西滑封)方言的名词变韵》,硕士学位论文,北京语言大学,2008年。

高彩英:《定州方言词尾"儿"的读音研究》,硕士学位论文,河北师范大学,2006年。

高纯:《〈儿女英雄传〉中的北京方言词语研究》,硕士学位论文,南京师范大学,2007年。

郭文静:《昌黎方言的特殊儿化现象》,硕士学位论文,河北大学,2004年。

郭秀丽:《音变类型和音变方式研究》,硕士学位论文,首都师范大学,2006年。

郭宇丽:《榆林方言小称研究》,硕士学位论文,陕西师范大学,2012年。

黄萌萌:《河北涉县拐里话语音研究》,硕士学位论文,河北师范大学,2012年。

贾华杰:《〈盛明杂剧〉"X-儿"形式研究》,硕士学位论文,山东大学,2010年。

姜巍:《河北辛集方言语音调查研究》,硕士学位论文,河北大学,2009年。

李巧兰:《河北方言中的"X-儿"形式研究》,博士学位论文,山东大学,2007年。

李小平：《河北方言助词"着"研究》，博士学位论文，河北师范大学，2011年。

李旭：《河北省中部南部方言语音研究》，博士学位论文，山东大学，2008年。

刘丽辉《唐山方言词尾"儿"的读音研究》，硕士学位论文，河北大学，2003年。

刘雪霞：《河南方言语音的演变与层次》，博士学位论文，上海复旦大学，2006年。

马晓燕：《论〈歧路灯〉中的儿化词》，硕士学位论文，山东大学，2009年。

马照谦：《汉语方言儿化韵的发音音系学分析》，博士学位论文，上海师范大学，2007年。

秘娟娟：《平山下口话语音研究》，硕士学位论文，河北师范大学，2009年。

桑宇红：《中古知庄章三组声母在衡水方言中的读音研究》，硕士学位论文，河北大学，2001年。

尚新丽：《邢台方言的语流音变》，硕士学位论文，河北大学，2009年。

王翠：《俄语语序的语言类型学研究》，博士学位论文，上海外国语大学，2011年。

王军利：《灵寿陈庄方言词缀研究》，硕士学位论文，河北师范大学，2005年。

王瑞：《新蔡方言的音变现象研究》，硕士学位论文，河南大学，2012年。

王祥灿：《美式英语与汉语普通话r音实验对比研究》，硕士学位论文，延边大学，2013年。

王亚男：《元氏方言的儿化调查研究》，硕士学位论文，河北大学，2008年。

温春燕:《祁县方言重叠式名词研究》,硕士学位论文,山东师范大学,2005年。

吴继章:《魏县方言时体成分及相关问题研究》,博士学位论文,南开大学,2006年。

仵兆琪:《南阳方言的语流音变现象研究》,硕士学位论文,吉林大学,2013年。

张慧丽:《汉语方言变韵的语音格局》,博士学位论文,北京大学,2011年。

张娟:《河南和山西方言中的Z变韵研究》,硕士学位论文,北京大学,2005年。

张丽:《河北南和方言音变调查研究》,硕士学位论文,河北大学,2011年。

张秋荣:《迁安方言儿化现象研究》,硕士学位论文,河北师范大学,2005年。

张珊:《井陉方言语音的调查研究》,硕士学位论文,河北大学,2008年。

张晓静:《武邑方言音系兼论汉语儿化韵》,硕士学位论文,福建师范大学,2011年。